金帳
月即別
瓦剌
斡難河
飲馬河
忽蘭忽失溫
三峽口
和林
土剌河
臚朐河
韃靼
迤都
火州
別失八里
畏兀兒
吐魯番
帖木兒
亦力把里
關西八衛
沙州衛
赤斤蒙古衛
安定衛
肅州衛
陝西行都司
撒里畏兀兒
寧夏衛
涼州衛
榆木川
興和
沙城
萬全都司（宣府）
東勝城
大同
北京
保定
山西
太原府
真定
黃河
順德
大名
彰德
陝西
西寧衛
慶陽
延安
平陽
懷慶
朵甘都司
臨洮
平涼
鞏昌
鳳翔
西安府
河南
開封
岷州衛
漢中
汝寧
南陽
松潘衛
襄陽
德安
靈藏
館覺
烏思藏都司
尼八剌
章普爾
德里蘇丹國
領司奔
着由萬戶
磨兒勘
成都府
順慶
夔州
湖
武昌
荊州
四川
雅州
嘉定州
重慶
常德
敘州
瀘州
思南
廣
長沙
永寧
四川行都司
華節衛
銅仁
辰州
寶慶
衡州
鶴慶
會川衛
貴陽府
靖州
永州
大理
曲靖
貴州
桂林府
楚雄
榜葛剌
雲南
雲南府
廣西州
泗城州
柳州
梧州
孟定
元江州
廣南
鎮安
廣西
南寧
廣東
東部恒河王朝
緬甸宣慰司（阿瓦）
肇慶
廣州
孟艮
交趾
廉州
高州
阿瓦
交州府
雷州
老撾宣慰司
底兀剌宣慰司（洞吾）
瓊州
八百大甸宣慰司（景邁）
西
洋
大古剌宣慰司（由古）
老撾
暹羅
七
洲
洋

目錄

開頭的話

明成祖（一三六〇—一四二四年）名朱棣，一四〇二至一四二四年在位，年號「永樂」。他是明太祖朱元璋的第四子，原來被封為燕王，後通過靖難之役從侄兒建文帝手中奪取了皇位。他死後的謚號是「文皇帝」，所以有的史書又稱他為「文皇」；他的廟號是太宗，在《明實錄》中他的實錄就被稱作《太宗實錄》。後來，嘉靖皇帝將他的廟號改為成祖，後人便一直稱他為明成祖。

在我國古代著名的帝王當中，秦始皇是和長城聯繫在一起的，漢武帝是和張騫通西域聯繫在一起的，唐太宗則和「貞觀之治」聯繫在一起，而和明成祖的名字聯繫在一起的是鄭和下西洋、奴兒干都司、《永樂大典》等等。稍有點歷史知識的人還知道，明成祖五征漠北，八十萬大軍下安南，浚通大運河，大規模營建北京。作為一個封建帝王，明成祖能幹好其中一件事就足可躋身到著名帝王之列，他卻幹成了那麼多，而事實上還不止這一些。但是，他的名字也和「誅十族」、「瓜蔓抄」之類的殘暴行為聯繫在一起，因而使得他的形象嚴重受損。這本書將通過對歷史事實的客觀描述和分析，看看明成祖到底有哪些是非功過，歷史怎麼樣造就了明成祖，明成祖又怎麼樣影響了歷史。

第一章　青少年時代

明成祖出生於元末的戰亂時期。那時群雄並起，互相爭戰，朱元璋與陳友諒正打得不可開交，以至於連給兒子起個名字的工夫都沒有，明成祖朱棣自稱是馬皇后嫡生，實際上他的生母是碽妃，為此演義出許多的野史和傳說。明成祖長大後被封為燕王，就藩北平（今北京）。他娶徐達的長女為妻，成了他的好內助。燕王是諸塞王當中勢力最強的一個，在抵禦蒙古諸部的內擾中，他得到了鍛鍊，也初步展示了他的軍事才能。

亂世嬰兒

元末是個戰亂年代，大批老百姓流離失所。直是亂世出英雄，朱元璋異軍突起，以應天（今南京）為根據地，積極擴充地盤。朱元璋多妻多子，朱棣是他二十六個兒子中的第四子。其中有好幾個兒子都不知道自己的生母是誰。明朝建立時，朱棣已是一個八九歲的兒童。那時全國仍很凋敝，滿目瘡痍。這一切都在朱棣的幼小心靈上留下了深深的印記。

出生於戰亂年代

元至正二十年（一三六〇年）四月十七日，朱棣出生於當時稱作應天府的南京。應天，是順應天命的意思。四年前（一三五六年），朱元璋渡江攻下集慶（南京），就將集慶改名為應天。他要順應天命，推翻元朝，削平群雄，自己當皇帝。現在他又有了第四個兒子，照理應該好好慶祝一下，但軍情緊急，他甚至對自己的這個兒子都來不及看上一眼，便又到前線指揮打仗去了。至於怎麼樣為這個孩子取個吉祥名字，他更沒有工夫去琢磨了。

按照《明實錄》所描繪的當時情景，似乎朱棣一出生就注定要當皇帝。據書中描繪，朱棣「初生，光氣五色滿室，照映宮闈經日不散」。[1]對帝王的這類記載在中國古代屢見不鮮。封建文人總要為帝王頭上增添些神祕的光圈，例如漢高祖劉邦，史書上說他頭上總繚繞著一片雲氣，不論他躲藏在哪個山溝裡，他的妻子也可以很容易找到他。明太祖朱元璋也是這樣，《明史》上說他出生時「紅光滿室」，致使鄰居們以為他家著了火。其實，這些所謂「真龍天子」和一般人出生時絕不會有什麼兩樣。如果說明成祖出生時真的與一般人有什麼不同的話，那也只是他出生的地方更多了一些戰火的硝煙。

在這裡，我們有必要順便交代一下當時的社會歷史背景。這是因為，當人們要深入了解一個成年人的想法和行為時，根據普通常識，應該從他的家庭背景和童年生活中去尋找線索。

元朝末年，由於統治集團日益腐朽，階級矛盾、民族矛盾和各種社會矛盾迅速激化，各地人民的起義鬥爭此起彼伏。至正十一年（一三五一年）五月，劉福通等人以「重開大宋之天」相號召，在河南發動了大規模起義。因為起義軍戰士頭上都裹著紅巾，所以歷史上就稱之為「紅巾軍」。

至正十五年（一三五五年），劉福通在亳州（今安徽亳縣）擁立韓林兒為小明王，建立政權，國號「宋」，年號「龍鳳」。接著兵分三路大舉北伐，深入西北和東北地區。後來，劉福通攻占汴梁（今河南開封），便以汴梁為國都號令各地。

劉福通領導的紅巾軍起義取得初步勝利後，全國各地的白蓮教徒紛紛起兵響應。那時，明成祖的父親朱元璋還是個遊方僧，他看到天下大亂，便丟棄了僧人的衣缽，毅然參加到郭子興的隊伍中。郭子興看他才略出眾，便把自己的養女馬氏嫁給了他，這就是後來被明成祖稱作生母的馬皇后。至正十五年（一三五五年）郭子興病死，朱元璋就成了這支隊伍的統帥。他接著率領大軍渡過長江，並於第二年攻占集慶（今南京），改名應天府，作為自己的根據地。朱元璋雖然在實際上建立了自己的政權，但他並沒有馬上稱帝，而是仍然「用龍鳳年號」，自己只是稱吳國公。朱升這時向他提出了一個著名的策略建議：「高築牆、廣積糧、緩稱王」。他按照這種思想，令將士屯田，盡力興修水利，以保證軍糧供應。因此，朱元璋的勢力很快壯大起來，成了一支與群雄逐鹿中原的勁旅。

這時，北邊的元政權還在進行垂死掙扎，各地還有一些與農民軍為敵的地主武裝，有的地主武裝還頗為強悍。除此之外，與朱元璋政權並存的割據勢力還有數支，而對朱元璋威脅比較大的是陳友諒和張士誠。

陳友諒原是徐壽輝的部下。徐壽輝是長江中上游的紅巾軍首領，在蘄水（今湖北浠水）稱帝，

1《太宗實錄》卷一。

國號「天完」，年號「治平」。後來，陳友諒把徐壽輝接到江州（今江西九江），不久便把徐壽輝殺掉，自稱皇帝，國號「漢」，年號「大義」。他擁眾數十萬，與朱元璋展開激烈的爭戰。

張士誠以平江（今江蘇蘇州）為都城，自稱誠王，國號「周」，年號「天佑」。他不屬紅巾軍系統，對元政權時降時叛。

另外，浙東還有一個方國珍的割據政權，也有相當勢力。在四川，明玉珍還建立了一個大夏政權，年號「天統」，定都重慶。這些割據勢力你爭我奪，都想取元政權而代之。由此可以看出，明成祖出生前後以至他的童年時期，中國正處於一個戰火紛飛的動亂年代。幾乎與明成祖呱呱墜地的同時，前線傳來了陳友諒進攻太平（今安徽塗縣）的告急文書。陳友諒果然攻陷了太平，並要接著進攻應天。在這軍情緊急時刻，也難怪朱元璋顧不上為兒子取名了，他必須馬上到前線迎擊敵人。朱元璋收復了太平，並追擊陳友諒到九江，迫使陳友諒奔回武昌。

當時，朱元璋的西邊是陳友諒，東邊是張士誠，自己處於兩面受敵的不利形勢下。尤其令人不安的是，陳友諒和張士誠還相互聯手，想消滅朱元璋。按照謀士劉基的建議，朱元璋決定先消滅陳友諒，回頭再收拾張士誠。至正二十三年（一三六三年），朱元璋和陳友諒進行了著名的鄱陽湖大戰，雙方幾乎都傾注了全部兵力。陳友諒出兵六十萬，大戰船數十艘，而朱元璋只有二十萬人，用的是小船。但朱元璋的軍隊上下一心，士氣高漲，結果大敗陳友諒，將陳友諒用流矢擊斃。朱元璋消滅了陳友諒這支勁敵後，揮師東進，消滅了張士誠，迫使方國珍投降。至此，南邊的半壁河山已成了朱元璋的天下。但直至他登極做皇帝，中國大地上的戰火仍未平息。稱帝後又經過數年征戰，他這才基本上統一了全國。這種長期的戰亂，不能不在明成祖幼小的心靈上留下深深的印記。

至正二十七年（一三六七年）舊曆年底，朱元璋準備轉過年頭就要正式登極做皇帝了，看到自己已經有了七個兒子，自然是滿心高興。這時形勢已經粗安，他決定要為兒子們正式取名了。十二月二十四日，他祭告太廟，把自己渡江後生了七個兒子歸因於祖上的陰德：

仰承先德，自舉兵以來，渡江生子七人。今長子命名曰標，次曰樉、曰棡、曰棣、曰橚、曰楨、曰榑。[2]

這時明成祖已經七歲，他這才和眾兄弟一樣有了自己的名字。

朱元璋不只是為兒子們取了名，而且還制定了後世子孫取名的規則。他的每一個兒子都作為一支，每一支都擬定了二十字輩分，作為一世，名字中的另一個字則臨時確定。明王朝這種宗室命名規則在《明朝小史》中有詳細記載：

帝以子孫蕃眾，命名慮有重複，乃於東宮諸王世系，各擬二十字為一世。以某字為命名之首，其下一字，則臨時定議，以為二名，編入玉牒。至二十世後，復擬續增。如燕王位下二十字則曰：高、瞻、祁、見、祐、載、翊、常、由、慈、和、怡、伯、仲、簡、靜、迪、先、猷。[3]

但名字的下一個字也不能隨便取，而是要「按五行相轉」。[4]例如，朱棣這個輩分的都屬木德，他

2《明太祖實錄》卷二十八下。
3 呂毖，《明朝小史》卷一，〈二十字定名〉。
4 沈德符，《萬曆野獲編》卷四，〈宗室名〉。

的兒子朱高熾，屬火德；孫子朱瞻基，屬土德；曾孫朱祁鎮，屬金德；玄孫朱見深，屬水德。以後則周而復始地循環，意在傳之永久。但人們看到的卻是，朱元璋為子孫們擬定的那二十字只用了一半，他所建立的明王朝就壽終正寢了。

生母之謎

明成祖的生母是誰，居然還是個謎，這在常人看來似乎不可思議。但這個謎確實存在，數百年來一直撲朔迷離，長期吸引著許多學者進行探討和考證。從問題的實質來看，就是嫡子和庶子的問題。

中國古代存在著事實上的一夫多妻制，尤其是封建帝王更是如此。正妻生的兒子稱嫡子，非正妻生的兒子稱庶子；正妻被稱為嫡母，其他的妾被稱為庶母。對帝王家來說，嫡子和庶子在名分上有重大差別。按照封建宗法制度，皇帝死了，皇位要由嫡長子繼承，即使嫡長子死得早，如果嫡長子有兒子，也要由嫡長子的嫡長子來繼承，其他庶子則不得覬覦。只要是嫡子，即使不是老大，也更靠近了皇位一步。

明成祖自稱是馬皇后所生，自然也就是所謂嫡子了。明成祖從侄兒建文皇帝手中奪取皇位後，馬上指使臣下編寫了《奉天靖難記》，記述了靖難之役的經過，為他歌功頌德。此書一開頭就寫道：

> 今上皇帝（明成祖），太祖高皇帝第四子也。母孝慈高皇后生五子：長懿文皇太子，次秦

> 王，次晉王，次今上皇帝，次周王也。[5]

《太宗實錄》是仁宗時修的，仁宗自然也稱自己的父皇為高皇后所生。此後，各種正史都沿用了這種說法。因此，人們大都不知道其中隱藏著一個不小的謎。明成祖事實上並不是高皇后所生。

從明清以來的各種史籍來看，有關明成祖生母的說法大致有五種：一是如上所說，高后生了五個兒子，第四個兒子就是明成祖朱棣；二是懿文太子和秦、晉二王都不是高后所生，只有明成祖和周王為高后所生；三是高后生懿文太子和秦、晉、周王，明成祖是達妃所生；第四種說法影響比較大，謂明成祖乃元順帝的妃子所生；第五種說法是，明成祖乃是碽妃所生。

經過學者們長期多方考證，現在已可以肯定，明成祖的生母不是高皇后，而是碽妃。這種說法最可信的證據是南京《太常寺志》對孝陵神位的記載：

> 左一位，淑妃李氏，生懿文太子、秦愍王、晉恭王。右一位碽妃，生成祖文皇帝。[6]

太常寺是掌管皇家宗廟禮儀的官署，《太常寺志》對皇家血統的記載自然較為可信。孝陵是明太祖朱元璋的陵墓，太常寺對孝陵配享神位的記載是不敢胡來的。可惜的是，這本《太常寺志》現已失傳，我們無法親自驗證。但明代學者有的看到了，並記載在自己的書中，因而是可信的。例如明代人何喬遠記道：

5《奉天靖難記》卷一。
6 潘檉章，《國史考異》卷四。

臣於南京見《太常寺志》，云帝（明成祖）為碽妃所生，而玉牒則高后第四子。玉牒出當日史臣所纂，既無可疑。南（京）太常職掌相沿，又未知其據。臣謹備載之，以俟後人博考。[7]

這種說法：

何喬遠是萬曆時進士，曾官南京工部，博覽多聞。他親自看到南京《太常寺志》的記載，雖「未知其據」，但這種紀錄本身就是很有價值的，也是可信的。正因如此，談遷在《國榷》中也採用了

文皇帝，御諱棣，太祖高皇帝第四子也，母碽妃。玉牒云高皇后第四子，蓋史臣因帝自稱嫡，沿之耳。今南京《太常寺志》，載孝陵附享，碽妃穆位第一，可據也。[8]

在中國古代，宗廟神位有「左昭右穆」的規則。這裡說「碽妃穆位第一」，也就是右邊第一。這和前面的記載是一致的。

明末清初人錢謙益和李清對此事還進行了考證。李清見到《太常寺志》的記載很吃驚，去問大名士錢謙益。錢謙益雖然博學，但也不能確定真假。李清在明末曾任大理寺左丞，錢謙益在南明弘光朝任禮部尚書。在弘光元年元旦謁祭孝陵時，二人利用他們身為大臣的方便條件，趁機打開孝陵寢殿，「入視果然，乃信」。[9]

有人還在詩詠中記載此事：

高后配在天，御屋神所棲。
眾妃位東序，一妃獨在西。
成祖重所生，嬪德莫敢齊。

一見異千聞，「實錄」安可稽？[10]

碽妃為明成祖生母，還有一個有力證據，即南京大報恩寺中對碽妃的供奉。明成祖即位後，以報答高皇后母恩為名，在原來天禧寺舊址上修建了大報恩寺，讓一些僧人為母親祈福。但是，寺內正殿中供奉的卻是他的生母碽妃。只是殿門經常封閉，外人難得一見真相。陳雨叟在《養和軒隨筆》中記有此事：

幼時遊南京大報恩寺，見正門內大殿封閉不開。父老言，此成祖生母碽妃殿也。妃，高麗人，生燕王，高后養以為子。

關於明成祖生母問題，著名的明史專家吳晗和黃雲眉都做過精細考證，皆得出碽妃是其生母的結論。[11] 現在已可以肯定，明成祖的生母不是高皇后，而是碽妃。至於碽妃是朝鮮人，還是元順帝的妃子，抑或是碽妃原是朝鮮人，先被元順帝納為妃，後又被明太祖納為妃，則諸說紛紜，難以詳考。

之所以花那麼多筆墨來考證成祖的生母問題，此因這個問題不只關係到他的身世，而且深刻

7 何喬遠，《名山藏》，〈典謨記六〉。
8 談遷，《國榷》卷十二，建文四年六月乙丑。
9 李清，《三垣筆記》，引用自黃雲眉，《明史考證》第一冊，頁六十二。
10 朱彝尊，《靜志居詩話》卷十三。
11 見吳晗，〈明成祖生母考〉，《清華學報》，一九三五年第三期；黃雲眉，《明史考證》第一冊，〈明史卷五考證〉。

地影響到他一生的行為。這個問題成了他一塊重大的心病，總想千方百計地掩飾，唯恐別人知道了他的老底。例如，《明太祖實錄》本來已在建文年間修好，但他即位後又一再命史臣重修，一個重要目的就是為了掩飾生母真相；一些文臣就因為修纂得不合成祖心意，因而或早或晚地丟了腦袋。仔細看一下《明實錄》就會發現，明成祖經常聲稱自己乃高后所生，在一般人看來，這似乎毫無必要，甚至可以說有點神經質。例如，在發動靖難之役時，他告訴將士：

我太祖高皇帝、孝慈高皇后嫡子，國家至親。[12]

當他率兵攻入南京以後，他在發布的詔書中又稱：

朕為高皇后嫡子。祖有明訓，朝無正臣，內有奸惡，王得與兵討之。[13]

似乎他一稱自己為嫡子，起兵奪取帝位的理由就更充分了似的。當他的侄子晉王濟熺來朝時，他又賜書給他，說道：

吾與爾父皆皇考妣所生，自少友愛深厚。[14]

這種不時申述一番自己生母是誰的做法，不要說對一般平民而言為多餘，就是在歷代帝王中也是絕無僅有的。但也正是這些看似多餘的申述，使我們看到了隱藏在言辭後面的「盧山真面目」。

明成祖隱瞞生母真相，謊稱為高后所生，其目的在提高身價，為自己當皇帝尋找血緣上的根據，這已昭然若揭。與此相反，社會上還有一種對明成祖帶有諷刺意味的說法，這正像蒙文史書《蒙古源流》卷八所記，說明成祖的生母是蒙古人洪吉喇氏。她原是元順帝的第三福晉——太師洪吉喇特托克托的女兒。她入明宮時已經懷孕，生下的明成祖就是元順帝的遺腹子。

這種說法的荒謬是顯而易見的。儘管朱元璋的嬪妃中有蒙古人，但明成祖絕不會是元順帝的遺腹子。以朱元璋的精明和剛毅，他絕不會把一個已懷身孕的元主妃納為自己的妃子。如果真有此事，也絕不會瞞過他的眼睛。再說，明成祖生於至正二十年（一三六〇年），到至正二十八年（一三六八年，即洪武元年）八月時，徐達才率軍攻克大都（北京），元順帝這才倉皇逃往漠北。如果元順帝的妃子歸了朱元璋，也只能在此以後，而這時的明成祖已經九歲了。

有關帝王的這類傳說，在宋代以前極為罕見，宋代以後卻漸漸多了起來。例如，元末龍鳳政權的首領韓山童自稱是宋徽宗九世孫，所以龍鳳政權的國號為「宋」。有人說韓山童的兒子韓林兒「乃瀛國公次子」，韓山童收養為自己的兒子。所謂瀛國公，是指南宋末代皇帝趙顯，他降元後被稱為瀛國公。還有一種傳說，謂元順帝並不是元明宗的兒了，而是瀛國公娶了元朝公主後生的，

12《太宗實錄》卷二。
13《太宗實錄》卷十上。
14《太宗實錄》卷十下。

由元明宗收養長大。清代以後，社會上廣泛流傳乾隆帝不是雍正之子的說法，而是說他的生父乃是漢族官僚陳閣老。文藝家們還以此為題材，編寫了不少小說和戲劇，致使這種說法越傳越廣。聯繫到前前後後的此類傳說，我們對有關明成祖的那個傳說也就不以為奇了。

這類傳說的流行有其社會根源。首先，一個新的王朝建立後，一些舊朝遺老不願與新朝合作，對新朝不滿，便編造傳播這類傳說，把新朝天子說成是舊朝的遺脈，藉以抒發對舊朝的懷念，同時也是對自己屈事新朝的一種精神安慰。

其次，宋元明清是我國歷史上又一重要的民族大融合時期，漢族和少數民族交替稱帝，從而為這類傳說提供了肥沃的土壤。同時，這類傳說也從另一個角度反映出漢民族和少數民族中你中有我，我中有你，這已成為當時中國社會的一個特點。

再者，朱元璋多妻多子，他有二十六個兒子，十八個女兒。他嬪妃成群，其中既有蒙古人，也有朝鮮人。吳晗曾指出：「元璋子孫中有蒙古、高麗血統，是毫無問題的。」[15]他的嬪妃中還有他以前的勁敵陳友諒的妃子，從而演變出一個故事，說他的兒子潭王原是陳友諒的遺腹子。與此相似，有些人把明成祖說成是元順帝的遺腹子，也就不足為怪了。

最後，朱元璋建立明朝後，以猛治國，許多士大夫被不明不白地殺掉，僥倖活下來的也是在朱元璋的屠刀下戰戰競競地生活。建文帝繼位後，優待文人，一改朱元璋原來的做法，重用知識分子，方孝儒等人改官制、復井田，也都得到他的支持。因此，士大夫們在建文時頗為得意。明成祖通過靖難之役奪得帝位，推翻了建文帝，大殺建文舊臣。方孝儒這個文人首領被誅了「十族」，其株連之廣曠古未有。另有「瓜蔓抄」之類，使大批文人受株連被殺。因此，一些野史筆記把明成祖描寫得十分邪惡。這也正是明成祖後來形象不佳的一個重要原因。在這種情況下，一些醜化明成祖的傳說就傳播開來，說他是元順帝的遺腹子就是其中之一。

這種傳說還有其思想根源。在封建社會，人們最重視血統的純正，尤其是帝王之家，更不能有絲毫的混亂。皇帝是國家社稷的代表，皇帝被稱為「天子」，即上天之子，按照天意來統治國家和百姓。倘若其血統不純，豈不是對上天、對國家社稷的褻瀆！如果明成祖不是朱元璋的兒子，而是元順帝的遺腹子，他還怎麼有資格當明朝皇帝呢？如果人們接受了這種傳說，明成祖在人們的思想意識上就失去了當皇帝的合法性。

另外，宋代理學大興，這是一種客觀唯心主義思想。它吸收了儒家的一些傳統思想，也吸收了佛家的思想養分。佛家的一個重要思想就是生死輪迴、因果報應。北宋理學家邵雍還創立了所謂的「先天學」，實際上是一種繁瑣的神祕的象數學體系，即認為一切事物都有一定的形象和數量，並用以解釋一切自然界和社會現象。對於歷史，則用宿命論和循環論來進行解釋，認為王朝的興替都由天命所定。例如朱元璋當皇帝後就經常說，宋朝的運數已終，上天就讓沙漠真人入主中國。現在元朝的運數又已終結，就要由他順應天命來當皇帝了。元順帝從大都北逃，朱元璋認為他是順天命，所以對他謚號為順帝。在這種思想影響下，人們製造了明成祖是元順帝遺腹子的傳說，其中寄託著天命和因果循環的神祕色彩。

15 吳晗，《朱元璋傳》第八章。

從宮廷到就藩燕京

明成祖朱棣在宮廷中度過了青少年時期。他十一歲時被封為燕王。又過了十年，他已成了一個英姿颯爽的青年，便率領護衛就藩北平。這段時期的生活對他以後的道路產生了深刻的影響。

宮廷生活

在一般人看來，帝王子孫們的宮廷生活一定是非常幸福的。其實不然，除了物質生活富足以外，其他樂趣並不多，甚至可以說是枯燥乏味。他們要沒完沒了地參加各種朝見和祭儀，要表現得一本正經，不能有半點兒戲。除此之外，就是跟隨幾個大儒一天到晚誦讀儒家經典。只有在他們偶爾到郊外走動時，才能目睹到一些民間生活情趣。

每當他的皇帝老子要舉行大祭時，朱棣和他的弟兄們都要去助祭。例如郊祭，即冬至到南郊祭天，夏至到北郊祭地；謁廟，即謁祭太廟，另外還有正月初一和冬至舉行的大型朝賀，他們都要參加。起初，朱棣和他的小弟兄們在服飾上與長兄沒什麼區別，都要「服衮冕」。「冕：五彩、九旒；衣五章，裳四章。」即帽子有五種顏色，九條飄帶。衣是指上身服飾，「五章」也就是五彩，即五種顏色；裳是下身服飾，有四種顏色。這是在最隆重場合穿的最莊重的服飾。至於像初一、十五之類的朝見，則都穿「皮弁服」。[16] 各種祭儀和朝見成了朱棣眾弟兄生活中一項重要內容。在這種場合都要規規矩矩，雖然都還小，但絕不允許嘻嘻哈哈。第一次可能還覺得挺新鮮，但時間一久，其枯燥乏味是可以想見的。

另一項主要生活內容就是學習儒家經典了。朱元璋年輕時沒機會上學，後來只是在馬背上學了點文化，當他親自撰寫詔敕或什麼祭文時，語句都是似通非通。他為徐達墓撰寫的碑文，誰也斷不開句。朱元璋一生都為自己文化水平低而遺憾，因此他十分重視對孩子們的教育。朱元璋稱帝的第一年，就在宮中修建了大本堂，作為太子和諸弟學習的場所。堂中藏有大量歷代圖籍，供他弟兄們觀覽。徵聘各地名儒，輪班授課，教育太子和諸王。朱元璋還找了一些才華出眾的青年，讓他們當朱棣弟兄們的伴讀。師傅都是滿腹經綸的大儒，其中最著名的大概就是宋濂了。他前後十幾年，向他們講四書五經，講封建禮法，一舉一動都要合封建禮儀。尤其是講到歷代興亡事跡時，都要詳細說明某事應該怎麼做，不該怎麼做。洪武二年（一三六九年）四月，朱元璋又命心腹謀臣孔克仁等「授諸子經，功臣子弟亦令入學」。[17]新來些外廷功臣子弟，可能會給朱棣兄弟們帶來些新鮮空氣。

如何教育這些皇子們，朱元璋對儒臣們提出了他的教育方針：「譬如一塊精金，要找高明工匠打造；有一塊美玉，也要有好玉匠才能成器。有好子弟，不求名師，豈不是愛子弟還不如愛金玉嗎？好師傅要做出好榜樣，因材施教，培養出人才。我的孩子們將來是要治理國家的，各功臣子弟也要做官辦事。教育他們的方法，最要緊的是正心。心一正，萬事都能辦好；心不正，各種邪欲都來了，這是最要不得的。要教他們切實的學問，用不著像一般文士那樣，只是會記誦辭

16《明會要》卷二十三，引王圻《通考》。
17《明史》卷一百三十五，〈孔克仁傳〉。

章，沒一點好處。」[18]朱元璋文化水平雖然不高，但這些話還是有道理的。因為太子是他的接班人，他對太子的教育特別關注。有一次，他對殿中侍御史郭淵文等人說：「這些孩子們的文章還作得差不多，只是對太子來說，重在端正他的心術，不要流於浮藻。」[19]在朱元璋看來，學問重要，德性更重要。為此，他還特意找了一些品行端莊的文士，讓他們當皇子們的賓客和諭德，隨時隨地向皇子們進行說教。

在皇子們的師傅中，有一個叫李希顏的，原是個隱士，因名氣高，朱元璋寫了親筆信把他徵召入京，讓他當皇子們的老師。在古代，私塾的老師手裡都有支戒尺，學生不聽話就要挨打。他大概已經習慣了這一套，對皇子們依然很嚴厲。有一次，一個皇子不聽話，讓他打在腦袋上，腫起個包。朱元璋見了很心疼，一時大怒，準備治李希顏的罪。馬皇后在旁勸解道：「師傅教我們的兒子以聖人之道，哪裡還能對師傅發怒呢？」[20]朱元璋這才消了氣，不久還讓李希顏升了官。史書中沒記載挨打的是不是朱棣，但他肯定是在這樣嚴肅的氣氛中進行學習的。

朱棣兄弟們除了接受師傅們的教育外，還要隨時接受朱元璋的訓誡。洪武元年（一三六八年）十二月的一天，朱元璋退朝回宮，趁朱棣兄弟們都在跟前，便指著宮中的一片空閒地對他們說：「這裡並不是不可以建亭台樓榭，作為遊玩場所，只是不忍心多費民財罷了。過去商紂王大造瓊宮瑤室，結果使天下人都怨恨他。漢文帝曾想建露台，因憐惜一百兩銀子的費用就沒有建，所以當時國泰民安。你們以後要經常心存警戒啊！」[21]在這種場合，朱棣兄弟們都要格外恭謹，否則的話，一受懲罰就比師傅們更嚴厲。

朱棣從他父皇那裡接受的完全是封建正統教育。對此，朱元璋曾有一段明確的自白：

朕於諸子常切諭之：一、舉動戒其輕；一、言笑厭其妄；一、飲食教之節；一、服用教之儉。恐其不知民之飢寒也，嘗使之少忍飢寒；恐其不知民之勤勞也，嘗使之少服勞事。[22]

從這段話可以看出，朱棣弟兄們不只是要學書本，而且平時一言一行都要合乎封建規範。這對一個天真爛漫的少年來說，並不是一件愜意的事。

朱棣除了要讀儒家經典外，還要讀他的父皇特意為他們編寫的書。洪武六年（一三七三年）三月，朱棣從父皇那裡領到一本《昭鑑錄》，四月又領到一本《祖訓錄》。這都是朱元璋讓儒臣們編寫的。書中搜集了古代藩王的一些善惡事跡，以對皇子們進行宗法教育。為了讓皇子們好好學，朱元璋還親自為《昭鑑錄》寫了序。

洪武三年（一三七〇年）設立大宗正院，即後來所謂的宗人府，掌皇族內部事宜。因長子朱標是太子，就由次子朱樉為宗人令，三子朱棡為左宗正，四子朱棣為右宗正。他們幾個在皇子們中年齡比較大，有些事就由他們幾個領頭去幹。

朱元璋不希望他的兒子成為文弱書生，就讓他們經常做些強健筋骨的活動。他當吳王不久，看到七個兒子漸漸長大了，「宜習勞，令內侍製麻履行縢。凡諸子出城稍遠，馬行十七，步行

18 轉引自吳晗，《朱元璋傳》第八章。
19 《明會要》卷十四，引《明紀》。
20 《明史》卷一百三十七，〈李希顏傳〉。
21 谷應泰，《明史紀事本末》卷十四。
22 《明太祖實錄》卷八十。

十三。」[23]所謂麻履，就是麻鞋，行縢是指纏腿。這裡是說，讓朱棣兄弟七人都穿著麻鞋，裹上纏腿，像士兵那樣到城外遠足，十分之七的路騎馬，十分之三的路要步行。這對長期住在深宮大院中的皇子們來說，雖說勞累點，但還是饒有興味的。隨著年齡的增長，他們還要不時地在演武場上練習武備。

洪武九年（一三七六年），朱棣已是十七歲的英俊青年，他的父皇準備讓他們到外地去當藩王了，感到有必要讓皇子們體驗一下民間生活。於是，這一年朱棣兄弟們一起來到安徽鳳陽老家，那時被稱為中都。這裡埋葬著他們的祖父母，也是他們的父皇小時候為大戶人家放牛放羊的地方。這裡也是「十年倒有九年荒」的窮鄉，老百姓的生活都很困苦。在這裡，朱棣彷彿看到，他的父皇小時候是怎麼樣受苦受難，創業是多麼的艱難。他在這裡住了三四年，民間生活對他的思想意識產生了深刻的影響。朱棣是個有心人，「民間細事，無不究知」。他當皇帝以後，還經常對兒子們說起這段生活，認為自己能南北征戰，不畏塞外風寒，就得益於這段經歷。[24]朱棣在鳳陽的這段生活可看作是宮廷教育的實習階段，他回去就要準備到外地去當藩王了。

受封燕王

朱棣的長兄朱標，即南京一帶所習稱的大頭太子，在朱元璋稱吳王時就被立為世子。洪武元年（一三六八年）正月初四日，朱元璋大祭天地於南郊，在郊壇南邊正式登極稱帝。他追贈祖上四代，冊封馬氏為皇后，立朱標為皇太子。朱棣兄弟們自然都在場，他們還要按照事前的安排，由他們的二哥代表眾兄弟向大哥祝賀。從此以後，朱棣這些小兄弟都要尊稱長兄為殿下，他們原來都在一起玩耍，親密無間，年齡也差不了幾歲，但從此以後就有了身分尊卑的差別。

在朱元璋看來，元朝之所以經常發生宮廷政變，主要原因就在於沒有早立太子，因此他一稱帝就解決了這個問題。他還看到，當元末農民起義四處爆發的時候，元王朝在各地缺少強有力的藩衛。有鑑於此，洪武三年（一三七〇年）他就做了封藩的安排，即把各個小兒子封到各地當藩王。他為了不使天下人感到他私心太重，在封藩前還特意做了一番表白：

> 天下之大，必建藩屏，上衛國家，下安生民。今諸子既長，宜各有爵封，分鎮諸國。朕非私其親，乃遵古先哲王之制，為久安長治之計。[25]

這真有點「此地無銀三百兩」的味道，他明明在那裡「私其親」，把自己那些沒有尺寸之功的兒子們封為藩王，還故意裝模作樣地說成是為了國家。實際上，歷代封建統治者都把國家當成自己的「家天下」，認為「普天之下，莫非王土，率土之濱，莫非王臣」，這並沒有什麼奇怪，只是越這樣表白不是「私其親」，反而倒使人感到奇怪了。

大臣們心裡都明白這是怎麼回事，沒人敢公開反對，而只有稱頌「陛下英明」的份。於是封諸子為王的這件事也就定下來了。對這麼一件重要的事，朱元璋當然要發一個正式詔諭：

23 呂毖，《明朝小史》卷一，〈步行十三〉。
24《太宗實錄》卷二十三。
25《明太祖實錄》卷五十一。

> 考諸古昔帝王，既有天下，子居嫡長者必正位儲貳。若其眾子，則皆分茅胙土，封以王爵，蓋明長幼之分，固內外之勢者。朕今有子十人，前歲已立長子為皇太子。爰以今歲四月初七日，封第二子為秦王、第三子為晉王、第四子為燕王、第五子為吳王、第六子為楚王、第七子為齊王、第八子為潭王、第九子為趙王、第十子為魯王、侄孫為靖江王，皆授以冊寶，設置相傳官屬。凡諸禮典，已有定制。於戲！眾建藩輔，所以廣磐石之安；大封土疆，所以眷親支之厚。古今通誼，朕何敢私！[26]

也就在這一天，朱棣便有了燕王的身分。

朱元璋分封諸子為藩王，口口聲聲說是「遵古先哲王之制」，我們不妨簡單回顧一下古代帝王是怎樣制定分封的，看看朱元璋又做了哪些損益。

夏代史料缺乏，無法詳考。商代已的確實行了分封制度，「子孫分封，以國為姓」。[27] 周朝大舉分封，「封建親戚，以藩屏周」，[28] 並形成了完備的封建宗法制度。漢代建立後，劉邦也實行分封，起初是同姓王和異姓王並存，後將異姓王漸次削奪，只保留同姓王。這些同姓王在封國內有政治、經濟、軍事大權，後來終於釀成「吳楚七國之亂」，旗號是「清君側」，實際上是要奪皇位。晉初大封同姓子弟為王，且握有軍政實權，後釀成「八王之亂」。唐代雖也封皇室子弟為王，但「有名號而無國邑」，都要住在京城的宅院裡，由宦官進行管理。宋代大體沿用了唐代的做法，只是稍作改動。宋代封王只及自身，不得世襲，可以像庶民子弟一樣，參加科舉考試為官。元代封皇子為王，派往各行中書省，專制一方，儼然是地方上的軍政首領，明顯帶有民族壓迫的色彩。[29]

在朱元璋看來，還是漢代的分封辦法比較好，使封國和郡縣相間，便於監視。在此基礎上，他建立了自己的分封制度。這種制度不僅對朱棣本人，而且對有明一代的政治都產生了極為重大的影響。

按照明制，皇子封為親王都授予金冊金寶，年食祿米萬石。其護衛「少者三千人，多者至萬九千人」。[30]但這只是就一般情況而言，像北邊防禦蒙古的幾個藩王，所統兵士都超過此數。例如在大寧的寧王「帶甲八萬，革車六千」[31]。這些藩王的府第、服飾和軍旗等，「下天子一等」，公侯大臣見了他們都要「伏而拜謁」。藩王的嫡長子立為世子，即藩王的未來接班人，十歲時就授予金冊金寶。其他諸子則授予塗金的銀冊銀寶，封為郡王。以後各世子孫都有封爵，自六世孫以下都封為奉國中尉。他們出生時要向宗人府請名，年齡大了要請婚。但他們不能從事士農工商之類的行當，只是坐糜俸祿。明中期以後，皇室成員的俸祿成了國家沉重的包袱。藩王沒有行政權，只有軍事權，朝廷調地方軍隊，地方守鎮官還要得到當地藩王令旨後才能調動。遇有戰事，即使元勳宿將也要聽藩王節制。當燕王朱棣率軍征討乃兒不花時，像傅友德那樣的大將也要受他調遣。朱元璋認為他這套制度比以往歷代都嚴密，大明江山可以長治久安了。但他萬萬沒想到，他剛死，就爆發了朱棣與建文皇帝爭奪皇位的靖難之役。

26《明經世文編》卷四，引自王褘《擬封諸王詔》。
27《左傳・哀公七年》。
28《左傳・僖公二十四年》。
29 參見張德信，〈明代諸王分封制度述論〉，《歷史研究》一九八五年第五期。
30《明史》卷一百一十六，〈諸王列傳序〉。
31《明史》卷一百一十七，〈寧王傳〉。

對這種分封的弊端，一些有遠見的大臣早就看出來了，只是很少有人敢公開說。著名的文士解縉率直敢言，他「數上封事，所言分封勢重，萬一不幸，必有厲長、吳濞之虞」。[32]說得最直率的大概就是平遙縣的訓導葉伯巨了。洪武九年（一三七六年），葉伯巨上書言事，說明太祖「太過者三」，第一條就是「分封太侈」：

今裂土分封，使諸王各有分地，蓋懲宋、元孤立，宗室不競之弊。而秦、晉、燕、齊、梁、楚、吳、蜀諸國，無不連邑數十，城廓宮室亞於天子之都，優之以甲兵衛士之盛。臣恐數世之後，尾大不掉，然則削其地而奪之權，則必生觖望，甚者緣間而起，防之無及矣。議者曰，諸王皆天子骨肉，分地雖廣，立法雖侈，豈有抗衡之理？臣竊以為不然。何不觀於漢、晉之事乎？孝景，高帝之孫也，七國諸王，皆景帝之同祖父兄弟子孫也，一削其地，則遽構兵西向。晉之諸王，皆武帝親子孫也，易世之後，迭相攻伐，遂成劉、石之患。由此言之，分封逾制，禍患立生，援古證今，昭昭然矣。[33]

朱元璋見疏大怒，認為這是離間他們一家骨肉，要親手射殺他。葉伯巨終究為此事死在獄中。不幸的是，葉伯巨所言果然成了事實。

朱棣在就藩燕京以前，朱元璋還為他完了婚，妻子就是中山王徐達的長女。朱元璋聽說她「貞靜，好讀書」，被人稱為「女諸生」，就把徐達找來說：「你我是布衣之交。古代君臣相契的常結為婚姻，你的長女就嫁給我的四子朱棣吧。」徐達自然是滿口答應，還要叩頭謝恩。徐氏於洪武九年（一三七六年）被冊封為燕王妃，第二年就成了親。這時朱棣十八歲，徐妃十六歲。就是這位看來賢淑貞靜的徐妃，後來成了朱棣奪天下、治天下的得力內助。

洪武十三年（一三八〇年）春天，朱棣從鳳陽回到南京，受命就藩北平。他的府邸就是元朝的舊宮，其規制如同天子。按照規定，藩王的府邸「亞天子一等」，其他諸王都是如此。為了這件事，朱元璋還曾特地告諭諸王，要他們不要與燕王攀比，因燕王府邸是元朝舊宮，不需要新建，他們新建的府邸則都要按規定辦事。不難看出，朱元璋對燕王寄有特別的厚望。北平是元朝都城，位置險要，燕王的二哥和三哥分別就藩西安和太原，就藩時間還早於燕王兩年，都沒讓他們去北平，而是把北平留給了燕王，其中似乎有深意存焉。從朱元璋為諸王選的妃子來看，燕王妃是明王朝第一功臣徐達的長女，而這種婚姻實質上是一種政治行為，在這點上其他諸子也是比不上的。這對朱棣以後的發展都是很重要的因素。

這時的燕王已是二十一歲的英俊青年。他沒有留戀風光旖旎的南國春色，而毅然甘冒「雪花大如席」的北國風寒。他出發了，率領著數千護衛，浩浩蕩蕩地奔赴北平，滿懷著信心和對未來生活的憧憬。他知道，這是他一生道路上的一個新起點。

青少年生活的影響

朱棣的青少年時代基本上是在宮廷中度過的，僅短短幾年住在祖籍鳳陽。這是一個由劇烈動盪逐漸走向安定的時代。這段生活對朱棣的影響是多方面的，也是深刻的，甚至可以說，在某種

32《明史》卷一百四十七，〈解縉傳〉。
33《明史》卷一百三十九，〈葉伯巨傳〉。

意義上決定了朱棣後來的處世態度和生活道路。這裡無法一一列出影響的各個方面，但就大處來說，至少可舉出以下三點。

第一、亂世民生的艱難給他留下了深刻的印記。

朱棣出生在兵荒馬亂的年代，就在他出生那一年，陳友諒進犯應天，一些將領甚至要棄城逃跑。年齡稍大一點，他就知道了一些家世的情況。他的爺爺、奶奶都是挨餓死的，死時甚至連個葬身之地都沒有，幸虧一位鄰居發了慈悲，才有了一處葬身之地。朱棣本來還有三個伯父，但當他記事時，卻只剩大伯父的兒子朱文正了。伯父、伯母也大都是挨餓而死。朱元璋稱帝後，一有機會就對他們兄弟講自己小時候的苦難，給人放牛放羊不算，還要經常吃草根樹皮。通過耳聞目睹，他也知道明初社會是何等凋敝。那時北方土地大半荒蕪，到處「積骸成丘，居民鮮少」，[34]很多地方的民戶「亡絕過半」。朱棣稱帝後還常說到農民的艱難：「國以農為本，人之勞莫如農。三時耕穫，力殫形瘵……終歲不免飢寒。」[35]這使得他知道愛惜民力，役民以時，稱帝後一度與民休息。他曾下令：「擅役一軍一民者，處重法以聞。」[36]他稱帝期間，勤勤懇懇，極力要建立一個安居樂業的太平盛世。

第二、他的父皇極為勤於政事，兢兢業業，這給他樹立了一個好榜樣。

朱元璋稱帝時，朱棣已九歲了，後來又長期生活在宮廷中。他親眼看到，父皇為治理這個國家是如何操勞。朱元璋是窮苦人出身，厭惡達官貴人那種驕奢淫逸的生活，他的全部精力都用在國家政事上。他「每天天不亮就起床辦公，批閱公文，一直到深夜，沒有休息，沒有假期，也從不講究調劑精神的文化娛樂」[37]。洪武十三年（一三八〇年）廢除丞相以後，他就不只是代天行命的國家元首，而且還成了事必躬親的行政首腦，大量公文都要他親自處理，政務自然是越來越忙。有人統計，他曾在八天內收到各衙門奏札共一千六百六十件，共三千三百九十一件事。[38]也就是說，他每天要處理二百多份報告、四百多件事。朱元璋在臨死前的遺囑中說，自己當了三十一年皇帝，「憂危積心，日勤不怠」。這八個字實在是他辛勤一生的寫照。這些事蹟，朱棣都是親眼看到了。從歷史上看，後世皇帝大都不如創業皇帝勤於政事，生活條件一優越，惰性便日益增長，懶於理事，耽於享樂。朱棣不是這樣，他繼承了父皇的這種好作風，自己稱帝後也是日夜操勞，使明王朝在永樂年間出現了少有的盛世景況。

第三、明初政治鬥爭相當殘酷，這對朱棣後來的統治風格產生了影響。

朱元璋出身於雇農，給富家放過牛、牧過羊，自己還當過遊方僧，實際上就是另一種形式的乞丐。他深知貪官污吏對百姓的危害，稱帝後特別注意吏治，對貪官污吏和危害政權的大臣嚴懲不貸。官員貪贓六十兩銀子以上者，就要被剝皮實草，梟首示眾。有的新縣官一上任，就看到大堂旁邊有個被剝了皮、填了草的前任。這在今天看來實在是太殘忍了，但也正是這種嚴厲的措

34《明太宗實錄》卷一百七十六。
35《太宗實錄》卷一百一十四。
36《太宗實錄》卷十六。
37 轉引自吳晗，《朱元璋傳》第八章。
38《明太宗實錄》卷一百六十五。

施，使明初吏治比較清明，行政效率也高。研究行政管理學的學者都知道，明初是中國封建社會行政效率最高的時期。

朱元璋對貪官和權臣的誅戮可說是怵目驚心。洪武九年（一三七六年），朱元璋發現地方官帶著空白蓋印文書到戶部核對錢糧，認為其中必定有詐，便下令將各地掌印長官一律處死。洪武十三年（一三八〇年），丞相胡惟庸「謀不軌」伏誅，受株連者三萬餘人。洪武十八年（一三八五年），戶部侍郎郭桓勾結浙西地方官侵吞稅糧，事發後，朱元璋逮殺數百人，下獄致死者達幾萬人。洪武二十六年（一三九三年），藍玉以謀反罪被殺，受株連一萬五千餘人。這一幕一幕，朱棣都是親自看到的，這對朱棣產生了或好或壞的影響。他即位後也特別注意吏治，絕不許大權旁落，當他誅殺建文帝的舊臣時，也是心狠手辣。

初露頭角

從洪武十三年（一三八〇年）到建文元年（一三九九年）起兵「靖難」，這十九年朱棣基本上是在北平度過的。他作為獨當一面的藩王，由一個初出茅廬的青年漸漸成長為一個智勇雙全的統帥。在這段時期，他積蓄了力量，等待著時機。雖然他還沒有很多機會施展自己的才華，但已初步顯示出他是眾兄弟中出類拔萃的一個。

眾藩之首

朱棣就藩在北平，這是塊形勝之地。金和元兩朝都在這裡建都，舊時宮殿尚存。燕王府邸就在元朝舊宮，雖然有點破舊，但依然保持著舊時帝王的規制。僅此一點就是其他藩王所無法比擬的。更重要的還不在於舊時帝王宮殿，而在於北平所處的地理位置。

經過千百年來的發展，到元朝時北平已成為全國的政治中心。在中國歷史上，元朝是真正的華夷一體、四海渾一的王朝。元朝定都於北京（那時稱作大都），不只是因為蒙古民族興起於漠北，也不是簡單地繼承金朝舊都，而是中國統一的多民族國家發展到一個新階段的必然結果。北京作為全國的政治中心，成為聯繫長城內外、大漠南北的樞紐，也是聯繫南北各族人民的紐帶。另外，北京形勢險要，它的東南面是廣闊無垠的平原，西邊是蜿蜒起伏的山峯，一直向東北方向延伸，直到山海關外。山間的一些關口，大有「一夫當關，萬夫莫開」之勢，成為連結塞外和東北地區的咽喉。這正像永樂十四年臣下給朱棣的一道奏疏中所說，北京「山川形勝，足以控夷、制天下」。這種無可代替的優越地理位置，對朱棣日後施展他的遠大抱負，無疑提供了一個有利的客觀條件。

朱棣很清楚他父皇那種暴虐的脾氣，也知道皇太子和眾藩王間那種表面和氣、內存危疑的複雜關係。他需要謹慎小心，要做一個勝任的藩王，要討父皇的歡心。

朱棣除了精心料理藩府諸事外，還不斷四處巡視，了解山川形勢，體察民間疾苦。他有時路過田家，就到農民家中敘談，了解他們的生產和生活情況。他當了皇帝後還不時向臣下說到這種情況：

朕在藩邸時，數因田獵過田家，見所食甚粗糲，知其所苦，每親勞問之，無不感悅。……用人之道，亦須先得其心，然後可以圖功。若養之於無事之時，用之於感恩之後，未有不得其力者。[39]

這段話對我們了解朱棣當燕王時的所做所想是很有幫助的。他為了日後能成就一番大事業，他知道贏得民心的重要。他並沒有耽溺於享樂，而是處處留心民事，為自己日後有所作為做準備。

朱棣心裡十分清楚，他必須極力討得他父皇的賞識。他們雖是父子，但政治風雲時有變幻，冷酷無情。朱元璋的一句話可以將他廢掉，一句話也可以使他高升。他知道，他父皇小時候受苦受難，當皇帝後一直提倡節儉，不喜歡奇珍異寶之類的奢靡之物。因此，他就不用這些東西來孝敬父皇，而是把能代表歲穀豐登的東西報送給朝廷。這樣做果然奏效，朱元璋就是喜歡這些東西。洪武二十八年（一三九五年）九月，北平永清衛產有嘉禾，朱棣就派人進獻給朱元璋。所謂嘉禾，就是大禾，即莊稼棵穗特別大者。這一次共進獻八株，其中二株是三棵長為一體，但仍結了穗，六株是三棵長在一起有二穗。這八株嘉禾進獻來以後，「群臣表賀，太祖大喜，為詩一章賜之」。[40]朱元璋不僅很高興，而且還寫了一首詩，但他的文化水平並不高。能得到朱元璋這樣的恩遇，朱棣應該很滿足了。

從燕王和他眾兄弟的表現來看，處處反映出燕王是較出色的一個。其他的藩王大都不大爭氣。燕王的二哥秦王朱樉，因行為多有過失，屢次遭受朱元璋訓斥。後來朱元璋把他召到京師，準備廢掉他。只是由於皇太子朱標多方勸解，才未被廢黜。秦王死後，朱元璋在頒賜的謚冊中說：「夫何不良於德，竟殞厥身，其謚曰愍。」[41]燕王的三哥晉王朱棡，就藩於太原，他在就藩途中就把膳夫鞭打了一頓。為此，朱元璋頒手書將其訓斥一頓。晉王性情驕縱，「在國多不法」。有人告發他有篡位的「異謀」，朱元璋打算對他嚴加治罪，也是因皇太子勸解，「力救得免」。[42]

燕王的兩位哥哥是如此模樣，他的弟弟們也是爭氣的少。他們有的沉溺於酒色，耽於享樂；有的玩槍弄棒，不時幹一些殺人犯法的勾當。有的喜歡吟詩作賦，那就算好些的。有的藩王趣味十分低下，經常帶幾個隨從馳逐郊外，有時抓住幾個男女，剝光了衣服，看人家的窘樣子取樂。有的藩王為了長生不死，就和一些方士混在一起，吃丹藥。例如燕王的十弟魯王，就因吃丹藥毒瞎了眼睛。這使朱元璋很不高興，他死後，給他的謚號為「荒」。比起他的眾兄弟來，燕王朱棣顯然是一個佼佼者。

結識怪傑姚廣孝

從歷史上可以看出，凡是成就一番大事業的人，他身邊總有那麼一兩個得力的謀士。例如春秋時，齊桓公「九合諸侯，一匡天下」，就得力於管仲。秦末劉邦最終戰勝了項羽，建立漢朝，人們都知道他得力於蕭何和張良。類似的例子可以舉出很多。明成祖無疑是中國歷史上極有作為的皇帝之一，他在謀略方面主要得力於姚廣孝。他和姚廣孝是在為馬皇后送葬時結識的。

39 余繼登，《典故紀聞》卷六。
40 高岱，《鴻猷錄》卷七，〈封國燕京〉。
41 《明史》卷一百一十六，〈秦王樉傳〉、〈晉王棡傳〉。
42 同註41。

洪武十五年（一三八二年）八月十日，馬皇后病死。她雖然一生沒有生育，但朱棣和三個哥哥以及弟弟朱橚都稱為嫡出。馬皇后仁慈寬厚，也把他們當作親生兒子一樣撫養。朱棣兄弟從小就在馬皇后跟前，不僅受到她的疼愛，也不斷受到她的教誨。當朱棣年長以後，雖然他心裡知道馬皇后不是他的生母，但也要把馬皇后當作生母看待。他知道嫡出和庶出在身分上的重大差別。因此，當他一聽到馬皇后病逝的訃告後，便立即趕赴南京奔喪。

在中國歷史上，馬皇后是一個出名的好皇后。對於她的死，不僅宮廷中的人很悲哀，就是南京城裡的老百姓也都為她哀悼。朱棣從小受她撫養，從她那裡受到很多薰陶。朱元璋由一個遊方僧當上大明皇帝，也得到馬皇后的不少助力。馬皇后是郭子興的養女；有一次，郭子興聽信了部下或他兒子的讒言，猜疑朱元璋，馬皇后就通過她養母向郭子興解釋，消除誤會。又一次，朱元璋被關了起來，馬皇后在懷裡藏著炊餅偷偷地送給朱元璋吃，把自己的奶頭都燙傷了。這一幕又一幕，都使朱元璋難以忘懷，稱帝後將馬皇后比作唐代的長孫皇后。朱元璋有時發怒，要懲治大臣，馬皇后就在他回宮後婉轉進言，因而救了不少大臣。馬皇后對宮中的人都很寬厚，大家都很愛戴她。當她病重時，因怕醫官治不好她的病被牽連，所以就拒絕吃藥，這事在後世一直傳為佳話。有明一代後宮清靜，沒出現過大的禍亂，這與馬皇后開了個好頭是有關係的。

朱棣兄弟紛紛趕往京師，為馬皇后送葬。全國都停止了娛樂活動，整個南京更是沉浸在一片悲哀之中。朱元璋為失去這位患難妻子更是悲痛，尤其是三個月前他的皇長孫朱雄英剛剛死去，這接踵而來的打擊似乎是太殘酷了。他還要強忍悲痛，支撐著處理國家大事。馬皇后死後，朱元璋就沒有再立皇后。當時，宮中的人為了寄託對馬皇后的哀思，還唱起了一首他們自己編的歌：

「我后聖慈，化行家邦。撫我育我，懷德難忘。懷德難忘，於萬斯年。毖彼下泉，悠悠蒼天。」

朱棣看到人們對馬皇后那種發自內心的愛戴，自然很受感動。他稱帝後，在南京為馬皇后修建了大報恩寺，這個念頭可能在為馬皇后送葬時就萌發了。修建大報恩寺為馬皇后祈福，這有利於他爭取民心。

馬皇后被安葬在鍾山南麓的孝陵，朱元璋死後也合葬在這裡。葬禮自然十分隆重，朱棣以親生兒子的身分為馬皇后送了葬。葬禮過後，朱棣和幾個已經就藩的藩王全就要回去了。他們餘哀未盡，為表示孝心，就請他們的父皇派高僧隨他們一起回藩府，以便回去後為馬皇后誦經祈福。當時已經就藩的藩王共有六個，除了朱棣和他的兩個哥哥秦王、晉王以外，還有就藩在開封的周王朱橚，就藩在武昌的楚王朱楨，就藩在青州的齊王朱榑。朱元璋看到兒子們對馬皇后如此情深，自然很高興，就令僧錄司推薦僧人。僧錄司是專門處理全國佛教事務的官署，當時的僧錄司左善世是僧人宗泐。他是姚廣孝的好朋友，於是他就推薦了姚廣孝。朱元璋把姚廣孝安排給了朱棣。就是這位姚廣孝，成了朱棣一生事業的得力謀士。

姚廣孝是長洲（今屬蘇州市）人，十四歲時就出家為僧，通曉陰陽術數之學。他曾遊覽河南嵩山寺，遇到著名的相面術士袁珙。他一見到姚廣孝就說：「這是哪裡來的怪異僧人，三角眼，形如病虎，性情一定嗜殺。這是一個劉秉忠之流的人物。」[44] 姚廣孝聽到後，非但不生氣，反而很高興。因為他知道劉秉忠是元代多才的高僧，曾輔佐元世祖成就帝業。這與他一直想有一番作為的心思正暗自相合。

43《明史》卷一百一十三，〈太祖孝慈高皇后傳〉。

44《明史》卷一百四十四，〈姚廣孝傳〉。

對於姚廣孝的遠大抱負，推薦他的宗泐早就有所了解。當他們一起經過北固山（在江蘇丹徒縣西）時，姚廣孝觸景傷情，賦詩懷古，詞意慷慨。宗泐當時就說：「這哪裡像出家人說的話呢？」姚廣孝只笑而不答。宗泐推薦了姚廣孝，姚廣孝又歸了朱棣，其間可能有宗泐的有意安排。

關於朱棣和姚廣孝的結識，還流傳著一個有趣的故事。其大意是說，姚廣孝進京後一見到朱棣，就感到他氣度不凡，有帝王之相。朱棣也感到姚廣孝非同一般。姚廣孝私下對朱棣說：「如果你能讓我跟隨你，我一定奉一頂白帽子給大王戴。」而「王」字上面加個「白」字正是皇帝的「皇」字。對這種寓意，朱棣很清楚。因為兩人一見如故，談話投機，朱棣就請求朱元璋把姚廣孝派給了自己。[45]這個故事自然是不可信的，因為在朱元璋眼皮子下面，沒人敢做這種露骨的表示，這是要掉腦袋的事。不管他們當時談話的細節如何，這兩位有遠大抱負的傑出人物是走到一起了，他們一起導演出中國歷史上一幕又一幕波瀾壯闊的活劇。朱棣和姚廣孝的結識，不能不說是他為馬皇后送葬的一個意外收穫。

初戰告捷

朱棣就藩北平的頭幾年，北邊的軍務一直是由徐達主持。徐達是明王朝第一位開國功臣，德高望重。他又是朱棣的岳父，二人自然能很好地配合。洪武十八年（一三八五年），徐達病死。有的野史上說，徐達患了背疽病，不能吃鵝肉，而朱元璋卻偏偏送了隻蒸鵝給他吃。開國功臣已經一個一個地被廢除掉了，他也自知難免，就含淚吃下了蒸鵝，結果疽發而死。這個傳說不一定可靠，但朱元璋有計畫地除掉功臣卻是真的。對於徐達之死，朱棣和王妃徐氏自然十分悲痛。這也意味著，今後對於北邊的軍務之事，朱棣要承擔起更大的責任了。

代替徐達主持北邊軍務的是大將軍馮勝。他也是一個很有韜略的開國名將。洪武二十年（一三八七年），蒙元丞相納哈出率眾二十萬窺伺遼東，馮勝率領傅有德和藍玉前往征討，大獲全勝。就在班師途中，馮勝被宣布有罪，回京後喝了朱元璋賜給他的酒死去。

接替馮勝的是藍玉。他是名將常遇春的內弟，也是皇太子妃的舅父。在征納哈出回來後，他將一匹俘獲的名馬獻給燕王。他知道燕王喜歡騎馬馳騁，這樣做一定會使燕王很高興。但他萬萬沒有想到，燕王對他並不感興趣，不只是沒收下這馬，說的話還頗有訓斥的意味：「名馬沒獻給朝廷，卻先讓我收下，這難道是尊重君父的道理嗎？」[46] 藍玉羞慚滿面，心裡很不高興，但他知道燕王的分量，何況燕王說的又在理，所以他未敢發作。朱棣這樣做，也是有意取信於他的父皇。從此以後，藍玉和朱棣便漸生嫌隙。據《明實錄》記載，他曾私下對皇太子朱標說：「燕王在國，撫眾安靜不擾，得軍民心。眾咸謂其有君人之度……又聞望氣者言，燕地有天子氣。」[47] 藍玉是個驕悍的武夫，他說的原話不會這樣典雅，但大意可能是這樣。幸虧幾年以後他也被朱元璋殺掉，不然的話，對以後朱棣事業的發展是個很大的障礙。

洪武二十三年（一三九〇年），元旦剛過，燕王朱棣就接到父皇的命令，要他率兵征討蒙元丞相咬住和平章乃兒不花。當時有情報說，他們正準備擁眾南下。這時的燕王剛過了而立之年，正

45 李贄，《續藏書》卷九，〈榮國姚恭靖公〉。
46 《太宗實錄》卷一。
47 同註46。

是奮發有為的時候，平常難得有這種表現才能的機會。他接到命令後，既興奮，又緊張。雖然他已當了幾年燕王，但還沒有與這類的大股敵人交過手。打了勝仗，自然可以在父皇面前立功；打了敗仗呢？也可能從此一蹶不振。因此，打這一仗他必須竭盡全力，志在必勝。好在這次隨同燕王出征的有大將傅友德，這是一個久經沙場、智勇雙全的人物。另外，南雄侯趙庸和懷遠侯曹興等，也要聽燕王節制，他們也很能打仗。更重要的是，燕王經過多年的學習和磨練，已經成熟了。

和燕王同時受命出師的還有晉王，由定遠侯王弼跟隨著他。燕王和晉王分別由北平和太原出師，合擊蒙元勢力。

三月初二，燕王率領諸將領出古北口，浩浩蕩蕩地向北挺進。從季節上看，這時已是陽春，江南早已「綠肥紅瘦」，而北國還是大風揚沙，餘寒未消，天氣瞬息萬變。大軍走出古北口以後，燕王對傅友德等將領說：「北邊土地遼闊，人煙稀少，我們千里行軍，沒有哨兵準確地提供敵情難以成功。」[48]於是派出數股哨兵，提前到前方偵察。經偵察得知，乃兒不花正屯駐在迤都（今內蒙古蘇尼特左旗以北）。正當燕王率大軍向迤都挺進的時候，天公不作美，竟紛紛揚揚地下起漫天大雪來，使北國的荒原很快變為一片銀白世界，天氣也頓時陡寒起來。有些將士想停下來避避風寒，但燕王認為，這正是出奇制勝的好機會。於是，燕王率大軍「冒大雪馳進」，當趕到乃兒不花駐地時，乃兒不花還毫無覺察。燕王雖已大軍壓境，但不願突然動武，而是先派觀童前往勸降。觀童原是蒙元的全國公，在上次馮勝北征時，他投降了明廷，授官指揮。觀童與乃兒不花是舊交，兩人一見面便相抱哭泣，他們都想不到會在此時此地相見。正當他們述說離別之情時，燕王已率軍將乃兒不花團團圍住。乃兒不花大驚，想衝出逃跑，觀童勸阻了他，向他陳說了燕王的勸降之意。乃兒不花見大勢已去，便決定投降，隨同觀童去見燕王。燕王設酒席款待，慰勞備至。這使乃兒不花大喜過望，於是自告奮勇，表示願勸丞相咬住一起歸降。乃兒不花酒足飯飽後，將他的部眾安頓停當，便親自前往咬住營，不幾天便偕同咬住一起到燕王處請降。[49]這實在令燕王太高興了，這第一次大規模出征，竟兵不血刃而大獲全勝。這一仗，燕王俘獲「乃兒不花及其名王酋長男女數萬口，羊馬無算，槖駝數千」。[50]他的父皇應該為兒子的首戰大捷而高興了。

在這次軍事行動中，晉王卻表現得很差。他還沒有看到敵人的蹤影，燕王大獲全勝的捷報就已傳來，這不能不令他十分羞愧。他的父皇本來想讓他們兄弟二人都去立功，因晉王是哥哥，對他尤寄予厚望，在出征前就運給他鈔一百萬錠，作為賞賜將士之用，結果卻沒有尺寸之功。《明實錄》上說：「晉王素怯，兵既行，不敢遠出。」[51]燕王的軍隊等了他好久，他卻遲遲不來會師，燕王便只好單獨進擊了。這種記載可能對燕王有意溢美，但這次勝利應主要歸功於燕王則是沒有問題的。

捷報傳到京師，朱元璋禁不住喜悅之情，高興地說：「掃清沙漠，就要靠燕王了」。並馬上派人送去賞鈔一百萬錠，讓燕王賞賜有功將士。這次勝利是燕王才能的初次展露，也是他政治生涯的良好開端。

48 談遷，《國榷》卷九，洪武二十三年三月癸巳。
49 《明史》卷三百二十七，〈外國傳八〉。
50 《太宗實錄》卷一。
51 同註50。

皇太子又稱儲君。朱元璋立長子朱標為皇太子，後來總對他不滿意，嫌他太文弱，與自己不相類。朱元璋一批一批地誅殺功臣，朱標就看不下去，有機會就進言勸諫。有一次，朱元璋故意把一根棘杖放在地上，要朱標用手去拿。朱標看到上面都是刺，面有難色。這時朱元璋就說：「你怕有刺不敢拿，我把刺都除掉，再交給你，豈不是好。我殺的都是奸惡之人，把內部整頓好了，你才能當這個家。」朱標回答說：「上有堯舜之君，下有堯舜之民。」意思是說，有什麼樣的皇帝，就有什麼樣的臣民。朱元璋聽了頓時大怒，拿把椅子就朝朱標打去，嚇得皇太子慌忙逃去。[52]這個記載不一定真實，但它卻反映了他們父子之間的矛盾。

在所謂嫡出的諸皇子中，朱元璋還是對燕王最中意。據《明實錄》記載，藍玉曾私下對皇太子朱標說：「殿下試觀陛下，平日於諸子中最愛者為誰？」皇太子回答說：「無如燕王。」[53]從有關明代的典籍中可以看出，朱元璋確實感到燕王與自己比較相類。

洪武二十五年（一三九二年）四月，皇太子朱標病死。這時的朱元璋已是六十七歲的老翁，他看到皇太子竟先於自己死去，自然十分悲痛。但是，這又給他提供了一個選擇皇位繼承人的機會。按照嫡長繼承制，嫡長子朱標死後，應由朱標的嫡長子來繼承。但朱標的嫡長子朱雄英在幾年前就死了，他的次子就是朱允炆，即後來的建文皇帝。按理說，朱元璋的次子秦王也有繼承的資格，但秦王太不爭氣，上年剛被朱元璋召到京師訓斥了一頓，要不是皇太子勸解，就要把他的王號廢掉了，因此，秦王是絕無可能被立為太子了。這儲君人選著實使朱元璋犯愁，朱允炆雖也聰明，但朱元璋嫌他太儒雅文弱，尤其是他還有那麼多擁兵在外的叔叔，也擔心他難於統治。他還是感到燕王比較適合於繼承自己的事業，但又礙於燕王是第四子，也難下決心。

有一天，朱元璋和幾個親近大臣密議立儲之事。他說：「太子死了，皇長孫弱不更事。治理國家必須得人才行，我想立燕王為皇太子，你們以為如何？」翰林學士劉三吾說：「立燕王，置秦、晉二王於何地？且皇孫年長，可繼承矣。」[54]劉三吾確實說出了問題的要害，秦、晉二王都比燕王年長，不立秦、晉二王而立燕王，於宗法倫理實有違背。於是，朱元璋懷著無奈的心情，放棄了立燕王的主意，而決心立朱允炆為皇太孫。朱元璋回宮後還焚香向上天祈禱，謂國祚長短「惟聽命於天」，希望上天保佑他創立的大明江山傳之永久。

在封建時代，立儲之事往往關係到一代的治亂。朱元璋在心情矛盾的情況下，無可奈何地立了皇太孫，由此種下了禍根。他剛死，燕王和朱允炆之間就爆發了爭奪皇位的靖難之役。朱元璋囿於封建倫理，沒有做出立燕王的決斷。如果他真的立燕王為太子的話，也許就沒有那場爭奪皇位的戰爭悲劇了。

朱元璋感到皇太孫朱允炆更文弱，對他以後治理大明江山更不放心，因而就更加快了誅殺功臣的步伐。立皇太孫的第二年，朱元璋就藉「藍玉案」大開殺戒。藍玉確實驕悍不法，被殺也是罪有應得，但因他受株連被殺的竟達一萬五千餘人，其中相當大一部分屬於有意濫殺。朱元璋還為此案頒布了《逆臣錄》，其中包括「一公、十三侯、二伯」。經過胡惟庸案的誅殺，元功宿將已

52 徐禎卿，《翦勝野聞》。
53 《太宗實錄》卷一。
54 同註53。

經被殺得差不多了，又經過這一次大屠殺，「元功宿將相繼盡矣」。[55]就像傅友德那種平素很謹慎的大將，第二年也沒有逃脫被殺的厄運。

其實，朱元璋只是注意了一些功臣對皇位的威脅，他沒有更多地注意到，真正覬覦皇位的還還是他自己的子孫。

對於皇帝來說，他的兒子們或多或少地有資格繼承皇位，而他們又幾乎沒有人不願意當皇帝。因此皇子們都很關心皇位繼承的事，這也在情理之中。晉王自感才能不及燕王，對燕王就很嫉妒，也很留心燕王的動向。有一次，晉王和燕王都到南京朝覲，晉王數次對燕王說一些侮辱性的話，燕王隱忍沒有發作，只是藉口有病提早回北平了。晉王還派人到北平偵察燕王的動靜，經常將燕王的一些瑣碎小事報告朝廷。[56]只是沒有抓到燕王大的把柄，所以沒對燕王構成大的危害。

燕王又何嘗不在覬覦皇位呢？他在名義上也是嫡出，論才能遠遠超出他的三個哥哥。只是由於偶然的原因，他未能名正言順地被立為皇位繼承人，但他無時無刻不在關注著皇位繼承的事。他利用自己燕王身分的方便，廣泛地結交才能之士。除了姚廣孝這個心腹謀士之外，像張玉、朱能這樣文武全才的人物，都成了他的死黨。也正是因為他身邊集中了一批能幹的人才，所以在與蒙元勢力的多次周旋中，他總是打勝仗。自從俘降乃兒不花那次大仗以來，與蒙元勢力大大小小的仗接踵而來。尤其是元功宿將陸續被翦除後，朱元璋便越來越倚重他的兒子。尤其是北邊的幾個塞王，在抗擊蒙元勢力的侵擾方面，其事權越來越大，這也給燕王提供了更多表現才能的機會。

當時，朝鮮的使臣不斷到中國朝貢，一般是一年兩次，有時一年數次。當他們路過北平時，也總要拜見一下燕王。在朝鮮《李朝實錄》中，留下了一些有關燕王的記載。這些使臣就發現，燕王是個胸懷大志的人，不會長久地安於當藩王。

在朱元璋還在世的情況下，燕王不敢有絲毫的驕橫，他必須表現得很謙恭，以免引起猜疑，但這種故意表現得謙恭有時也會露馬腳。有一次，朝鮮使臣路過北平，燕王提出向朝鮮要馬匹。使臣告訴朝鮮國王以後，國王馬上派人把馬送來，還配著嶄新的馬鞍。朱棣雖然把接受朝鮮鞍馬的事報告了朱元璋，但還是受到朱元璋的一頓訓斥，朝鮮使臣也因此事受到責怪。[57] 這件事告訴朱棣，他必須更謹慎一些。他只能不動聲色地關注著朝廷的變化，再來就是管好北邊的防務。

事情的發展往往出人意料。皇太子朱標在洪武二十五年死了以後，朱棣的二哥秦王朱樉又在洪武二十八年死去。又過了三年，朱棣的三哥晉王朱棡也病死了。朱元璋一生有二十六個兒子。洪武三十一年（一三九八年）三月晉王病死後，燕王在眾兄弟當中就成了老大。這時的朱元璋已是一個年過古稀的老翁，他苦心經營的大明江山已經歷了三十一個年頭，他也筋疲力盡了。馬皇后和他的兒子一個個先於他死去，也是對他不小的打擊。如果這時立燕王為皇太子的話，於倫序上已不會受到什麼指責。但他的身體也不行了。更何況皇太孫已立了五六年，再廢再立，他也沒這個精力了。因此，關於易儲立燕王這件事，他生前終於未辦。對此，嘉靖時人高岱有過精闢的分析。他說：

> 所以欲易儲而不果，蓋亦有甚難處者於其間。何也？創業之主，其所為即後世之所程法。況繼體垂統，大事也，祖訓著有定制，豈容所行之不符也？蓋欲易儲者，所以貽一世之安；

55《明史》卷一百三十二，〈藍玉傳〉。

56《太宗實錄》卷一。

57 見吳晗，《朝鮮李朝實錄中的中國史料》上編卷一。

而終不易者，所以定萬代之法。是故有權衡輕重其間，而又況有秦晉二王在，尤難處也。[58]

從各方面的情況來看，如果朱元璋立了燕王為皇太子，確實可以「貽一世之安」。他沒能這樣做，他也意識到自己死後可能會大亂。在晉王死後三個月，朱元璋也死了。在瞑目以前，這個老皇帝把駙馬梅殷叫到跟前，密命他輔佐皇太孫。[59]朱元璋在世時還沒能解決的問題，梅殷更無能為力了。這位皇太孫終於未能逃過被燕王取代的命運。

58 高岱，《鴻猷錄》卷七，〈封國燕京〉。

59《明史》卷一百二十一，〈寧國公主傳〉。

第二章　訓兵待舉

明太祖朱元璋死了以後，皇太孫朱允炆繼位，年號「建文」，歷史上稱他為建文皇帝。他按照齊泰、黃子澄等人的謀畫，陸續削奪諸藩王。明成祖意識到，他也難免遭此厄運，於是便密謀籌畫，準備以武力奪取皇位。

明太祖之死

洪武三十一年（一三九八年），朱元璋已七十一歲了。這年閏五月十日，這位辛勤了一生的老皇帝離開了人世。他的死揭開了政治鬥爭新的一幕。

太祖遺詔

關於朱元璋之死，《明太祖實錄》上是這樣記載的：「上崩於西宮。上素少疾，及疾作日，臨朝決事，不倦如平時。」[1]《明太祖實錄》是經過明成祖兩次改修流傳下來的。明太祖在臨死的時候是否還「不倦如平時」，後人已無法詳考。但這段話卻給人一種這樣的印象，朱元璋好像是暴死的。明眼人一眼就可以看出來，這實際上是影射朱元璋病況不明，為明成祖以後起兵奪位提供藉口。

《明太祖實錄》還接著記道，朱元璋在臨死前，派宦官召燕王進京。燕王赴京到淮安，朱允炆矯詔命燕王返回北平。「上（明太祖）不之知也。疾亟，問左右曰：『第四子來未？』言不及他。」這段話實際上是告訴人們，明太祖本來想把皇位傳給燕王，只是因建文帝「矯詔」將燕王阻了回去，皇位才落到建文帝手裡。這與上段記載一樣，也是為明成祖起兵奪位的正當性提供根據。這類記載當然是不可信的，以建文帝那種儒雅的品性，他絕不會迫害明太祖，特別是他還很年輕，很希望他的爺爺能保護他幾年。因而可以肯定，那些關於朱元璋未得善終的說法都是不可信的。

關於明太祖臨死前召燕王進京的事，有直接的材料可以證明純係虛構。明成祖奪得皇位後，他讓一些文人編寫了《奉天靖難記》這本官書，書中有他起兵時致建文帝的上書，其中說到：

> 父皇既病久，如何不令人來報，俾得一見父皇，知何病，用何藥，盡人子之禮也？焉有父病而不令子知者，焉有為子而不知父病者？[2]

這是明成祖責備建文帝的話。這裡明明說沒有「令人來報」，更不要說他到淮安後又被阻回了。

朱元璋臨死前對後事做了很清醒的安排，他留下了遺詔：

> 朕應天命三十有一年，憂危積心，日勤不怠，務有益於民。奈起自寒微，無古人之博知，

好善惡惡，不及遠矣。今得萬物自然之理，其奚哀念之有！皇太孫允炆仁明孝友，天下歸心，宜登大位。內外文武臣僚同心輔政，以安吾民。喪祭儀物，毋用金玉。孝陵山川因其故，毋改作。天下臣民，哭臨三日，皆釋服，毋妨嫁娶。諸王臨國中，毋至京師。諸不在令中者，推此令從事。[3]

這份遺詔內容亦見於萬曆《明會典》，只有個別字不同，例如「毋至京師」，《明會典》中作「不必至京師」。語氣輕重有所不同。不論從遺詔的內容看，還是從語氣上來看，這份遺詔都是真實可信的。它清楚表明，明太祖又一次明確地要把皇位傳給建文帝，並不許諸藩王赴京師弔祭。

燕王奔喪

明太祖死後，其訃告必定和遺詔一起報聞諸藩王。父皇死了，還不讓諸王奔喪，這必然引起諸王的疑慮。對燕王來說，他現在是明太祖最年長的兒子，不讓他進京為父皇送葬，他自然不會甘心，甚至懷疑朝中有人故意作梗，「矯詔」行事。燕王的三個哥哥已死，按倫序當由他繼位，現在朝中怎麼樣，他不會僅僅滿足於在外邊觀望。更何況父子至情，即使有遺詔不讓奔喪，他如前去，建文帝也不好拒絕。關於燕王是否奔喪一事，諸書記載不一，有的說有，有的說無。對此，

1《明太祖實錄》卷二百五十七。
2《奉天靖難記》卷二。
3《明史》卷三，〈太祖本紀三〉。

朝鮮《李朝實錄》中的記載較為可信：

軍一人自遼東逃來，本國人也，屬東寧衛，以遼東役繁逃還。言燕王欲祭太祖高皇帝，率師如京。新皇帝許令單騎入城，燕王乃還。[4]

這裡說的當指燕王奔喪一事。這個朝鮮逃卒不懷偏見，沒有顧忌，他說的話當比我們國內的記載客觀。令人費解的是，這裡說燕王「率師如京」，豈不是要公開舉兵奪位嗎？其實，在朱元璋頒發的《皇明祖訓》中明確規定，藩王進京可以帶一部分兵馬：

凡王入朝，其侍衛文武官員，馬步旗軍，不拘數目。若王恐供給繁重，斟酌從行者聽。[5]

因此，燕王帶一部分士兵赴京，屬於正常行為，算不上冒犯朝廷。既然「祖訓」上允許這樣做，這時又是非常時刻，為了應付一些可能出現的不測事件，燕王「率師如京」正是在情理之中。這也從另一個側面表明，那個朝鮮逃卒的話是可信的。但建文帝剛剛即位，統治未穩，對燕王尤存猜疑，故不許他「率師如京」，而只許他一人進京奔喪。燕王權衡利弊，便半道返回。其中情形在《建文遺跡》一書中有所揭示：

太祖高皇帝崩，遺命燕王不許渡江進香，除朝廷大事，許令藩臣賫表，毋得擅自離國。時諸王子皆赴京奔喪弔，痛泣，惟王中途聞此而止。王大怒，欲令進舟，見江口設兵以守，遂不果。道衍進曰：「大王以至孝渡江，奈河有違治命，反為不孝也？願殿下養成龍虎之威也，他日風雲感會，羽翼高舉，則大江只投鞭可斷也。今日何得屑屑於此哉！」王深然其意，遂返國。

把這段記載和上面的材料聯繫起來，事情就很清楚了。燕王聞訃後即以奔喪為名，率師赴京，他看到建文帝已在江口重兵設防，未敢貿然前進。建文帝許他單騎進京，他又怕自投羅網，因而便聽從了道衍和尚的話，回頭返回北平，以便充分準備，待日後再「羽翼高舉」。其他諸王是否都赴京奔喪了，難以詳考。但從建文帝允許燕王單騎入城這一點來看，其他諸王也可能被允許單騎進京。雖有明太祖「毋至京師」的遺囑，但諸王真的要去為他們的父皇送葬，建文帝也不便強行阻止。

有些史書則說，根本沒有燕王奔喪這件事。朱彝尊在《曝書亭集．上史館總裁第四書》中，王鴻緒在《明史稿．史例議下》中，都持此說。他們的主要根據是，當明成祖發動靖難之役後，經三年苦戰，後直奔南京，師駐龍潭，燕王望鍾山落淚說：「比為奸惡所禍，不渡此江數年。」以此證明燕王未曾赴京奔喪。如果以此證明燕王未渡此江，還有一定道理。如果據此就說沒有燕王奔喪這件事，則失之詳考。實際上，燕王的確來奔喪了，因看到江上有防，他又不願單騎入京，所以就返回了，這當然就「不渡此江數年」了。這條材料見於《太宗實錄》卷九，《奉天靖難記》卷四中也有同樣記載，應屬可信。但在實際上，它與前兩段史料所揭示的史實並不矛盾。

4《定宗李曔實錄》一，元年三月。
5《皇明祖訓》，〈法律〉條。

建文繼位

皇太子朱標死了以後，朱元璋經過近半年的躊躇，終於下決心立朱允炆為皇太孫。那時朱允炆才十六歲。他當時就感到，那些擁兵在外的叔父對他是個威脅。為此他曾和太常寺卿黃子澄議論過此事：

> 惠帝為皇太孫時，嘗坐東角門謂子澄曰：「諸王尊屬，擁重兵，多不法，奈何？」對曰：「諸王護衛兵，才足自守。倘有變，臨以六師，其誰能支？漢七國非不強，卒底亡滅。大小強弱勢不同，而順逆之理異也。」太孫是其言。6

聽了黃子澄這番話，朱允炆這才安下心來。六年以後，朱元璋死了，他也就成了明代的第二任皇帝。從立皇太孫到他繼位，一切都顯得有條不紊，平靜無事，沒有任何人提出過異議。懾於朱元璋的威嚴，也沒人敢提異議。但在平靜的地表下面，不知有多少股覬覦皇位的暗流在湧動，時機一到，隨時都可以衝出地面，與建文帝展開激烈爭奪。

皇位意味著至尊至貴至榮，皇帝被神化為上天派往人間的總代表。也正因如此，任何禮教和宗法規則都不能杜絕對皇位的覬覦。為了使皇位繼承有條不紊，嫡長子繼承制便成了一條重要的宗法原則。但它是一把有利有弊的雙刃劍，雖可使皇位繼承顯得有章可循，但它也會把懦弱甚至昏庸的人推上皇帝的寶座，從而給全社會帶來難以估量的危害。「在爭奪皇位問題上，這些皇家子孫並不把什麼宗法規定認為不可侵犯，也並不講究什麼夫婦父子兄弟叔侄等親親之誼。禮教綱常等恍似一層易破的輕紗，並未掩蓋住因此一問題而激發的綿亙不斷的嚴重衝突。」7建文帝就是一個比較文弱仁柔的皇帝。他按照這種繼承規則登上了皇位，但無法駕馭他的叔父，終於無可奈何地被叔父所取代。

對於建文帝的文弱，朱元璋似乎早有覺察，明代人還為此附會出一些傳說。據說建文帝從小就長了個偏腦袋，朱元璋戲稱之為「半邊月」。有一次，皇太子朱標和朱允炆都在朱元璋跟前，看到新月當空，朱元璋就讓他們各作一首詠新月的詩。朱標的詩是：

昨夜嚴陵失釣鉤，何人移上碧雲頭？
雖然未得團圓相，也有清光照九州。

朱允炆的詩是：

誰將玉指甲，掐破碧天痕。
影落江湖裡，蛟龍不敢吞。

朱允炆的這首詩雖然構思尚可，也算曉暢，但氣魄顯然不足，尤其是在朱元璋這個創業帝王的眼中，這詩就太顯得書生氣了。所以「太祖覽之不悅，以其口氣非吉兆也」。[8] 這件事不一定很真實，有的人認為，這是隱喻後來建文遜國的事，但建文帝比較文弱仁柔則是公認的。

6《明史》卷一百四十一，〈黃子澄傳〉。
7 韋慶遠，〈論封建皇權和皇位繼承問題〉，見《明清史辨析》。
8 呂毖，《明朝小史》卷三，〈蛟龍不敢吞〉。

有一次在宮禁中看跑馬，朱元璋出了個上聯：「風吹馬尾千條線」，讓朱允炆和燕王對下聯。朱允炆對的是：「雨打羊毛一片氈」；燕王對的是：「日照龍鱗萬點金」。[9] 朱允炆對得也算工整，但氣魄遠不及燕王大。有的人對他們二人的聯語大加發揮，認為僅從這兩句聯語中就可以預卜二人的成敗。

朱元璋封了九個塞王，其中除燕王外，還有遼王、寧王、谷王、代王、晉王、秦王、慶王、肅王，都靠近邊地。朱元璋要他們每年都要訓將練兵，塞上有戰事，他們就可以提兵抵禦。朱元璋對這種安排很得意，有一次他就對皇太孫朱允炆說：「我把防禦外敵的事交給諸王，邊境上可以保證沒事了，讓你當一個太平皇帝。」朱允炆聽了後說：「虜不靖，諸王禦之；諸王不靖，誰去抵禦他們呢？」朱元璋可能也沒想到這一層，聽朱允炆這麼一說，「默然良久」，自己沒想出好辦法，就反問朱允炆：「你的意思怎麼樣呢？」朱允炆對此想得比較多，他當即回答道：

「以德懷之，以禮制之，不可則削其地，又不可則廢置其人，又其甚則舉兵伐之。」

太祖曰：「是也，無以易此矣。」[10]

看來朱元璋也承認，他也沒有比這再好的辦法了。這段記載表明，在朱元璋死前，他們祖孫二人就議論過諸王可能犯上的事，但朱元璋一直沒有覺悟，只相信自己安排好的那一套禮法。這一套禮法萬一不靈，那就只有採用朱允炆那套辦法了。朱允炆也是說對諸王先德、先禮，仍不行，再削、再廢、再討，對此朱元璋確實也無可指責。建文帝即位後，還沒看到他對諸王施什麼德和禮，就迫不及待地開始削藩了。

建文削藩

建文帝一即位，就按照齊泰、黃子澄的建議，首先從周王開刀，陸續削奪了數位藩王。對燕王雖未公開削除王號，但也採取了很多防範措施。

首削周王

建文帝一即位就找黃子澄密議：「先生還記得往日在東角門說過的話嗎？」黃子澄頓首回答：「不敢忘。」黃子澄當然知道是指削藩的事。[11] 他原是建文帝的父親朱標的伴讀，關係密切，建文帝一直把他當作自己的心腹。他原任太常寺卿，建文帝即位後又讓他兼翰林學士，這就可以更方便地參與密議。

黃子澄受到建文帝的提示，回來就找兵部尚書齊泰商議。二人都是洪武十八年（一三八五年）進士，相處甚洽。建文帝平時也很器重齊泰，即位後讓他和黃子澄「同參國政」。他們二人對建文帝也都盡心輔佐，在削藩問題上也見解一致，因而成為建文帝削藩的左膀右臂。

按照齊泰的意見，應該先削奪燕王。在齊泰看來，燕王最強，威脅也最大，把最強的削了，

9 呂毖，《明朝小史》卷三，〈雨打羊毛〉。
10 尹守衡，《明史竊》卷三，〈革除記〉。
11 《明史》卷一百四十一，〈黃子澄傳〉。

其他諸王也就好辦了。但黃子澄卻持不同意見，他說：「不能這樣，周、齊、湘、代、岷諸王，在先帝在時就有很多不法的事，削之有名。今要削藩，應先從周王開始。周王是燕王的同母兄弟，削了周王就等於翦除了燕王的手足。」[12]他們二人商議好以後，第二天就報告了建文帝。於是，建文削藩就先從周王身上開了刀。

周王朱橚是朱元璋的第五子，生於至正二十一年（一三六一年）。他最初被封為吳王，因朱元璋稱帝前即稱吳王，所以又改封他為周王，洪武十四年（一三八一年）就藩開封。他是個不安本分之人，洪武二十二年（一三八九年）竟擅自離開王府，到了鳳陽。朱元璋聽了很生氣，準備將他徙往雲南，後改變主意，把他留在京師，讓他的長子掌管王府事，兩年後才讓他歸藩。「（朱）橚時有異謀，長史王翰數諫不納，佯狂去。」[13]這裡的所謂「異謀」，顯然是指想奪取皇位的事。周王也是個頗有才幹的人，有這種野心並不奇怪。王翰勸諫他數次，他都不聽，致使王翰佯狂而去。可見他的這種「異謀」已有相當表現。建文帝即位後，周王的次子朱有爋告了他的狀。此事不只見之於《明史》，在其他史書中也有記載。例如《萬曆野獲編》就記道：

> 建文帝即位，（周）王次子有爋告王謀逆。[14]

兒子告發父親，在一般百姓中也很少見，但在明朝歷代藩王中，此類事時有所聞。在王位繼承上發生了矛盾，他們就相互到朝廷告狀。朱有爋告發他的父親周王「謀逆」，肯定不是出自什麼「大義」，而是由繼承上的矛盾所致。

朱有爋的告發實在太及時了，這促使建文帝馬上接受了齊、黃的建議，首削周王。建文帝命李景隆率兵北上巡邊，路過開封，突然將周王府包圍，將周王逮繫，送往京師。建文帝將周王流放到雲南蒙化，周王的幾個兒子也都分別被徙往別處。不久，建文帝又將周王及諸子召回，禁錮於京師。

起初，將周王逮繫京師後，建文帝還把周王的罪狀寫成敕書，送給諸藩王議罪，實際上也是對諸藩王的警告。燕王見到敕書後很吃驚，朝廷真的動手了，第一個被削除的竟是和自己最親近的同母兄弟，下一個目標可能就是自己了。周王的罪狀言之鑿鑿，他也不便公開反對，只能寫封奏書為周王求情：

> 若周王橚所為，刑（形）迹曖昧，幸念至親，曲垂寬貸，以全骨肉之恩。如其迹顯著，祖訓且在，臣何敢他議？臣之愚誠，惟望陛下體祖宗之心，廓日月之明，施天地之德。[15]

可以看得出，燕王的這封上書言辭還是很懇切的。他並未說周王無罪，只是要建文帝「曲垂寬貸」，如罪證確鑿，就按「祖訓」處置，語氣柔中帶剛，建文帝對此也無可挑剔。據《太宗實錄》記載，建文帝「觀之戚然」，並拿給齊、黃二人看，頗顯得猶豫不決，只是由於齊、黃二人的勸說，才決定繼續削藩。

---

12 《明史》卷一百四十一，〈黃子澄傳〉。
13 《明史》卷一百一十六，〈諸王傳一〉。
14 沈德符，《萬曆野獲編》卷四，〈周定王異志〉。
15 《太宗實錄》卷一。

再削數王

周王朱橚的被廢，開了先例，即以前人們把諸藩王看得很尊貴，即使有些不法行為，人們也不敢告發。現在好了，藩王也可以被廢掉，還被關了起來，沒什麼神聖不可侵犯的了。於是，告發藩王的奏書紛至沓來。一方面的原因是，這些藩王確實多有不法行為；另一方面的原因是，告發之門一開，有些人想藉以立功受賞。

接著被廢的是湘王朱柏。他是朱元璋的第十二子，就藩荊州，是個頗有文武才能的人物。建文元年（一三九九年）初，有人告發他謀反。建文帝派使臣前往訊問，朱柏很害怕，「無以自明，闔宮自焚。」[16]看來他確有覬覦皇位的事。

齊王朱榑是朱元璋的第七子，就藩在青州。他是個驕悍的武夫，「性凶暴，多行不法」。有人告發他謀叛，被召至京師，削除王爵，廢為庶人，和周王關在一起。[17]

大致和齊王被廢的同時，代王朱桂也被廢。他是朱元璋的第十三子，就藩大同。他性情也很暴虐，被人告發，「以罪廢為庶人」。[18]

建文元年六月，岷王朱楩也被廢。他是朱元璋的第十八子，就藩岷州（今甘肅岷縣）。西平侯沐晟上書建文帝，揭發岷王諸不法行為。遂將岷王廢為庶人，徙往漳州。

建文帝即位後的一年內，接連廢除了五個藩王，好像還頗有點氣魄。豈不知他恰巧犯了一個根本性的錯誤。因為藩王中最強的是燕王，他所要對付的主要目標也是燕王，但對燕王沒採取什麼行動，卻把矛頭對準了幾個無足輕重的藩王。這不但不能說明建文帝有氣魄，反而說明他氣魄不足，且策略不當。他錯過了時機，給燕王留下了充分準備的時間。

關於削藩的不同意見

對於削藩，朝廷中存在著不同意見，直接或間接地影響了削藩政策的推行。從大處來看，這類不同意見可分為三種：一種是嚴厲的削藩派；二是曲線削藩派；三是睦親派，反對削藩。

嚴厲削藩派以齊泰、黃子澄為首。削藩的詔書大都出自方孝孺之手，可見他也是個削藩派。這些人頭腦比較清醒，深知封藩之害，為了使國家長治久安，必須削藩。他們是一幫文人，雖受到建文帝的信任和倚重，但處理像削藩這類事，並非其所長，因而往往舉措失當。

仔細翻檢一下明代的史籍就會發現，一些才華出眾的文人大都認識到宗藩之害，因而主張予以削奪。例如明代著名的大才子解縉，他在洪武時就議論過封藩的危害。建文帝剛一即位，他就來到京師，因被人彈劾，謫往河州衛。臨行前，他寓書禮部侍郎董倫，再一次說道：「……分封勢重，萬一不幸，必有厲長、吳濞之虞。」[19]另一著名文人胡廣，在建文二年（一四〇〇年）廷對時，有「親藩陸梁，人心搖動」的話，實際上就是說，藩王不安本分就會危害國家。[20]這話自然很合建文帝的心意，因而胡廣成為那年的狀元。

曲線削藩派以高巍和卓敬為代表。他們也認識到了封藩的危害，但不主張嚴厲削除，而主張

16《明史》卷一百一十七，〈諸王傳二〉。
17《明史》卷一百一十六，〈諸王傳一〉。
18《明史》卷一百一十七，〈諸王傳二〉。
19《明史》卷一百四十七，〈解縉傳〉。
20《明史》卷一百四十七，〈胡廣傳〉。

採用比較溫和的辦法，逐漸削弱藩王的勢力和影響。例如高巍，他主張應像漢代主父偃的辦法那樣，實行「推恩」。他在上書中說：

……不削，朝廷綱紀不立；削之，則傷親親之恩。賈誼曰：「欲天下治安，莫如眾建諸侯而少其力。」今盍師其意，勿行晁錯削奪之謀，而效主父偃推恩之策。在北諸王，子弟分封於南；在南，子弟分封於北。如此則藩王之權，不削而自削矣。臣又願益隆親親之禮，歲時伏臘使人饋問。賢者下詔褒賞之。驕逸不法者，初犯容之，再犯赦之，三犯不改，則告太廟廢處之。[21]

高巍的這個建議比主父偃更前進了一步。主父偃的「推恩策」，是在原封國的土地上，除嫡長子繼承外，其他諸子也都要繼承一部分，郡王數目越來越多，力量則越來越小。高巍的這個建議還要易地而封，南方的藩王子弟封到北方，北方的藩王子弟封到南方。這對削弱藩王勢力應該更有力。建文帝看到高巍的奏書以後，認為說得有道理，但還沒來得及實施，燕王就已經起兵了。

戶部侍郎卓敬則主張將燕王徙封到南昌。他曾向建文帝密疏上言：

燕王智慮絕倫，雄才大略，酷類高帝。北平形勝地，士馬精強，金、元所由興。今宜徙封南昌，萬一有變，亦易控制。夫將萌而未動者，機也；量時而可為者，勢也。勢非至剛莫能斷，機非至明莫能察。[22]

實際上，卓敬就是建議建文帝當機立斷，將燕王徙封到南昌，既維護了親親之誼，又削弱了他的力量。應該說，這在當時是一個切實可行的措施。建文帝見奏後，雖也召來卓敬商議了一番，但不知為什麼未能實行。倘若真的實行了這個辦法，燕王也不好反對，歷史可能完全是另一個樣子。

還有些人則主張睦親政策，反對削藩。例如御史郁新就上書建文帝說：

諸王，親則太祖遺體，貴則孝廉皇帝手足，尊則陛下叔父，使二帝在天之靈，子孫為天子，而弟與子遭殘戮，其心安乎？臣每念及此，未嘗不流涕也。此皆豎儒偏見，病藩封太重，疑慮太深，乃至此。夫唇亡齒寒，人人自危。周王既廢，湘王自焚，代府被摧，而齊臣又告王反矣。為計者必曰，兵不舉則禍必加，是朝廷執政激之使然。……彼其勸陛下削藩國者，果何心哉？諺曰：「親者割之不斷，疏者續之不堅。」殊有理也。陛下不察，不待十年，悔之晚矣。[23]

郁新的言辭頗為激烈，他認為對諸藩王不能削，而只能恩遇。否則的話，這是在逼他們造反。

持這種看法的在朝廷中不乏其人。例如禮部左侍郎董倫，他「質直敦厚，嘗勸帝（建文帝）睦親藩」，建文帝未予理睬。[24]楊砥也曾上書建文帝：「帝堯之德始於親九族。今宜惇睦諸藩，無自剪枝葉。」[25]這些建議雖未被建文帝採納，但也會對他的削藩行動產生影響。

21《明史》卷一百四十三，〈高巍傳〉。
22《明史》卷一百四十一，〈卓敬傳〉。
23《明史》卷一百四十三，〈高巍傳〉。
24《明史》卷一百五十二，〈董倫傳〉。
25《明史》卷一百五十，〈楊砥傳〉。

對燕王的防範

建文帝五月即位，八月就廢削了周王，第二年四月開始，又一連廢削了四個藩王。這期間要說對燕王沒有任何提防也不對，只是沒公開將燕王廢削，對他還是採取了一些防範措施的。

當燕王為周王說情的奏書送來以後，建文帝「觀之戚然」，看來頗受感動，想就此罷手。他還把燕王的奏書交給齊泰、黃子澄二人看，認為「事莫若且止」。齊、黃二人回去後密議，認為建文帝有「婦人之仁」，削藩的事絕不能就此停止。第二天，他們二人又勸說建文帝，認為燕王最為可慮，「失今不圖，後愧無及」。建文帝猶豫不決，只是派人到燕王府去偵伺，結果卻「無所得」，沒抓住燕王有罪的把柄。燕王雖然時刻都在覬覦著皇位，在周王被廢後更加緊了準備，但做得比較隱蔽，讓人看不出破綻。這也正是燕王不同於其他幾個藩王的高明之處。但是，既然燕王在密鑼緊鼓地準備奪取皇位，恐怕也難以做到一點破綻沒有。到底是一點破綻沒有呢，還是偵伺的人有意為燕王掩飾呢，現在已難以詳考。《太宗實錄》上只是說，齊、黃二人主張就以燕王的奏書為由，「指以連謀」，即可將燕王廢削。《太宗實錄》由燕王的兒子仁宗主持修撰，對燕王可能有所溢美。但從當時的情況來說，既然建文帝君臣都明明知道燕王是最大的威脅，卻遲遲未將他削除，看來確實未抓到謀反之類的把柄。

在這種情況下，建文君臣就只好對燕王採取一些防範措施了。齊泰建議，北邊的蒙元勢力近來有南下的跡象，並接到了這樣的邊報，應以防邊為名，調發軍隊駐守開平（今內蒙古自治區多倫縣）。開平是元朝的上都，元朝皇帝還不時到那裡住上一段時間，是個軍事要地。調一支可靠的軍隊到那裡駐守，既可以抵禦蒙元勢力，也可以牽制燕王。因為北邊有敵情，建文帝還按照齊泰的建議，將燕王護衛中的精銳全部調出，到開平駐守，其目的顯然是為了削弱燕王。除此之外，建文帝還命謝貴為北平都指揮使，掌管北平軍事；命張昺為北平布政使，掌管行政。他們對建文帝都很忠心，實際上就是讓他們把北平控制起來。他們還有祕密「覘察王府動靜」的使命。[26]

四個月以後，按照齊泰、黃子澄的建議，建文帝又做了一番更周密的部署。建文元年（一三九九年）三月，命都督宋忠調沿邊各衛馬步兵三萬，駐守開平，燕王部下的精銳都轉到宋忠麾下。在燕王部下，觀童指揮著一支蒙古騎兵，十分精悍。建文帝便將觀童等人調入南京，其所屬騎兵轉歸宋忠指揮。另外，又調屬於北平的永清左衛官軍駐守彰德，永清右衛官軍駐守順德，並命都督徐凱練兵臨清，都督耿瓛練兵山海關。這樣一來，一些將領率大軍駐守在北平周圍，張昺和謝貴在北平城內控制燕王，而燕王部下的精銳又多被調出，這種部署不可謂不嚴密了。在建文帝看來，即使燕王舉兵反叛，也可以一舉將其擒獲。

眾謀士慫恿起兵

對於明成祖來說，周王被廢削是個信號，下一個也就可能輪到他了。但對於公開起兵奪位這件事，一開始他還頗為猶豫。隨著其他幾個藩王被削和朝廷針對他所採取的一些措施，他感到形勢越來越緊急。他身邊的一些謀士也利用一切機會對他進行鼓動，從而促使他下決心起兵。

26《太宗實錄》卷一。

姚廣孝和袁珙

姚廣孝是燕王的第一位謀士。因他的僧名叫道衍，所以習慣上又稱他為道衍和尚。他隨燕王到北平後，就在慶壽寺當住持，在那裡為馬皇后祈福。他的主要心思卻不在這裡，而是幫助燕王成就一番大事業。他經常出入燕王府中，形跡甚密。

明太祖死了以後，姚廣孝感到機會來了，便千方百計地慫恿燕王起事。尤其是周王和其他幾個藩王被削以後，姚廣孝更是使用各種方法鼓動燕王，要他起兵奪取皇位。據一些野史記載，姚廣孝曾為明成祖占卜。姚廣孝跟人學過陰陽術數之學，懂點占卜的知識。有一次燕王讓他為自己占卜，還問他是什麼卜術。姚廣孝說是「觀音課」。他交給燕王三枚銅錢，讓燕王擲。燕王剛擲出一枚，姚廣孝就一本正經地說：「殿下要做皇帝乎？」燕王馬上制止他說：「莫胡說。」[27]燕王說歸這樣說，但對這種預示著自己要當皇帝的卦象，他一定會從內心感到高興。

燕王和姚廣孝是密友，姚廣孝對燕王想當皇帝的心思是很清楚的。明朝人還流傳著這樣一個故事：有一次，燕王寫了個上聯，「天寒地凍，水無一點不成冰。」姚廣孝隨口就對了下聯，「世亂民貧，王不出頭誰作主。」[28]從姚廣孝對的這個下聯來看，慫恿燕王起兵的意思就很明顯了。這個故事可能帶有後人附會的成分，但它反映的歷史情況卻是可信的，即姚廣孝是燕王起兵的有力鼓動者。

姚廣孝有個朋友，叫袁珙，也是明初的一個奇人。他善於相人，據說曾相士大夫上百人，「無不奇中」。姚廣孝把他引薦給燕王，把他召來北平。燕王故意穿上衛士的服裝，和九個衛士一起在酒館中喝酒。袁珙走進來一看，便馬上跪在燕王面前說：「殿下怎麼這樣不自愛呢？」那九個衛士都故意笑話他，說他瞎說，燕王也裝作不以為然。但袁珙就是認準了燕王，出口就稱殿下。燕王怕他信口說出一些有妨礙的話，便急忙帶他回宮。袁珙在宮裡又仔細對燕王相了一番，說燕王「龍行虎步」，有天子之相。到四十歲的時候，鬍鬚過了肚臍，就要登上皇位了。燕王聽了自然十分高興，但害怕這些話洩漏出去，傳入朝廷於自己不利，便把袁珙打發了回去。[29]

袁珙為燕王相面是否這樣富有戲劇性，我們可不必細究，但相面這件事是大體可信的。燕王即位以後，馬上將袁珙召入京師，授官太常寺丞，可能就是對他的回報。

袁珙有個兒子，叫袁忠徹，自小從父親那裡學到相人的本領。他當時也隨袁珙到了北平。有一次，燕王設宴招待北平的文武大員，暗中讓袁忠徹對他們相面。袁忠徹對燕王說，宋忠「面方耳大，身短氣浮」，張昺「面方五小，行步如蛇」，謝貴「臃腫早肥而氣短」，耿瓛「顴骨插鬢，色如飛火」，景清「身短聲雄」，他的結論是，這幾個人「於法皆當刑死」。這幾個人都是建文帝派來監視燕王的，現在燕王聽了這話，自然是「大喜，起兵意益決」。[30] 燕王即位後，他也和父親袁珙一起奉召進京，授官鴻臚寺序班，得到豐厚的賞賜。這大概是因為他的話後來一一應驗的緣故。

金忠和顛士

金忠是袁珙的朋友，精通《易經》，善於卜筮。他曾在北平以占卜為生，多奇中，北平城裡的

27 呂毖，《明朝小史》卷四，〈觀音課〉。
28 唐樞，《國琛集》卷上。
29 《明史》卷二百九十九，〈袁珙傳〉。
30 《明史》卷二百九十九，〈袁忠徹傳〉。

人都稱他為神人。姚廣孝在燕王面前不斷稱讚金忠的卜術。燕王這時正盤算著起兵的事，就以生病為名，召金忠前去占卜。結果，燕王得了一個「鑄印乘軒」的卦。金忠藉以發揮道：「此相貴不可言。」實際上就是說，燕王有天子之相。從此以後，金忠就經常出入燕王府中，並以占卜勸燕王舉兵起事。[31]後來，金忠就成了燕王的心腹。燕王即皇位後，金忠官至兵部尚書。

當時還有一個顛士，不知是何處人，也不知道他叫什麼名字，行為瘋瘋癲癲，說的話顯得荒誕不經，但他說的事卻往往應驗。燕王讓人把他召來，他淨說一些隱語，暗含有鼓動燕王起兵成大事的意思。有一天，張玉的兒子張輔在那裡坐著，背上有些灰塵，顛士就拍著張輔的背說：「這裡這麼大的灰塵，還不起嗎？」實際上是說給張玉聽的，即還不趕快幫著燕王起兵嗎？張玉是燕王手下的第一員大將，極受信任。他這是在鼓動張玉，讓張玉去鼓動燕王。

有一天，顛士突然求見燕王，說城西有一塊風水寶地，貴不可言，並問燕王：「殿下有可以埋葬的人嗎？」燕王認為這是不吉利的話，就沒好氣地說：「沒有。」顛士又說：「殿下的乳母在哪裡呢？」燕王說：「早死了，埋葬在亂草叢中了。」顛士說：「趕快把你的乳母改葬在那裡，以後一定有徵驗。」燕王還真的聽信了他的話，將他的乳母馮氏改葬在顛士所說的那個地方，即後來的「聖夫人墓」。[32]燕王即位後，追封他的乳母馮氏為「保聖貞順夫人」，「聖夫人墓」也就由此而來。據《明實錄》記載，燕王在即位當年的十一月間，就派鄭和赴北平祭奠馮乳母。[33]

像明成祖這樣一個雄才大略的帝王，竟然還讓一些方士為他占卜，這在今天看來似乎有點可笑。但應該承認，古代的人們大都有迷信心理，即使一些大人物也難以擺脫。卜筮是一種文化現象，也是一種歷史現象。它是歷史的產物，也翻轉過來影響過歷史。特別是對一些處於歷史關鍵位置上的人物來說，占卜往往能產生很大的作用，有時這種作用甚至可以是決定性的。像公開起兵奪取皇位這種事，在封建時代屬大逆不道，不要說不一定會成功，即使成功了，也會遭到當時人和後世人的唾罵，所以燕王曾一度猶豫不決。正是在姚廣孝等人的勸說下，其中也包括著占卜，燕王才下定了起兵的決心。

建文新政

有一次，姚廣孝祕密地勸燕王舉兵。燕王說：「民心向著建文，怎麼辦呢？」姚廣孝巧妙地回答道：「我只知道天意，談什麼民心呢！」[34] 儘管姚廣孝這麼說，但對於人心向背這件事，燕王不會不考慮。這也正是他一度猶豫的一個原因。因此我們有必要看一看，建文帝到底是一個怎麼樣的皇帝。

平心而論，建文帝並不算壞皇帝。他生於皇宮，自幼與詩書為伴，身邊大都是文墨之士，所接受的都是儒家以仁義治國的那一套學說。他即位後，對朱元璋的那一套做法多有變更，總的傾向是實行「寬仁」政治，重用文臣，優容知識分子。朱元璋是以「嚴猛」治國，士大夫整天懷著惴惴不安的心情過日子，在霜鋒雪劍之後，建文時期無異於陽春煦日。當時推行的所謂「建文新

31 《明史》卷一百五十，〈金忠傳〉。
32 高岱，《鴻猷錄》卷七，〈靖難師起〉。
33 《太宗實錄》卷十四。
34 《明史》卷一百四十五，〈姚廣孝傳〉。

政」，除少數不合時宜難以實行外，大多數還是頗得民心。

建文帝改訂了一些律例。《大明律》是參照《唐律》制定的，建文帝與《唐律》仔細對照了一下，發現《大明律》加重了刑罰。他告誡三法司官員，刑罰宜寬，務崇禮教。對那些罪證不足或可以原諒的囚犯，予以赦免。因此，洪武時期的一些冤案、錯案得到糾正，一些流放的官員被赦還，許多被殺的功臣子弟受到錄用。據刑部統計，建文年間的囚犯比洪武時減少三分之二。

建文帝對官制進行了一系列的改革，文官的地位得到一定程度的提高。朱元璋廢丞相後，權歸六部，而六部尚書都是二品，建文帝提升六部尚書為正一品，從而改變了六部尚書低於五軍都督府長官的狀況。朱元璋經常摧辱大臣，時而當場對大臣廷杖，建文時則沒出現過這類情況。建文帝還合併了一些州縣，裁減了一些冗員。

在經濟上，建文帝採取了一些寬大的政策。他下令「蠲逋租」，即免除農民拖欠的租稅。老百姓因災變賣子為奴者，建文帝命地方官府為他們贖身。他還限制僧道寺觀占田的數量，餘田分給平民。洪武年間江浙一帶的田賦特重，建文帝下令酌量減輕。原來江浙一帶的人不能當戶部的官，建文時也改變了這種規定。

建文帝在作風上遠不像朱元璋那樣獨裁。他虛心納諫，下詔要臣下直言。有一次，他上朝晚了，讓大臣們等了他好大一會子。監察御史尹昌隆上疏進諫，說得頗不客氣：

> 高皇帝雞鳴而起，昧爽而朝，未日出而臨百官，故能庶績咸熙，天下乂安。陛下嗣守大業，宜追繩祖武，憂勤萬幾。今乃即於晏安，日上數刻，猶未臨朝。群臣宿衛，疲於侍候，曠職廢業，上下懈弛。播之天下，傳之四裔，非社稷福也。35

建文帝繼位時才二十一歲，上朝晚的事時或有之。尹昌隆說的話如此尖銳，但他不僅沒有發怒，反而讚尹昌隆「切直」，並讓禮部宣示天下，使全國都知道自己的過錯。一個年輕的皇帝，能做到這一步，應該說是不容易的。[35]

建文帝即位不久，就派暴昭、夏原吉等二十四名大臣分頭巡視天下，了解民間疾苦，免除不急之務，有什麼弊政及時革除。

但是，建文改制帶有復古的色彩。他按照《周禮》的記載，對六部官職名稱進行了紛繁的變更，一些沿用了上千年的官名，他卻改用《周禮》上的官名。一些機構的設置，也做了一些無謂的改變。最令人難以理解的是，他按照方孝孺的建議，竟然要恢復西周時的井田制。這種做法當時就遭到一些人的反對，翰林修撰王叔英說得最著實。他在致方孝孺的信中說：

> 天下之事，固有行於古而亦可行於今者，如夏時，周冕之類是也；亦有行於古而難行於今者，如井田、封建之類是也。可行者行之，則人之從之也易；難行者行之，則人之從之也難。從之易，則民樂其利；從之難，則民受其患。[36]

由於許多人的反對，井田制未能實行，也確實無法實行。但官制的紛更已經叫人目不暇接了。這些變更都無濟於實事，反而給燕王起兵提供了藉口。因為建文在變更「祖制」，燕王正可以以維護「祖制」的名義起兵反對他。

35 《明史》卷一百六十二，〈尹昌隆傳〉。
36 焦竑，《玉堂叢話》卷七，〈規諷〉。

暗中準備

建文帝五月即位，第二年七月燕王即正式起兵。在這一年多的時間裡，建文帝不僅多次派人偵伺燕王，而且對燕王採取了一些防範措施。燕王採取各種辦法迷惑朝廷，在暗中卻密鑼緊鼓，進行了各種周密的準備。

風聲漸緊

對燕王來說，周王的被廢削無疑是個信號。他意識到自己也有隨時被廢削的可能。這時他就開始祕密地進行準備，他挑選了一批身手不凡的壯士為貼身護衛，以勾逃軍為名，在全國各地招納了一些異人術士來協助自己。這些人猶如春秋戰國時期的策士，可以起到一般人所起不到的作用。

燕王府是元朝舊宮，院落廣大深邃。姚廣孝在後苑負責操練將士，趕造軍器。為了迷惑外人，尤其是擔心建文帝派來的耳目，便修築了頗大的地下室，上面再建上房屋，周圍再繞以又高又厚的牆垣，牆根下再埋上大大小小的缸甕。為了盡可能的保險，還在後苑養了大群的鵝鴨，用鵝鴨的叫聲來遮掩操練和製造軍器的聲音。[37]

的確是「沒有不透風的牆」，不論燕王府的圍牆多麼高大，府內的動靜還是露出了一些蛛絲馬跡。魏國公徐輝祖是徐達的長子，也就是燕王妃的哥哥，因兩家來往密切，了解一些燕王的動向。他忠於建文帝，不時向建文帝報告一些有關燕王的消息，要建文帝早做提備。徐輝祖因而受到建文帝的信任，下詔為徐輝祖加官太子太傅，並讓他和李景隆共同掌管六軍，協謀圖燕的事。[37]

到十一月間，建文帝便按照齊泰的建議，以防邊為名，調兵遣將，對燕王採取了一些防範措施。看來，這時的風聲是越來越緊了，以至於一些下級官員也開始談論燕王將奪位的事。例如四川岳池教諭程濟就上書建文帝說：「燕兵大概在明年就要起事了。」這當然是個很敏感的問題，一些朝臣指責程濟胡說，把他召來，準備殺掉他。建文帝雖未殺他，但還是把他關進了監獄。[38]

建文元年（一三九九年）正月，燕王派長史葛誠進京奏事。建文帝把葛誠帶入密室，詢問他有關燕王府的事。葛誠把自己所知道的情況都告訴了建文帝，深受信任，又被遣回燕王府，建文帝要他當內應。葛誠回去以後，燕王發現他神色有些反常，心裡就懷疑他向建文帝告了密。幸好最機密的事他還不知道，為了不打草驚蛇，也沒有馬上懲治他，但暗地裡對他做了提防。

這期間，建文帝陸續派了一些官員赴北平，以觀察燕王動靜。例如都御史暴昭，他以採訪使的身分來北平巡視，回去以後向建文帝報告了一些燕王府的祕事，請建文帝早做提備。

劉璟是明初著名謀臣劉基的兒子，深受建文帝信任。他受命來到北平，看燕王有沒有反常舉動。這個不速之客不是平庸之輩，不僅飽讀六經，而且喜談兵事，是個文武全才的人物。燕王知道劉璟的分量，待他異常親熱，還不時與他下棋取樂。燕王也有意試探一下劉璟的真實態度。有一次下棋時，燕王對劉璟說：「你不能稍微讓著我點嗎？」劉璟聽了這語帶雙關的話，心裡很清

37《明史》卷一百四十五，〈姚廣孝傳〉。
38 谷應泰，《明史紀事本末》卷十六，〈燕王起兵〉。

楚這話的真實意思，於是便正色回答道：「可讓的地方就讓，不可讓的地方不敢讓。」答得也是話中有話。燕王聽完沉默了好一陣子，感到劉璟無法爭取。[39]

燕王感到，這時的一舉一動都受到監視。當時陳瑛任北平按察使，是掌管刑名和監察的地方最高長官。燕王想拉攏他，讓人送給他一些銀子，陳瑛還真的收下了。燕王自然是滿心高興。但沒過多久，陳瑛就被北平按察司僉事告了狀，說他收受燕王賄賂，心懷異謀。為此，陳瑛被逮治，謫徙到廣西。[40]這又一次給燕王敲了警鐘。他發現，在他所盤據的北平城裡，到處都有建文帝的耳目。

父子相繼入京

進入建文元年上半年，雙方之間的相互猜疑日益加深。從建文帝這方面來看，明明知道燕王是最大的威脅，但還沒有拿到燕王謀反的確切罪證，沒有充分的理由公開將其廢削。更何況，燕王又是叔輩行中的最長者，建文帝對待他也必須格外慎重。在這種情況下，建文帝也只能一方面派人偵伺，一方面在軍事上採取一些防範措施。從燕王那方面來看，雖明明知道建文帝對他不放心，從各方面提防著他，但尚未公開對他採取行動。如要公開舉兵反對建文帝的話，還沒有做好充分準備。更何況，從力量的對比來看，自己明顯處於劣勢，而且起兵反抗朝廷屬於篡逆，在一般人看來是大逆不道的事。因此，沒有十拿九穩的把握或者萬不得已，他不能輕舉妄動。在這種微妙的歷史時刻，雙方在表面上還都保持著溫情脈脈的叔侄關係，彼此之間展開了一場緊張的心理戰。

建文元年（一三九九年）二月，燕王為了消除建文帝對自己的猜疑，毅然進京朝覲，燕王自恃叔父之尊，昂首闊步地由皇道上殿，到殿上也不下拜。監察御史曾鳳韶彈劾燕王有「大不敬」之罪。在殿上應行君臣之禮，回宮後再敘叔侄之倫。建文帝說：「至親勿問。」[41]未對燕王治罪。

關於燕王這次進京朝覲一事，有的說有，有的說無。從各種情況和有關材料來分析，此事實不容置疑。首先，從目的和作用上來看，燕王親自赴京，可消除建文帝的疑慮，也可堵一堵主張削藩大臣們的嘴。另外，燕王還可以順便看看朝中虛實，人心向背，以做到心中有數。

其次，說燕王不會去自投羅網，因而他不會有此行。實際上，自古至今不乏這樣的例證，即敵對雙方疑竇叢生時，雄才大略的人往往敢於深入虎穴，前往對方，往往能收到意外的效果，盡人皆知的劉邦赴鴻門宴就是一例。更何況，這時燕王還沒有讓建文帝抓到確鑿把柄，還不至於馬上把他怎麼樣。特別是，在燕王入京兩個月後，燕王又命他僅有的三個兒子一起入京，以參加朱元璋逝世一周年的弔祭。如果他感到這是自投羅網的話，絕不會讓他的三個兒子都去自投羅網。

再其次，後來當燕王率軍將要攻入南京的時候，曾有過「不渡此江數年」的話，以此證明燕王未有此行。但是，這已是建文四年（一四〇二年）的事，而燕王入京朝覲是在建文元年，相距已三年多時間，完全可以說「不渡此江數年矣」。

最後，燕王有此行還有堅實的佐證。其一，《國榷》中有此記載，在建文元年二月「乙丑」（即

39 《明史》卷一百二十八，〈劉璟傳〉。
40 谷應泰，《明史紀事本末》卷十六，〈燕王起兵〉。
41 同註40。

二月十四日）條下載：「燕王棣來朝。」一般說來，《國榷》的記載是很可信的，它的史料價值之高為學術界所公認。

其二，姜清《祕史．燕王來朝》載：

《吉安志》載，御史曾鳳韶是日侍班，（燕）王由皇道入，登陛不拜……又，南京錦衣衛百戶潘暄貼黃冊內載，校尉潘安二十三日欽撥隨侍燕王還北平任，坐以拿張昺功升職。據此則來朝明矣。

燕王於七月五日舉兵反，潘安協助燕王殺了北平布政使張昺，他因此受到升賞。《祕史》中兩次引潘暄貼黃，應屬可信。另外，這條材料和《國榷》中的記載結合起來看，就更顯得順理成章：燕王十四日入京，建文帝欽撥潘安隨侍，於二十三日回北平，在京師待了九天。於事於理，都無可挑剔。

此事在《明實錄》中沒有記載，這並不難理解。明成祖奪得帝位後，把建文帝說成是「矯詔稱帝」，甚至在「實錄」中把建文帝的年號都取消了。建文年間的事都記在《太宗實錄》的前九卷中，稱為「奉天靖難事迹」，實際上是明成祖在位時定的稿。如果在「實錄」中記上自己赴京朝覲建文帝這件事，就等於承認建文帝的正統性和合法性，也就等於承認自己奪位為篡逆。這對明成祖是很敏感的事，所以「實錄」對此只能略而不記。

也就在這次燕王入京朝覲之時，戶部侍郎卓敬密奏建文帝，要他當機立斷，把燕王徙封到南昌。建文帝說：「燕王是骨肉至親，怎麼能這樣做呢？」卓敬回答道：「隋文帝和楊廣難道不是父子嗎！」建文帝默然良久，還是下不了決心，只是說：「你不要再說了。」[42] 由這件事也可以看出，建文帝確實優柔寡斷，燕王這次進京也確實冒著一定的風險。這正像談遷所說：「不過伺間釋嫌，徼幸萬一耳。」[43]

燕王雖然順利地回來了，建文帝還給他派了個欽撥隨從潘安，但他對燕王還是不放心，不斷地派官員到北平巡視。他們把燕王圖謀不軌的事不斷報來。燕王回去後也沒敢鬆口氣，他一面加緊準備，一面為了迷惑朝廷，就假裝生病，不見外人了。

五月裡明太祖小祥，即逝世一周年，燕王派長子朱高熾領著兩個弟弟一起入京致祭。有的謀士勸燕王說：「他們弟兄三人不宜一塊進京。」意思是害怕朝廷把他們留作人質。燕王卻說：「只有這樣才能消除朝廷對我的懷疑。」他們弟兄三人走了不久，燕王感到有些失策，頗感後悔，但已來不及了。他們到京師以後，齊泰果然向建文帝密奏，請求把他們弟兄三人都留在京師。黃子澄卻不同意這樣幹，他說：「如果這樣做的話，燕王就產生懷疑了，就要提防了。不如放他們回去，以示朝廷對他並未產生懷疑。」徐輝祖對他的這三個外甥進行了觀察，感到老二朱高煦尤其不安本分，便向建文帝密奏道：「在我這三個外甥當中，獨有高煦悍勇無賴，不但不忠於朝廷，而且還會背叛他的父親，日後一定是個禍害。」建文帝又詢問徐輝祖的弟弟徐增壽和駙馬王寧，二人都為他們弟兄三人說好話。尤其是徐增壽，他和燕王一直關係很好，自然竭力為他們弟兄三人美言。建文帝聽信了他的話，就決定讓他們弟兄三人都回北平。大概是高煦聽到了一些不利於

42 谷應泰，《明史紀事本末》卷十六，〈燕王起兵〉。
43 談遷，《國榷》卷十一，建文元年二月己巳。

自己的風聲，便偷偷地潛入徐輝祖的馬廄，牽出一匹馬，騎上就返回北平。徐輝祖派人去追，也沒追上。當他們弟兄三人陸續回到北平後，燕王愁容頓消，高興地說：「我們父子又能相聚，這是上天保佑我們的結果。」後來燕王起兵後，高煦衝鋒陷陣，戰功最多，建文帝非常後悔沒聽徐輝祖的話。[44]

佯狂稱疾

建文元年（一三九九年）六月，燕王護衛的一個小官百戶倪諒密奏建文帝，告發燕王部下的兩個官校，一個叫于諒，一個叫周鐸，他們為燕王招聘勇士，圖謀不軌。建文帝命將二人逮繫京師，經過訊問，從他們口中得知了一些燕王的陰事，掌握了一些燕王違抗朝廷的罪證。建文帝下令將二人一併殺掉。這時，建文帝似乎已意識到，燕王將要謀反。於是，他又拿這事詢問徐增壽。徐增壽回答道：「先帝（指朱標，他被尊為興宗孝康皇帝）和燕王是親兄弟，富貴已極，怎麼還會謀反呢！」[45]建文帝半信半疑，雖未明確下令將燕王廢削，但還是頒詔訓責了燕王一通。

「殷鑑不遠，就在夏世之後。」周王等五個藩王都已陸續被削奪，有的被廢為庶人，有的被禁錮，有的自焚而死，其罪行還被布告全國，這都是燕王親眼看到了的。現在建文帝親自降詔訓責，顯然是個不祥之兆，這已經不僅僅是懷疑的問題了，簡直就要問罪了。要公然舉兵反抗朝廷吧，他還沒有做好充分的準備，而且城內城外都有建文帝布置好的兵馬，驟然起兵凶多吉少。燕王感到很恐慌，於是頓生一計，以裝瘋來迷惑朝廷。

以往追奔逐北、體格健壯的燕王，這時突然變成了另一副模樣。他在大街上亂跑，大喊大叫，語無倫次，荒誕不經，有時躺在地上，半天不醒，甚至整天昏睡。燕王得了瘋病的消息很快傳布開來。北平布政使張昺和都指揮使謝貴來王府問疾，也想藉機看一看燕王瘋病的真假。這時是舊曆六月，正值盛夏，一般人都感到酷熱難耐，但燕王還圍著火爐子烤火，嘴裡還念念有詞：「真冷啊！真冷啊！」燕王看到張昺和謝貴進來了，勉強支撐著身子，扶著枴杖在屋裡走了幾步。張昺和謝貴都是平庸之輩，看到燕王這個樣子，他們還真的相信燕王得了瘋病。他們把這情況報告了朝廷，建文帝也有些信以為真了。[46]

但這事沒能瞞過燕府長史葛誠的眼睛，他祕密地對張昺和謝貴說：「燕王根本沒病，二公千萬不要懈怠。」他還說，燕王很快就要舉兵謀反，並把這事密疏報告了建文帝。[47]

這時，恰巧燕王派他的護衛百戶鄧庸赴京奏事，建文帝聽從了齊泰的建議，下令將鄧庸抓了起來，進行訊問。鄧庸把燕王要舉兵謀反的事都一五一十地說了出來。這時候建文帝才確實感到燕王真的要謀反了。於是發出密詔，派人往北平逮治燕府官屬，並密令張昺、謝貴逮繫燕王。[48]

建文帝還給北平都指揮僉事張信發了一道密令，要他利用一切方便條件把燕王抓起來。張信接到這個命令很憂愁，不知道該怎麼辦。他母親看他坐臥不寧，就問他有什麼心事，他就把建文帝給他密詔的事說了出來。他母親吃驚地說：「這事絕不能幹。我常聽人說，燕王當有天下。當

44 谷應泰，《明史紀事本末》卷十六，〈燕王起兵〉。
45 《明史》卷一百二十五，〈徐達傳〉。
46 谷應泰，《明史紀事本末》卷十六，〈燕王起兵〉。
47 《明史》卷一百四十二，〈葛誠傳〉。
48 谷應泰，《明史紀事本末》卷十六，〈燕王起兵〉。

有天下的人是害不死的，燕王不是你所能擒拿得了的。」聽了母親這番話，張信更加愁眉不展，舉棋不定。敕使來催問他，問他到底什麼時候下手，張信沒好氣地說：「為什麼這樣逼我呢！」於是他就前往燕王府求見。他連去兩次，燕王都以有病為由，拒絕接見。第三次，張信乘著一般婦女坐的車，徑直到燕府門前，堅持求見，說有萬分火急的密事相告，燕王這才讓他進去。但燕王還是裝著重病在身，躺在床上，眼皮半睜半閉，裝著不能說話。張信到床前拜見，誠懇地對燕王說：「殿下不要這樣了，有什麼心事，就請告訴我。」燕王說：「我確實有病，不是假裝。」張信說：「殿下還不告訴我實情呢！皇上下詔要擒拿殿下了，如無他意，就俯首就擒；如有他意，就不要再瞞我了。」燕王聽了這話，便馬上從床上坐了起來，向張信施禮道：「救我一家人的是你啊！」這確切的情報使燕王終於下定了決心，必須馬上舉事。

燕王立即把姚廣孝召來，密商舉兵的事。這時恰巧來了一陣暴風雨，屋檐上的瓦落下數塊。燕王以為這是不祥之兆，心裡很煩躁，臉上一片愁容。姚廣孝卻解釋道，這是吉祥之兆。燕王聽了申斥道：「你這個妄和尚，哪來的吉兆呢？」姚廣孝卻不慌不忙地說：「殿下沒聽說過嗎，『飛龍在天，從以風雨。』屋瓦墜地，這是上天示意，要殿下換住黃屋了。」這是說燕王是真龍天子，一說舉兵起事，上天馬上就以風雨相從。舊瓦墜地，換住黃屋，也就是說很快要當皇帝了。燕王聽了姚廣孝這一番解釋，頓時轉憂為喜。[49]一個好的謀士，不僅要幫主帥出主意、想辦法，而且要能夠隨時隨地幫主帥樹立信心。古人迷信心理重，本來是件平常小事，他們就會誤以為是吉兆或是凶兆。同樣一件事，有的可以解釋為吉，有的也可以解釋為凶。看來姚廣孝是個很稱職的謀士，本來通常認為是凶的徵兆，他卻解釋為吉兆，而且說得有根有據。在那緊要關頭，經姚廣孝這番鼓勵，燕王便決定馬上起兵。於是，中國歷史上一場長達三年之久的戰爭便拉開了序幕。

49 谷應泰，《明史紀事本末》卷十六，〈燕王起兵〉。

第三章　起兵靖難，鞏固後方

燕王起兵後，很快便占領了北平。他以「清君側」為名，誓師「靖難」。他的策略是首先略定後方，壯大自己。在此基礎上，他接連粉碎了耿炳文和李景隆的兩次大規模北伐。

北平誓師

建文元年（一三九九年）七月五日，燕王正式起兵，公開反抗朝廷。他首先智擒了駐守北平的張昺和謝貴，奪占了九門，接著便在北平誓師，稱自己的軍隊為「靖難」之師。歷史上把這場戰爭稱作「靖難之役」。

智擒張昺、謝貴

正當燕王與姚廣孝密謀舉兵的時候，又陸續得到一些緊急的消息。按察司的一個官吏李友直，布政司的一個官吏奈亨都知道了擒拿燕王的密詔。他們祕密地來到燕王府中，把建文帝密詔的內容告訴了燕王。這時，北平的一個守兵喝醉了酒，到大街上去磨刀。一個老太婆問他：「磨刀幹什麼呢？」這個士卒厲聲說道：「殺燕王府的人。」這種話在平時是沒人敢說的。這個老太婆意識到將會有大的變故，她便把這事祕密地轉告了燕王。[1]燕王感到事情已非常緊急了，為了準備得更周密，他便派朱能到城內外去偵伺。朱能發現，到處都有重兵把守，謝貴把北平的七衛士兵都調來包圍燕王府，另外還調來一些城外的屯田軍，讓他們入城協助防守。在端禮門等幾個關鍵地方，謝貴還讓士兵架起了木柵。情況十分明顯，形勢萬分火急，燕王已來不及多做謀畫，立命張玉、朱能率僅有的八百衛士入衛王府。[2]

張玉、朱能是燕王的親信，也是燕王手下最得力的兩員大將。他們二人當時都是下級武官，張玉是燕山左護衛指揮僉事，朱能是燕山護衛千戶。他們所能調動的只有八百衛士，好像是太少了，實際上這是建文帝對藩王一再削藩的結果。

在藩王封國內，軍士分為兩種，一是守鎮兵，由朝廷委任的指揮掌管；二是護衛兵，歸藩王調遣。像燕王這樣有防邊任務的塞王，遇有緊急情況，兩類軍士都要聽從他調遣。藩王對封國內的中央官吏也有節制權。建文帝即位後，不僅廢削了五個藩王，而且對其他未廢的藩王也進行了限制。建文帝下詔，收回了王國所在地的統治權，「王國吏民聽朝廷節制」，只有護衛官軍聽從藩王指揮。建文元年（一三九九年）二月，建文帝再次頒詔：「詔諸王毋得節制文武吏士。」[3]這樣，王國所在地的兵權和中央官吏的節制權都收歸了朝廷。對燕王來說，由於建文帝對他猜疑日深，便以防邊為名，將他的護衛兵也大都調出。因此，當他要舉兵的時候，倉促之間只能召集起八百

1 《大宗實錄》卷二。
2 谷應泰，《明史紀事本末》卷十六，〈燕王起兵〉。
3 《明史》卷四，〈恭閔帝本紀〉。

衛士。

這形勢對燕王是十分不利的。北平四周的險要關口都由朝廷新委任的親信領重兵把守，北平城內的文武吏士基本上都聽張昺、謝貴指揮。雙方力量的對比確實太懸殊了。

七月五日，張昺和謝貴率兵包圍了燕王府邸，用箭把文書射入燕王府內，上面寫著朝廷要逮治的諸官屬。燕王與張玉、朱能商議：「滿城都是他們的軍士，敵眾我寡，怎麼辦呢？」朱能說：「先擒殺謝貴、張昺，其他人就沒有能為了。」燕王說：「這事應當計取。現在朝廷派人來逮我的官屬，我們就按朝廷的名單把這些人收起來，讓來使召進來張昺、謝貴二人，說把要逮的人交給他們。他們二人一定會進來，來了就把他們擒獲，這只消一個壯士就辦到了。」建文帝的詔書只說「削爵及逮官屬」，即對燕王只是削爵，而未說逮捕，所要逮的是燕王手下的一些官屬，因此燕王還能做這種安排。

七月「癸酉」（七月五日），燕王把壯士埋伏在端禮門內，派人召張昺、謝貴。他們二人心存疑慮，不肯前來。燕王又讓來使拿著要逮的名單去召他們二人，他們這才信以為實，便率領一大隊兵馬來到燕王府。因隨從不能進入王府，被守門人喝止，張昺和謝貴只好把隨從留在門外，只有他們二人來見燕王。

燕王見他們二人進來，便扶著枴杖坐起，設宴行酒。七月初北平的天氣正熱，燕王先拿出幾個西瓜，說道：「剛有人送來幾個新摘的西瓜，和你們一起嘗嘗吧。」燕王拿起一片瓜，還沒有送到嘴邊，便突然怒喝道：「現在平民百姓、兄弟宗族之間還知道互相體恤。我身為天子近屬，生命卻旦夕不保。朝廷這樣對待我，天下還有什麼事不敢幹呢？」話音剛落便擲瓜於地。燕王的幾個護衛一見這個暗號，便怒氣沖沖地一擁而上，將張昺、謝貴二人擒獲。這時，幾個護衛又將葛誠、盧振二人捆綁著拉到他們二人面前，讓他們知道，他們派往燕王府的這兩個奸細早已敗露，這也等於是張昺、謝貴二人的一條罪狀。燕王投杖而起，忿然說道：「我哪裡有什麼病！只是迫於奸臣陷害，不得不如此。」遂命衛士將張昺、謝貴二人拉出去斬首。[4]

奪占九門

包圍燕王府的士兵不知道張昺、謝貴已被殺，他們大概也沒想到二人會被殺，在外邊等了一個多時辰，仍不見二人出來，這些士兵便陸續散去。接著，燕王便讓人傳諭包圍北平的將士，說張昺、謝貴二人已經被擒獲，讓他們各自撤回。這些將士本來大都是燕王的部下，看到這種情況，也都紛紛離去。

燕王命張玉、朱能乘夜攻擊九門。守城門的士兵懾於燕王的聲威，倉促之間不知所為，有些城門不戰而下。到天明時，北平的九個城門已奪占了八個，只有西直門沒有攻下。這時，北平都指揮彭二得知燕王舉兵反，便急忙騎馬在街上大喊：「燕王反，從我殺賊者賞。」很快集中起來千餘人，向端禮門發動攻擊。燕王手下的健士從府中衝出，經過一番激烈廝殺，將彭二殺掉。彭二率領的士兵也隨之潰散。[5]

西直門的守兵仍不離去，頑強固守。燕王命指揮唐雲單騎前往，傳諭守兵道：「你們不要自

4《明史》卷五，〈成祖本紀一〉；谷應泰，《明史紀事本末》卷十六，〈燕王起兵〉。
5《明史》卷一百四十二，〈張昺傳〉。

苦！現在朝廷已聽任燕王自制一方，你們趕快離開，不離開的將格殺勿論。」守門將士聽了這話，看到其他八處都已被燕王的士兵所占，料難抵擋，便很快都散去。[6]至此，北平的九處城門都被燕王攻占。燕王下令安撫軍民，北平很快安定下來。

燕王對葛誠、盧振背叛自己非常惱火，不僅將二人殺掉，還殺了他們全家。這時也有公開勸阻燕王起兵的。例如伴讀余逢辰，「有學行」，深受燕王信任。他得知燕王將要起兵，便寄書給他的兒子，立誓以死相勸阻。燕王起兵後，他又哭著諫阻，勸燕王息兵，「言君父兩不可負」，被燕王殺掉。杜奇也是個才雋之士，燕王起兵，徵他為幕僚，他卻極力勸阻燕王「當守臣節」。燕王惱怒，立命將他殺掉。[7]他們兩個都是讀書人，講求忠義，也希望以忠義勸燕王息兵。他們不知道，當爭奪皇位的時候，任何忠義的說教都打不動燕王的鐵石心腸。

誓師靖難

燕王控制了北平以後，原北平的官員紛紛歸降燕王。他們當中有：北平布政司參議郭資，按察司副使墨麟，都指揮同知李濬、陳恭等等。燕王對他們都以禮相待，讓他們仍各司其職。在這些原來官員的協助下，北平的人心很快穩定下來。

燕王在誓師以前，把金忠召來，讓他占卜一下吉利與否。金忠占了一卦後，謂誓師起兵「大吉」。燕王聽了很高興，隨即任命他為紀善，隨侍左右，讓他隨時幫著出謀畫策。燕王有了什麼疑難事，也經常徵求他的意見，他成了燕王的一個重要謀士。[8]

燕王起兵後，三天便「城中大定」，接著就召集將士，舉行誓師，正式打出了「奉天靖難」的旗號。燕王激昂慷慨地對將士說道：

我太祖高皇帝、孝慈高皇后嫡子，國家至親。受封以來，惟知循分守法。今幼主嗣位，信任奸宄，橫起大禍，屠戮我家。我父皇母后創業艱難，封建諸子，藩屏天下，傳續無窮。一旦殘滅，皇天后土，實所共鑑。《祖訓》云：「朝無正臣，內有奸惡，必訓兵討之，以清君側之惡。」今禍迫予躬，實欲求生，不得已也。義與奸惡不共戴天，必奉行天討，以安社稷。天地神明，昭鑑予心。[9]

將士們聽了燕王的慷慨陳辭，頗受感動，至有「感動流涕」者。在這誓師的當下，天氣卻突然發生了變化，風雲四起，昏天黑地，人咫尺之間不相見。這天氣給人以出師不利的感覺，燕王也深感不安，擔心會動搖軍心。但過一會，東邊天上的烏雲閃開一縫，露出一片青天，大約一尺許，陽光由此照耀上下。將士們看到這情況非常高興，以為是燕王的誠心感動了上天，是瑞應之兆。燕王驚恐的心情頓時全消，又轉憂為喜。

燕王的這段話表明了他舉兵的正當性。因為按照《祖訓》，「朝無正臣，內有奸惡」，藩王就可以舉兵，「以清君側之惡」。現在朝中有齊泰、黃子澄這樣的奸臣，「橫起大禍」，他作為藩王就應

---

6 谷應泰，《明史紀事本末》卷十六，〈燕王起兵〉。
7 《明史》卷一百四十二，〈余逢辰傳〉。
8 《明史》卷一百五十，〈金忠傳〉。
9 《奉天靖難記》卷一。

該「奉行天討，以安社稷」。對此，《皇明祖訓》中的原文是這樣的：

如朝無正臣，內有奸惡，則親王訓兵待命，天子密詔諸王統領鎮兵討平之。既平之後，收兵於營，王朝天子而還。[10]

這段「祖訓」的意思是很明顯的，即藩王在受「天子密詔」後才能舉兵，除掉奸惡以後，即「收兵於營」，藩王朝見天子後就要返回原處。

對照一下就可以看出，燕王的行動與《祖訓》並不完全符合，他既沒有「天子密詔」，也不打算除奸後返回原處。他援引《祖訓》不過是斷章取義，以此作為舉兵的藉口。好在他部下的將士真正知道《祖訓》的並不多，這樣也可以遮擋過去。但是，按照《祖訓》，藩王確實可以向朝廷索取奸臣：

若大臣行奸，不令王見天子，私下傳致其罪而遇不幸者，到此之時，天子必是昏君。其長史司並護衛移文五軍都督府，索取奸臣。都督府捕奸臣奏斬之，族滅其家。[11]

按照這條「祖訓」，燕王指齊泰、黃子澄為奸臣，確實可以向朝廷索取他們，但沒有說藩王可以舉兵去擒獲他們。因此，不論引哪一條「祖訓」，燕王舉兵的理由都是不充分的。對此，燕王心裡是很清楚的，所以他又對將士們說：「奸臣拿到以後，我就仿效周公輔佐成王，你們要了解我的心意。」[12]也就是說，他並不準備奪取皇位，而只是要「清君側」，除掉齊泰、黃子澄等奸臣，然後就像周公輔佐成王那樣來輔佐建文帝。明眼人都能看出來，這只不過是他的一種藉口罷了。

燕王誓師起兵，公開的說法就是「以誅齊泰、黃子澄為名」。他把自己的部隊稱為「靖難之師」，除掉建文年號，把建文元年改稱洪武三十二年。他自署官屬，任命了一批文武官員。例如，他任命張玉、朱能和丘福都為都指揮僉事，把向他告密的李友直提升為布政司參議。這樣，燕王就建立了一個以自己為首的割據政權。

燕王接著上書建文帝，又陳述了一番起兵的理由：

奸臣齊泰、黃子澄包藏禍心，橚、榑、柏、桂、楩五弟，不數年間，並見削奪。柏尤可憐，闔室自焚。聖仁在上，胡寧忍此！蓋非陛下之心，實奸臣所為也。心尚未足，又以加臣。臣守藩於燕，二十餘年，寅畏小心，奉法循分。誠以君臣大分，骨肉至親，恆思加慎，為諸王先。而奸臣跋扈，加害無辜。執臣奏事人，箠楚刺爇，備極苦毒，迫言臣謀不軌……竊念臣與孝康皇帝，同父母兄弟也，今事陛下，如事天也。譬伐大樹，先翦附枝。親藩既滅，朝廷孤立，奸臣得志，社稷危矣。臣伏睹《祖訓》有云：「朝無正臣，內有奸惡，則親王訓兵待命，天子密詔諸王統領鎮兵討平之。」臣謹俯伏俟命。[13]

燕王的上書很耐人尋味。首先，他把周王等五個藩王的被削說成是齊泰、黃子澄的事，這不會是建文帝的真心，「實奸臣所為也」。其次，齊、黃還不滿足，現在又要加害自己。自己一直「奉法

10《皇明祖訓》法律條。
11 同註10。
12 谷應泰，《明史紀事本末》卷十六，〈燕王起兵〉。
13 同註12。

循分」，並未「謀不軌」，自己完全是無辜的。再其次，這些奸臣先謀害諸藩王，這就像伐大樹先剪附枝一樣，最後要危害朝廷。最後，燕王在這裡引用的《祖訓》是原話，而他對將士們說的則不是《祖訓》原話。原因很簡單，如果給建文帝的上書中竄改了《祖訓》原話，這反而會成為燕王的一條罪狀。他可以瞞過士兵，但瞞不過朝廷。所以燕王表示「俯伏俟命」，要建文帝頒密詔，允許他舉兵清除奸臣。建文帝心裡很明白，這只不過是燕王的藉口，不管下密詔還是不下密詔，他都要起兵。他的目的絕不限於除掉齊泰、黃子澄，而是要爭奪皇位。建文帝見到燕王的上書以後，他的確頒了詔書，只是不是要燕王舉兵「清君側」，而是「削燕王屬籍」，即把燕王的名字從皇族玉牒中除掉。

略定後方

燕王占領北平以後，接著便馬不停蹄地攻掠周圍的重鎮和關隘。有的強奪，有的智取，從而有了一個穩定的後方。

初戰告捷

當謝貴調兵包圍燕王府時，都指揮使余瑱是他的得力助手。結果謝貴很快被殺，北平很快被燕王占領，余瑱抵擋一番，無濟於事，便匆忙地退守居庸關。這時駐守薊州的馬宣也接到朝廷的命令，要他率師赴北平。與燕王的軍隊經過一番巷戰，結果戰敗，倉皇地退回薊州防守。

這時，宋忠奉朝連之命，由開平率三萬大軍赴援北平。他本來就負有防備燕王的使命，燕王手下的一些精銳部隊也大都調歸他掌管。北平原有永清左衛和永清右衛，宋忠調左衛的軍士駐守彭德，調右衛的軍士駐守順德，以協力防備燕王。當他率兵赴北平，準備協助謝貴擒拿燕王時，尚未趕到而燕王兵起，北平失守。他未敢盲目進兵，便退到懷來據守。

燕王起兵的第二天，通州衛指揮房勝即率眾來降，並協助燕王作戰。當此形勢緊迫之時，房勝的來降對燕王真是莫大的幫助。通州靠近北平，地位重要。房勝原是燕王的舊部，曾隨燕王征討納哈出，與燕王久已相結。他的歸降不僅很快壯大了燕王的力量，而且為其他地方的將領樹立了榜樣，致使不少重鎮以後陸續歸降。房勝歸降後，燕王仍命他駐守通州，以為羽翼。

燕王本來準備由通州南下，張玉獻計說：「若不先占領薊州，將會留下後患。」燕王採納了張玉的建議，遂派朱能率師攻取薊州（今天津市薊縣）。當時，都指揮使馬宣由北平退回薊州，嚴密防守。朱能派人招諭他投降，被他嚴辭拒絕。於是，朱能便督眾四面猛攻。馬宣率兵出城迎戰，戰敗被俘，不屈而死。城內守將毛遂看到大勢已去，便率眾投降。

朱能撫定薊州以後，連夜奔向遵化（今屬河北）。朱能也是一個能幹的將領，他一路上誡諭部下，不可胡亂殺人，「行師以得人心為本」。他挑選了一批勇士，在夜裡四更時分登城，打開城門蜂擁而入，這時城裡的守兵才知道是燕兵攻進來了。遵化衛指揮蔣玉遂傳令部下，全部歸降。[14]

---

14 谷應泰，《明史紀事本末》卷十六，〈燕王起兵〉，誤將朱能記為張玉。《奉天靖難記》卷一，《太宗實錄》卷二，《明史》卷一百四十五，〈張玉傳〉、〈朱能傳〉皆記朱能攻克薊州和遵化，是有依據的史實。

在燕師勝利進軍的影響下，密雲衛指揮鄭亨也率眾歸降。

大破宋忠於懷來

燕師在占領通州、薊州和遵化等地以後，東邊已經安定。從南邊來看，建文帝的軍隊在短時間內還趕不到北平，這時最大的威脅是北邊的宋忠。他率領三萬多軍隊駐守在懷來，隨時準備向北平開進。只是因為北平已被燕王奪占，才沒敢倉促進軍。

懷來在居庸關西邊。居庸關這時由余瑱防守。余瑱在北平失守後即退保居庸關，簡練士卒，得數千人，也隨時準備向北平反攻。燕王認為，居庸關地位險要，在攻取懷來以前應先攻取居庸關。他說：

> 居庸關山路險峻，北平之襟喉，百人守之，萬夫莫窺，據此可無北顧之憂。今余瑱得之，利為彼有，勢在必取。譬之人家後戶，豈容棄與寇盜。今乘其初至，又兼剽掠，民心未服，取之甚易。若縱之不取，彼增兵守之，後難取也。[15]

余瑱在居庸關是否「剽掠」，不見他書記載。他由北平倉促退回，強迫一些百姓協助守關，或許有之。但這樣也就削弱了戰鬥力。

七月十一日，燕王命指揮徐安、鍾祥和千戶徐祥一起前往。余瑱果然不堪一擊，且守且戰，在援兵不至的情況下只好棄關而逃，往懷來依附宋忠。燕王見到攻取居庸關的捷報以後，高興地對部將說：「假如他們懂得團結民心，謹慎地防守這個關口，我們雖然想取得它，又怎麼能很快攻破呢！這是上天授予我的禮物，絕不可丟失。」於是便命千戶吳玉在居庸關駐守。[16]

在進攻宋忠的問題上，燕軍中倒產生了意見分歧。燕王認為，宋忠擁兵懷來，對居庸關有必爭之勢。在他未趕來以前，應該先出兵攻擊他。將領們都說：「敵眾我寡，難與爭鋒，擊之未便，宜固守以待其至。」這些將領們的意見應該說是很有道理的。因為宋忠是朝廷派來防燕的主要將領，原來屬於燕王的一些精銳部隊現在也都由宋忠統轄，聲勢頗大。在敵眾我寡、敵強我弱的情況下，據居庸關固守，以逸待勞，不能不說是很好的主意。但燕王自有主張，他對將領們說：「我們當以智勝，難以力論。論力則不足，智勝則有餘。敵眾新集，其心不一。宋忠輕躁寡謀，剛愎自用，乘他立足未穩之時，向他突然發起攻擊，一定能擊破他。」其實，除了宋忠輕躁寡謀、立足未穩這些有利條件外，還有一個很有利的條件，只是燕王未肯隨便說出——宋忠的軍隊中有許多是燕王的老部下，有些可能已與燕王暗中相結。當燕王率兵趕去後，他們可以為內應，甚至可發生譁變。打勝了這一仗，燕王原來的嫡系部隊就基本上可以重新收歸己有。因此，燕王還是決定主動出擊。

七月十五日，燕王親自率領馬雲、徐祥等將領，帶領精銳的騎兵和步兵八千人，捲甲兼程而進，第二天即趕到懷來。

這時，有人從懷來城內跑出來向燕王報訊，說宋忠為了激勵士氣，就對原北平的將士們說：

15《奉天靖難記》卷一。
16《太宗實錄》卷二。

「你們全家都被燕王殺害了，死屍都把溝壑填滿了，你們應該奮起報仇。」這些北平的將士有的相信，有的不相信。燕王聽到這情況以後，就讓這些將士的家人為前鋒，仍打著舊日的旗幟，首先來到懷來城下。城內那些將士們遠遠地看見舊日的旗幟，又看到他們的父兄子弟都還在，都高興地相互傳告：「我們家原來都安然無恙，宋都督原來在欺騙我們，我們差一點上了宋都督的當。」於是，城內原北平將士紛紛倒戈，出城投降燕王。

宋忠弄巧成拙，本來想騙著這些將士進攻燕王，結果謊言很快被揭穿，這些將士全部倒了戈。這些燕府的精銳不僅未給自己增強戰鬥力，反而使自己亂了陣腳。

宋忠統領其餘的部隊倉促布陣，準備迎戰。但陣勢還沒有擺好，燕王即揮師渡河，鼓譟而前，直衝宋忠大營。宋忠大敗，慌忙逃入城內。燕師乘勝進攻，很快進入城內。宋忠躲到一個廁所裡，被幾個士兵活捉。

在宋忠部下，有些將領與燕軍進行了激戰。例如從居庸關逃回來的余瑱，在與燕軍激烈交戰中被俘，不屈而死。都指揮孫泰被燕軍流矢擊中，鮮血染紅了盔甲，他隨便裹一下傷口，又與燕軍力戰。最後，他和都指揮彭聚都英勇戰死。有一百多被燕軍俘獲的將校，因不肯投降而被殺掉。

這次懷來之戰，燕軍大獲全勝，斬首數千級，繳獲戰馬八千餘匹。懷來守軍中，只有都指揮莊得統領的一軍獨全，倉皇逃去，其餘軍士都投降了燕王。尤其是都督宋忠被俘，燕王的部下都非常高興，紛紛向燕王祝賀。燕王對此卻不以為然，只淡淡地說：「宋忠本來就是個庸才，以伶牙俐齒取悅於人，靠諂諛奸惡和行賄得官，一掌兵柄便驕縱異常。這種熒惑小人，我視之如狐鼠。這區區小勝，哪裡值得那麼高興呢！如果真獲得了大勝，那又會高興成什麼樣了呢？喜容易生驕，一驕傲就不謹慎了，不謹慎就是失敗的苗頭。」這一席話，既表明燕王有遠大的抱負，也證明燕王確實比其他將領高出一籌，所以「諸將咸頓首稱善」。[17]

懷來大捷後，開平、龍門、上谷、雲中等地的守將陸續歸降。七月十七日，燕王命孟善率兵至永平，守將趙彝、郭亮等舉城歸降。郭亮曾隨燕王北征蒙古，趙彝也是由燕山右衛提升起來的，都是燕王的舊部，這時都歸附了燕王，壯大了燕王的力量。

智取卜萬

七月二十二日，駐守遵化的指揮蔣玉來報，說陳亨、劉真和都指揮卜萬率領大寧兵馬出松亭關（在今河北遷安縣西北，為古代軍事要地），駐營於沙河，將要進攻遵化。七月二十四日，燕王親自率兵往援。劉真等人聽說燕王親自率兵趕來，便退守松亭關，堅守不出。二十七日，燕王命千戶李濬領兵到關口，擺出一副將攻關的架式，以試探對方。劉真等人果然不敢出戰。燕王向部將分析敵方的情況說：「不把大寧的兵馬擊潰，終究會成為我們的後患。劉真已經衰老了，沒什麼能為了；陳亨一向忠誠，已託心於我，只是因卜萬相脅制，才未能來降。如果除掉卜萬，陳亨一定來歸降我。劉真寡謀，容易對付，要用間使他們產生嫌隙。」恰巧這時部下捉到大寧部隊的兩個邏卒，燕王高興地說：「我們的計策可以實行了。」於是，燕王寫了一封給卜萬的信，對卜萬大加稱讚，而對陳亨卻極力詆毀。信封好後放在一個邏卒的衣領中，賞給他一些銀兩，還設酒席款待他，讓他回去把書信交給卜萬。這一切故意裝著不想讓另一個邏卒看見，實際上還是讓他

17《奉天靖難記》卷一；《太宗實錄》卷二；谷應泰，《明史紀事本末》卷十六，〈燕王起兵〉。

看見了。邏卒問看守：「要他幹什麼呢？」看守說：「你問這些幹什麼？」邏卒說：「如果讓我知道了，絕不敢背德。」看守說：「讓他回去通音訊，所以才得到了厚賞。」邏卒請求看守為他講情，希望能和另一位邏卒一起回去，並表示「惟命是從」。看守一本正經地答應了他，允許他和另一位邏卒一起返回，但沒有賞賜。

兩個邏卒返回以後，沒得到賞賜的忿忿不平，回去後馬上就揭發了捎書信的事。劉真和陳亨立命搜查另一個邏卒，果然在他的衣領中搜到了一封書信。劉真和陳亨認為卜萬已與燕王相通，便馬上將卜萬逮治下獄，並籍沒其家。卜萬後來死於獄中。[18]

陳亨不久便歸降了燕王。他於夜間又偷襲劉真營，劉真單騎逃走，松亭關很容易地落入燕王手中。

陳亨原是燕山左衛指揮僉事，曾數次跟隨燕王出塞，後升任北平都指揮使。[19] 他原是燕王的部下，早已與燕王暗中相通，所以燕王這次用間非常順利，使卜萬這個忠勇的將領不明不白地被除掉。此事與《三國演義》中的蔣幹盜書頗為相似。在古代，高明的統帥不止一次地用這種策略來離間對方。

燕王略定後方的戰事進展十分順利。在此期間，他為了讓全體將士都理解他起兵的正當性，他發布了告諭全體將士的布告。這個布告與他給建文帝的上書大不一樣，上書中把罪過委過於齊泰、黃子澄等奸臣，但布告中則直接指責建文帝：

> 我皇考太祖高皇帝綏靖四方，一統天下，並建諸子，藩屏國家，積累深固。悠久無疆皇考太祖高皇帝，初未省何疾，不令諸子知之。至於升遐，又不令諸子奔喪。閏五月初十日亥

> 時崩，寅時即殮，七日即葬，逾月始詔諸王知之。又折毀宮殿，掘地五尺，悉更祖法。以奸惡所為，欲屠滅親王，以危社稷。諸王實無罪，橫遭其難，未及期年，芟夷五王。我遣人奏事，執以箠楚，備極五刑，鍛鍊繫獄。任用惡少，調天下軍官四集見殺。予畏誅戮，欲救禍圖存，不得不起兵禦難，誓執奸雄，以報我皇考之仇。夫幼沖行亂無厭，淫虐無度，慢瀆鬼神，矯誣傲狠，越禮不經，肆行罔極，靡有修底。上天震怒，用致其罰，災譴屢至，無所省畏。惟爾有眾，克恭予命，以綏定大難，載清朝廷，永固基圖。我皇考聖靈在天，監視於茲，以惟爾有眾是佑。爾惟不一乃心，墮慢乃志，亦自底於厥咎，陷於孥戮。竊聞之，仁者不以安危易節，義者不以禍福易心，勇者不以死亡易志。爾有眾明聽予言，則無後難。若彼有悛心，悔禍是圖，予有無窮之休，爾亦同有其慶矣。告予有眾，其體予至懷。[20]

為了極力詆毀建文帝，布告中有些話誇大其辭，有些則純係憑空捏造。例如，布告中指責建文帝「拆毀宮殿，掘地五尺」，這是絕不會有的事。其中也有些話說的是實情，例如，「予畏誅戮，欲救禍圖存」，就說出了部分實情。但是還不夠，因燕王起兵還不僅僅是「救禍圖存」，而且還要奪取皇位，只是他不能把這個意思和盤托出。

燕王不時向部下重申，他起兵是出於不得已，有時說得頗能打動人心：

---

18 《奉天靖難記》卷一。

19 《明史》卷一百四十五，〈陳亨傳〉。

20 《奉天靖難記》卷一。《太宗實錄》卷二中有較大改動，故不錄。此處錄文更近原件。

吾與若等為此者，非所以求富貴，所以救死、保妻孥也。夫好生惡死，人情所同，見亂思治，古今則一。今天下者，太祖之天下也；百姓者，太祖之赤子也。權奸作難，欲殄我邦家，驅逐赤子以蹈白刃，非其所得已也。爾等慎毋嗜殺，嗜殺則傷天地之和，以損太祖數十年生育之仁。毋貪財，貪財則失民心，民心失，則大本虧矣。居民耕桑，商賈貿鬻，慎毋擾之。[21]

燕王的這段話實際上就是在爭民心，要部下體諒他為「救死、保妻孥」而起兵的苦衷，並告誡部下，不要嗜殺，不要危害百姓耕作和商賈貿易，以贏得全國民心，這才能成大事。後來的事實證明，儘管燕王起兵難免被人非議，但部下對燕王還是很忠心。雖然許多將士是由建文帝陣營中投降燕王的，但幾乎沒有發生過背叛燕王的事。這是燕王能順切進軍的一個重要條件。這與燕王經常對部下的誡諭是有關係的。

勇挫耿炳文

由於朱元璋接二連三地屠戮功臣，到洪武末年，耿炳文已是碩果僅存的老將。燕王起兵後連連得手，使建文帝在北平內外備燕的部署徹底破產。於是，建文帝便命耿炳文率師北伐，結果仍以失敗告終。

當燕王像秋風掃落葉一樣攻城略地的時候，建文帝還覺得他那一套備燕的布置很嚴密，「以北兵為不足憂」。他「銳意文治」，每天都和方孝孺等人討論復古改制的事。大體就在燕王起兵的同時，建文帝用方孝孺為翰林侍講。建文帝也好讀古書，有什麼疑難就向方孝孺這位大儒請教。他們按《周官》更定官制，方孝孺也由翰林侍講改名為文學博士。他們討論更定律令，減輕刑罰，以仁義治國，還要合併州縣，裁減冗員，並津津有味地討論如何實行井田。這種情景與北邊硝煙瀰漫的戰場形成了鮮明的對照。建文帝低估了燕王的實力，他把對付燕王的事交給齊泰、黃子澄去辦，自己潛心於復古改制，這就必然要一再貽誤時機。

七月二十四日，就藩在宣府的谷王橞慌忙回京城，向建文帝報告燕王起兵之事。這時，前方不斷失敗的戰報接踵而至，尤其是宋忠在懷來大敗的消息傳來後，建文帝才感到北邊的形勢比較嚴峻了。他召集廷臣集議，商討對策。齊泰主張公布燕王反叛的罪狀，削去他的宗室屬籍，出師征討；有的大臣認為燕王有叔父之尊，這樣做有些過分。齊泰爭辯道：「明其為賊，敵乃可克。」[22]建文帝採納了齊泰的意見，決定布告天下，出師伐燕。討伐燕王的詔書中說：

邦家不造，骨肉周親屢謀僭逆。去年，周庶人橚僭為不軌，辭連燕、齊、湘三王。朕以親

21《奉天靖難記》卷一。
22《明史》卷一百四十一，〈齊泰傳〉。

之故，止正樀罪。今年齊王榑謀逆，又與棣、柏同謀，柏伏罪自焚死，榑已廢為庶人。朕以棣於親最近，未忍窮治其事。今乃稱兵構亂，圖危宗社，獲罪天地祖宗，義不容赦。是用簡發大兵，往致厥罰。咨爾中外臣民軍士，各懷忠守義，與國同心，掃兹逆氛，永安至治。[23]

誰來充任伐燕的統帥呢？洪武時期南征北戰的老將差不多都被殺光了，這也正是藩王的兵權越來越重的一個原因。有人推測，倘若藍玉不被殺，而仍主持北邊防務的話，燕王未必能夠得手。藍玉是建文帝母親的舅父，凶猛善戰，絕不是宋忠、謝貴等人所能比擬的。但是這樣的猛將差不多都被殺光了，在僥倖活下來的幾個將領中，耿炳文較負重望，伐燕的重任就落在了他身上。

耿炳文和朱元璋是同鄉，都是濠州人。在與張士誠爭戰中，他攻占了江浙的門戶長興，並在那裡駐守十年之久，「以寡禦眾，大小數十戰，戰無不勝」，張士誠始終未能奪回。為此，朱元璋封他為長興侯。後來又多次奉命征討，多有戰功。朱元璋在功臣榜中把他列在徐達之後，為一等功臣。建文時，「炳文以元功宿將，為朝廷所倚重。」[24] 建文帝用他為征燕大將軍，應該說是個較好的選擇。

耿炳文這時已六十五歲，身板尚硬朗，奉命佩大將軍印，駙馬都尉李堅為左副將軍，寧忠為右副將軍，共同率師北伐。按照黃子澄奏請，建文帝又命安陸侯吳傑、江陰侯吳高、都指揮盛庸、潘忠、楊松、顧成、徐凱、李文、陳暉、平安等，分頭率師並進。提升程濟為翰林編修，充任耿炳文的軍師。耿璿是耿炳文的長子，他是建文帝長姐江都公主的駙馬，這時也隨耿炳文出征，充任前軍都督僉事。數路大軍號稱百萬，以期一舉攻下北平。建文帝還傳檄山東、河南、山西三省，務必保證北伐的軍餉供應。

鑑於北平布政司的官員大都歸降了燕王，朝廷又設置了平燕布政使司，以刑部尚書暴昭掌布政司事，駐真定（今河北正定）。暴昭曾充任北平採訪使，偵得一些燕王準備謀反的事，要建文帝早做防備。建文帝覺得他是個可靠的大臣，就派他去真定協助伐燕。當時，真定已成為討伐燕王的前方基地。

耿炳文親自率領的軍隊號稱三十萬，於八月十二日進駐真定。與此同時，都督徐凱率偏師抵駐河間，潘忠和楊松駐紮於莫州（今河北任丘北），九千精銳的先鋒部隊抵據雄縣。如此一來，在真定前方，雄縣、莫州和河間就成了對抗燕師的三道防線。雄縣離北平已經很近，這就擺出了隨時進攻北平的架式。

耿炳文的長子耿璿建議，應派精銳部隊出其不意地直取北平，但耿炳文老成持重，未予採納。耿璿認為這是坐失良機，非常憂憤。[25]

燕王奔襲，南軍敗績

耿炳文率師北伐的消息很快就傳到了北平。燕王知道耿炳文是久經沙場的老將，從雙方力量的對比來看，南軍占有很大的優勢。對燕王來說，這是一場生死攸關的戰鬥，他必須親自率兵迎戰。

23《明史》卷四，〈恭閔帝本紀〉。
24《明史》卷一百三十，〈耿炳文傳〉。
25 同註24。

八月十五日，燕王率兵來到涿州，駐紮在劉備的故里婁桑（在涿州西南十五里許）。在這裡，燕王讓部下稍事休息，飽餐一頓，把馬餵得飽飽的，做好一切進擊的準備。燕王對部下說：「今天是中秋節，敵人不會想到我們會馬上趕到，一定會飲酒自若。我們出其不意，攻其不備，一定可以大獲全勝。」隨即督軍速行，午後渡過白溝河，半夜時到達雄縣城下，隨即將城團團圍住。南軍沒料到燕軍會來得這麼快，他們還在飲酒賞月的當兒，燕軍已神不知鬼不覺地潛伏到城下。當燕軍已將城團團包圍時，他們才發覺。南軍「登城大罵」，大概是罵燕軍中秋節來攻，太不仁義。城內的九千守軍是南軍的精銳，儘管是半夜間倉促應戰，但還是做了拚死的抵抗。燕軍在夜間發動進攻，黎明時才將城池攻破。南軍的一些將士雖然被俘，但拒絕投降，所以全部被殺掉了。燕王知道了殺俘這件事很生氣，他訓斥殺俘的將領道：

「我舉義兵是為了安社稷，保百姓，怎麼能多殺人呢！我曾誡諭你們，不要嗜殺，你們卻違令亂殺，這不是求生之道，而是求死之道。多殺人正好可以堅定敵人的決心，使他們害怕被殺而拚死相鬥。一夫拚命，百人莫當。這不但不能成事功，也不是我們自己的福。過去曹彬下江南，不曾妄殺，所以他後世子孫繁盛。嗜殺的人卻往往絕後。這次雖攻克一城，但所得甚少，而所失甚多。」[26]

從這一番話看來，燕王顯示出了作為一個統帥的高明之處。至於他說這一仗「所得甚少，所失甚多」，是指道義方面說的，即殺俘是一件失人心的事。從實際戰果來看，南下第一仗就打了個殲滅戰，長了自己的志氣，滅了南軍的威風，是個不小的勝利。這一仗繳獲戰馬即達八千匹，對燕王的軍力是個有力的補充。因此，儘管燕王口頭上說「所得甚少」，但他內心還是十分高興的。

雄縣離莫州很近，大約四五十里路，潘忠和楊松在莫州駐守。燕王估計，潘忠和楊松不會想到雄縣這麼快就被攻下，一定會率兵來救援。燕王對諸將領說：「我一定要活捉潘忠和楊松。」

大家都頗為迷惑，不知道燕王為什麼這麼有把握。

燕王命譚淵率領千餘士兵先過月漾橋，潛伏在水中，等潘忠等人過橋以後，聽到炮聲一響就馬上出來占據橋頭，切斷潘忠等的退路。譚淵說，士兵無法在水中長時間潛伏，露出頭來又怕被敵人發現，應該另想辦法。燕王便命士兵每人拿一束茭草，包在頭上作為偽裝，人身子在水裡，頭露出水面，有茭草包著仍可呼吸。燕王又命少部分勇士埋伏在路側，當看到潘忠等與燕軍接戰時，即舉炮轟擊。

一切部署就緒後，燕王即登城遠望，看到潘忠等果然率兵來援，就命張玉等率軍逆擊。兩軍剛一接戰，埋伏在路側的炮手即開炮向南軍轟擊，譚淵率領潛伏於水中的兵士奮起奪占橋頭，前後夾擊，南軍大敗，亂作一團，往前突圍沒有希望，往後撤退吧，橋已被燕軍奪占。南軍亂烘烘地往橋上湧來，燕軍英勇阻擊，南軍有許多人墜入河中淹死，潘忠本人也被生俘。

燕王詢問潘忠，莫州還有多少兵馬。潘忠說：「莫州城內還有萬餘兵士，戰馬九千餘匹。現在他們聽說我打了敗仗，一定會很快逃跑，馬上進兵，一定會很快奪占莫州。」燕王聽到這種情況，立即親自率領一百多精銳騎兵為前鋒，直奔莫州城下。莫州城內的南軍將士知大勢已去，無法抵擋，便全部投降了燕王。莫州城內的兵馬輜重轉眼之間都為燕王所有。[27]

前鋒都是南軍的精銳，還有眾多的騎兵，燕王竟以迅雷不及掩耳之勢將其消滅，其兵馬正好作為自己軍伍的補充，這為他在真定大敗耿炳文奠定了基礎。

26《奉天靖難記》卷一。曹彬是宋太祖趙匡胤的大將，曾率軍伐蜀，克南唐，不妄殺一人，不妄取一物，為一時良將。
27 谷應泰，《明史紀事本末》卷十六，〈燕王起兵〉。

莫州不戰而下後，燕王率軍退駐白溝河稍事休整。張玉自請率輕騎偵察一下耿炳文大軍的情況。張玉有勇有謀，由他前去偵察，燕王自然特別放心。張玉回來報告說，耿炳文軍「無紀律，其上有敗氣，宜急擊」。[28] 張玉是個久經沙場的將領，知道激勵士氣的重要。耿炳文帶了一輩子兵，所向克捷，這次是否真的「無紀律」，實在難以斷言。但張玉的報告確實鼓舞了士氣，堅定了燕王直撲真定的決心。

燕王遂率軍往真定進發，進駐無極。這裡離真定很近，還不到一天的路程。燕王召集諸將商議進兵策略，也有意試探一下各個將領的勇怯，因為馬上就要接戰，敵眾我寡的狀況並沒有根本改變。多數將領認為，南軍人多勢盛，應先移軍新樂，與南軍對壘。新樂在無極西，城比無極大，較易防守。只有張玉的意見與眾不同，他說：「今當徑趨真定，彼雖眾，然新集未齊，我軍乘勝一鼓可破之。」燕王聽了張玉的話很高興，覺得張玉的膽略為一般人所不及，便當著眾人說：「(張)玉言合吾意，吾倚玉一人足辦。」[29] 燕王採納了張玉的意見，決定直取真定。

這時，恰巧有一個耿炳文的下級將領來降，他名字叫張保，表示願充當前鋒，為燕王效力。燕王問他真定虛實，他說：「耿炳文的軍隊號稱三十萬，實際上到達真定的只有十三萬，一半駐紮在滹沱河南，一半駐紮在河北。」燕王厚待張保，給了他一匹馬，讓他仍回到耿炳文那裡去，就說自己戰敗被俘，趁看守不備，偷了一匹馬逃了回來，並聲言燕軍馬上就要發起進攻。諸將領不解燕王的意思，問道：「我軍由間道趕來，為的是不讓敵人發覺，以出其不意地發起攻擊，為什麼讓他回去告訴耿炳文，讓南軍早做準備呢？」燕王的回答顯然比他的部下高明，他說：

不然，始不知彼虛實，故欲掩其不備。今知其眾半營河南，半營河北，是以令其知我軍且至，則南岸之眾，必移於北，並力拒我，一舉可盡敗之。兼欲賊知雄縣、莫州之敗，以奪其氣，兵法所謂「先聲後實」，即此是矣。若不令其知，徑薄城下，雖能勝其北岸之軍，南岸之眾乘我戰疲，鼓行渡河，是我以勞師當彼逸力，勝負難必。[30]

燕王的這番話表明，當此南軍還未齊集的時候，應一鼓作氣將其全殲，所以故意讓張保回去，一是讓耿炳文知道雄縣、莫州之敗，「以奪其氣」；二是讓他知道燕軍將馬上發起攻擊，讓他把河南的軍隊調往河北，以便一舉全殲。眾將領都認為燕王說得對，沒人再持異議。

在這次大戰中，張保這個人顯得很神祕，他是否真的投降了燕王，實在可疑。從各方面的情況來看，他倒很像是個雙重間諜。張保只在這次戰役中表演了一番，以後就不知去向了。燕王也未必相信他真來投降，至少燕王的部下不少人懷疑他是耿炳文的奸細，以致燕王還不得不向部下解釋，縱使「彼有反側，去一張保，於我何損！由是事成，亦一人之間耳」。[31] 實際上燕王也估計到，張保可能會有反覆，只是藉機利用他罷了。

八月二十五日，燕王率軍奔真定。在離真定大約二十里處，部下獲得一個打柴的人，從他口裡得知，耿炳文的主力都部署在真定西北方向，東南方向沒有防備。燕王親自率領三個騎兵先

28《明史》卷一百四十五，〈張玉傳〉。
29 焦竑，《獻徵錄》卷七，〈張玉神道碑〉。
30《奉天靖難記》卷一。
31 同註31。

到東門偵察，闖入南軍運送糧食的車隊中，捉住兩個人詢問敵情，知道河南岸的軍隊果然移駐北岸，從西門紮營，直達西山。燕王率領一小隊精銳騎兵繞到城西，先衝垮了南軍的兩個營地。這時，恰巧耿炳文出來送朝中來的使臣，當他發覺燕軍已闖了過來時，便慌忙往回走。他匆忙命部下拉起吊橋，燕軍趕來將橋索砍斷，吊橋未能拉起。幸賴耿炳文部下拚死抵擋，燕軍只是一小股騎兵，使耿炳文得以僥倖脫身。耿炳文的一個部將登城大罵，與燕王只相距二百餘步，燕王能清楚聽到，所以十分惱怒，便引弓向他射去，那個部將應聲倒地，城中頓時一片驚慌。

南軍雖然受了點衝擊，但陣腳並未大亂。耿炳文畢竟是個有經驗的老將，他很快便組織起陣形，出城迎戰。張玉、朱能等人率眾迎面奮擊，燕王以奇兵出現在南軍背後，前後夾擊，橫穿敵陣，耿炳文軍大敗。

朱能率兵士三十餘騎追擊南軍到滹沱河邊。這時耿炳文軍還有數萬人，又列陣迎擊朱能。朱能人數雖少，但士氣高昂，他躍馬大呼，三十餘騎直向南軍衝擊，南軍頓時大亂，自相踐踏，死者不可勝計，棄甲投降者三千餘人。燕王為此以手札慰勞朱能，並提升朱能為都指揮僉事。[32]

燕軍在這次戰鬥中都表現得十分英勇。騎士薛祿直衝敵陣，一槍將李堅挑下馬來，接著就要殺死他，李堅大喊：「我是李駙馬，不要殺我。」薛祿便將他活捉回營。另外，寧忠、顧成和都指揮劉燧都被活捉。

耿炳文軍大敗，急忙入城。數萬軍士蜂擁而入，在城門口擠作一團，踩死的不計其數。耿炳文入城後即閉門堅守，不再出城迎戰。

因為李堅是駙馬，燕王只是把他訓斥了一通，便派人將他送往北平。燕王最重視的是顧成，親自為他解開捆綁，並動情地說：「這是上天把你送給我呀！」顧成是洪武時舊臣，曾充朱元璋帳前親兵，後升任指揮僉事，「大小數十戰，皆有功」。後來又守貴州十餘年，「恩信大布，蠻人帖服」。這次伐燕，他任左軍都督。燕王知道他老成可用，就把他送往北平，輔佐世子居守。[33]

這邊戰場上的硝煙還未散去，那邊安陸侯吳傑又率偏師來援。燕王以得勝之師橫擊於半道，吳傑大敗，倉皇逃去。

對燕王來說，真定大戰可謂戰果輝煌。據《奉天靖難記》載，「斬首三萬餘級，屍填滿城壕，溺死滹沱河者無算，獲馬二萬餘匹，俘降者數萬。」《奉天靖難記》是燕王稱帝後讓臣下修的官書，對明成祖難免有美化之辭，這裡的數字可能有所誇大。《明史．耿炳文傳》載：「炳文眾尚十萬，堅守不出。」耿炳文的部眾原來到達真定的共十三萬，意謂這次耿炳文共損失約三萬人。

燕王有一次看到，投降的南軍中三五一群地竊竊私語，就問諸將：「他們想幹什麼？」部下回答說，這些降兵想叛去。燕王便親自走到降兵當中，當面對他們說：「凡投降我的人，願去就去，願留就留。誰要想走，就明白地告訴我，給你盤纏，送你出境回鄉。如果誰要偷偷地逃跑，被邏卒抓獲後絕不寬恕。」降兵聽了以後頗受感動，很快安定下來。有兩千多降兵不願走，燕王便將他們編入自己的部伍，其餘的全部遣散。那些放歸的人都稱頌燕王的恩德，回去後見人就說，燕王如何仁義，不好殺人。南軍一再禁止傳播這類話，但總是禁不住。[34]比起部將殺俘的做法來，燕王優容俘虜的做法顯然高明一籌。後來，南軍在與燕軍作戰時常常不戰而走，或者剛一

32《明史》卷一百四十五，〈朱能傳〉。
33《明史》卷一百四十五，〈顧成傳〉。
34《奉天靖難記》卷一。

接戰即投降，就與燕王的這種策略有關。

耿炳文雖然初戰失利，但仍有相當實力，足以固守。真定是朝廷伐燕的基地，城內糧草充足。耿炳文又是一位善於攻守的老將。因此，當燕王對真定連攻三天而未能攻下後，便決定撤軍。他對部下解釋撤軍的原因說：「攻城下策，徒曠時日，鈍我士氣。」[35]南軍多步兵，長於固守；燕軍多騎兵，長於野戰。對一個城池久攻不下，就會使士氣受挫，甚至招致失敗。正因如此，所以燕王決定解圍而去，退回北平。

在撤軍的當下，燕王忘不了說一番慰勞將士的話，把真定大戰的勝利說成是將士們「效勤勞、奮死力」的結果。另外，朝廷把出師伐燕說成是大義滅親，就像周公東征誅滅管蔡一樣。燕王則反其道而行之，把自己說成周公輔成王，齊泰、黃子澄就像散布流言危害周公的管叔、蔡叔，他要像周公東征誅滅管蔡一樣除掉齊泰、黃子澄。為了完成這件正義之舉，他要部下再接再厲，待「肅清朝廷」後再「方圖休息」。

大敗李景隆

耿炳文北伐受挫後，建文帝命李景隆代替耿炳文為最高統帥，率領五十萬大軍北伐。燕王為避免兩線作戰，先出師援救永平，擊潰由山海關率師來犯的吳高，接著出奇兵破大寧，收編了朵顏三衛的騎兵，回師大敗李景隆。

李景隆北伐

耿炳文北伐受挫的消息傳到京師後，建文帝憂心如焚。黃子澄則安慰建文帝說：「勝敗是兵家常事，不必這麼憂愁。現在國家正是全盛時期，士馬精強，兵甲饒富，糧餉充足，取之不竭，用之有餘。區區一隅之地，怎麼能抵擋全國之力。調集五十萬大軍四周圍攻他，寡不敵眾，燕王一定會兵敗被擒。」建文帝問道：「誰當統帥呢？」黃子澄毫不猶豫地說：「曹國公李景隆可以勝任，如果上次不用耿炳文而用李景隆的話，一定沒有這樣的挫折。」建文帝聽了這番話後馬上轉憂為喜，誇獎黃子澄道：「你說得很好，願你始終用心維持，他日事平以後，我一定要重重地報答先生。」齊泰認為李景隆不足擔此大任，「極言不可」，但建文帝不聽，不改其意，終於決定用李景隆代替耿炳文為北伐最高統帥。[36]

李景隆是朱元璋的外甥李文忠的長子，襲爵為曹國公。他自幼讀書，頗通典故，且身材修長，眉清目秀，「顧盼偉然」，舉止雍容大度。朱元璋頗看重他，命他掌左軍都督府事，加官太子太傅。建文帝即位後，李景隆以近親極受信任，曾受命逮治周王。當時，周王沒有任何武裝反抗的準備，所以李景隆能馬到成功，將周王逮繫京師。自此以後，李景隆越加受到建文帝的信賴。但李景隆只是個貴公子，沒打過大仗，而且妄自尊大，有經驗的人都看得出他不是個將材，所以「諸宿將多怏怏不為用」。建文帝這時才是個二十二歲的青年，缺少識別人才的經驗和才能，覺得

35《奉天靖難記》卷一。
36《明史》卷一百四十一，〈齊泰傳〉。《明史・李景隆傳》謂齊、黃二人「共薦景隆」。鑑於他書皆謂黃薦，故取此說。

李景隆親近可靠，就聽從了黃子澄的建議，用李景隆率師北伐。歷史上的經驗不止一次地證明，用人不當往往招致慘重的失敗。這次用李景隆為將又是一個活生生的例證。

建文帝為李景隆舉行了隆重的拜將出征儀式，賜給他「通天犀帶」，並親自率領文武百官到江邊餞行，又賜給他代表最高統帥威儀的斧鉞，使專征伐，不用命者許就地處死。除此之外，建文帝還親自為李景隆寫了八個字：「體爾祖禰忠孝不忘」，[37]以示激勵。這種榮寵是耿炳文所不可比擬的。但人們內心都明白，李景隆的軍事才能遠遠趕不上耿炳文，儘管出征的儀式格外隆重，但隨行的將領還是無法振作精神來。

李景隆出師，建文帝命高巍和劉璟參贊軍事。高巍上書建文帝說：「我願意出使北平，披肝瀝膽，向燕王陳以大義，曉以禍福，感以親親之誼，令其休兵。」建文帝感到言辭壯烈，就答應了他。於是高巍先期到達北平，向燕王上書，其言辭也極為壯烈可觀：

……皆云：「大王藉口誅左班文臣，實則吳王濞故智，其心路人所共知。」巍竊恐奸臣無賴，乘隙奮擊，萬一有失，大王得罪先帝矣。

今大王據北平，取密雲，下永平，襲雄縣，掩真定，雖易若建瓴，然自兵興以來，業經數月，尚不能出蕞爾一隅地。且大王所統將士，計不過三十萬，以一國有限之眾應天下之師，亦易罷矣。大王與天子，義則君臣，親則骨肉，尚生離間，況三十萬異姓之士，能保其同心協力效死殿下乎？……

願大王信巍言，上表謝罪，再修親好。朝廷鑑大王無他，必蒙寬宥，太祖在天之靈亦安矣。倘執迷不悟，捨千乘之尊。捐一國之當，恃小勝，忘大義，以寡抗眾，為僥倖不可成之悖事，巍不知大王所稅駕也。況大喪未終，毒興師旅，其與泰伯、夷、齊求仁讓國之義，不大逕庭乎？雖大王有肅清朝廷之心，天下不無篡奪嫡統之議，即幸而不敗，謂大王何如人？[38]

高巍給燕王的這封上書，言辭不可謂不慷慨，不可謂不壯烈，但就是過於書生氣。在這爭奪皇位的殊死爭鬥中，幾十萬大軍都不能令燕王休兵，而妄圖以一紙上書就讓他休兵，只能被嘲笑為迂腐。更何況，高巍所講的道理燕王並不是不知道，他既然已經起兵，並已獲得節節勝利，再讓他效仿泰伯、伯夷、叔齊等人去「求仁讓國」，那怎麼可能呢！高巍曾被朱元璋旌表為孝子，所以高巍在上書的最後還說：「既為孝子，當為忠臣，死忠死孝，巍至願也。如蒙賜死，獲見太祖在天之靈，巍亦可以無愧矣。」在中國古代，儒家思想確實培育出一批批高巍這樣的忠臣孝子。燕王對高巍的做法感到既可笑，又可氣，但並沒有對他「賜死」，而是不予理睬，「書數上，皆不報」。高巍後來感到確實無望，只好掃興南歸。

這時，御史韓郁想用另一種辦法化干戈為玉帛。他向建文帝上「機密奏」，請恢復被削諸王的王爵，讓諸王世子前去勸燕王休兵：

燕舉兵兩月矣，前後調兵不下五十餘萬，而一矢無獲，謂之國有謀臣可乎？經營既久，軍興輒乏，將不效謀，士不效力，徒使中原無辜赤子困於轉輸，民不聊生，日甚一日……彼其

37 呂毖，《明朝小史》卷三，〈八字〉。

38 《明史》卷一百四十三，〈高巍傳〉。

勸陛下削藩國者，果何心哉？諺曰：「親者割之不斷，疏者續之不堅。」殊有理也。陛下不察，不待十年，悔無及矣。

……幸少垂洞鑑，興滅繼絕，釋代王之囚，封湘王之墓，還周王於京師，迎楚、蜀為周公，俾各命世子持書勸燕，罷兵守藩，以慰宗廟之靈。39

韓郁一開始就反對削藩，現在燕王已起兵兩個月，朝廷連吃敗仗，更顯得韓郁有先見之明。但現在戰事已起，再讓建文帝「興滅繼絕」，對諸王加恩，妄圖以此令燕王「罷兵守藩」，這無異於痴人說夢，所以建文帝根本沒聽他這一套建議，而是決定由李景隆再次率師北伐。後來，韓郁看大勢已去，便棄官逃去，不知所終。

李景隆傳檄各地，調集各路兵馬，於九月十一日進駐德州，對耿炳文剩餘的兵馬進行了整頓，接著進駐河間。他一改耿炳文穩紮穩打的戰略，準備直撲北平，妄圖一舉將燕軍消滅。

燕王聽說李景隆率領五十萬大軍來進攻他，不但沒有憂色，反而很高興。他很了解李景隆，知道他不是個將材，而是一個只會紙上談兵的趙括一類的人物。燕王胸有成竹地對部下說：「李九江（九江是景隆的小字）紈養之子，寡謀而驕矜，色厲而中餒，忌刻而自用。況未嘗習兵見戰陣，而輒以五十萬付之，是自坑之矣。漢高祖大度知人，善任使，英雄為用，不過能將十萬。九江何等才，而能將五十萬？趙括之敗可待矣。」燕王接著召來探兵，問了一番李景隆軍中的事，便笑著指出李景隆有五敗：

兵法有五敗，景隆皆蹈之。為將政令不修，紀律不整，上下異心，死生離志，一也；今北地旱寒，南卒裘褐不足，披冒霜雪，手足皸瘃，甚者墮指，又無贏糧，馬無宿藁；二也；不量險易，深入趨利，三也；貪而不治，智信不足，氣盈而愎，仁勇俱無，威令不行，三軍易撓，四也；部曲喧嘩，金鼓無節，好諛喜佞，專任小人，五也。[40]

由燕王的這席話可以看出，他對李景隆的弱點瞭如指掌，也顯示出燕王是一個很成熟的軍事統帥。後來戰事的發展表明，李景隆就像被燕王牽著鼻子走一樣，一步步陷入失敗的深淵。

援永平和取大寧

九月一日，永平（今河北盧龍）守將郭亮遣人來報，江陰侯吳高和都督耿瓛率領遼東兵馬來攻。永平臨近山海關，是屏隔遼東的前沿。郭亮歸降燕王後，燕王仍命他在此駐守，使燕王免除了東顧之憂，所以可以放心地攻掠北平周圍的其他地方，並於真定戰勝了老將耿炳文。如果永平失陷，遼東兵直撲北平，李景隆從南邊趕來，兩面夾攻，北平的形勢就很危急了。燕王果斷地決定，首先援救永平，將李景隆引到北平堅城之下，回師夾擊李景隆，變被動為主動。燕王向部將解釋他的戰略意圖時說：「吾在此，（李景隆）必不敢至。今須往援永平，彼知我出，必來攻城。回師擊之，堅城在前，大軍在後，必成擒矣。」一些將領對這種戰略還是不理解，認為最主要的威脅是李景隆，應集中力量對付他。他們勸燕王說：「永平城完糧足，可以無憂。今宜保守根

39《明史》卷一百四十三，〈韓郁傳〉。
40《太宗實錄》卷三。

本，恐出非利。」這裡所謂「保守根本」，就是指固守北平。針對將領們的這種憂慮，燕王又進一步解釋道：

> 城中之眾，以戰則不足，以守則有餘。且世子能推誠任人，足辦禦敵。若全軍在城，只自示弱。彼得專攻，非策之善。兵出在外，奇變隨用，內外犄角，破敵必矣。吾出非專為永平，直欲誅九江來就擒耳。吳高怯不能戰，聞我來必走，是我一舉解永平圍而破九江也。[41]

燕王的這一番話中，核心是「兵出在外，奇變隨用」。這既可避免坐以待困，又可以在外線運動戰中壯大自己，使自己由弱變強。把主要的敵人引到堅城之下，城內守軍足以固守，敵人久攻不下，拖垮敵人，使敵人由強變弱。更何況這時已進入冬季，南方兵士不耐寒冷，利於速戰速決而不利於打持久戰。在城下拖不了多長時間，南軍就會自然渙散。這時再回師內外夾擊，燕王相信：「破敵必矣」。將領們聽了燕王的這一番解釋，都心悅誠服，於是決定首先出師援救永平。

燕王留世子朱高熾居守，反覆叮嚀他不要輕易出戰，只需固守。九月十九日，燕王親自率軍赴永平。諸將向燕王進言說：「應該派兵守住盧溝橋，扼住李景隆來犯的要衝，使他不能徑直趕到北平城下。」燕王則有另一番打算，他說：「天寒水涸，隨處可渡，守一橋何足拒敵？捨之不守，以驕敵心，使深入受困於堅城之下，此兵法所謂利而誘之者也。」於是將盧溝橋的守兵全部撤入城內。

九月二十五日，燕王以朱能為先鋒，驟至永平城下。吳高倉促不能列陣迎戰，慌忙丟下輜重，往山海關逃去。朱能率輕騎追擊，斬首數千級，俘獲數千人。燕王對吳高等人很了解，他說：「吳高雖然有些膽怯，但行事縝密，都督楊文勇而無謀，除掉吳高，楊文就不足為慮了。」

於是，燕王就分別給兩人一封信，對吳高大加稱讚，對楊文極力貶斥。建文帝聞知後，懷疑吳高與燕王有私，就將吳高削職，謫徙廣西，獨留楊文鎮守遼東。耿瓛是耿炳文的次子，位在楊文之下，後來他數次請求進攻永平，藉以威脅北平，牽制燕王，但終不為用。[42]

燕王接著和諸將商議攻取大寧（今內蒙古寧城西）。將領們擔心，大寧不易很快攻取，尤其是擔憂北平會被李景隆攻陷，他們都主張回師解北平之圍。他們的理由是，要攻大寧就要先攻占松亭關，現在關上由劉真和陳亨駐守，關門險塞，倉卒間難以攻下，浪費時日，不如先回師攻破李景隆，以後再攻取大寧。但燕王有另一套打算，他對諸將領說：

> 今從劉家口徑趨大寧，不數日可達。大寧將士悉聚松亭關，其家在城，皆老弱者居守，師至不日可拔。城破之日，撫綏其家屬，松亭之眾不降則潰矣。北平深溝高壘，守備完固，縱有百萬之眾，未易窺也。吾正欲使其頓全兵堅城之下，還師擊之，如拉朽耳。[43]

燕王激勵部下，儘管放心地隨他去取大寧，不必擔憂。與此同時，他還是派人告諭在北平居守的世子，要他嚴加守備，敵人來攻不要出戰。

十月二日，燕王率軍到達劉家口。那裡的道路又窄又險，人馬只能單行。守關的有百餘人，諸將想正面發動進攻，破關而入。燕王說：「不可，我軍正面進攻，他們就會棄關而逃，回大寧

41 《太宗實錄》卷三。
42 谷應泰，《明紀事本末》卷十六，〈燕王起兵〉。
43 《太宗實錄》卷三。

報告，這就會使大寧有防備了。」於是，燕王命鄭亨率領勁卒數百人，捲旗登山，悄悄地繞到關後，前後夾擊，斷絕了守兵的歸路，一舉將關上守兵全部擒獲。燕師遂由劉家口直奔大寧。[44]

十月六日，燕軍抵達大寧。城中守軍對燕軍的突然到達十分驚慌，急忙閉上城門拒守。燕王率數騎繞城考察形勢，看到西南隅的地形較易進攻，於是將精銳集中於西南隅。燕王命勇士先登，眾人蟻附而上，大寧很快就攻陷。都指揮房寬被俘獲，關在監獄中的卜萬被殺掉，另一個都指揮朱鑑力戰而死。燕王下令安撫城中軍民，危害百姓者處重刑，城中的秩序很快安定下來。

燕王找來陳亨的家奴和一些城中將士的家屬，讓他們把城中的情況告知陳亨和劉真。這時，劉真和陳亨由松亭關率師回救大寧。當將士們知道他們的家屬都安然無恙時，人心即開始渙散。寧王朱權原有三護衛，當燕王起兵後即被削去，但仍留在大寧，這時都歸降了燕王。大寧是北邊軍事重地，大寧行都司領興州、營州共二十餘衛，其兵士都是西北精銳。尤其是朵顏、泰寧和福餘三衛，都是投降過來的蒙古騎兵，特別勇悍。他們的紛紛歸降，迅速壯大了燕軍的力量，成為燕軍以後連連取勝的極為重要因素。

十月十一日，劉真和陳亨率軍到達亂石黃崖。陳亨祕密地和營州中護衛指揮徐理、右護衛指揮陳文商議，鑑於大寧已經失陷，燕軍所向披靡，陳亨又是燕王的老部下，不如及早投降燕王。於是，三人便半夜起事，率領部下襲破了劉真營。劉真倉促無備，單騎攜帶著敕印逃往遼東，後由海路回到京師。陳亨率領全部將士歸降了燕王。[45]

大寧既已被攻破，燕軍駐紮在城外，燕王單騎入城去會見寧王。洪武時，燕王受命巡邊，曾來過大寧，與寧王關係甚密。在朱元璋諸子當中，人們都知道「燕王善戰，寧王善謀」。在燕王襲破大寧時，寧王實際上是在大寧閒住。燕王起兵後，谷王橞由宣府奔回京師，建文帝擔心寧王、遼王與燕王相結，便要他們回京師。寧王不回，建文帝即下令削去他的三護衛，因此，寧王身邊已沒有多少可供調動的兵力。燕王入城，與寧王相抱痛哭，之後燕王在寧王府中住了數日，相處得十分融洽。燕王要辭別回北平，寧王到郊外餞行。當寧王要返回城內時，燕王的部下一擁而上，脅迫著寧王一起返回北平，寧王的世子和妃妾，攜帶著寧王府的金銀細軟，也隨燕王一起往北平進發。[46]

大寧諸衛軍士的歸降，為燕王注入了新的活力。尤其是朵顏三衛的蒙古騎兵，成為後來衝鋒陷陣的主力。「自是衝鋒陷陣多三衛兵，成祖取天下自克大寧始。」[47]這是很有道理的。

自此以後，燕軍聲勢日盛。燕王隨即命薛祿先行，他接連攻克富峪（今河北平泉北）和寬河（今屬河北）等地。燕軍一路攻城略地，浩浩蕩蕩向北平撲來。

北平保衛戰

李景隆聽說燕王北征大寧，便率師直撲北平。北平南邊的一些城市，像涿州、雄縣等地，雖曾被燕軍占有，但燕王為了不分散兵力，所以都沒有在那裡派兵駐防。因此，李景隆幾乎沒遇到

44 《奉天靖難記》卷一。
45 《明史》卷一百四十五，〈陳亨傳〉。
46 谷應泰，《明史紀事本末》卷十六，〈燕王起兵〉。關於燕王取大寧一事，《明史・寧王權傳》載：「居數日，款洽不為備。」似乎燕王威脅寧王後，大寧守軍降燕，大寧才失守。實則燕王已前此攻陷大寧，脅迫寧王只是強其赴北平，不欲其繼續留在大寧，以免大寧將士復為其所用。
47 《明史》卷一百四十五，〈陳亨傳〉。

什麼抵抗就抵達北平。當他來到盧溝橋時，見這裡也沒有設防，他更加得意洋洋，用馬鞭指指畫畫地說：「不守盧溝橋，吾知其無能為矣。」[48]遂直逼北平城下。

李景隆親率大軍圍攻北平，另派一部分將士攻取通州。因通州離北平很近，又在東邊，攻取通州既可以免除通州的燕軍對北平的增援，也可以阻擋燕王的大軍。

李景隆的數十萬大軍屯集北平周圍，安營紮寨，猛攻九門。這時雙方的力量對比是很懸殊的。燕王的兵力本來就少，其精銳和主力又隨燕王在外，城內留世子朱高熾居守，兵士少，且多老弱。這正像《仁宗實錄．序》中所說：「（高熾）奉命居守，時將士精銳者皆從征，城中所餘老弱不及十一。」以這些「不及十一」的老弱士兵來抵禦雷霆萬鈞之勢的南軍，形勢之危急是顯而易見的。

留守北平的世子朱高熾就是後來的明仁宗。當燕王離開北平外出征討以後，高熾深知守城的責任重大，一天到晚率領將士督治城中守備，趕製守城兵器。他還經常到城中居民處訪寒問暖，深得民心；訪得兵民中的才識之士，他便推誠相待，與之共事，虛心聽取他們對守城的建議。他每天天不亮就起床，到快半夜時才歇息，亦可謂「日勤不怠」。「每四鼓以起，二鼓乃息，左右或以過勤為言者，答曰：『君父身冒艱險在外，此豈為子優逸時？且根本之地，敵人所必趨者，豈得不為預備！』而凡有所施為，必先稟命仁孝皇后。」[49]這裡所說的「仁孝皇后」，就是燕王妃徐氏。她不愧是將門之女，「措置備禦撫綏激勵之方，悉得其宜。」[50]守城之事雖總於世子朱高熾，但他遇有大事都要先稟告徐妃，然後再施行。

李景隆以為燕王在外，北平可一舉攻下，沒料到竟遇上十分頑強的抵抗。李景隆督軍猛烈攻城，麗正門差點被攻破，形勢十分危急。這時，除了高熾率將士奮勇反擊以外，徐妃親率城中婦女登城禦敵。她們不善使弓箭，便「擲瓦礫」，投擊敵人。李景隆軍令不嚴，在北平守軍的反擊下，攻打麗正門的南軍突然撤退，北平一時轉危為安。

李景隆稍事休整，便督軍再次猛烈攻城。這次戰況最緊急的是順城門。南軍起初想用火燒，因無效果，便發動強攻。燕府儀賓李讓和燕將梁明在此據守，上下協心，頑強禦敵，雖險象叢生，但順城門終未被攻破。

面對強敵，高熾激勵城中士卒，奮力死守，「下至婦人小子，皆奮效力，更番乘城，晝夜拒敵。雖矢石交下，人心不變。」[51]高熾並沒有拘泥於燕王「勿出戰」的誡諭，而是以固守為主，間或在夜間出奇兵騷擾敵營。他挑選了一些身強力壯的勇士，半夜裡抓著繩索順著城牆下去，對敵營進行偷襲。他們這裡殺幾個人，那裡放一把火，攪得敵人不得安寧。因夜間難以分辨敵我，有時引得敵軍在半夜裡相互廝殺，直到天明以後才停止下來。這種做法十分有效，李景隆大軍久攻北平不下，士兵夜裡又得不到休息，遂從城下「退營十里」。[52]自此以後，北平保衛戰就進入了時打時停的膠著狀態。

在此期間，瞿能父子攻打彰義門幾乎得手。瞿能是員猛將，洪武時官至都督僉事，曾隨大將

---

48 《太宗實錄》卷三。

49 《仁宗實錄》序。

50 《太宗實錄》卷五十一。

51 《仁宗實錄》序。

52 谷應泰，《明史紀事本末》卷十六，〈燕王起兵〉。關於高熾於夜間出奇兵偷襲敵營一事，《仁宗實錄．序》中記為：「數夜遣人開門斫敵營。」當時南軍人多勢盛，北平形勢甚危，高熾未必敢於「開門」擊敵，當屬誇詡仁宗武功的溢美之辭，不取。

軍藍玉出大渡河西征，武功甚著。這時，他和其子率領數千精銳騎兵猛攻彰義門，銳不可擋，經一番激烈的拚殺，竟攻入彰義門內。因孤軍攻入，後軍不繼，便勒兵以待。奇怪的是，李景隆不是讓瞿能乘勝前進，自己再督軍趕快跟上，而是讓瞿能父子停止進攻，「景隆忌之，令候大軍同進。」時值寒冬，北平守軍趁瞿能暫停進攻之機，連夜提水澆在城牆上面，水立即凝結成冰，致使「冰凝不可登，景隆卒致大敗」。[53] 這次南軍本來可以乘勝攻陷北平，但由於李景隆「忌（瞿）能成功」，而功敗垂成。

鄭村壩之戰

十月十八日，燕王挾持寧王朱權由大寧向北平進發。十九日大軍到達會州（今河北平泉南二十里處），燕王在這裡正式建立了五軍。由於寧王原有軍士併入燕軍，燕王的軍力大為擴充。為了強化這支部隊的戰鬥力，燕王在會州對部隊進行了整編。大體上來看，燕王以舊屬將士為主體，將大寧降附的兵士分隸諸部。五軍的設置是：張玉將中軍，鄭亨和何壽為左、右副將；朱能將左軍，朱榮和李濬為左、右副將；李彬將右軍，徐理和孟善為左、右副將；房寬將後軍，和允中和毛整為左、右副將；徐忠將前軍，陳文和吳達為左、右副將。從此以後，燕軍才有了五軍之制。

按照明廷對藩王的規定，諸王對部下不得擅自升賞。燕王在會州設立五軍，升賞將領，實際上是對明廷這類規定的公然蔑視，也顯示他已不再受明廷的約束。《明實錄》因避諱此事，所以對燕王在會州立五軍、升賞將士一事都略而未記。實際上，燕王在靖難之役的過程中對部下隨時都有升賞。這從一個側面表明，燕王起兵的目的絕不限於「清君側」，而是要奪取皇位。

會州整編後，燕王立即率部往北平行進。十月二十一日，燕師入松亭關。又經過半個月的行軍，一路攻城略地，於十一月四日到達孤山。這時，李景隆已將大本營安紮在鄭村壩（北平東約二十里處），準備截擊燕王的軍隊。同時，李景隆還命都督陳暉為先鋒，率領萬餘騎到達白河以東，準備邀擊燕王。當燕王派出的邏騎偵得南軍布防的情況後，根本不理睬陳暉，而是揮師渡過白河，直撲地處白河西邊的鄭村壩。陳暉的軍隊與燕師走的不是一條路，所以沒能遇上燕師。當他聽說燕師已渡河而西以後，便慌忙尾隨趕來。陳暉的軍隊剛渡過白河，立足未穩，燕王率領精銳的騎兵回頭迎擊，陳暉很快便潰不成軍，燕師乘勝掩殺，「斬首無算」。陳暉的餘部倉皇渡河逃跑，掉入河中淹死的很多。在這次前哨戰中，燕師大獲全勝，繳獲戰馬二千餘匹，陳暉「僅以身免」。

關於這次戰役中燕師和南軍渡白河一事，《奉天靖難記》和《明實錄》諸書記述得頗有神祕色彩。當燕師欲渡河而西時，燕王對天「默禱曰『天若助吾，河冰即合』」。夜間起營，果然「河冰已合，於是揮師畢渡」。部下還將此事比附光武帝。據傳說，光武帝中興漢室時，要渡滹沱河，河冰即突然而合，認為這是祥瑞之徵。當陳暉的軍隊要渡河而逃時，卻「冰忽解，溺死者甚眾」。[54] 這顯然又是南軍的不祥之兆了。其實，這時已是舊曆十一月，北方又早寒，河水結冰是正常現

53《明史》卷一百四十二，〈瞿能傳〉。瞿能攻打彰義門，《明史紀事本末・燕王起兵》和《明史・李景隆傳》都訛作「張掖門」。《明史・瞿能傳》作「彰義門」，是。

54《奉天靖難記》卷二。

象，不必待燕王禱告而後結冰。陳暉戰敗，敗卒奪河沿冰而逃，毫無秩序可言，近萬兵馬突然湧到河冰上，冰塊被壓破而溺水死者或許有之，也並不奇怪，談不上什麼天意。這類記述顯然是史官偽作祥瑞，醜詆建文帝，為燕王日後稱帝製造「天意」。

燕王消滅了陳暉這支前哨部隊後，便立即向鄭村壩奔襲而來。南軍不耐寒冷，再加上李景隆不能善撫士卒，南軍的士氣已很低落。當他們知道陳暉已被殲滅後，軍心更加動搖，以至於當燕軍列陣將要向南軍發起攻擊時，南軍竟不能整齊地列陣迎戰，燕王「遙見賊軍歡動」，認為南軍「亂而囂」，正是發動進攻的好機會。於是，燕王便命令精銳的騎兵首先向南軍發起衝鋒。這時朵顏三衛的騎兵大顯神威，以銳不可擋之勢橫掃敵陣，連破南軍七營。但南軍畢竟人多勢眾，雖受此挫折，還未全線崩潰，所以李景隆又整軍迎戰。燕王率大軍隨騎兵趕上，雙方主力展開了一場生死決戰。在千里冰封的深冬，在北國的荒野上，數十萬大軍廝殺在一起，刀槍劍戟的撞擊聲伴著北風的呼嘯，箭飛如雨，屍橫遍野，雙方從中午一直鏖戰到天黑，燕師尚未取得決定性勝利。這時，燕王趁天黑出奇兵左右衝擊，南軍這才漸漸不支。燕軍乘機由正面猛攻，南軍大敗，「斬首數萬級，降者數萬。」[55]當天色昏黑時，雙方遂收軍回營。

在那寒冬的夜晚，燕軍將士只能露天歇息。隨著夜色加深，天氣越來越冷，大家難以入睡。這時，都指揮火真找來幾個廢舊的馬鞍，在燕王面前點燃起一堆火，讓燕王取暖。在夜沉沉的荒野上燃起那麼一堆火，對於凍得瑟瑟發抖的人們來說實在太寶貴了，因而馬上就圍過來幾個士兵，湊到火堆前取暖。燕王的衛士對他們大聲喝斥，要他們趕快離開。燕王卻動情地說：「這都是壯士，他們來烤火不要制止。飢寒切身，這是最難忍受的。我穿著兩件皮衣，還覺得寒冷難耐。我恨不能都讓他們來烤火取暖，哪裡忍心喝斥他們呢？」[56]這些士兵聽了燕王這些話都很受感動。

也就是在這天晚上，李景隆感到初戰不利，再戰也是凶多吉少，於是下令拔營南逃。這裡離北平大約二十里路，他甚至顧不上仍在圍攻北平的將士，自己便匆匆連夜逃跑了。一應輜重都丟棄在鄭村壩一帶，為燕王所有。在這次戰役中，燕王共從李景隆那裡奪得戰馬二萬餘匹。黎明時，燕王的部下請求乘勝追擊，因不明虛實，天寒地凍，將士疲憊，燕王未予應允，而是率軍前往北平。

圍攻北平的南軍還不知道李景隆已向德州逃去，仍駐紮在堅城之下。為了迎擊燕王，李景隆命部下天天處於高度的戒備狀態，「日夜戒嚴，植戟立雪中，苦不得休息，凍死及墜指者甚眾。」[57]南方的士卒本來就不耐寒冷，李景隆又不知體恤士卒，讓他們「日夜戒嚴」，不得休息，這就必然降低部隊的士氣，影響了部隊的戰鬥力。燕王的部下則基本上都是北方人，耐寒冷燕王又能體恤士卒，這成為雙方力量消長的一個重要因素。

十一月七日，燕王從後面對圍攻北平的南軍發起了攻擊，當天即連破南軍四營。這時，城內守軍知燕王率師來攻，也出城攻擊南軍。在內外夾擊下，南軍很快便全線崩潰。尤其是當南軍知道李景隆已南逃以後，更是人無固志，望風奔逃。燕師「所獲兵資器仗不可勝計」。只經過兩天的戰鬥，燕軍就大獲全勝。十一月九日，燕王率領凱旋之師回到北平城內。

55《奉天靖難記》卷二。
56 同註55。
57 同註55。

燕王從離開北平援救永平，到勝利回到北平，大約經歷了一個半月的時間。燕王的基本戰略是：在敵強我弱的情況下，將敵人主力吸引在北平堅城之下，拖住敵人，銷磨敵人的士氣，使敵人由強變弱。自己率主力在外線打擊敵人，既避免了兩面作戰，又在運動戰中壯大了自己，使自己由弱變強，最後內外夾擊，解除了北平之圍，轉危為安。

燕王的這個戰略是勝利了，但也冒著極大的風險。主力丟開根本之地到外面作戰，北平不能保證萬無一失；倘若北平失守，則對大局影響極大，雙方的攻守之勢則會發生根本的變化，甚至可能全盤皆輸。因此，當燕王回到北平後，部下頌揚他「睿算神謀」、料敵如神，他卻說：

此適中爾，無足喜也。卿等所言皆萬全之策，我未用卿等言者，以其有可乘之機故爾。此不可為常，後毋難言。58

燕王的這段話很有意思。它表明這次勝利乃「適中爾」，帶有很大僥倖的成分，他又肯定部下原來的意見有道理，「皆萬全之策」，自己之所以未採用，是看到「有可乘之機」。他又告誡部下，這種用兵之法「不可為常」，鼓勵部下不可以此為例，應照常獻計獻策，「毋難言」。如此，燕王雖然未採納部下的建議，但又不挫傷部下的積極性。

在這一個半月的時間裡，燕王援永平，襲大寧，於鄭村壩大勝李景隆，北平保衛戰圓滿勝利，可謂戰果輝煌。十一月十一日，燕王於北平大規模犒勞將士。他除了將勝利歸於上天和父皇的眷佑外，主要歸功於將士用命，英勇殺敵。他在犒師時向將士發布的文告中說：

自舉義以來，荷天地眷佑，皇考在天之靈，以保予躬。亦爾有眾用命，同心一德，故獲累勝。然常勝之家，難以慮敵。夫常勝則氣盈，氣盈則志驕，志驕則惰慢生，惰慢生，敗機乘之矣……彼以天下之力敵我一隅，屢遭敗衄，將必益兵以求一決，戰克惕厲，懲艾前失。我之常勝，必生慢忽。以慢忽而對克惕，鮮有不敗，須持謹以待之。[59]

在這個文告中，燕王已公開稱朝廷為敵，這與他以前給建文帝奏文中所表示的謙恭精神大相逕庭。大概也正是因為這一點，《明實錄》中未收這份文告。從文告中也可以看出，燕王在軍事上雖節節勝利，但他並未因此而沖昏頭腦。他知道，朝廷方面一定會增加兵力來對付自己，所以他一再提醒部下，要他們不要「慢忽」，而是「須持謹以待之」。這也正是燕王能繼續不斷獲勝的重要原因。

燕王除了設宴犒勞將士以外，還「論功行賞，以酬其勞」。這時，燕王少不得再講一番賞罰的道理：

賞罰者公，天下之道也。賞當，人心則眾勸；罰當，人心則眾懲。善為政者，不以賞私親，不以罰私怨。……然予耳目所及，豈能周知？必爾諸將從公核報，不徇私情，不虧公議，有功無功，不令倒置，務合至公，以愜輿情。[60]

這一段話可以代表燕王的賞罰觀。對將士及時公正地賞功罰過，這是促使將士用命的重要保證，

58《奉天靖難記》卷二。
59 同註58。
60 同註58。

這也是燕王能節節勝利的另一重要原因。

這次，陳實、徐祥等十三個將領「俱以功升北平都司」。另外，朝廷原來任命的都指揮僉事周成、袁成和張睦三人，因通燕而被朝廷「貶逐落職」，燕王又全部恢復了他們的舊職。這也表明，燕王已根本不受所謂藩王無升賞權的約束了。

十一月十二日，燕王將俘獲的皇陵守卒釋放回南京。在這次戰役中，燕軍俘獲的南軍甚多，有願留下的便編入各部，不願留下的即予遣散。當燕王知道俘虜中有些原是皇陵守卒後，心裡很難過，藉機對建文帝指責一番，說他不以「祖宗陵寢為重」，居然把守護皇陵的士卒調來打仗，實不應該。全國的兵馬本來很多，「豈少此數人？」燕王把這幾個守皇陵的士卒叫到跟前，慰勞備至，並「與之資糧」，讓他們仍回南京守護皇陵。

燕王在對將士論功行賞的同時，也沒忘掉那些戰死的將士。他派二子高煦和三子高燧對自己部下陣亡的將士進行祭祀，並讓世子高熾對陣亡將士家屬進行撫恤。特別值得一提的是，燕王感到南軍將士死了那麼多，「深可哀憐」，於是派人收葬了他們的屍骨。他還命降將耿孝前往鄭村壩一帶，收葬「骸骨十餘萬」，埋葬於北山之麓，封上墳，植上樹，並下令禁止在墓地放牧和打柴。他還遣官致祭，並親自撰寫了碑文，在鄭村壩「勒石以紀其事」：

嗚呼，昔我太祖高皇帝起布衣，提三尺劍，掃除禍亂，平定天下。爾諸將士俱從南征北伐，略地攻城，櫛風沐雨，宣力效勞，共成我國家大業，勳績茂矣。茲有奸臣濁亂朝綱，同謀不軌，欲傾鴻業，而先滅諸王，以剪其藩屏。故調發將士，披堅執銳，列陣成行，加害於我。不得已，為自救之計，率兵敵之。……而所向克捷。尚念陣亡將士，上非由朝廷之所命，下非有切己之怨仇，徒為奸臣所驅迫，而斃於矢石鋒刃之下。哀哉何辜！已遵釋典，命僧修齋誦經，資其冥福。其骸骨棄露草野，命官收瘞於北山之麓，封土樹木，以堅其藏。仍勒石墓側，昭示久遠，而繫以銘曰：

……嗚呼爾眾，國之忠良。奸臣肆毒，甚於虎狼。死於戰陣，曾不爾戚，我心孔傷，怛焉爾惕。念爾骸骨，棄於草野，日炙雨淋，我豈忍也。拾而聚之，窀穸於斯，魄其安矣，魂其妥而。維石峑峑，勒銘山阿，維千萬世，其永不磨。[61]

燕王親自撰寫的這篇碑文表明，他把這些南軍將士之死歸罪於「奸臣肆毒」。他們跟隨明太祖創業有功，這次「徒為奸臣所驅迫」，「加害於我」，自己不得已，為自救而起兵相抗，所以他們戰死疆場，不能怪燕王。尤可令人注意的是，燕王在這裡只是指責「奸臣濁亂朝綱」，而沒有指責建文帝，這與他起兵時「清君側」的調子是一致的。碑文要留存後世，他不能不謹慎點。

白溝河大戰

繼鄭村壩之戰以後，燕王與李景隆的一次決定性戰役是白溝河大戰。自北平保衛戰結束以後，雙方都在為這場大戰做準備，其間大約經過了五個月的時間。

燕王回到北平後，即第二次致書建文帝。這次與上次上書時的形勢已大不相同，因為自起兵

61《太宗實錄》卷五。

以來，燕軍接連取勝，兵力大增，燕王有了更多的資本，因而書中的語氣比上次嚴厲。

這封上書的前半部分仍是追究有關明太祖喪葬的責任，大致意思是：明太祖病重時未讓諸王進京服侍，「知何病，用何藥，盡人子之禮」。明太祖死了以後，又不讓諸王奔喪，「焉有父死而不報子知者？焉有父死而子不得奔喪者也？」再就是指責建文帝治喪草率，「七日而葬」，不合安葬天子的古禮。燕王引述了《祖訓》中有利於自己的一些言語，謂太祖封藩的一個重要目的就是讓諸王掌管兵權，實則是指責建文削藩為大謬。燕王接著指責齊泰等奸臣，說他們「不遵祖法，恣行奸宄，操威福予奪之權」，乃是罪魁禍首。燕王還講述了自己節節勝利的輝煌戰果，意在表明自己舉兵靖難，乃正義之師。書中要求建文帝迅速清除齊泰等奸臣。奏書的末尾說：

> 此等逆賊，義不與之共戴天，不報此仇，縱死不已。今昧死上奏，伏望憐念父皇太祖高皇帝起布衣，奮萬死，不顧一生，艱難創業。分封諸子，未及期年，誅滅殆盡。俯賜仁慈，留我父皇一二親子，以奉祖宗香火，至幸至幸！不然，必欲見殺，則我數十萬之眾，皆必死之人，諺云：「一人拚命，千夫莫當。」縱有數百萬之眾，亦無如之何矣。……儻聽愚言，速去左右奸邪之人，下寬容之詔，以全宗親，則社稷永安，生民永賴。若必不去，是不與共戴天之仇，終必報也。不報此仇，是不為孝子，是忘大本大恩也。伏請裁決。[62]

明眼人一看就明白，奏書的末尾雖有「伏請裁決」的客氣話，但在實質性內容上顯然有威脅性語氣，甚至是在強迫建文帝「速去左右奸邪之人」。否則的話，就別怪我「數十萬之眾」要犯闕了。頭一次上書猶如石沉大海，這次上書燕王也沒指望建文帝會改弦更張，基本用意無非是爭取輿論，為自己辯解。

如果說這次上書與上次有什麼不同的話，那就是這次還真的產生了點具體效果。十一月二十六日，建文帝「罷兵部尚書齊泰、太常寺卿黃子澄，以說（悅）於燕人」。[63]齊、黃二人名義上雖被罷職，但實際上仍在暗中幫著建文帝謀畫，「籌畫治兵如故」。建文帝想以此消除燕王起兵的口實，讓燕王息兵，實際上猶如掩耳盜鈴。燕王只是以清除二人為藉口，而目的絕不在此。建文帝這樣做，不僅達不到讓燕王息兵的目的，反而向燕王示弱，且冷了討伐燕王的將士的心。更何況，這種表面上罷職、暗地裡實留的做法，也根本瞞不過燕王。因此，這種做法沒產生任何積極結果，倒產生了不少副作用。

關於李景隆在前線連遭敗績的情況，建文帝也並不十分清楚。古代交通不便，通訊手段落後，前線離京師數千里之遙，軍中情況易於掩飾。將領在前線打了勝仗，一般都報告得很及時、很充分，而打了敗仗則百般掩飾和開脫。李景隆是黃子澄推薦的，黃子澄極力為李景隆掩蓋敗績。儘管這樣，這麼大的敗仗難以掩蓋得很嚴密。有一天，建文帝問黃子澄：「外間近傳軍不利，果何如？」黃子澄回答說：「聞交戰數勝，但天寒，士卒不堪，今暫回德州，待來春更進。」與此同時，「子澄遂遣人密語景隆，隱其敗，勿奏。」[64]由於他們上下其手，聯合起來欺蔽建文帝，致使李景隆非但沒受到任何懲罰，反而被加官太子太師，並「兼賜璽書、金幣、珍醞、貂裘」。李景隆打了敗仗，還能升官加賞，想當初耿炳文只是稍微失利，並未從真定潰退，便被朝廷

62 《奉天靖難記》卷二。《太宗實錄》卷四所載此次上書，文獻雖較典雅，但已經文臣改易失實，故不取。
63 談遷，《國榷》卷十一。
64 谷應泰，《明史紀事本末》卷十六，〈燕王起兵〉。

免職。他們二人的遭遇是如此不同，表明建文帝在用人方面絕非英明之主。

燕王得到情報，知道李景隆在德州調集各處兵馬，準備明年春暖時大舉來攻。燕王這次採取的戰略是，先攻大同以調動敵人，使南軍疲於奔命，趁天氣尚寒冷時在北邊打擊敵人。部下對先攻大同不理解，謂：「彼既將來，則我當為備，何得委而去之？」燕王解釋道：「我征大同，大同必告急於彼以求援。苦寒之地，南卒脆弱不耐，疲於奔命，則凍餒逃散必多，誘而敝之，何為不可？」[65]聽燕王這麼一說，部將都很佩服燕王用兵的高明。

建文元年十二月十九日，燕王親自率軍往征大同。舊曆十二月正是北方最冷的時候，滴水成冰。燕師到達紫荊關（今河北易縣西紫荊嶺上）時，部下發現燕王的衣服上有一種奇異的圖案。燕王穿的本來是素紅絨袍，「忽見白花如雪色，凝為龍紋」，甚至可以看出層層龍鱗，「美如刺繡」。將領們看到後很驚異，便說這是出師的吉祥之兆。燕王心裡明白，當此天寒地凍之時，水氣在衣服上凝結成花紋並不奇怪，所以他趁此機會向部下講了一番不可懈怠的道理：

> 冰花偶然所凝，豈可遽言嘉應？況當戒慎之際，不可以此為喜而有怠心。[66]

燕王不以冰花所凝的龍紋為瑞，表明他信心十足，他相信的是自己的力量。

十二月二十四日，燕師到達廣昌（今河北淶源），守將湯勝等人舉城投降。這次出師，兵不血刃便取得了第一個勝利。

建文二年（一四〇〇年）正月一日，正當家家戶戶歡度元旦的時候，燕王朱棣卻風塵僕僕地率軍趕到蔚州（今河北蔚縣）城下，接連攻打數天，未能將城攻下。有一天，蔚州守軍指揮李誠到城外察看，被燕軍發現，倉卒之間躲在一個水溝中，終於被燕軍搜索到，俘獲了他。部下把李誠帶到燕王跟前，燕王馬上親自為他解綁，好言安慰。燕王知道李誠是員勇將，外號「沖天李」，要爭取他為自己效勞。李誠深受感動，「願獻城自效」，燕王就把他放了回去。但城中其他將領不願投降，便把李誠囚禁了起來。燕將等了幾天，不見李誠來降，便主張集中兵力攻城。燕王說：「觀其守備，非旬日不能拔，兵鈍威挫，難以得志，當用智取之。」[67] 燕王還引古代兵書上的話，向部下講「城有所不攻」的道理，避免打消耗戰，以免損傷自己的士氣。燕王經過仔細考察後發現，城外邊有一座敵臺，臺上建有望樓，敵臺和城牆上部原架有一座飛橋，現在橋已損壞，但敵台尚存，正可以作為掩蔽。於是，燕王便命令每個士兵準備一條布袋，裡面裝進土，從敵臺上推下，使其堆得與城牆一樣高，以便從這裡發起攻擊。當堆積得快與城牆平的時候，燕軍使用霹靂車發射飛石轟擊城內。城內守軍人心惶惶，守將王忠、李遠等人看形勢不支，便率軍舉城投降。燕王傳令各軍，進城後不得侵擾百姓，否則將受嚴懲。燕軍占領蔚州後，「城中肅然，一毫無犯」。燕王治軍嚴明，不嗜殺掠，這是南軍將士樂於歸降的一個重要原因。

二月二日，燕王提升降將張遠、王忠和李遠為北平都指揮僉事，原蔚州守軍的精銳都交王忠統領，隨燕王往征大同。這些將領的家屬則都被送往北平。

這時，有個叫張倫的人，任河北諸衛指揮使。他「勇悍負氣，喜觀古忠義事」，降燕，不甘

65《太宗實錄》卷四。
66 余繼登，《典故紀聞》卷六。
67《太宗實錄》卷五。

心；抗燕，沒力量。於是，他便將兩衛官兵合在一起，率領他們一起南奔，「結盟報國」。[68]他到德州隸於李景隆麾下，後隨李景隆、盛庸抗擊燕軍，表現頗為勇敢。

二月十二日，蒙古韃靼部國公趙脫列于和司徒趙灰鄰帖木兒等從漠北「率眾來歸」。當時，蒙古各部紛爭不已，失勢的一方則南下降燕，他們都是強悍的騎兵，用他們衝鋒陷陣常收奇效。對他們的來降，燕王自然喜不自勝，遂「賜賚有差」。[69]燕王增加了這支生力軍，真是這次出師的意外收穫，它使燕軍的戰鬥力大為增強。

幾乎與此同時，北邊又傳來一個不好的消息，韃靼可汗坤帖木兒率眾寇邊，要大舉南下。燕王正在集中力量對付南邊的李景隆，如果韃靼部從北邊來攻，這無異於抄了燕王的後路，形勢就太危險了。於是，燕王馬上致書韃靼可汗坤帖木兒，並同時致書瓦剌王猛哥帖木兒，「曉以禍福」，制止了他們的南下。

燕軍占領蔚州後，並沒有直撲大同。因為燕王得到情報，李景隆果然率軍來援，引軍出紫荊關。燕王沒有從正面回師迎擊，而是由居庸關回師北平，聽任李景隆的部隊到處奔波。二月初，北方的天氣仍然很冷，李景隆的部下「凍餒死者甚眾，墜指者十之二三」。[70]雖然沒有打仗，但南軍的兵器丟棄在道路上的「不可勝計」。李景隆率軍徒然奔跑了一通，無功而返。

二月十三日，李景隆致書燕王，請求息兵。燕王兩次上書建文帝，未見答覆，從一定意義上來說，李景隆的這封書信代表了朝廷的意向。沒有建文帝的允許，李景隆未必敢寫這樣的書信。其大意是說，齊泰、黃子澄已被「屏竄遐荒」，燕王起兵的目的不是要「清君側」嗎？現在奸臣已被貶逐，起兵的理由已不存在，自然就該息兵了吧。書信中還多次提到明太祖聖訓，稱「太祖高皇帝聖訓諄諄，今猶在耳」。周王即因「不遵成訓，狂作枉為」，所以才「大義滅親」，將其擒治。

實則是要燕王遵守祖訓，罷兵以保全骨肉。「骨肉有傷，大亂之道，欲捨小怒，以全大義。」[71]

從李景隆致燕王的書信中可以明顯看出，朝廷方面的態度已經軟化。這顯然是朝廷方面連吃敗仗的結果。

二月二十八日，燕王回書李景隆。他首先巧妙地指出，來書「辭意苟且率略，不見誠實之情」，故意說這絕非李景隆本意，而是「奸臣代言，行離間骨肉之術」。這樣，燕王在下面就可以痛快淋漓地予以批駁了。他首先指責陷害周王的事，接著又要陷害自己。至於貶逐齊、黃一事，燕王認為遠遠不夠，應滅其九族，更何況這僅是遮人耳目。「若以太祖公法論之，必使其首足異處，夷其九族。今屏去遐荒，想不出千里，必召而回，為幕中之賓矣。此外示除滅小人，內實不然，誠為可笑。」燕王針對來書中「捨小怒，以全大義」的話，憤怒地追究明太祖之死的責任，病時不讓親王前往護理，死後不令奔喪，「況又殺我太祖高皇帝子孫，壞我太祖高皇帝基業，將謀不軌，……為太祖高皇帝復仇，豈是小怒哉！」接著又針對「周王不遵成訓」的話，引述《祖訓》，指責朝廷和奸臣變亂祖制的罪行。「今奸臣改制創置，更易法度，北平改為燕北，為能遵成訓乎？但知人罪，不省己愆，果欺天乎？欺人乎？」在這些地方，燕王的回書批駁得相當有力。建文帝復古改制，不僅未收到任何具體成效，反而給燕王起兵以口實。回書的最後說道，奸

68 《明史》卷一百四十二，〈張倫傳〉。
69 《太宗實錄》卷五。
70 同註69。
71 《奉天靖難記》卷二。

臣「詭謀詐計，以殺我太祖高皇帝子孫，欲圖天下……我輩親王焉得不懼，思所以保全父母之遺體？……姑以汝之心自度之，為父皇之仇如此，為孝子者可不報乎？因汝書來，不得不答，再不宜調弄筆舌。但恐兵釁不解，寇賊竊發，朝廷安危未可保也。」[72]

從這裡的語氣看來，燕王簡直是在教訓李景隆。雙方書來信往，各執一詞，自然毫無結果，最後還是要在戰場上解決問題。

李景隆接受了冬季北征失敗的教訓，這次到四月裡才率兵北征。四月一日，李景隆誓師於德州，大舉北伐。武定侯郭英和安陸侯吳傑先進兵真定，鞏固伐燕基地。這次共合兵六十萬，號稱百萬，浩浩蕩蕩向白溝河一帶逼來。李景隆打算，各路兵馬於白溝河會齊，然後合勢並進，一舉奪占北平。

建文帝擔心李景隆的權力還太輕，便派宦官前往李景隆軍中，賜李景隆斧鉞、旌旗，當宦官帶著璽書和賜物前往時，在江上遇到大風雨，船被打壞，斧鉞、旌旗和璽書都沉入水中，有些人認為這是天意示警，是建文帝的不祥之兆。建文帝再次派宦官前往，賜物如舊，命李景隆「專征伐」。[73]

四月二日，燕王召集諸將，商議出兵迎敵事。四月五日，燕王於北平祭告天地後，遂率軍南下。四月七日，大軍到達武清。燕王派偵騎去德州、真定等地，偵察李景隆的軍事部署情況。經偵察知道，南軍的前鋒已到達白溝河，郭英已率領所部過了保定，準備於白溝河會師。燕王遂率軍進駐固安，燕王向將領們分析了南軍的情況：

李九江志大而無謀，自專而違眾。郭英老邁退縮，平安剛愎自用，胡觀驕縱不治，吳傑懦而無斷。數子皆匹夫，其來無能為也，惟恃其眾。……其甲兵雖多，糧餉雖富，適足為吾之資耳。[74]

燕王這是在激勵部下，樹立必勝的信心。同時也表明，燕王對這場大戰已胸有成竹。

四月八日，燕王率「大軍渡白馬河，駐營蘇家橋」。[75]這天夜裡趕上下大雨，平地水深三尺，積水漫到了燕王的床上，在床上面又放了一張床，燕王坐在上面的這張床上，一直到天明。在這裡待了幾天以後，燕王便率軍向西北方向的白溝河挺進。

在這場大戰即將開始的當下，建文帝擔心李景隆有失，又命徐達的長子徐輝祖率領京軍三萬，日夜趕赴前線，增援李景隆。這時李景隆在白溝河也擺出了決戰的架式，他派平安率領一萬多騎兵邀擊燕王。平安是一員猛將，曾隨燕王出塞，知道燕王用兵的特點，所以這次充任先鋒。燕王先派百餘騎前往誘敵，他們來到平安營前，剛要交鋒，這百餘騎卻掉頭而走。平安的部下要追擊這支小部隊，陣勢開始騷動起來。燕王趁機率大軍從後面夾擊，平安毫不示弱，挺矛率眾而前。都督瞿能父子也是猛將，率眾奮擊，所向披靡，「殺傷燕兵甚眾」。在南軍的奮勇還擊下，「燕兵遂卻」，幾乎支撐不住。這時，燕軍中有個叫狗兒的宦官，也十分驍勇，他率領千戶華聚在河北岸力戰，才穩住了陣腳。百戶谷允衝入南軍中，斬首七級。在這次戰役中，燕軍在人數上占很大

72《奉天靖難記》卷二。《太宗實錄》卷五所記燕王回書，已經改撰，大失原意，茲不取。
73《明史》卷一百二十六，〈李景隆傳〉。
74《奉天靖難記》卷二。此處「白馬河」疑為大清河之誤。白馬河在饒陽縣南，距此甚遠。蘇家橋鎮在文安縣北四十里處，臨大清河。《太宗實錄》記作「王馬河」，《明史紀事本末》記作「五馬河」，皆不確。
75 同註74。

的優勢，雖數次出現險情，但終未潰敗。燕王見平安如此頑強地對抗自己，非常氣惱，親自率領精銳的騎兵向南軍猛衝，殺數千人，南軍都指揮何清被俘。一直到天黑，仍酣戰不已，夜深時才各自收軍。在回營時，燕王和三個貼身騎兵殿後，在茫茫的夜色中迷失了道路。燕王跳下馬來，趴在地上看河水的流向，這才分出東和西，遂從上流倉促渡河到了北岸。

這次大戰，雙方互有殺傷。燕王回營後，立即升谷允為指揮，秣馬厲兵，準備再戰。燕王沒料到南軍那麼勇悍，而且明天就要和李景隆大軍對陣，他不能不更加認真地布置一番。他命張玉將中軍，朱能將左軍，陳亨將右軍，充任先鋒，兵福率騎兵跟上，馬步兵十餘萬全力進擊。對燕王來說，這是一個極不尋常的夜晚：白天激戰了一天，並未取得明顯勝利，天明後將是一場更加激烈的拚殺，他一夜未得合眼，進行著緊張的部署。

黎明時分，燕軍主力全部由白溝河北渡到河南。這時瞿能父子率軍衝來，直搗房寬營，平安從側翼跟上，房寬一軍很快便潰不成軍，燕軍被殺數百人。張玉是燕王手下的第一員大將，他看到房寬軍被南軍擊潰，面有懼色。燕王則顯得信心十足，對張玉說：「勝負是兵家常事，敵兵雖眾，不過日中，保證為諸君擊破他們。」[76] 燕王命丘福率萬餘騎猛衝南軍中堅，南軍奮勇反擊，丘福一軍又被迫退了回來。燕王見此情景，便親自率領數千精銳的騎兵衝擊南軍左掖，張玉和高煦率領馬步軍齊頭並進，雙方數十萬大軍攪殺在一起。北方的早春天氣還有微寒，但在白溝河南這塊古戰場上，人們所聽到的只是喊殺聲、戰馬的嘶撕鳴和刀槍的撞擊聲，不僅沒有絲毫的寒意，而是到處熱血橫流，一片沸騰，似乎整個大地都顫動起來。雙方數十萬大軍就像兩股怒潮，以雷霆萬鈞之力向對方捲去，一浪高過一浪。

燕王在敵軍左掖也未能得手，時進時退，往來百餘個回合，殺傷甚多。正在酣戰之時，燕王看到後面塵土飛揚，立即意識到這是敵軍從背後夾擊自己。燕王馬上率勁騎逆擊，而敵軍有兩萬多人，飛矢如注。燕王雖連殺數十人，但阻擋不住敵軍的攻擊，敵軍接連射死了燕王的三匹坐騎，射死一匹，馬上再換一匹，連續換了三次，所幸的是竟未射中燕王。燕王隨身所帶的箭都射完了，便提劍左右抵擋。很快地，劍到處是缺口，後來竟砍折了，無法再砍殺敵人，便拍馬向堤上退去。瞿能父子奮勇追擊，燕王處境極其危險，差點兒被活捉。燕王趕快跑到堤上，假裝用馬鞭招呼部下，使敵軍誤以為燕軍大部隊將從後面趕來。南軍害怕有埋伏，沒敢上堤，這才使燕王稍得喘息，躲過了一場災難。

這時，部下向燕王建議說：「敵眾我寡，難以長時間抵抗，不如趕快到大軍營中，然後合力迎敵。」燕王卻沉著地說：「這是敵軍的一支奇兵，精銳都在這裡，所以我要獨自抵擋他們，拖住這支敵人，才能使那邊諸將全力進擊。如果我到大軍中去，他們就會合兵一處，前後夾擊，敵軍數倍於我，那時候形勢就危險了。」[77]於是，燕王又率眾衝入敵陣，斬敵數人。

在這場大戰中，南軍的一些將士也表現得十分勇敢。有一個被稱為「王指揮」的臨淮人，經常騎一匹小馬，軍中便稱他為「小馬王」。在白溝河大戰中，他受了重傷，自知必死，便把盔甲脫下來，交給他的隨身僕人，說道：「吾為國捐軀，以此報家人。」隨後倚著他的戰馬，手扶插在地上的槍死去。[78]

---

76 谷應泰，《明史紀事本末》卷十六，〈燕王起兵〉。
77 《奉天靖難記》卷二。
78 《明史》卷一百四十二，〈瞿能傳〉。

平安善使刀槍，率眾向燕軍衝擊，所向無敵。燕將陳亨與平安遭遇，只幾個回合，便被平安殺掉。燕將徐忠迎戰，被砍傷兩個手指，但尚未掉下來，徐忠則毅然將這兩指砍去，撕掉衣布裹上傷口，繼續迎戰。由於燕軍拚死抵抗，平安才未能將燕陣衝亂。

燕王的次子高煦看形勢緊急，便率領千餘精銳的騎兵來與燕王會合。燕王說：「諸將在那邊鏖戰正急，你為什麼到這裡來？」高煦說：「我聽說父親以數騎抵擋敵人大軍，形勢緊急，所以趕來了。」燕王這才知道，高煦不是因戰敗而來，這才放下了心。燕王說：「我已經很疲累了，你趕快上前擊敵。」對於這支生力軍的到來，南軍著實吃了一驚，雙方接戰，混殺在一起，難解難分。燕王稍停片刻，便乘高煦與南軍混戰之機，自己率領一隊勁騎繞到南軍後面，突然發起攻擊，這才使「賊勢少動」。[79]

直到中午時分，兩軍仍相持不下。這時，南軍依仗人馬眾多的優勢，再一次向燕軍發起衝擊。瞿能父子「大呼滅燕」，一馬當先衝入燕陣，斬首數百。越巂侯俞通淵和陸涼衛指揮滕聚隨後跟上掩殺，燕軍形勢一度不利。正在這雙方拚殺的關鍵時刻，忽然發生了一件意外的事，一陣旋風突然刮來，將南軍的大旗刮倒，南軍將士見不到自己的軍中大旗，以為出了什麼危險事。大旗一倒，指揮系統便出現混亂，南軍陣地頓時也混亂起來，攻勢大為減弱。燕王抓住這千載難逢的良機，麾軍猛衝，他和高煦會合一處，立斬瞿能父子。平安與朱能接陣，也被朱能擊潰；俞通淵和滕聚皆戰死。於是，南軍全線崩潰。真是「兵敗如山倒」，南軍「奔走之聲如雷」，燕軍乘勝追擊，借風縱火，焚燒敵營，連綿數十里的南軍營地頓時成了一片火海。

南軍諸部各自奔逃，郭英餘部往西逃去，李景隆則率領餘部往南跑，丟棄的輜重、器械如同山積，不可勝計，「斬首及溺死者十餘萬」。燕兵追擊李景隆到雄縣月漾橋，又廝殺一陣，南軍「殺溺蹂躪死者復數萬，橫屍百餘里」。[80]南軍投降的有十餘萬，大部分予以遣散，少數編入燕軍各部；李景隆單騎逃往德州。在這次大戰中，徐輝祖率領的三萬援軍尚未與燕軍接戰，南軍已全線潰敗，他全軍而還。

燕軍雖然取得了這次大戰的全面勝利，但也勝得十分艱難，將士死傷甚眾。燕王命部下埋葬好死亡將士的屍體，將他們的頭骨帶回北平，「分賜內官念佛，冀其輪迴。又有顱頭深大者，則以盛淨水供佛，名曰『天靈碗』。」[81]這些將士為燕王的事業獻出了生命，他不能不懷念他們。

對雙方來說，白溝河大戰無疑是一場決定性的戰役，雙方幾乎都傾注了全部的兵力，志在必得。但南軍失敗了，從此以後士氣便難以振作。後來，南軍雖然也打過幾次勝仗，但都不足以從根本上扭轉敗局。

79《奉天靖難記》卷二。
80 谷應泰，《明史紀事本末》卷十六，〈燕王起兵〉。
81 呂毖，《明朝小史》卷四，〈天靈碗〉。

第四章　轉守為攻，直取金陵

燕王在擊潰李景隆以後，就改變戰略，不再以防守和鞏固後方為主，打算取道山東南下，直取南京。但是，他在山東卻連遭敗績，損失慘重，戰場又回到河北一帶。後來，燕王得知南京空虛，遂決定繞道南下，直撲京師，很快兵臨南京城下。

轉戰山東

建文二年下半年是燕王最不順利的時期。白溝河大戰後，燕王乘勝追擊，本想取道山東直撲南京，但在濟南遇到鐵鉉的頑強抵抗，圍攻三月不下，被迫無功而還。這年年底在東昌大戰中，燕王被盛庸擊潰，遭到舉兵以來最慘重的失敗。

李景隆一敗再敗

四月二十七日，燕王不顧白溝河大戰的疲勞，乘勝南下追擊。李景隆戰敗後，倉皇逃往德州。那裡是他北伐的基地，糧草充足，原來的守軍未受損失，再加上潰退南來的餘部，本來還有相當的抵禦力量。但李景隆已如驚弓之鳥，聽說燕王馬不停蹄地來攻德州，便於五月七日夜間慌忙南逃濟南。燕軍南下，一路上幾乎沒遇到任何抵抗，順利地占領了沿途各縣。燕王本想在德州會有一場爭戰，但因李景隆聞訊而逃，燕軍兵不血刃便占領了德州。五月九日，燕王命都督陳亨和都指揮張信進入城內，「籍吏民，收府庫，得糧儲百餘萬。」[1]這對燕軍是一項很大的補給。由於燕王嚴格約束部下，「禁軍士勿侵掠」，當地人民「以牛酒迎謁軍門，絡繹不絕，上（燕王）不受，慰勞而遣之。」[2]這裡的描述似乎過於美好，但燕軍紀律比較嚴明則是事實，這也是燕軍能屢戰屢勝的重要原因。

五月十三日，燕王留都指揮陳旭在德州駐守，自己親自率軍奔赴濟南。他之所以要馬不停蹄地南下，就是為了不給李景隆喘息的機會。他知道南軍人數眾多，李景隆在濟南收集餘部，加以整頓後還會有相當的力量。他要趁李景隆立足未穩，以迅雷不及掩耳之勢將南軍徹底擊潰。兩天後，燕王率軍到達禹城北，稍事休息，便於天黑時起營，一夜急行軍，第二天黎明就趕到濟南近郊。

這時，李景隆的部下尚有十餘萬，從數量上看，並不比追來的燕軍少。但他對燕軍如此迅速地趕來十分吃驚，不得不倉促布陣應戰。燕王要親自率領精銳的騎兵衝擊敵陣，部將則攔住他的馬，勸他不要親自衝鋒。燕王雖感謝部下的好意，但仍堅持要親自立即向敵陣衝擊。他向部下解釋說：「迅雷之下，其勢不及掩耳。……彼布陣若定，則難猝破。」[3]遂即率騎兵向敵陣衝擊。

---

1 《太宗實錄》卷五。
2 同註1。
3 同註1。

南軍布陣未定，再加上從白溝河敗陣南逃，士氣低落，以致不堪一擊。在燕軍勢如破竹的衝擊下，南軍很快便潰不成軍，有的四散奔逃，有的則退到濟南城內，其餘的則投降了燕軍。在這次戰鬥中，燕軍殺南軍萬餘人，奪得戰馬一萬七千餘匹。從戰果來看，燕軍又獲得一個不小的勝利。

李景隆逃入濟南，燕軍隨後將濟南團團圍住。幸賴鐵鉉和盛庸悉力堅守，濟南才未被燕軍一舉攻下。

李景隆大敗的消息傳到京師後，滿朝皆驚。黃子澄痛感推薦李景隆為大誤，後悔不已，他奏請建文帝對李景隆正以典刑，但建文帝只是將李景隆召回，赦而未誅。黃子澄捶著胸口痛苦地喊道：「大勢去矣，薦景隆誤國，萬死不足贖罪。」[4] 另外力請誅殺李景隆的還有吏部左侍郎練子寧等人：

> 子寧從朝中執數其罪，請誅之，不聽，憤激叩首大呼曰：「壞陛下事者，此賊也。臣備員執法，不能為朝廷除賣國奸，死有餘罪。即陛下赦景隆，必無赦臣。」因大哭求死，帝為罷朝。宗人府經歷宋徵、御史葉希賢皆抗疏言，景隆失律喪師，懷二心，宜誅。並不納。[5]

按照刑律，李景隆死有餘辜。因他是皇帝至親，儘管有那麼多人請求殺掉他，但建文帝終未治他的罪。

鐵鉉堅守濟南

鐵鉉是河南鄧州（今南陽）人，建文時任山東參政。李景隆率軍北伐，他督運糧草，從未誤過事。李景隆於白溝河大敗後，倉皇南逃，諸城望風瓦解。在臨邑縣城，鐵鉉遇到了參軍高巍。當李景隆北伐時，他毛遂自薦，親去北平勸說燕王息兵，燕王未予理睬，高巍只好掃興南歸。在南軍潰逃之際，他們二人對酒抒懷，激昂慷慨，說到朝廷連遭失敗，社稷不保，民遭塗炭，都激動得流下淚來，對天盟誓，誓死報效朝廷。他們二人一起由臨邑趕赴濟南，和盛庸等人一起誓以死守。

李景隆由德州南逃，來濟南依靠鐵鉉。燕軍乘勝追擊，一些哨兵先期趕到離濟南很近的濟陽縣城。在濟陽任教諭的王省被哨兵抓到，但王省毫無懼色，而是從容地引述古往今來的事例，曉以君臣大義，「詞義慷慨」。這些哨兵看他是個讀書人，就放了他。王省回去後，坐在向諸生講學的明倫堂上，對他的學生們說：「你們知道此堂叫什麼名嗎？今天的君臣之義又怎麼樣呢？」接著放聲大哭，他的學生也跟著哭起來。王省整整衣冠，「以頭觸柱而死」。[6] 不少人為王省的氣節所感動，義無反顧地投身到抗燕的行列中來。

燕王率軍將濟南團團圍住，接連發起猛攻，志在必得。因為濟南是北平通往南京的交通要衝，倘能奪占濟南，即使攻不下南京，也可以大致統治江南的半壁河山。但由於鐵鉉和盛庸善撫士卒，督眾悉力防守，燕軍久攻不下。建文帝聽說鐵鉉和盛庸將燕兵阻於濟南，轉憂為喜，馬上升鐵鉉為山東布政使，命盛庸代替李景隆為大將軍，以右都督陳暉為副，整頓兵馬，抗擊燕軍。

4《明史》卷一百四十一，〈黃子澄傳〉。
5《明史》卷一百四十一，〈練子寧傳〉。
6《明史》卷一百四十二，〈王省傳〉。

濟南久攻不下，燕王憂心如焚，便將書信拴在箭上，射入城中，勸鐵鉉等人投降。城內有個叫高賢寧的儒生，原是王省的弟子，主動來濟南協助鐵鉉拒守。他看到燕王的書信後，便寫了一篇《周公輔成王論》，射到城外，請燕王息兵。當時，濟南城內不僅守軍少，而且多是從白溝河逃來的敗兵，在燕軍接二連三的猛攻下，濟南形勢一度十分危險。高賢寧寫這封書信，實際上是緩兵之計，所謂「周公輔成王」之類的話，也正是燕王所說的起兵的理由之一。但燕王不為所動，仍攻城不已。

由於燕軍獲得一連串的勝利，朝廷方面頗為驚慌。黃子澄向建文帝建議，派使節與燕王議和，以作為緩兵之計，然後徐圖調集大軍滅燕。尚寶司丞李得成慷慨自薦，願奉命前往，與燕王議和息兵。李得成在濟南城下見到燕王，陳說來意。燕王對李得成的那套說教不屑一聽，而是藉李得成之口，再一次向建文帝申述了一通「清君側」的那套理論。

燕王首先說了一番自己身為藩王，「下天子一等，富貴已極」，別無所求。只是因奸臣發難，自己才為救死而起兵，接著就講了一番息兵的條件：

> 今移禍福，在反掌耳。誅奸讒以謝祖宗，去新政以復成憲，釋諸王以歸舊封，罷天下之兵，毋得窘逼。我得仍守舊封，屏翰北上，則天下孰不樂朝廷之能保全宗親、慕德而嚮義也？何苦必欲見害耶？[7]

這裡所說當藩王「富貴已極」之類的話，實際上隱含著《皇明祖訓》中的意思。《祖訓》首章第十五條說道：

自古藩王居國，其樂甚於天子，何以見之？冠服、宮室、車馬、儀仗亞於天子，而自奉豐厚，政務亦簡……至如天子，總攬萬機，晚眠早起，勞心焦思，惟憂天下之難治。此親王所以樂於天子也。

燕王的意思是，自己處處都遵守《祖訓》，只是因建文帝違背了《祖訓》，才惹起了兵端。要想息兵，就得答應那些條件。實際上，就算建文帝答應了那些條件，在當時的情況下燕王也是不會息兵的。因此，李得成此行注定達不到目的，他只能無功而返。七月一日，燕王就把李得成打發回到了南京。

燕軍主力屯駐在濟南城下，久攻不克，燕王十分著急。燕軍趕造了一些雲梯，準備強行登城。鐵鉉用計焚燒了燕軍的攻城器具，時而又派出小股奇兵偷襲燕營，弄得燕軍不得安寧。燕王很是氣惱，便決定將濟南城外的河道阻塞住，用水灌城。這一來，「城中人大懼」，鐵鉉卻鎮定自若，他讓一些城上的守兵故意晝夜啼哭，表現出害怕被灌的樣子。他又挑選了一千多人出城詐降，向燕王懇求，辭意十分懇切：「奸臣不忠，使大王冒霜露，為社稷憂。誰非高皇帝子？誰非高皇帝臣民？其降也。然東海之民，不習兵革，見大軍壓境，不識大王安天下、子元元之意，或謂聚而殲之。請大王退師十里，單騎入城，臣等具壺漿而迎。」[8] 燕王見此情況自然十分高興，馬上下令停止攻城。按照約定的時間，燕王騎著一匹駿馬，只帶領數名勁騎，徐徐向城門走去。

7《奉天靖難記》卷二。
8 谷應泰，《明史紀事本末》卷十六，〈燕王起兵〉。

以前，燕王幾乎戰無不勝，攻無不克，有許多城池不戰而降，從未中過計，他滿以為濟南也會是這樣，完全沒想到這是鐵鉉設的圈套。他渡過橋去，到達城下，城門果然大開，城門守軍齊喊「千歲」，一片歡呼聲，燕王見此情景十分高興，便按轡向城門走去，剛進入城門，一塊鐵板突然落下，恰巧砸在燕王的馬頭上，燕王大驚，立刻換上隨從的一匹馬，回頭就跑。埋伏在橋邊的守軍試圖拉起吊橋，切斷燕王的歸路，但倉促之間竟未能將吊橋拉起，使燕王得以跨橋而去。

這件事使燕王更加氣惱，遂督軍晝夜攻城，並用火炮進行轟擊。濟南守軍的形勢一度十分危險，大有很快失守之勢，最大的威脅是燕軍的火炮，鐵鉉便命部下寫很多明太祖的神主牌位，高高地懸掛在城牆上。這一招還真見效，燕軍見此，就不敢再向城上轟擊了。

當燕王被阻於濟南城下時，平安率領二十萬大軍駐於單家橋（又名五節橋，在河北獻縣南），還打算移營宛平，偷襲北平。另外，平安又派五千善水的士卒渡過河去，準備攻打德州。得到這些情報後，燕王仍不放棄攻打濟南，只是派人遺書世子朱高熾，讓他出疑兵牽制平安。因南軍連遭失敗，平安未敢貿然發起攻擊。

由於後方出現平安的威脅，燕王更想趕快拿下濟南，他督軍百計進攻，前後歷時三個月，終未能將濟南攻下。想當初在真定與耿炳文大戰時，圍攻兩天不下即班師而回，這次圍攻濟南三個多月，卻一直攻打不已，其原因就在於濟南的戰略地位重要，能否拿下濟南，成為能否乘勝直搗南京的關鍵。由於鐵鉉和盛庸齊心協力，激勵士卒，城中百姓也協助防守，使濟南固若金湯。

從五月到八月，夏去秋來，濟南卻久攻不下，燕王雖十分憤恨，但卻「計無所出」。這時，姚廣孝派人致書燕王說：「師老矣，請班師。」[9]燕王時刻擔心平安會隨時發起攻擊，說不定會截斷自己的退路，於是就聽從了姚廣孝的建議，決定解圍北還。八月十六日，燕王班師回北平。鐵鉉和盛庸乘勢率兵追擊，很快收復了德州，南軍兵勢隨即大振。

協助鐵鉉防守濟南的宋參軍建議，要鐵鉉出奇兵直取北平。鐵鉉以「城守五月，士卒困甚，而南將皆駑材，無足恃」，[10] 未予採納。

自燕王起兵以來，濟南戰役是南軍獲得的第一個較大的勝利。建文帝聞訊後自然十分高興，立即升鐵鉉為兵部尚書，賜金幣，封其三世；封盛庸為歷城侯，總掌諸軍北伐事宜。

燕軍北退後，濟南城內洋溢著勝利的喜悅。鐵鉉在城內著名風景區大明湖內大擺筵席，犒勞有功將士，激發忠義，立誓滅燕。

東昌大戰

看一下中國地圖就知道，由北平去南京，取道濟南的這條路線最近，北平、濟南和南京幾乎就在一條直線上。燕王在濟南被鐵鉉所阻，十分懊喪，不得不退回北平。但是，燕王並未放棄取道山東直撲南京的計畫，他回北平後，積極準備再次南下。燕軍將校除晉升一級以外，對有功將校還有特殊升賞。燕王整頓兵馬，激勵將士，準備再戰，在北平休整一個多月後，他又踏上了出征之路。

這時的建文帝卻是另一副樣子。濟南戰役的勝利，使他感到天下似乎又太平了。恰巧承天門

9 《明史》卷一百四十五，〈姚廣孝傳〉。
10 谷應泰，《明史紀事本末》卷十六，〈燕王起兵〉。

發生了火災，有人說這是上天示警，方孝孺卻說這是謀反的藩王當滅的預兆。九月一日，建文帝按照方孝孺的建議，大改諸門的名稱：改承天門為皋門，前門為輅門，端門為應門，午門為端門，謹身殿為正心殿。在那兵馬倥傯之時，建文帝卻忙於這些無謂的「改制」之舉，除了給燕王以妄改「祖制」的口實以外，實在沒有任何用處。人們甚至感到，這簡直是一種迂腐。

進入十月，燕王就準備率兵南下了。十月八日，後軍都督陳亨死去。燕王很悲痛，親自撰寫了祭文，並派儀賓袁容前往致祭。陳亨原是個降將，但歸降後衝鋒陷陣，異常勇敢。燕軍從濟南敗退，陳亨為掩護燕王，與平安戰於鏵山，受了重傷，被抬回北平，燕王曾親自到他家中慰問。陳亨終因傷重而死，燕王對他隆重祭祀，這使部下感到，燕王不只是個叱咤風雲的三軍統帥，而且是個感情豐富的人，也是個值得為之效力的人，這對激勵部下自然起到了很好的作用。

十月十五日，燕王下令征討遼東。將士們不理解燕王的用意，認為應對南邊用兵，現在卻去攻打遼東，所以都很不高興。到達通州後，張玉和朱能私下問燕王：「南軍近在身邊，我們卻勞師遠征。況且遼東冷得早，士卒難以忍耐，此行恐怕不利。」燕王這時才告訴他們自己真實的意圖：「現在敵將吳傑、平安守定州，盛庸守德州，徐凱和陶銘築城滄州，想成為犄角之勢。德州城牆堅固，敵軍主力所聚；定州城牆也已修好，城守粗備；滄州土城，頹壞已久，今天寒地凍，雨雪泥濘，修之不易。我乘敵不備，出其不意，間道偷襲，敵軍必定土崩瓦解。我今佯裝征遼，不顯出南伐的意思，趁敵軍懈怠，我軍偃旗捲甲，由間道直搗城下，定可破敵。」[11] 張玉和朱能這才明白了燕王的用意，齊口稱善。

駐守滄州的徐凱偵知燕王東征，果然放鬆了防備，派兵四出伐木，晝夜築城。十月十九日，燕軍駐營於夏店（今河北三河縣西南三十里處）。燕王一面密令陳旭等先往直沽（今天津市東南）

建造浮橋，自己率師返回通州，隨後就順運河南下。部下都感到迷惑不解，本來要征遼東，怎麼忽然又回師南行呢？燕王則編造了一個理由：「夜裡有白氣二道，從東北指向西南。經占卜，今只利南伐，不利東征。今又有天象示意，不可違抗。」於是，燕軍徑達直沽，由直沽南下，一晝夜疾行三百里，到達滄州近郊。

徐凱派出的偵騎被燕軍全部殺掉。黎明時，燕軍到達滄州，徐凱還沒發覺，仍然督眾築城如故。當燕軍趕到城下時，徐凱這才發覺，他馬上命令部下分頭防守，將士們來不及穿上盔甲，便倉促應戰。燕軍很快就把滄州團團包圍，從四面猛攻，並預先派出一支隊伍斷絕了南軍的退路。張玉率壯士從東北角發起強攻，登城而入，後軍隨即跟上，滄州很快被攻下。都督徐凱和程暹等人都被活捉，斬首萬餘，獲戰馬九千匹，餘眾都投降了燕王。

對於這些降兵，燕王下令發給他們文書，全部予以遣散。天黑時，還剩三千多降卒未遣，準備第二天再發給他們文書，將其遣散，但是，都指揮同知譚淵在夜裡將他們全部殺掉。燕王聽說後非常惱怒，將譚淵斥責一通，譚淵說：「這些人都是壯士，放了他們將為後患。」燕王說：「照你說，應當把敵人全部殺掉，但敵人能夠殺光嗎？」[12]譚淵滿面悔恨，低頭認錯。

徐凱和程暹等人都投降了燕王，仍官原職，被送回北平。在滄州繳獲了許多輜重器械，燕王派人押運，由水路經直沽往北平轉輸。滄州之戰的勝利，再一次提高了燕軍的士氣，燕王急切希望擊破山東的南軍，取道山東南下。

11《奉天靖難記》卷二。
12《明史》卷一百四十五，〈譚淵傳〉。

這時，盛庸率南軍主力駐守德州。燕王接受了攻打濟南失利的教訓，未直接對德州強攻，而是掠城而過，還派出小股部隊到德州城下引誘南軍，試圖把盛庸引出來，展開野戰。盛庸堅守不出，只是等燕軍過後，派千戶蘇瓛率數百騎尾追，襲擊燕軍殿後的士兵。燕王對此早有準備，他親自殿後，發現南軍後，即回師奮戰，殺死百餘人，生擒千戶蘇瓛，餘眾都投降了燕軍，這也算是對盛庸軍的一個小小的勝利。

十一月十二日，燕軍駐營臨清。因未能將盛庸從德州引出來，燕王又做了一番新的部署。盛庸的主力在德州，依靠運河運送糧餉，如切斷了他的糧道，軍隊沒有吃的，他就必然要南來就食，這時再回師攻擊，就可以在野戰中將他消滅了。十四日，燕師移軍館陶，派出一隊輕騎到大名，將那裡為盛庸軍運糧的船隻全部奪得，糧餉據為己有，船隻全部燒掉。燕軍由館陶渡河，經冠縣、莘縣、東阿，到達東平。

十二月四日，燕軍營於東汶，派出一隊騎兵到達濟寧。這時，燕王才偵知盛庸已率軍離開德州。三天後，燕軍俘獲了兩個為盛庸運糧的百戶官，經詢問知道，盛庸的主力已營於東昌（今山東聊城），其先鋒孫霖率五千人營於滑口（今山東平陰西南約三十里處）。於是，燕王派朱榮、劉江等人率領精騎三千餘，於夜間偷襲孫霖。因南軍無備，這次偷襲可謂馬到成功，斬南軍數千人，奪獲戰馬三千匹，南軍都指揮唐禮等四人被俘，孫霖僅以身免。在燕軍與南軍的這場前哨戰中，燕軍大獲全勝。接著便向東昌撲來。

盛庸沒有被燕軍的洶洶氣勢所嚇倒，他和鐵鉉齊心協力，宰殺牛羊犒勞將士，激勵部下，立誓滅燕。他選拔精銳，背城布陣，安排火器，準備了充足的毒箭，嚴陣以待。燕軍接連獲得了幾次勝利，士氣高昂，遇到南軍即吶喊著衝上前去，南軍毒箭齊發，燕軍傷亡眾多，未能撼動南軍的陣營。這時，平安也率軍趕來，與盛庸軍會合，對燕軍兩面夾擊。盛庸也一改守勢，麾軍大戰，向燕軍發起衝擊。

燕王率一隊精銳的騎兵衝擊南軍左掖，居然衝入南軍中堅。南軍隨即將燕王團團圍住，燕王左右衝擊，試圖衝出敵陣，但終未見效。朱能和周長率領蒙古騎兵奮擊南軍的東北角，盛庸即撤西南方向的南軍前來抵禦。由於朱能等人的奮力死戰，終於衝入南軍陣中，保護著燕王衝出敵陣。這時張玉還不知道燕王已被救出，便率軍衝入敵陣去救燕王。儘管張玉勇力過人，但終因寡不敵眾，戰死於南軍陣中。盛庸乘勢麾軍奮擊，斬敵萬餘人。燕軍大敗，急忙往北逃去。南軍乘勝追擊，又斬殺燕軍不計其數。

正當燕王倉皇北逃的時候，高煦率領華聚等人趕來，奮力拚殺，這才擊退了盛庸的追兵，使燕王得以安全撤退。燕王很高興，覺得高煦最與自己相類，好生誇獎了他一番。在靖難之役中，燕王數度出生入死，多得高煦助力，而長子高熾一直留守北平，從未隨燕王在外邊征戰，這正是後來燕王曾數次打算易儲的主要原因。

燕軍一路北撤，南軍尾隨追殺，還不時有南軍半路截擊，使燕軍險象迭生，狼狽萬狀。十二月二十七日，燕師退至館陶，稍事喘息，接著便向深州方向撤退。

建文三年（一四〇一年）元旦，正當老百姓歡歡喜喜迎新年的時候，燕軍風塵僕僕地退到威縣。這時，駐守在真定的朝廷方面的軍隊趕來截擊，馬步軍共約兩萬人。燕軍新敗，不想與南軍硬拚，燕王只領著十餘騎到南軍陣前，懇求南軍放行。燕王以哀求的口氣向南軍將領說：「我常常俘獲你們的人，隨即就放了他們。請放我們數騎過去，不要相逼。」但南軍將領一點也不領情：

「放你就是放了蠍子！」[13]隨後就蜂擁衝了上來。燕王且戰且退，把南軍引入埋伏圈中，然後四面圍擊，竟將這支南軍全部殲滅。

一月五日，燕王率軍退至深州（今河南深縣）。這時，平安和吳傑率領三萬兵馬從真定趕來，邀擊燕王。燕王先派出一千餘騎兵繞到敵軍後面，扼住敵軍退路，自己率領一隊騎兵首先向敵陣衝去。南軍看到燕王親自衝陣，頓時騷動起來。燕軍主力隨後衝上，南軍很快亂了陣腳。當南軍往真定方向撤退時，又受到燕軍阻擊，南軍大敗。燕軍俘獲了南軍的監軍長壽，「斬首萬餘級，獲戰馬三千餘匹」。[14]這樣，燕王終於衝破了南軍的圍追堵截，於正月十六日回到北平。

東昌大戰不僅是燕王在靖難之役中最慘重的失敗，甚至可以說是燕王一生軍事生涯中最慘重的失敗。「是役也，燕精銳喪失幾盡，（盛）庸軍聲大振。」[15]這次戰役徹底打破了燕王取道山東南下的夢想，使山東、河北一帶原被燕軍占領的一些城池，這時又重新被南軍所奪占。

尤其令燕王感到悲痛的是，自己最倚重的大將張玉在東昌戰死。他流著淚對部下說：「勝敗是兵家常事，不值得憂慮，只可惜失去了張玉。艱難之際，失我良輔。」[16]看到燕王淚如泉湧，諸將領也都流下淚來。張玉不僅驍勇善戰，而且善於謀畫，張玉之死自然是燕王的莫大損失。燕王雖說是為張玉悼惜，實際上也攙雜著為東昌之敗感到痛苦的複雜感情。燕王親自撰寫祭文，流著淚親自祭奠張玉等陣亡將士，並脫下身上的袍服為死者焚燒，嘴裡還念念有詞，願袍服為死者禦寒。燕王還對身邊的人說：「雖其一絲，以識余心！」[17]死亡將士的親屬見到這種情形，無不感動得流淚。

這時朝廷方面卻是另一番景象。當建文帝得知東昌大捷後，高興異常，立即頒詔褒賞將士。他還親自到太廟祭祀，向祖上報告東昌大捷的喜訊。這時他感到，已沒有必要屈從於燕王的壓力了，於是把齊泰、黃子澄重新召回，官復原職，照舊參與軍事。

轉戰河北

建文三年（一四〇一年），燕軍經過一個多月的休整，於二月間南出，在夾河之戰中擊敗了盛庸，後來又陸續擊潰了吳傑和房昭。南軍曾數次打算偷襲北平，但都未得手。燕王於年底返回北平，這期間的戰事主要在河北一帶。

夾河大敗盛庸

燕軍從山東敗退回北平不久，姚廣孝就極力督促燕王再次南下。燕王心裡也很清楚，無論人力還是財力，自己都處於劣勢，消極防守就等於坐以待斃，必須主動出擊。二月間，天氣漸漸變暖，士兵也得到了一個多月的休整，燕王便決計再次南下。

13《奉天靖難記》卷三。
14《奉天靖難記》卷三。這裡的記載可能有些誇張，以渲染燕王武功。《明史．盛庸傳》載：吳傑、平安「戰深州不利，燕師始得歸」。燕軍此戰獲勝則屬可信。
15《明史》卷一百四十四，〈盛庸傳〉。
16《明史》卷一百四十五，〈張玉傳〉。
17 谷應泰：《明史紀事本末》卷十六，〈燕王起兵〉。

在出師之前，燕王照例激勵了一番部下，說得頗令人感奮：

爾等懷忠奮勇，每戰必勝，可謂難矣！比者，東昌之役，接戰即退，遂棄前功。夫懼死者必死，捐生者必生。白溝河之戰，南軍先走，故得而殺之，所謂懼死者必死也。爾等奮不顧身，故能出萬死，全一生，所謂捐生者必生也。自今無輕敵，無選愞，違者殺無赦。[18]

燕王這番話的意思很明確，即兩軍交戰時，越怕死就越可能死，越不怕死就越可能生。他用辯證的語言說出了一個確切的道理，即兩軍相爭勇者勝。

二月十六日，燕王率師由北平南下，四天後到達保定。這時，盛庸率南軍主力二十萬駐德州，吳傑和平安駐真定。燕王召集諸將領商議進軍方略，丘福等人主張先攻取定州（今河北定縣）。他們的理由是：「定州府民新集，城池未固，攻之可破。」但燕王未予採納。燕王知道，燕軍利於野戰，不宜在攻城中消耗實力。現在盛庸與吳傑、平安互為犄角，「攻城未拔，頓師城下，必合勢來援，堅城在前，強敵在後，勝負未可決也。」[19]真定和德州相距約三百餘里，燕王主張進軍到二城之間，敵人必然出來迎戰，先攻破一軍，另一軍自然膽破。將領們覺得這樣做很危險，如果真定和德州的南軍合勢夾擊，燕軍將腹背受敵。燕王的分析則高出部下一籌：「百里之外，勢不相及。兩軍相薄，勝敗在呼吸間，雖百步不能相救，況二百里哉！」[20]於是，燕王便率軍往真定和德州的中間地帶進發。三月十二日，燕王聽說盛庸駐軍單家橋（在河北獻縣南十三里處，又名五節橋），便率軍由陳家渡渡河迎擊，但沒有見到盛庸的軍隊。燕王擔心盛庸和真定的南軍會合一處，往返渡河四次。希望能與南軍速戰速決，卻一直未能遇到。當燕王正為疲於奔命而苦惱的時候，卻遇到一隻老虎在河邊咆哮，部下遂將這隻老虎射殺。這對於大軍作戰來說，本來是件微不足道的事，但燕王卻轉憂為喜，借題發揮，說老虎是猛獸，今天殺掉老虎，是戰勝敵人的徵兆。部下聽了燕王這種解釋，也都信以為真，士氣提高了不少。

三月十日，燕王偵知盛庸已駐軍夾河（今河北武邑南，為漳水支流，東入滹沱河），遂率師迅速向夾河移動。第二天，燕軍在離南軍四十里處紮營。燕王心裡很清楚，盛庸不像李景隆，東昌大敗的情景還記憶猶新，對於明天的戰鬥必須慎之又慎。為此，燕王在這裡對部下仔細指授方略，其核心是先以勁旅摧垮南軍精銳，以將敵人擊潰為目的，不必逆擊，免得困獸猶鬥。燕王擔心部下不理解自己的意思，還抽出一支箭在地上畫圖示意。為了使各路將領都能確切理解自己的作戰方略，燕王還把軍中的宦官單獨編為一隊，讓他們對各路將士逐一指授。

十二日，燕王率諸路將士列陣前進，中午時分到達夾河。燕王看到，盛庸亦早有準備，正列陣以待。燕王首先率領一小隊騎兵到陣前察看形勢，南軍發現這麼一小隊騎兵，立即派出千餘騎來追。燕王有一手好箭法，接連射死南軍數人，致使南軍不敢太逼近。接著，燕軍騎兵萬人連同步兵五千向南軍衝來。步兵攻南軍左掖，南軍都有盾牌掩護，燕軍數次攻擊都未能奏效。燕王預先製作了一些長槍，約六七尺長，前端橫穿著釘子，釘子末端有倒鉤。燕王命一批勇士直到陣前向南軍投擲，直穿南軍盾牌，一時取不下來，因為槍長，這人取槍還要攪動旁邊的人。對這種戰術，南軍一時不知所措，遂棄盾往回走。燕軍乘勢發起衝擊，南軍稍卻。南軍倉促發射火器，但

18 谷應泰，《明史紀事本末》卷十六，〈燕王起兵〉。
19 《奉天靖難記》卷三。
20 谷應泰，《明史紀事本末》卷十六，〈燕王起兵〉。真定距德州有三百餘里，此處謂「一百里」不確。

很少能擊中燕軍，有的反而射在自己營中，使南軍陣地越發混亂。

這時，燕將譚淵看見南軍陣地塵煙四起，遂率部逆擊南軍。南軍將領莊得也是一員猛將，率眾死鬥，經過一番殊死的拚殺，譚淵和他的部下董中峯都被莊得所殺。

在另一邊，朱能和張輔率眾並進。燕王自己率一隊勁騎繞到南軍背後，直衝敵陣，與正面衝來的朱能、張輔會合。南軍火器本來占有優勢，但在兩軍混戰之中難以發揮威力。幸賴莊得率部趕來，使南軍才又穩住了陣腳，但莊得求勝心切，衝入燕軍陣中，力竭被殺。

在這場大戰中，南軍還有些將士也表現得十分勇敢。例如都指揮楚智，每戰都是一馬當先，「北人望旗幟股栗」。後來，他的戰馬被射死，隨即提劍格殺，被燕軍殺死。還有一個被稱為「皂旗張」的人，不知道他的真名叫什麼，有人說他能力挽千斤，每次交戰，他總是高舉皂旗為先驅，所以軍中便習稱他為「皂旗張」，而真實名字反被遺忘了；他在這場大戰中戰死，但至死仍執皂旗不倒。[21]人們都感到很驚異。

兩軍一直鏖戰到天黑，直到分不清敵我，這才各自收兵回營。這天的戰鬥互有殺傷，燕軍並未占明顯的優勢。尤其是譚淵戰死，顯然是燕軍一個不小的損失。

這天晚上，燕王在離南軍營地很近的地方露天野宿，南軍竟未發現。這時跟在燕王身邊的只有數十名騎兵。到天明時一看，四面都是南軍，左右隨從都很害怕，催促燕王趕快逃跑。燕王身處險境，卻顯得格外沉著，從容地對隨從說，不要害怕，我們驚惶失措，恰巧長了敵人的士氣，那就真的危險了。「我正要表現出輕視敵人，以沮喪敵人的氣勢。」[22]當日頭正露出地平面時，燕王一行突然跨上戰馬，鳴角穿營而去。南軍將士根本沒有想到燕王會在自己營地野宿，或許壓根就不認得燕王，他們看到這十餘騎燕軍從容而去，你看我，我看你，顯得十分驚訝，還沒有反應過來，燕王已疾馳而去。

燕王回營後，準備整軍再戰。大將譚淵戰死，燕王感到很悲傷，這使他感到，有些將領未能領會他的作戰意圖，因而不得不再次對諸將進行誡諭：

昨日譚淵見敵走，逆擊太早，故不能成功。兵法曰：窮寇勿追。我先戒中軍，令整兵以俟。俟敵已過，然後順勢擊之。蓋彼雖少挫，其鋒尚銳，必欲絕其生路，安得不致死鬥！大抵臨敵貴於審機變，識進退。（譚）淵不從吾言，以致喪身，汝曹當慎之。今日敵來，爾等與戰，我以精騎往來陣間。敵有可乘之處，即入擊之。兩陣相當，將勇者勝，此光武所以破王尋也。[23]

燕王的這一席話，實際上代表了燕王在靖難之役中一貫的戰略思想。每臨戰陣，他都身先士卒，實則在於激勵部下的士氣，「將勇者勝」。南軍兵力占優勢，以擊潰敵人為目的，「窮寇勿追」，不打消耗戰。

這天，也就是夏曆三月二十三日，兩軍又展開了激烈的鏖戰，燕軍陣於東北方向，南軍陣於西南方向。從辰時開始，一直酣戰到過午，兩軍互有殺傷，難分勝負。燕王臨陣督戰，並親率騎兵往來衝鋒。燕軍有時用騎兵將南軍衝破個缺口，但南軍很快又圍攏過來。這樣先後衝擊四五

21 《明史》卷一百四十二，〈楚智傳〉、〈皂旗張傳〉。
22 《奉天靖難記》卷三。
23 《太宗實錄》卷六。

次，一直未將南軍的陣線衝垮。這顯然是一場勢均力敵的激戰。在那北方春天的原野上，人們絲毫感受不到未散盡的餘寒，激烈的拚殺聲、吶喊聲早已匯成一片熾熱的氣團，一個接一個倒下去的屍體，更使這片大地為兩軍將士的熱血所浸透。

兩軍短兵相接，飛矢交下，相持不退。有時兩軍將士打得實在太疲勞了，就不約而同地坐下來歇一會，然後起來再戰。一直到未時（下午二時前後），兩軍仍處於膠著狀態，難解難分。這時，一陣狂風從東北方向刮來，這對燕軍來說真是天助，正是這一陣狂風使戰局發生了根本的變化。狂風吹來，塵沙蔽日，砂礫擊面，一片天昏地暗，人咫尺之間不能相見。但燕軍處於東北方向，是在順風頭；南軍處在西南方向，正好逆風，將士們睜不開眼，燕軍在這種有利形勢下，乘風大呼，縱騎兵橫擊，南軍立刻潰不成軍，棄甲而逃。燕軍乘勝追擊，一直追到滹沱河邊，南軍被殺和溺死者不可數計。盛庸率餘部倉皇逃往德州。

盛庸因在東昌大勝，朝廷賞賜極豐。盛庸為了激勵部下，讓許多將士帶著賞賜的金銀器皿和錦繡衣袍，說攻下北平以後，與將士痛飲。不料夾河大敗，這些賞賜之物反而落入燕軍將士手中。

燕軍將士回營以後，個個都塵土滿面，就連燕王本人，因為滿面塵土，就像換了一個人似的，諸將竟也分辨不出。只是當燕王說話時，諸將才憑聲音認出他是燕王，隨即紛紛來見。

對燕王來說，夾河大戰的勝利意義重大，猶如一個新的轉折點。因為燕王在山東連遭敗績，損失慘重，這次將盛庸擊潰，報了東昌一箭之仇，使燕軍恢復了往日所向無敵的軍威，徹底地從失敗的陰影下走了出來。因此，燕王滿心高興，第二天就派人把捷報送往北平。使者來到單家橋後發現，南軍萬餘人駐紮在橋南，顯然是為了截擊燕軍而預先布置在那裡的。使者無法通過，只好回來向燕王報告。燕王立即率領一軍直奔單家橋，將南軍擊潰，斬首數千級，落水溺死者也很多。同一天，燕軍主力移師樓子營，準備迎擊從真定方面來的南軍。

藁城擊潰吳傑

當燕王與盛庸在夾河會戰時，吳傑也率軍出真定，準備與盛庸合兵一處，合擊燕軍。當吳傑到達離夾河戰場還有八十里處時，聽說盛庸已敗，便迅速撤回真定。

燕王向諸將分析吳傑的情況說：「吳傑等若嬰城固守，則出上策，若軍已出，復歸以避我，此中策；若來求戰，則下策也。我計其將出下策，破之必矣。」諸將認為，吳傑聽說盛庸剛敗，一定不敢出戰。燕王則顯得胸有成竹，謂吳傑擁眾十餘萬，「今逗留不出，則將有老師費財之罪矣。」況且他表面上雖聽從盛庸調遣，內心裡卻忌盛庸之功，「今（盛）庸已敗，彼必欲獨成功矣。」[24]在這裡，燕王仍然採取揚野戰之長、避攻堅之短的戰略，不直接去攻打真定，而是採取引蛇出洞的辦法，在野戰中消滅敵人。於是，燕王佯裝讓軍士四散取糧，又派出一些校尉裝扮成農夫，挑著擔子，抱著小孩，佯裝躲避亂兵，逃入真定城內。他們廣泛散布，燕軍都已四出取糧，營中無備。吳傑派出的偵騎也發現了這種情況，吳傑便信以為真，立即率軍出城，沿滹沱河東進，在距燕營七十里處安營。

閏三月初六日，燕王派鄭亨、李遠率騎兵五千襲擾真定。第二天，鄭亨派人來報，說吳傑駐軍滹沱河北，距我軍約七十里。燕王聞報，心裡非常高興，立即下令準備渡河出擊。這時已到傍

24《太宗實錄》卷六。

晚時分，諸將請求明天一早渡河。一個叫陸榮的人，懂陰陽術數，他勸阻燕王說：「今日出兵，陰陽家所忌。」古人大都有迷信心理，認為用兵是凶事，對陰陽家的這類說教很是在意。但燕王卻認為：

吾千里求戰，憂敵不出，故百計誘之。今彼既在外，是其喪死之秋，時機如此，豈可失也？若稍緩之，彼退守真定，城堅糧足，攻之則不克，欲戰則不應，欲退又不能，將坐受其斃矣。拘小忌者終誤大謀。[25]

看了這段話，人們自然就會想到，燕王身邊有不少這類的陰陽術士，他們有關吉凶禍福的說教，有時很合燕王的心意。這表明，燕王並非沒有一點迷信心理，但是，當他看準某個機會之後，則斷然採取行動，絕不被這類說教束縛住手腳。燕王實際上更重視的是人事，那些陰陽家的說教只能為我所用，而並不一味順從。作為一個政治家和軍事家，這大概正是燕王的高明之處。

於是，燕王親自率騎兵先渡。部下劉才執轡說，河水尚深，騎兵雖然可以過去，步兵和輜重怎麼辦呢？燕王想出了一個辦法，自己率騎兵由上游渡河，步兵和輜重由下游渡河。他和數千騎兵先在上游築起一道人牆，河水受到遏阻，下游的河水變淺，步兵和輜重得以順利渡過。燕王率領三千騎兵沿河西行，約行二十里，果然遇到敵軍。因這支敵軍迅速退守藁城，兩軍當天並未交鋒。

閏三月九日，兩軍略有交鋒，談不上勝負，因天色已晚，便各自收兵回營。燕王擔心吳傑退回去固守真定，便親自率領十餘騎逼近敵營而宿，以為牽制。

第二天，吳傑和平安在西南方向擺成方陣，與燕軍對抗。燕王從遠處看到這種陣形，笑著對諸將說：「方陣四面受敵，豈足取勝？我以精兵攻其一隅，一隅敗，則其餘自潰。」[26]於是，燕王派出少量兵力牽制住其他三面，自己親自率領精銳攻打東北隅。很顯然，南軍一開始就擺出了消極防守的架式，而燕軍則處於進攻的態勢。尤其重要的是，這種野外作戰有利於燕軍，這正是燕王所夢寐以求的。

燕軍從東北角發起攻擊，經過一番激烈的衝殺，南軍稍有退卻。燕將薛祿率部奮擊，衝入敵陣，不料戰馬被南軍刺死，薛祿被南軍抓獲。趁敵人不留意時，薛祿忽地奪過敵人手中的刀，力斬數人，竟僥倖逃了出來。尤其可貴的是，薛祿絲毫沒有鬆一口氣的感覺，而是繼續督眾力戰，比先前顯得更加勇猛。薛祿只是燕王手下一個普通的將領，這些將領的勇敢精神是燕王接連獲勝的基本保證。

燕王看到，單靠正面進攻難以將敵人徹底擊垮，自己便率領一隊騎兵順著滹沱河繞到敵後，大呼奮戰，衝入敵陣。南軍矢下如雨，燕兵死傷甚眾。許多箭射在燕王的旗幟上，密密麻麻，就像刺蝟身上的刺一樣。這時，南軍陣地中間有個臨時搭起的高樓，約有數丈，平安就站在高樓上指揮。燕王一看就知道，那正是南軍的指揮中心。於是，燕王派一隊勁騎朝樓衝去，將要到樓跟前時，平安慌忙下樓而逃。這一來，南軍的指揮系統頓時陷於混亂，這時恰巧又刮起一陣大風，燕軍乘勢奮擊。南軍不支，很快全線崩潰。燕王麾軍追殺，斬首六萬餘級，一直追趕到真定城下，奪得軍資器械無數。吳傑和平安逃入城內固守，南軍將領都指揮鄧戩和陳鵬被燕軍俘獲。

25《太宗實錄》卷七。
26《奉天靖難記》卷三。

繼夾河大敗盛庸後，在藁城又擊潰吳傑，這是燕軍又一個完整的戰役性勝利。從戰略和戰術上來看，這次戰役有個明顯的特點，即以德州和真定之間的廣闊平原地帶為戰場，將敵人誘出堅城之外，在野戰中將敵人各個擊破，這是燕王的軍事才能在靖難之役中的一次突出顯示。

這次藁城之戰打得很激烈，很艱苦，燕王那面扎滿了箭頭的戰旗就是最好的證明。燕王也感到這面戰旗是件很好的紀念品，遂派專人將這面戰旗送回北平，交給世子朱高熾，要他好好珍藏，傳之後世子孫，讓他們知道今天征戰之艱難。這時老將顧成正協助世子固守北平，他看到這面戰旗後激動得淚水直流，對高熾說：「臣自幼從軍，多歷戰鬥，今老矣，未嘗見此旗也。」27 顧成這時已七十二歲，是一位身經百戰的老將，他還從來沒見過如此激烈的戰鬥。

藁城之戰以後，燕軍乘勝攻掠順德、廣平等地，河北的許多郡縣望風歸附。

鬥智鬥勇，固守北平

閏三月二十四日，燕兵攻掠大名，不戰而下。這時燕王得悉，建文帝又將齊泰、黃子澄罷逐，並派官員籍沒其家。其用意自然是明顯的，即燕王把誅齊、黃作為起兵的理由，今將齊、黃治罪，燕王總該罷兵了吧。這種蠢事建文帝已幹過一次，意在緩兵，但除了示弱和使得燕王起兵的理由更顯得合法以外，起不到任何作用。這就像《國榷》的作者談遷所評論的那樣：

> 斬鼂錯以謝七國，擯齊、黃以款北平，今昔之謬，如出一轍。……即函齊、黃首致之，曷益哉！28

這話說得是極其中肯的。對燕王來說，建文帝罷逐齊、黃恰巧為自己提供了一個機會，自己不罷兵，反而致信建文帝，要建文帝先罷兵。於是，燕王一封洋洋數千言的上書送給了建文帝，其大意是說：齊、黃奸佞，欲加害親王，自己不得已而起兵。兵者，「不祥之器也，聖人不得已而用之。本為保生民，誅討奸惡，以報人仇。」近聞齊、黃已被竄逐，「雖未伏斧鉞之誅，然亦可以少謝天人之怒……故聞之不勝踴躍。」接下去就筆鋒一轉，說自己日夜盼望著朝廷的「休兵之旨」，但至今「竟無所聞」，這實際上是「外示竄逐奸惡之名，而中實主屠害宗藩之志」。燕王接著追述了一番起兵以來的赫赫戰績，謂自己率正義之師，故屢戰屢勝。又聽說朝廷「召募民間子弟為兵，驅此白徒，以冒死地」。實際上是指責建文帝沒有誠意，如真想息兵，就應該立即下罷兵之詔，「復親王之爵，休息兵馬，銷鋒鏑為農器，以安天下之軍民，使各遂其生」。如果那樣的話，自己則願意「老死藩屏，報效朝廷」。[29]

燕王在這封上書中，除了重彈過去的一些老調之外，就是藉建文帝竄逐齊、黃之機，要建文帝先下詔息兵。在燕王接連大敗南軍的情況下，這種要求帶有最後通牒的味道。

建文帝看了燕王的上書，不知該如何處置，便交給方孝孺和侍中黃觀去看。方孝孺畢竟比建文帝有謀略，他要利用這個機會，搞拖延戰略，然後再調集兵馬，趁燕王無備時將其消滅。方孝孺向建文帝獻計道：

---

27 《奉天靖難記》卷三。

28 談遷，《國榷》卷十一。

29 《奉天靖難記》卷三。《太宗實錄》卷七、《國榷》卷十一、《明史紀事本末．燕王起兵》都載有燕王此次上書，文辭不同，語氣略有輕重，其內容無明顯區別。其中，《奉天靖難記》所記更近原意。

> 燕兵久頓大名，天暑雨，當不戰自疲。急令遼東諸將入山海關攻永平，真定諸將渡盧溝搗北平，彼必歸救。我以大兵躡其後，可成擒矣。今其奏事適至，宜且與報書，往返逾月，使其將士心懈。我謀定勢合，進而蹴之，不難矣。[30]

建文帝聽了方孝孺的這番話，才覺得有了主意，便決定按計而行，馬上讓方孝孺擬了一封詔書，讓大理寺少卿薛嵓報送燕王。詔書中赦免燕王父子及燕軍諸將士的罪過，要燕王歸藩，仍復王爵，只是以後不要干預政事和兵事。在薛嵓臨行前，方孝孺又擬了一封榜諭燕軍將士的詔書，要薛嵓在燕營中祕密散發。這封詔書印在小黃紙上，約有千張，意欲在燕軍中廣為傳播，以渙散其軍心。

薛嵓心裡很清楚，那些傳單式的小黃紙如果在燕軍中散發的話，倘若被燕王發覺，自己的性命難保。因此，他在半道上就把這些小黃紙藏了起來，始終未敢拿出。他到燕營後，只把建文帝致燕王的那封詔書拿了出來，交給了燕王。燕王見詔書「辭語肆慢」，便冷笑著對薛嵓說：「帝王之道，自有弘度，發號施令，昭大信於天下，怎麼能自欺欺人，拿祖宗的基業為兒戲呢！」薛嵓嚇得戰戰兢兢，燕王沉吟了片刻，問薛嵓道：「你來之前，皇上還對你說了什麼話？」薛嵓回答說：「皇上只是說，殿下早上罷兵，來謝孝陵，晚上就下詔班師。」燕王冷笑著說：「嚄！這話連三尺小兒也騙不住。」接著指了指侍衛將士：「這裡有大丈夫在！」諸將立刻一片喧嘩，要求殺掉薛嵓。薛嵓嚇得汗流浹背，說不出話來。燕王說：「奸臣不過數人，岩天子命使，毋妄言。」[31]隨即下令耀武，讓薛嵓看一看燕軍的氣勢。

燕軍連營百餘里，騎兵和步兵交錯排列，旌旗蔽日，戈甲耀眼，隊伍威武整肅。有的騎馬逐獵，有的相與角力，人人意思安閒，有一種鼓勇欲鬥的架式。薛嵓一行看了以後很吃驚，相互間竊竊私語，來時聽人說，燕軍人少，又很疲憊，看來完全不是那種樣子。給薛嵓一行這種印象，正是燕王的目的，這實際上是給朝廷方面的一種威懾。

燕王留薛嵓在燕營住了幾天，就把他打發了回去。臨行前，燕王再一次對薛嵓說，如果朝廷真要息兵，就應該推誠相待，將各路軍馬馬上撤回，自己也就撤軍回北平，永為藩輔。與建文帝要求燕王撤軍一樣，燕王要求建文帝先撤軍。這實際上是把球踢給了建文帝。

薛嵓回去以後，方孝孺立即到他私第詢問燕王事。薛嵓把自己的所見所聞如實地告訴了方孝孺，說燕軍將士同心，燕王氣度恢弘，語直意誠，南軍兵馬雖多，不見得能取勝。第二天薛嵓上朝，把燕王的話和自己的觀感重述了一遍。建文帝聽了後有些心動，方孝孺等人則謂薛嵓為燕王遊說，將他斥責了一番。薛嵓感到希望在燕王那邊，後來就投降了燕王。

建文帝沒有按照燕王的要求首先罷兵，盛庸和吳傑等人仍在前方與燕軍周旋。五月初，燕軍主力仍在大名一帶，吳傑和平安率兵切斷了由北平往大名運糧的餉道，斬燕軍數百人，並擒獲了燕軍指揮張彬。這對燕軍是個不小的威脅。五月十五日，燕王派武勝把一封上書送致建文帝，責備建文帝一方面說罷兵，一方面又調兵遣將，切斷自己的餉道，與上次送來的詔旨的意思背道而馳。燕王在上書中再一次表示，朝廷早晨將德州和真定的軍隊撤回，自己晚上就收兵回北平。

建文帝看了燕王的上書，頗受感動，有罷兵的意思，對方孝孺說：燕王，「朕叔父也。吾他日

30《明史》卷一百四十一，〈方孝孺傳〉。
31 谷應泰，《明史紀事本末》卷十六，〈燕王起兵〉。

不見宗廟神靈乎！」方孝孺面對這樣一個仁柔的帝王，感到既可笑，又可氣，只能一面開導，一面力爭：「陛下果欲罷兵耶？即兵一罷散，不可復聚，彼長驅犯闕，何以禦之？今軍聲大振，計捷書當不遠，願陛下勿惑甘言。」[32]建文帝這才拿定了主意，遂將武勝下到錦衣衛獄中，以示決絕。

在槀城之戰以後的兩個月的時間裡，雙方書來信往，使者不斷，展開了一場神經戰。從朝廷方面來說，前線戰事連遭敗績，燕軍前鋒已達大名，想通過竄逐齊、黃以消除燕王起兵的藉口，並答應赦免燕王父子的罪過，恢復王爵，使燕王罷兵，然後調集各地兵力，再對燕軍實施決定性打擊。但燕王卻趁機把球踢給了建文帝，要求朝廷先撤回德州和真定的南軍，倘能實現的話，燕軍就可以趁勢長驅直入，南下金陵奪取皇位。在這場神經戰中，燕王明顯地占了上風，一是他接連擊敗南軍，兵鋒正盛，在戰場上掌握著主動；二則是建文帝一聽說前線打了敗仗，就竄逐齊、黃，實際上就等於承認了齊、黃為奸臣，也就等於承認了燕王以誅齊、黃為名起兵的正當性。這樣，建文帝一開始就使自己處在了劣勢地位。再加上建文帝過於仁柔，看到武勝送來的燕王上書，覺得燕王說的有理，便想罷兵。據《太宗實錄》卷七記載，是方孝孺「矯命」將武勝逮繫錦衣衛獄。這種記載更加重了方孝孺等人欺蔽建文帝的罪行，正合於燕王誅討奸臣的一貫口徑。這個記載不一定可信，但建文帝是在方孝孺等人的勸說下才堅定了信心，這一點則是可信的。

方孝孺雖然也是一個儒生，但畢竟比建文帝有頭腦。他堅持不能在燕王面前示弱，在他所擬的答覆燕王的詔旨中，語氣仍很強硬，似乎主動權仍在朝廷手中，兵勢也比燕軍強盛。這也正是薛嵓送詔旨給燕王時，燕王特向薛嵓耀武的原因。但不管方孝孺怎樣費盡心機，南軍的劣勢已定，已無力挽回敗局了。

燕王聽說自己的使者武勝被朝廷逮繫獄中，非常惱怒，他知道這種手段已無法達到目的，便決定立即在戰場上給朝廷點顏色看。因為南軍切斷了自己的餉道，燕王便以其人之道還治其人之身，也要切斷南軍的餉道。當時，南軍的主力駐在德州，糧草都要經過徐州、沛縣等地運來。燕王派李遠率輕騎六千人前往徐州一帶，兵士都換上南軍的甲冑，看上去和南軍完全相同，只是各人在背上都插根柳枝，以供辨識。

李遠率軍由間道疾馳南下，直奔濟寧府的谷亭鎮。谷亭在魚台縣東北，北至濟寧、南至沛縣各九十里，是漕運往來要地，置有遞運所，南軍的大批糧草屯積在這裡。李遠一行因是南軍裝束，一路上幾乎沒遇到任何阻擋，很快地趕到谷亭，將那裡的糧草一把火盡數燒光。緊隨其後的是丘福和薛祿，他們合兵攻打濟州（今山東濟寧），先在護城河上迅速填平一條通道，強行攻城，很快將濟州攻破。隨即，他們立即潛渡沙河，直達沛縣，那裡有南軍運糧船數萬艘，糧餉數百萬石。南軍還沒發覺他們，他們就像是從天而降，四處放起火來，糧食和船隻都被燒掉，軍資器械都頓時化為灰燼，河水為之變得熱氣騰騰，南軍的漕運兵士四散奔逃。

燕軍的這次偷襲取得了重大勝利，它使南軍前線的糧餉供應頓時陷入困境，致使「京師大震」。當李遠撤軍北歸的時候，盛庸派袁宇率軍三萬邀擊李遠。但李遠已偵知南軍的動向，預先設伏，將袁宇擊敗，斬首萬餘級。

七月間，燕王率軍攻打彰德（今河南安陽）。當時，南軍都督趙清在那裡鎮守，兩軍相持不下。燕王派十餘騎每天在城下來來去去，騷擾樵採活動，如南軍來追，他們就跑開。過了幾天之

32 谷應泰，《明史紀事本末》卷十六，〈燕王起兵〉。

後，城內缺少燒柴，只好拆屋來燒。燕王看到時機成熟，就將主力埋伏在城邊的山麓間，派小股騎兵到城下誘敵。南軍果然出來追趕，進入埋伏圈後，伏軍四起，南軍大敗，被擒殺千餘人。從此以後，南軍不敢再輕易出城。

彰德城東有個尾尖寨，地處交通要衝，徑路險隘。「燕兵在大名，南軍據尾尖寨梗燕餉道。」[33]這裡是南軍遏阻燕軍餉道的一個據點。因此，這時燕軍的一些將領請求攻打尾尖寨。其實，燕王又何嘗不想把這個據點拔除呢？只是燕王考慮得更周全。他知道，尾尖寨山路險窄，只能容一人通過。元末戰亂，鄉民數百人嘯聚其間，官兵數萬人尚未能攻破，所以只能智取，不能強攻。燕軍找到一個熟悉山路的嚮導，由都指揮張禮率兵千餘人，乘月黑之夜往攻。這天夜裡還下著小雨，張禮把主力屯於寨下，挑選十餘個勇士由寨後潛登，殺掉守關者一人，留另一人帶路，直抵寨門，並舉炮轟擊。這一則是威懾敵人，二則是向山下報訊。燕軍出其不意地攻上寨來，南軍十分驚慌。張禮大聲向寨中人喊話，說自己是先鋒，大軍屯駐寨下，速降則生，如不投降，大軍將至，等攻破山寨後，想投降也來不及了。於是，南軍全部出寨投降。

燕軍接著集中兵力圍攻彰德。燕王對彰德雙管齊下，一面重兵圍攻，一面遣使入城勸降。守城都督趙清對來使說：「殿下至京城日，但以二指許帖召臣，臣不敢不至，今未敢也。」[34]這話使燕王很受感動，覺得這話在理，再加上彰德防守比較堅固，一時難以攻下，便撤兵轉攻林縣。另外，趙清的這番話還給了燕王很大啟示，使他認識到，南軍有許多將領持趙清這樣的態度，他們只是忠於朝廷，而不是限於擁戴哪一個人，自己若能占領南京，以朝廷的名義號令天下，各地的守將就會不戰而降，全國就會傳檄而定。因此，自己不宜與南軍進行一城一地的爭奪，必須想辦法盡快攻占南京。這正是燕王下一步的戰略中心。

七月九日，燕王率軍到達林縣，當地守將舉城投降。這時，燕王接到世子高熾的告急文書。原來，平安正率兵攻打北平，在離北平約五十里的平村安營。燕軍主力在外，北平守軍不僅人數少，且老弱居多。平安是南軍猛將，他的來攻不僅對北平，而且對燕軍的全局都造成很大的威脅。世子高熾督眾固守，險象迭生。燕王急忙率師回救，到定州（今河北定縣）後，又接到世子的報告，謂北平情況緊急。這時，燕王召來勇將劉江，問他該怎麼辦。劉江慷慨請行，由自己率領精銳馳援北平。高煦請求與劉江一起前往，劉江認為沒有必要，大家都疲於奔命，徒為敵人所笑。燕王聽了很高興，立即命侍從上酒，為劉江壯行。

劉江臨行前，燕王反覆叮嚀，要他渡過滹沱河後，由間道前行，廣張聲勢，多設偵騎，如遇到南軍，可擊則擊之，如無必勝把握，則避開而行。敵眾我寡，白天可廣設疑兵，多張旌旗，夜裡多點燃一些火炬，使鉦鼓相應。這樣，敵人就會認為我大軍回師，不敢即刻全力攻城。劉江則要火速進入北平，協同守軍共同防禦。劉江對燕王說的話頗為悲壯：「臣至北平，以炮響為號，二次炮響則決圍，三次炮響則進城。若不聞第三炮，則臣戰死矣。」劉江還要燕王率大軍趕到時，連續放炮，使遠近都以為大軍已到，平安就會因害怕而逃跑。

一切都按計畫而行，劉江順利進入北平，和世子高熾合兵一處，共同抵禦平安。雙方在平村展開了一場激戰。劉江一馬當先，所向披靡，平安大敗。燕軍斬敵數千級，俘獲千餘人，繳獲戰馬六百餘匹，平安倉促逃往真定。

33 《讀史方輿紀要》卷四十九，〈彰德府〉。
34 張萱，《西園聞見錄》卷二十。

在此期間還發生了一件事，即方孝孺設計離間燕王和世子高熾的關係，這個計謀是方教孺的門人林嘉猷想出來的。林嘉猷曾在北平燕邸供事，知道高煦和高燧與世子不和，總想傾陷世子。宦官黃儼很奸險，他黨附高煦和高燧。當時，南軍在河北一帶師老無功，德州兵餉道又被燕軍切斷，南軍一再失利，建文帝非常憂愁。方孝孺便稟明建文帝，擬書信給世子高熾，讓他們父子間生疑，燕王必然北歸，燕王北歸後，南軍的餉道自然就通了，餉道通則兵氣振，兵氣振則可以圖進取。書信中勸世子背燕歸屬朝廷，許以燕王之位，書信由錦衣衛千戶張保送達世子。據《太宗實錄》諸書記載，世子高熾見書後，「不啟封」，便將書信和張保一起送往燕王軍前。當張保送書信剛到北平時，宦官黃儼就派人馳報燕王，說世子已和朝廷通密謀，很快就要謀反歸順朝廷。燕王對此事很懷疑，便問高煦，高煦說世子與建文帝本來就很親善。他們正說話間，世子派的使者來到，將書信和張保都交給燕王。燕王看到書信後，既為敵人的險詐而驚訝，也為自己差一點誤殺世子而感嘆。

其實，所謂世子「不啟封」便將書信送給燕王的話是不可信的。朝廷致書世子時或有之，看看無妨。燕王既然命世子留守，世子對軍國大事也應該知情，更何況這書信是直接寫給他的，他完全應該過目。即使有些妨礙的話，自己看後再送給燕王也不算過失。世子那麼急忙將書信送給燕王，可能正是世子看到書信有離間意思的結果，這樣做正可以顯得自己心懷坦蕩。《太宗實錄》是世子即位後所修，史臣不免對世子有所美化。以後諸書都沿襲《太宗實錄》的記載，致使所謂「不啟封」的說法越傳越廣。

方孝孺用間是失敗了，但這件事也表明，燕王父子以及世子兄弟之間確實存在嫌隙，這對以後時局的發展產生了深遠的影響。

擊破房昭

當時對北平構成威脅的主要有兩支南軍，一支是平安，另一支是房昭。房昭是大同守將，他奉命率兵進入紫荊關，略定保定府諸縣。他召募民人中強悍者為軍，與官軍混合組編，一時頗盛；他又在西水寨安了一個據點，以作為長久堅持之計，西水寨在易州（今河北易縣）西郎山上，四面險峻，只有一條路攀援可上。房昭在寨中儲存了充足的糧草，集中了一批精銳，一方面騷擾燕軍餉道，一方面窺伺北平。保定距北平很近，人們習慣上把它比作北平的南大門。房昭盤據於此，無疑是燕王的心腹之患。

八月十一日，燕王率軍到達完縣。二十日，燕王得到情報，南軍都指揮韋諒率兵萬餘，由真定運糧接濟房昭。燕王遂率兵三萬前往邀擊，第二天趕到西水寨口，與韋諒軍相遇。燕軍雖有小勝，但糧食已基本運入寨中，南軍損失不大。燕軍遂將西水寨團團圍住，但卻久攻不下。

九月十九日，燕王率軍一部赴定州。燕王得悉，真定的援軍因害怕燕王而遲疑不前，自己離去以引誘真定的南軍。等南軍趕到後，自己再回師夾擊，在野戰中消滅敵人。一旦將真定的援軍擊破，西水寨勢孤力單，就可以不攻自下了。

房昭的部下有不少南方的將士。當時已是秋末冬初，天氣漸寒，雖不缺糧草，但因包圍時間已久，禦寒衣物短缺。圍寨的燕軍為了瓦解敵人，在月明之夜四處唱起吳歌，就像垓下之戰時的四面楚歌一樣。南軍將士聽到家鄉的歌聲，頓起懷鄉之思，有的落下淚來，有的就大膽的偷偷地下山來降。

十月一日，南軍都指揮華英等率軍三萬由真定來援。燕王聞訊後，率軍星夜折回，第二天與南軍在郎山下相遇。南軍在山下列陣迎戰，圍寨的燕軍配合燕王對南軍兩面夾擊。這時，房昭也率寨內守軍下山參戰，而這正是燕王所求之不得的。燕王命勇士潛出敵後，捲旗登山。當山下的南軍被擊潰時，山寨也因防守空虛而被燕軍攻破。南軍四散潰逃，燕軍乘勝追擊，斬首萬餘，獲戰馬千餘匹，都指揮華英被燕軍俘獲，只有房昭、韋諒等人逃去。

大致與房昭威脅北平的同時，遼東守軍楊文率兵出山海關，圍攻永平，攻掠薊州、遵化諸縣，直接威脅到北平。自燕王起兵以來，遼東一直在朝廷的有效控制下。朝鮮也一直效忠於建文，不時派使節來貢，還不斷地向朝廷供應馬匹。遼東兵馬成為牽制燕軍的一支重要力量。他們雖時而為燕軍所敗，但元氣沒有大傷。這次楊文率兵來攻時，燕王還在保定一帶與房昭周旋。他聞報後很擔心，自己因不能親往，便命正在北平的劉江抵禦楊文。燕王向劉江仔細指點方略，要他率兵奔永平，當楊文退守山海關時，不必去追，只是聲言返回北平。回師不遠，即連夜捲旗返回永平。楊文必然回頭攻打永平，那時再出師奮擊，就可以將楊文擊敗了。劉江按計而行，果然大敗楊文於昌黎，殺敵數千人，俘獲了楊文的部將王雄；楊文率殘部逃回山海關。這樣，南軍從東西兩個方面對北平的威脅都被解除。

十月二十一日，燕王回師至涿州，因各方捷報頻傳，北平安然無恙。燕王心裡很高興，便大擺筵席，犒勞有功將士。三天後，燕王率師回到北平。

對王雄等南軍被俘將領，燕王表現得寬宏大度，回北平後馬上就釋放了他們。自然，在讓他們回去以前，燕王少不得對他們進行一番訓教，謂自己起兵只是為了誅奸臣，救禍難，保全骨肉，以安天下。自己知道他們出來打仗，也是出於不得已。他們的父母妻子都日夜盼望他們回去，讓他們回去後告訴楊文，不要虐待百姓，如執迷不悟，「不有人禍將必有天殃」。[35]

明眼人不難看出，燕王的這番話除了宣揚自己起兵的正義性之外，還有挑撥離間的意思。在靖難之役中，南軍的被俘將士除一部分編入燕軍外，大部分予以遣散，少數將領仍回歸南軍。這實際上是燕王的一種心理戰和宣傳戰，對瓦解南軍起到了很好的作用。這也是燕王用兵高明的一個方面。

十一月底，韃靼的可汗遣使來見燕王，表示願正式歸附。實際上，韃靼部與燕王早就有聯繫，只是這時見燕軍勢盛，才正式歸附燕王。遺憾的是，官書正史對這次歸附都語焉不詳，而野史筆記倒有些零星記載。例如有記載道：「建文三年十一月，韃靼通燕，寇鐵嶺。」[36] 鐵嶺在遼東，為朝廷所轄地，「寇鐵嶺」正是幫助燕王的表現。韃靼士兵精於騎射，他們的歸附使燕王增添了一支生力軍，使戰鬥力大為增強，且可有力地牽制遼東朝廷方面的軍隊西進。

對這種情況，朝鮮的使臣看得很清楚。建文三年（一四〇一年）秋天，朝鮮使臣崔有慶為祝賀萬壽聖節來華，經遼東由北而南，到達南京，第二年三月回到朝鮮：

（崔）有慶啟曰：「燕兵勢強，帝兵雖多，勢弱，戰則必敗。又有韃靼兵乘間侵掠燕趙之間，中國騷然。」[37]

在整個靖難之役期間，朝鮮一直和建文朝保持著良好關係。朝鮮使臣的話是比較客觀和可信的。

35 《奉天靖難記》卷三。
36 鄭曉，《建文遜國記》。
37 朝鮮《李朝實錄》之〈太宗恭定大王實錄〉卷三。

這段話不僅表明了韃靼兵歸附燕王的作用，而且對燕王和朝廷雙方的強弱做了評論，對南軍「戰則必敗」做了預測。以後形勢的發展表明，朝鮮使臣的話是有先見之明的。

由於燕軍節節勝利，再加上部下對燕王的真實意圖洞若觀火，知道他並不是要「周公輔成王」，而是要奪取帝位，都指揮張信等人便於十一月上書燕王，要他立即登極稱帝：

……湯武革命，順乎天而應乎人。……殿下不得已起兵，以救須臾之禍……豈期幼沖心志蠱惑，牢不可回，必欲加害於殿下然後已。殿下應之以仁義之師，……故百戰百勝，此雖殿下神謀睿算之所致，實以天命人心之所歸也。……天之所生以為社稷生靈主，正在於今日。……湯武豈忍視斯民之塗炭而不解其倒懸哉！臣等伏望殿下遵太祖之心，循湯武之義，履登宸極之尊，慰悅萬方之望，則社稷幸甚，天下幸甚，臣等不勝惓惓之至。38

這些話很合乎燕王的真實心意，但燕王比他的部下高明，他知道現在稱帝的條件還不成熟，如果現在就稱帝的話，那就等於自己否定了自己起兵的正義性。因此，燕王拒絕了張信等人的請求，並再次向部下講道，自己舉兵是為了誅奸惡，保社稷，並沒有覬覦皇位的意思。待除掉奸惡以後，自己就「行周公之事」。部下知道這不是真心話，所以都督顧成和五軍總兵官丘福再一次重申前請，燕王仍不許。寧王朱權也上表懇請，亦被拒絕。很清楚，燕王要到攻下南京以後才去登極稱帝。

長驅金陵

燕王起兵兩年多來，在戰場上雖略占主動，但敵我雙方力量的對比並沒有根本性改變。他不再打消耗戰，不再以攻城略地為意，而是改變戰略，繞過山東，長驅金陵，以京師號令各地，全國即可傳檄而定。建文三年（一四〇一年）十二月率師南下，於第二年六月渡過長江，到達金陵，靖難之役遂以燕王的勝利而告終。

長驅南下

燕王這次由大名回師北平，雖說連連取勝，實際上也是出於不得已。前方難以在短時間內取得決定性勝利，後方的根本重地又受到威脅，所以必須回師相救。燕軍往來轉戰，許多城池旋得旋失，到這時其勢力仍不出北平一帶：

> 靖難兵起三年，屢戰多勝，衝突千里，罕能禦之。然所過城邑往往堅守不下，間克之，兵去，即殺守帥，復為朝廷。及壬午（建文四年），所據者北平、永平、保定三郡而已。[39]

對燕王來說，這種情況太不能令人滿意了。

38《奉天靖難記》卷三。
39 姜清，《祕史》卷四。

從南軍的情況來看，幾經折損後，也改變了戰略，把主要兵力集中於戰略要地，據城固守。例如德州和真定，南軍雖有夾河、藁城之敗，但二城終未被燕軍攻下，成為對抗燕軍的前方基地。另外，南軍還在一些險要處設置堡寨，堅壁清野，以阻擋燕軍南下，就像彰德的尾尖寨和易州的西水寨那樣。燕軍雖深入濟寧，焚燒了南軍的糧儲和漕船，使南軍的餉道一時受阻，但有材料表明，南軍的餉道不久即又恢復。當時著名文士陶宗儀有《臘月二十七日雪》詩：

立春三日雪花稠，作陣隨風卒未休。
屋宇高低銀蓋覆，郊原遠近玉雕鎪。
將軍好問平吳策，高士誰承訪戴舟？
九萬車夫多凍餒，定應未到濟寧州。

（原注：「十一月，松江府起差民丁九萬名赴濟寧，陸運糧米九萬石至德州軍前。」）[40]

建文三年臘月二十三日立春，到二十七日恰好是「立春三日」。移於其他年份則都與此文不合，可知此詩是指建文三年「臘月二十七日」。由此看來，這年十一月間正開始向德州運送糧餉。這表明，南軍的戰略取得了相當的成功。

這時，由於建文帝對宦官管理較嚴，而燕王對宦官較為寬厚，所以不少宦官紛紛從建文帝那裡跑出來歸附燕王。他們了解宮中內情，謂重兵在外，南京空虛，勸燕王火速直取南京。燕王慨然說道：「頻年用兵，何時已乎？要當臨江一決，不復反顧矣！」[41]遂決定長驅金陵。

這種戰略的確定，並不全是因為宦官們的報告，而有著更深刻的原因。這正像明人高岱所分析的那樣：

四方人心多所觀望，惟視金陵成敗為向背耳。若復攻城略地，廣土眾民，必待四方之服而後徐議根本之計，則稽延歲月，師老時變，非所謂批虛搗吭之兵也。蓋其所急在京師，而不在四方。42

這段話說得很中肯。對於燕王叔侄爭奪皇位的這場戰爭，絕大多數人都在觀望，其中的是非曲直他們並不關心，他們只關心誰登極做皇帝，誰做了皇帝就服從誰。千百年來，中國人形成了一種觀念，似乎皇帝就是國家的代表，忠於國家就要忠於皇帝。這裡所謂「視金陵成敗為向背」，就是視誰當皇帝為向背。燕王的勢力一直不能得到很快的拓展，一些城邑旋得旋失，就是因為建文帝仍然控制著京師，仍然是全國的皇帝，民心還向著他。因此燕王不能再拖延歲月，而是要長驅直入，直搗金陵，奪取京師根本重地，然後以京師號令全國。

建文三年（一四〇一年）十二月，燕王經過一番部署，留世子守北平，自己親自率大軍南下，由李遠率輕騎為前哨。

燕王率師南下的消息很快傳到京師。由北平到南京，取道山東的德州、濟南一線路程最近。朝廷方面估計，燕王一定會由此路南下。於是，建文四年（一四〇二年）剛過元旦，建文帝就命徐輝祖率京軍往援山東。

但是，燕王接受了以前在山東連遭失敗的教訓，這次不再取道德州、濟南一線，而是取道山

40 陶宗儀，《南村詩集》卷三。
41 《明史》卷五，〈成祖本紀一〉。
42 高岱，《鴻猷錄》卷八，〈長驅金陵〉。

東和河南臨界一帶南下。燕王於十二月十二日出發，半個月後駐師蠡縣。建文四年元旦這一天，李遠率八百輕騎到達藁城。這時，盛庸的部將葛進率馬步兵萬餘人為先鋒，前來邀擊燕軍。這時正是一年最冷的時候，天寒地凍，滹沱河上結了厚厚的冰。當南軍沿著冰過河時，李遠率軍奮擊。葛進看李遠的人馬少，退到岸上，把馬匹繫在樹林間，用步兵來迎戰。李遠佯裝敗退，引誘南軍來追，他卻分兵繞到南軍後面，將樹林中南軍的馬匹全部放跑。這個計謀得逞後，李遠遂督眾奮擊。南軍退，準備乘馬與燕軍再戰，但樹林中的馬已空無一匹，於是南軍大敗，數千人被殺或溺水而死，葛進僅以身免。李遠在這次戰鬥中獲戰馬千餘匹。

燕王以歲首大捷，同時也是這次南下的第一個勝利，心裡非常高興，親自致書嘉獎：

將軍以輕騎八百，破敵數萬，出奇應變，雖古名將不過也。43

燕王還頒布命令，這次參戰的將士皆升一級。

一月五日，燕王命都督朱能率輕騎一千，前往衡水一帶，在那裡恰好與平安部下的一支部隊遭遇。朱能是燕王手下的一員猛將，平安的部將賈榮自然不是他的敵手。朱能一馬當先，一陣衝擊，南軍即潰不成軍。在這次遭遇戰中，燕軍斬敵七百餘級，獲馬五百餘匹，南軍將領賈榮被俘。44

燕王乘機迅速南下，一月十二日由館陶渡過漳水。當燕王渡過河後，看到一個病卒躺在路邊呻吟，燕王停了下來，命侍從將病卒扶上自己備乘的馬匹。侍從說：「殿下的從馬怎麼能讓病卒乘呢？」燕王動情地說道：

人命與馬孰輕重？人病不能行，不載之，是棄之矣。吾豈貴馬而賤人哉！且彼從吾，盡力而病，吾乃不恤之，豈為人父母之道！[45]

將士們知道此事後，都很受感動。燕王體恤部下，在各種史書中不時有所記載，不能盡視為溢美之辭。燕軍將士樂為所用，臨陣捨生忘死，常以少勝多，幾乎不見有叛降者，這與燕王體恤部下當有一定關係。

燕師接連攻破東阿、汶上，一路戰事難以盡述，很快抵達沛縣。守令顏伯瑋是唐代大書法家顏真卿的後人，頗有氣節。南師連年北伐，沛縣百姓終歲往前方運送糧草，十分勞苦。顏伯瑋妥善規畫，民得不困。沛縣是徐州的北大門，地位險要，為歷代兵家必爭之地，朝廷特地在這裡設了軍民指揮司。顏伯瑋募集百姓五千人，修築七個堡寨，以防禦燕師南下。這裡的防禦本來很堅固，但因調兵增援山東，留下的大都是老弱病殘，沒什麼戰鬥力。因此燕師的突然到達使顏伯瑋很驚慌，他自知不敵，立即派縣丞胡先去徐州告急，請求援兵。徐州守將只圖自保，不予增援。顏伯瑋見形勢緊急，便讓弟弟顏珏和自己的兒子有為趕快回老家廬陵，以侍候父母，並要兒子代向父母轉告：「兒子不能為父母盡奉養之職了。」他題詩縣衙牆壁上，誓與城共存亡。半夜時，燕師到達東門，指揮王顯率眾迎降。顏伯瑋穿著整齊的衣冠，走到堂上，向京師方向叩拜後，自縊而死。他的兒子有為不忍心離去，走了不遠又回來了，見父親已死，自己在父親屍體旁邊也自

43《明史》卷一百四十五，〈李遠傳〉。
44《奉天靖難記》卷四謂「斬首七千餘級」，當為誤記。《太宗實錄》卷八和《明史紀事本末．燕王起兵》皆謂「七百餘級」，可信。
45《太宗實錄》卷八。

刎而死。後來胡先由徐州回來，將他們父子葬於城南。[46]

沛縣既破，燕師遂逼向徐、淮。一月三十日，燕軍抵達徐州。大軍長驅南下，卻一直沒見到山東方面的南軍有什麼動靜，燕王頗為疑慮，就派指揮款台率十二騎到鄒縣一帶偵察。款台在那裡遇到轉運糧草的南軍三千人，款台鳴鑼大呼，直衝南軍陣中，大聲喊道，大軍馬上趕到，不降者就殺。南軍無備，對這突如其來的衝擊不知所措，遂四散奔逃。款台擒獲千戶官二人，經詢問，知道敵兵駐在濟寧。

燕王知道後很高興，他稱讚款台是「真壯士也」，命左右紀其功，以備日後升賞。[47]

建文四年（一四〇二年）二月二十一日，燕師駐營於徐州東北。徐州守軍據城固守，燕軍一直未能將城攻下，燕王就想移師南行。因為各營兵士有許多人四出取糧，諸將認為現在起營不妥，擔心城內守軍乘機出兵掩擊。燕王則要諸將不必擔心，他要用計破敵，即使一個人走，南軍也不敢輕易來犯。於是，燕王設伏兵於九里山，在演武亭隱藏起來百餘名精銳的騎兵，只命數騎到徐州城下誘敵，要他們在城下解鞍歇息，表現出很安閒的樣子。如果敵人不出來，就在城下謾罵，故意激怒敵人，誘使敵人出城來攻。

這幾名騎兵按計而行，在城下百般辱罵南軍，在城下來來去去，時而解鞍下馬歇息，但南軍就是不出城追擊。到天黑時這幾個人才回去，第二天又來謾罵如故，還焚燒了一些近城的廬舍，隔一會就往城上射一箭。城中的南軍果然氣憤不過，以五千兵士出城追擊。他們幾個按轡徐行，引誘南軍渡過河去，炮響伏發，燕軍一部飛速趕往西門，切斷了南軍的退路，前後夾擊，南軍很快潰敗。他們爭著從橋上後撤。橋多年失修，損壞已很嚴重，這麼多兵士一時湧來，橋塌陷了下去，南軍溺死者千餘人，被斬首數千級，僥倖活下來的倉皇逃入城內。

自此以後，即使一個燕兵在城下叫罵，南軍也不敢出城來追。燕王的目的達到了，他可以從容地移師南行了。這與他的總體戰略思想是一致的。也就是說，像徐州這樣的堅城，能攻下最好，攻不下則擱置不顧，繞道火速南行，直撲京師。

有勝有敗，有進無退

燕師南下並不是一帆風順，有時打勝仗，有時也打敗仗；有的將領比較堅定，有的將領也動搖過。但燕王南下的決心已定，義無反顧，要排除一切險阻，一往直前。

建文四年（一四〇二年）三月，燕師繞過徐州，直下宿州（今安徽宿縣）。燕王估計徐州的守軍會在後面騷擾，便命都指揮金銘率百餘騎殿後，並面授機宜。金銘一切都按燕王的安排行事，南軍萬餘人果然出城尾隨燕軍之後，金銘不慌不忙，列隊徐行。南軍見此情狀，果然不敢貿然來擊，怕有埋伏。當金銘渡河時，南軍迅速趕了上來，想乘機攻擊金銘。埋伏在河南的冀英一行立即舉炮，南軍以為真的遇到了埋伏，便遲疑下來，停止不前。就在這當兒，燕軍已安全渡過河去。其實，冀英只率領幾個人在河南舉炮，以迷惑敵人。

燕師火速南下，迅速到達蒙城一帶。蒙城在宿州南，而宿州有南軍重兵駐守，糧草充足，以為持久之計。燕王想切斷南軍的餉道，便命劉江率三千人前往。這裡已是南軍的後方，兵力充

46《明史》卷一百四十二，〈顏伯瑋傳〉。
47《太宗實錄》卷八。

足，劉江害怕，不敢前去。燕王見狀大怒，立命將劉江斬首。諸將力請，並念及以前劉江多有戰功，這才饒恕了他。正因為這件事，燕王稱帝後未封劉江，只是授他個都督僉事。[48]劉江是燕王手下的勇將，經常充任先鋒，所戰皆有功。但是，像劉江這樣的勇將尚且不敢深入，這從一個側面表明，當時南軍的實力還是不容低估的。

三月九日，燕軍主力駐營淝河。哨騎偵知，平安率領四萬馬步軍由北邊尾隨而至。平安是南軍悍將，自起兵以來，他一直與燕軍周旋，有勝有敗，是燕王的勁敵。燕王聞知後又驚又喜。驚的是平安竟這麼快地趕來，喜的是他的趕來使北平免除了一大威脅。燕師主力南下，後方空虛，平安會不會乘機直搗北平，這是燕王最掛心的事。平安趕來，正可以在這裡擊潰他。

燕王經過仔細考察，看到淝河一帶林木茂盛，河道窄陡，平安一定會以為有埋伏，不敢大膽進兵。淝河一帶地勢平坦，樹木稀少，平安不懷疑，正可以在那裡與平安決戰。於是，燕王命高煦守營，自己親自率領精銳的騎兵二萬前往，每人帶三日糧。燕王還讓兵士各準備火炬一束，從前哨伏兵到大營約有百里，持火炬兵士連屬於道。前線遇敵則舉火，一支火炬燃起，其他的火炬陸續點燃。敵人見狀後以為大軍趕到，一定膽落。但燕王在那裡連等數日，卻一直不見平安趕來，帶來的糧食都快吃光了，諸將請求回軍，燕王則要大家再等上一兩天，敵人一定會來。第二天還是不見敵人的蹤影，諸將又堅請回軍，說不僅兵士缺糧，而且馬也快沒有芻草了，這樣沒遇到敵人自己就已困乏了。燕王則耐心地向大家解釋說，平安引兵遠來，銳意求戰，如果偵知我軍南撤，他一定跟蹤襲擊，那就被動了。如果先擊敗他的前鋒，敵軍自然奪氣。燕王還拿出一把刀打比喻，先折去刀的鋒刃，整把刀就鈍而無用了。諸將說，平安「不來奈何」？燕王說道：「我度其必來，須少待之。」[49]傍晚時分，燕王命胡騎指揮款台領數騎前去偵哨。大約夜間四更時，款台回來報告，說平安已在距淝河四十里處安營，天明一定會趕來。燕王聞報大喜，遂命王真等人率輕騎前去迎擊，其任務是將南軍引入燕軍的埋伏圈內。燕王又讓王真諸將士各準備草束一把，裝入囊中，就像一捆布帛一樣。等平安軍來追擊時，就將這些草束扔在地上，南軍一定去拾，這就會使南軍不戰自亂。王真與平安軍相遇後，平安果然派騎兵來追。王真佯退，把各人隨身帶的草束扔下，南軍競相拾這些東西。後退約二十里，平安的追兵進入南軍的埋伏圈內。燕軍伏發，南軍因爭拾草束陣勢稍亂，接戰不利，稍有後退。王真回軍奮擊，遇上平安的大軍趕來，將王真團團圍住。因燕軍後續部隊未能及時跟上，王真雖英勇異常，但終因寡不敵眾，身上數處受傷。他接連格殺南軍數十人，對身邊的人說：「我義不死敵手。」遂自刎而死。[50]

燕軍前鋒雖稍受挫，但王真已把南軍引來，也算完成了使命。這時燕王率軍隨後趕來，而平安率騎兵三千駐於河北岸的高坡上，兩軍主帥遂迎面而遇。平安的裨將火耳灰是蒙古騎兵指揮，原來是燕王部下，後調入京師。燕王起兵後，他隸於平安麾下，素稱驍勇。他一馬當先，挺矛直取燕王，逼近燕王只距十步許。燕王讚賞火耳灰的驍勇，不忍心射死他，只命胡騎指揮童信射火耳灰的坐騎。火耳灰的馬被射死，人也被俘。火耳灰的部下哈三帖木耳也是位勇士，見火耳灰被俘，挺槍突入燕陣中，結果馬也被射殺，人亦被俘。燕王遂麾師奮擊，平安大敗。燕王本想生擒平安，但平安改換服裝，率數騎逃去，退守宿州。這次淝河之戰，燕師斬敵數千級，獲馬八千餘

48《明史》卷一百五十五，〈劉榮傳〉。按：劉榮初冒父名稱劉江，後恢復原名劉榮。
49《太宗實錄》卷八。
50《明史》卷一百四十五，〈王真傳〉。

匹，還俘獲了平安部下的驍將林帖木兒。

淝河之戰的勝利表明，燕王堅持不撤軍的策略是正確的。諸將自感請求撤軍之誤，向燕王請罪說：「臣等繼今不復敢料事。向如臣等言，失此機會，罪何以逃！」燕王不但沒責備他們，反而對諸將安慰了一番，並鼓勵他們以後有什麼建議就大膽地說出來：

> 事機偶有相乖耳，無苦自貶。自今但心有欲言即言之，勿懲此而遂默。蓋安危吾與卿等同之。[51]

燕王的這番話既解除了諸將的顧慮，又加深了雙方的理解和感情。

燕王收兵以後，當天就釋放了火耳灰等人，並授火耳灰為指揮，哈三帖木耳為百戶，讓他們充當近侍，帶刀宿衛。諸將認為這樣做不妥，他們雖說是舊人，但久在南軍中，人心難測，不宜安置在身邊。燕王卻說他們都是壯士，既然被擒，其心已服，自己與他們有舊恩，今不殺他們，必定知恩圖報。日後的事實表明，他們對燕王果然忠心不二。這雖然是件小事，卻表明燕王知人善任，用人不疑，有過人的膽略。

燕王接著率師前往臨淮（今安徽鳳陽東北）。這裡是水陸交通要道，控制這裡對燕師南下至關重要。但燕王還有後顧之憂，因為燕軍利在速戰，而南軍還控制著宿州，準備與燕軍打持久戰。如果切斷了南軍的糧道，南軍就可以不攻自破。於是，燕王命都指揮譚清率輕騎前往徐州一帶，以襲擊南軍運餉兵。譚清往來倏忽，屢次將南軍運餉兵擊潰，殺敵無數。他循河而南，到達五河，沿水陸焚燒南軍運糧車船無數。譚清回到大店（今安徽宿縣東約五十里處）時，遇上大股南軍。譚清人馬少，只得且戰且退。這時鐵鉉率兵趕來，將譚清團團包圍。燕王從遠處看見譚清的旗幟，遂率軍來援，初接戰燕軍不利，稍有退卻。燕王親率火耳灰諸人衝入敵陣，立斬南軍數十人。燕軍將士見燕王臨危不懼，親自在敵陣中衝殺，士氣大振，奮起反擊，南軍遂敗退，向南撤去。燕王派出小股騎兵尾隨騷擾。[51]

四月間，平安駐於小河（今江蘇睢寧一帶）。[52]十四日，燕王率師進駐河北，雙方擺出一副決戰的架式。燕王命都督陳文於河的衝要處架橋，先渡過去步兵輜重，接著再渡過去騎兵，然後分兵固守這座渡橋，以便「據險以待之，使進則搤其吭，退則拊其背」。燕王的計畫不可謂不周，但與其對陣的平安、何福諸將都知兵敢戰，要迅速取勝談何容易。

十五日，南軍緣河而東列陣十餘里，張左、右翼迎擊燕軍。燕王首先率騎兵發起衝擊，南軍總兵何福麾步兵直衝渡橋，經過一番激烈的爭奪戰，何福將燕王的守橋軍擊潰，俘獲數百人，立斬陳文於陣中。在另一邊，平安將燕王團團包圍，燕王差一點未被平安刺住，他的馬被南軍射死，情況十分緊急。幸賴番騎指揮王騏躍馬入陣，救起燕王，僥倖得脫。南軍奪占渡橋後，勇氣倍增，他們渡橋而北，直衝燕軍大營。這時，燕將張武率領一支生力軍從林中衝出，與燕王的騎兵合兵一處，齊力反擊，這才使南軍稍有後退。南軍的指揮丁良、朱彬被俘，燕將都指揮韓貴也力戰而死。在這場以渡橋為中心的拉鋸戰中，雙方戰死和溺死的兵士不計其數，「屍積而河水為之不流」。[53]

---

51 《太宗實錄》卷八。
52 小河原是睢水下游，經睢寧東流，由宿遷南注入舊黃河。今河道已廢。
53 《太宗實錄》卷八。

自這場大戰後，燕軍駐河北，南軍駐河南，一連對峙數日。自淝河之戰以來，燕軍雖然時有小勝，但從全局來看進展不大，尤其是小河之戰失利後，士氣不高。這樣長時間對峙下去，顯然對燕軍不利，因為燕軍深入敵後，利在速戰，不利持久。因此，燕王便藉口南軍缺糧，如再停上幾日，南軍糧餉運來，破敵就更困難了，便留下少數人守橋，大軍於半夜時渡過河去，繞到南軍後方，於黎明時對南軍發起突然襲擊。一開始南軍有些被動，但很快就投入了反擊。恰在這時，徐輝祖率領援軍趕來，燕軍遂處於不利局面。燕王立即決定，避開敵軍主力，撤軍至齊眉山（今安徽靈璧西南）。

四月二十二日，兩軍會戰於齊眉山。自中午一直鏖戰至傍晚，勝負大致相當。燕王的部將李斌也是員勇將，因坐騎被南軍射死，遂於陣中被南軍所殺。總的來看，燕軍在這次會戰中不但沒有取勝，而且損失不小。

對燕王來說，當時的形勢是相當嚴峻的。自淝河之戰以來，燕軍接連失利，四月底的南方已是盛夏，陰雨連綿，天氣濕熱，燕軍多是北方人，不習慣這種氣候，軍中疾病流行。正因如此，齊眉山會戰後的第二天，諸將都紛紛勸燕王回軍，或者轉移到小河以東，那裡土地肥沃，牛羊多，小麥也將成熟，正可以到那裡就食，在那裡擇地休整兵馬，然後再相機而動。諸將幾乎一致認為，在這裡與南軍相持，絕非燕軍之利。

這真是關鍵時刻，弄不好燕軍就會土崩瓦解。面對諸將的意見，燕王只得耐心勸導，以激勵大家必勝的信心：

卿等所言，常算，非知變通。夫兩敵相持，貴進忌退。今敵眾屢敗，膽已喪，況久乏糧，士卒飢窘，其心已離。……如卿等言，欲渡河，但恐懈我士心。……今乘彼飢疲，邀其餉道，可以坐困之。今日之勢，利已在我，不容少緩。[54]

這時與燕王意見一致的只有朱能和鄭亨二人。尤其是朱能，力主前進，反對回軍，話語頗為激昂：

用兵未必常勝，豈可因小挫自沮？項羽百戰百勝，竟亡，漢高屢敗而終興。自殿下舉兵以來，克捷多矣，此小挫何足置意！但當以宗社為重，整兵前進耳。[55]

但諸將還是認為這樣做太冒險，力主渡河擇地休整。燕工心裡很清楚，如果回軍的話，不僅會遭到敵人的掩擊，而且整個戰略計畫都要打亂，出師四個多月來的戰果頓時將付諸東流。燕王面對這種局面，只得對諸將說，凡是想渡河的站到左邊，不想渡河的站在右邊。結果，站在右邊的只有朱能、鄭亨，其餘的將領都站到了左邊。有一個叫王忠的將領，不知道該如何是好，站在中間沒動，燕王看到這種情況非常生氣，聲色俱厲地說：「凡是想渡河的，那就聽其自便吧！」諸將這才慌了神，不敢再提回軍渡河之類的話了。燕王為是進是退的事已發愁了好幾天，「晝夜擐甲者數日」。[56]這時總算統一了思想，他可以繼續整軍前進了。

---

54 《太宗實錄》卷八。
55 焦竑，《獻徵錄》卷五，〈朱能神道碑〉。
56 《奉天靖難記》卷四。

靈璧之戰

齊眉山之戰後，南軍本來處於有利的地位，但卻沒能抓住有利時機反攻。有些廷臣認為燕師將要北撤，「京師不可無良將」，建文帝遂將徐輝祖調回京師，這簡直令人有些不可理解。燕師並沒北撤，只是捕風捉影地聽到點這方面的傳聞，朝廷就先把徐輝祖調了回去。其實，以情理度之，也不難理解。儘管徐輝祖支持建文帝，但他的妹妹就是燕王妃徐氏，建文帝對他並不十分放心，一旦在前方二人聯絡在一起，局面就更不可收拾了。這可能就是建文帝將徐輝祖調回的真正原因。

徐輝祖一撤，何福一軍陷於孤立，因糧餉不繼，何福下令南軍移往靈璧就食。為了防備燕軍攻擊，南軍每到一地，何福就要他們挖溝築壘，修築防禦工事，然後安營，工事剛修好，第二天又要走，弄得兵士疲憊不堪。燕王行軍時，不修壘塹，只分布隊伍列陣為門，將士到營中即可休息。閒暇時即周覽地勢，有時燕王還和部下一起打獵，捉到禽獸就頒賞給部下。燕師攻破敵營後，燕王總是將所獲財物賞給部下，故將士樂為所用。

哨騎偵知南軍運糧將到，燕王便對諸將說，敵人害怕襲擊運糧軍，一定分兵保護，而兵分則勢弱，正可以趁機進擊。當時，南軍運糧五萬石，由平安率領馬步兵六萬保護，兵士在外，運糧的人在中間。燕王派萬餘壯士阻擊援兵，自己親自率軍逆擊。另外，燕王命高煦率一隊人馬埋伏在密林間，叮囑他在兩軍戰疲時再出擊。燕王以騎兵為兩翼，徑直向平安軍撲來。燕王沒有想到，平安對這種突然襲擊早有準備，還沒等燕軍發起攻擊，平安卻率軍衝來，矢下如雨，殺燕兵數千人。燕兵一開始有些失利，但很快就鎮定下來，燕王麾步兵縱向攻擊，將南軍切斷為二，南軍這才亂了陣腳。這時，何福從靈璧率軍衝出，與平安合兵一處，夾擊燕軍。燕軍抵擋不住，只得退卻，被殺數千人。高煦在林間窺伺到，南軍已經疲憊，遂率眾從林間突然殺出，燕王也回師掩擊，這才挽回了敗局。何福等大敗，被殺萬餘人，喪失馬三千餘匹，糧餉盡為燕軍所得。何福和平安率餘部逃入城內，閉門固守。

起初，何福據靈璧與燕師對峙，深溝高壘，打算將大批糧餉運來城中，準備長期與燕軍對抗。現在城中缺糧，運的糧餉又被燕軍奪得，軍心渙散。於是，何福下令，明天天明時聽到三聲炮響後，就突圍出城，南下淮河就食。

四月二十九日，燕王率大軍圍攻靈璧，命高煦率勇士先登，諸將士蟻附而上。燕軍連放三聲炮，意在威懾南軍，命令將士開始攻城。但南軍誤認為是自己軍隊的炮聲，遂打開城門往外湧。城門狹窄，兵士擠作一團，城中紛紛擾擾，失去了有效的統一指揮。城上南軍因看到從城門口難以外出，便紛紛將石塊等物投下，不一會就把濠塹填平，這恰巧為燕軍攻城創造了條件。燕軍四面圍擊，南軍很快便潰不成軍。何福單騎逃跑，左副總兵陳暉、右副總兵平安都被擒。另外，都督馬溥、徐真，都指揮孫成等三十七人，宦官四人，指揮王貴等一百五十人都被燕軍俘獲。在被俘的文臣中有禮部侍郎陳性善，大理寺丞彭與明，欽天監副劉伯完。投降的兵士不計其數，大都予以遣散。奪得南軍戰馬二萬餘匹，有力地補充了燕軍的需要。很明顯，靈璧之戰是燕師這次南下的最大勝利。

特別令燕軍將士高興的是，這次竟將平安活捉。平安是南軍驍將，屢敗燕軍，斬燕將數人。自燕王起兵以來，他一直與燕軍周旋，成為燕軍的勁敵。將士們聽說俘獲了平安，歡聲雷動，高興地說道：「我們從此以後就真的獲得平安了。」將士們紛紛要求殺掉平安。燕王把平安召來，對他說：「淝河之戰時，你的馬也不停頓一下，現在怎麼來見我呢！」平安大聲答道：「刺殿下如拉朽耳！」燕王感嘆道：「高皇帝好養壯士！」他聽了平安的話不僅沒有動怒，反而發出這種帶有讚賞口吻的感嘆，身邊將士都感到很驚奇。平安是明太祖的養子，過去又是燕王的部下，燕王不忍心殺他。他派都指揮費瓛等將平安和陳暉等人送往北平。[57]

陳性善等文臣被放回。他對諸人說：「辱命，罪也，奚以見吾君！」遂服朝服躍馬跳河而死。同行的大理寺丞彭與明和欽天監副劉伯完都感到很慚愧，遂「裂衣冠，變姓名」，逃往他處，不知所終。[58]

靈璧之戰使南軍精銳喪失殆盡，已很難對燕軍實施有力的反擊。建文帝也感到了形勢的危急，便採用齊泰、黃子澄的建議，命楊文率遼東兵十萬赴濟南，與鐵鉉合兵一處，以切斷燕兵後路。但楊文是個庸才，到直沽後遭到燕將宋貴的截殺，全軍覆沒，楊文本人也被燕軍俘獲，竟沒有一兵一卒能到達濟南。如此，利用遼東兵切斷燕軍後路的計畫也就迅速破產了。

燕王乘勝前進，勢如破竹，五月七日到達泗州（今江蘇盱眙北），當地守將周景初當天就率領部下舉城投降。燕軍還未趕到城下，南軍守將就出來投降，燕王自然滿心高興，就問周景初是怎麼回事。他回答道：「此有僧伽神最靈，臣等禱於僧伽神曰：『降與守孰吉？』夜夢僧伽神告臣曰：『兵臨城，速降則吉，不降凶。』是以即降。」燕王聽了這話，越加高興，馬上將周景初等降官都升了爵，並不失時機地宣傳了一通這類神靈的啟示：「人心之靈，妙於萬物，爾先覺，故神亦告。」[59]將士們聽說神靈也預示燕軍要勝，更是信心倍增。

朱元璋的祖上曾徙居泗州，他的父親才由泗州徙居濠州（今安徽鳳陽）。泗州有燕王祖上的陵墓，就在周景初降附的當天，燕王即到祖陵上拜祭。他來到祖宗陵前，真是激動萬分，流著淚向祖宗陳說：

橫罹殘高，幾不免矣。幸賴祖宗庇佑，得今日拜陵下。尚期終相，以清奸慝。[60]

當地父老聽說朱元璋的兒子來到，紛紛到軍門求見。燕王對他們都熱情款待，賜以牛酒、錢鈔，親切慰勞，然後送回。

這時與燕軍對抗的主要是盛庸一軍，騎兵和步兵共有數萬人，另有數千隻戰船，並列在淮河南岸。泗州在淮河北，燕軍列於北岸，兩軍隔河相對。五月九日，燕王命將士們找來一些小船，又編了一些小筏子，搖旗鼓譟，佯裝要強行渡河的樣子，另一邊卻讓丘福、朱能等人率輕騎西行二十里，用小船偷偷地渡過河去。他們迅速地繞到南軍背後，舉炮攻擊，丘福等直衝敵陣。南軍被這突如其來的衝擊弄得不知所措，紛紛棄甲而逃。盛庸十分驚慌，一時嚇得竟上不去馬，只得由部下拖著他登上一隻戰船，單舸逃去。南軍的戰船幾乎全被燕軍所奪得，燕軍很快渡過淮河，當天就攻占了南岸的盱眙。

57《明史》卷一百四十四，〈平安傳〉；谷應泰，《明史紀事本末》卷十六，〈燕王起兵〉。
58《明史》卷一百四十二，〈陳性善傳〉。
59《奉天靖難記》卷四。人傳泗州塔下藏有真身，即唐代來華的西域高僧僧伽大師，被後人祀為泗州菩薩，南方各地廣泛奉祀。劉攽《中山詩話》，錢希白《南都新書》，周亮工《閩小記》諸書都有記載。泗州人尤信此神。
60《太宗實錄》卷八。

燕軍占領盱眙後，燕王召集諸將，商議下一步的進軍目標。有的主張首先西取鳳陽，這就可以切斷南軍的援軍，然後南下滁州，繼取和州，另遣偏師西搗廬州、安慶，則長江天險即為燕軍所有。但燕王不同意這條進軍路線，他認為鳳陽雖處於衝要位置，但那裡防守堅固，非強攻不下。那裡又是皇陵所在，「恐震驚陵寢」。鳳陽是朱元璋的老家，被定為中都，設有中都留守司，有重兵駐守。當時駐守鳳陽的是都督孫岳，他「大修戰守器械，撤寺材為戰艦，樓櫓戈甲咸有法。列寨淮西，水陸有備」。[61]靈璧之戰後，燕軍本可以直接南下鳳陽，由鳳陽南下，路既順又近，但燕王卻繞到泗州渡淮，就是因為鳳陽防守堅固。

有的主張先攻取淮安，以為根本，然後由淮安南下，經高郵取揚州、儀真，由此渡江渣而沒有後顧之憂。但燕王也不同意這個主張，他說淮安「高城深池，積粟既富，人馬尚多。若攻之不下，曠日持久，力屈威挫，援兵四集，非我之利」。[62]

當時駐守淮安的是駙馬梅殷，他有膽有識，在淮安「悉心防禦，號令嚴明」。靈璧之戰後，燕王本想取道淮安南下，便以南下進香為名，借道於梅殷。梅殷回書說：「進香皇考有禁，不遵者為不孝。」燕王大怒，遣使覆書說：「今興兵除君側惡，天命有歸，非人所能阻。」梅殷命將來使的耳朵、鼻子都割掉，對他說：「留汝口，為殿下言君臣大義！」[63]燕王為之氣沮。一直到燕師占領了南京後，梅殷仍在淮安固守，孫岳也堅守著鳳陽。

鳳陽和淮安防守堅固，的確是事實，但這還不是最主要的原因。無論是東取淮安，還是西取鳳陽，都不免耽誤時日，與他盡快攻取南京的戰略思想不符。這正像燕王所說的那樣，諸將說的都有一定道理，但「未免迂遠」。燕王既不東去，也不西行，而是要「乘勢鼓行，直驅揚州，徑指儀真。兩城單弱，可招而下。既得真、揚，則淮安、鳳陽人心自懈。我耀兵江上，聚舟渡江」，就可以指日成功了，[64]這與最初的戰略思想是一致的。這件事也向人們表明，燕王雖然也不時徵求將領們的意見，但最終還是由他做出決斷，不輕易為部下的意見所左右。好在他能說出比較充分的理由，令諸將相信他的決定是正確的，因而心服口服。

五月十七日，燕王派都指揮吳玉到揚州詔諭。這時，揚州的守將分戰降兩派。揚州衛指揮王禮聽說燕軍連戰皆捷，將到揚州，自知不敵，便主張舉城投降。監察御史王彬和指揮崇剛是主戰派，將王禮及其同黨逮繫下獄。崇剛操練兵馬，王彬督治守城戰具，日夜不懈。當吳玉來揚州招降時，王禮的弟弟王宗等積極響應，密謀逮捕王彬。但王彬身邊有個大力士，據說能舉千斤，人們都害怕他，不敢動手。吳玉一行射書城中，謂誰能逮繫王彬來降，則授官三品。王宗便用重金賄賂大力士的母親，讓她把大力士騙出來，乘王彬解甲就浴時，猝不及防，突然將王彬逮繫。王宗接著將哥哥王禮從獄中放出，開門降燕。王彬和崇剛都被交給燕兵，不屈而死。[65]

揚州是江北重鎮，結果不戰而降，這對燕軍真是莫大的幫助。受揚州歸降的影響，高郵和靠著長江的通州和泰州也都歸降了燕王。只有江都知縣張本不為所動，「率民治守具」，準備長期固

---

61 鄭曉《遜國臣記》卷二，〈孫岳傳〉。
62《奉天靖難記》卷四。
63《明史》卷一百二十一，〈寧國公主傳〉。
64《奉天靖難記》卷四。
65《明史》卷一百四十二，〈王彬傳〉、〈崇剛傳〉。

守。他母親對他說：「此天命也，可違天以禍人乎？」[66]張本見自己的母親也這麼說，便領著一些城中耆老到燕王軍門投降。這樣，揚州以東的長江北岸一帶就基本上為燕王所控制。

燕兵很快攻下儀真，立大營於長江北岸，隨時準備渡江南下。燕王集沿江船隻於江上，往來穿梭，旗鼓蔽天，其陣容足令南軍生畏。這時南京城內一片驚慌，「建文帝乃下罪己之詔」，[67]但《明實錄》中未載詔書原文。明代的野史中卻有簡略的記載：

> （建文）四年五月，燕兵克儀真。帝下罪己之詔，詔天下勤王曰：燕兵勢將犯闕，中外臣民，坐視余之困而不余救乎？凡文武吏士，宜即日勤王，共除大難。宗社再安，余不敢忘報。[68]

這裡記載得比較簡略，而且是要天下勤王部分，而「罪己」部分則未錄，這與明代的士大夫大都同情建文帝有關。詔書原文在朝鮮《李朝實錄》中倒保存得比較完整。當時，朝鮮派來的謝恩使朴惇之來中國，因南京一帶戰事正急，他未到京師就返回朝鮮，他抄寫了建文帝的這份詔書：

> 奉天承運皇帝詔曰：朕奉皇祖寶命，嗣奉上下神祇。燕人不道，擅動干戈，虐害萬姓，屢與大兵致討。近者諸將失律，寇兵侵淮，意在渡江犯闕。已敕大將軍率師控遏，務在掃除。爾四方都司、布政司、按察司及諸府衛文武之臣，聞國有急，各思奮其忠勇，率慕義之士，壯勇之人，赴闕勤王，以平寇難，以成大功，以扶持宗社。嗚呼，朕不德而致寇，固不足言，然我臣子其肯棄朕而不顧乎？各盡乃心，以平其難，則封賞之典，論功而行，朕無所吝。故茲詔諭，其體至懷。[69]

這位朝鮮使臣的記載比較真實可信。這裡既罪己「不德」，又責「燕人不道」，號召各地「赴闕勤王」。京師諸臣看建文帝大勢已去，為圖自全，紛紛請求出城募兵，致使京師更加空虛。這時只有方孝孺等人忠心不二，日侍建文帝左右，幫助出謀畫策，並勸建文帝不必焦心，「長江可當百萬兵」，各地勤王兵很快就會陸續趕到，那時局面就會改觀了。

剛入六月，燕軍即抵達浦子口，亦即浦口。這裡與南京的下關隔江相對，為南北津渡要道。這時由盛庸在這裡駐守，他在淮河戰敗後，即退到這裡專注於防守長江，依靠長江天險來抵擋燕師。兩軍在浦子口這場激戰中，盛庸率諸將奮勇反擊，燕軍失利。正當燕王要撤退時，高煦率胡騎趕來。燕王一陣高興，拍著高煦的背說：「勉之！世子多疾，如得天下，以若為嗣。」[70]於是高煦殊死反擊，燕王也率領精騎直衝盛庸陣，燕軍遂轉敗為勝。浦子口失陷後，南京就完全暴露在燕軍的面前。

燕王這時就要準備渡江了。六月二日，他親至江邊祭祀大江之神，其祭文是：

> 予為奸惡所迫，不得已起兵禦禍，誓欲清君側之惡，以安社稷。予有厭於神者，不得渡此江。神鑑孔邇，昭格予言。[71]

---

66 楊士奇，《東里全集》卷十九，〈張本墓志銘〉。
67 呂毖，《明朝小史》卷三，〈詔勤王〉。
68 同註67。
69《李朝實錄》太宗李芳遠朝卷四。
70 談遷，《國榷》卷十二。
71《太宗實錄》卷九。

勝利指日可待，但燕王到這時也沒有放下「清君側」的旗幟。

建文求和成泡影

自燕兵占領揚州以後，建文朝廷就陷入一片驚慌之中。在一些謀臣的策畫下，一面遣人四出募兵勤王，一面遣使向燕王求和，即使求和不成，也可以拖延時日，等候勤王的援兵。燕王很清楚這種求和活動的真實用意，他絲毫沒放鬆自己的進軍步伐。在燕師勝利進軍的號角聲中，這類求和活動一個又一個地變成了泡影。

當揚州失守的消息傳到京師後，方孝孺向建文帝獻計說：「事急矣，宜以計緩之，遣人許割地。稽延數日，東南募兵當至。長江天塹，北兵不閒舟楫，相與決戰於江上，勝敗未可知。」[72]於是，建文帝便讓慶成公主前往燕師議和，許割地劃江而治。慶成公主是朱元璋哥哥的女兒，燕王的堂姐。慶成公主見到燕王後，姐弟二人相抱而哭。燕王說了一番不得已而起兵的話，並問周、齊二王現在何處。慶成公主告訴他，周王已召回，只是還沒有復爵，齊王仍關在獄中。燕王聽了後，不禁又流下淚來。這時，慶成公主向燕王說了割地求和的話。燕王回答得義正辭嚴，也很巧妙。他說父皇封給自己的土地還保不住，「割地何用」？自己起兵南來，目的在除奸臣，安社稷，不在土地。更何況自己本來就有封地，富貴已極，不願多得。只要除掉奸臣，自己就「謁孝陵，朝天子，求復典章之舊，免諸王之罪，即還北平」，而並沒有其他奢望。對燕王的這些話，慶成公主實在難以反駁。燕王又揭露這種求和的用意說：

此奸臣欲姑緩我，以俟遠方之兵耳。我豈為其所欺哉！[73]

慶成公主聽了這話，會意地苦笑了一下。臨別時，燕王要慶成公主代為「謝天子」，並轉告諸弟妹，「賴宗廟之靈垂佑，相見有日也」。言外之意，就是自己入京用不了幾天了。

慶成公主向建文帝稟告以後，建文帝很害怕，問方孝孺該怎麼辦。方孝孺也沒什麼錦囊妙計，只能委婉地安慰他，謂長江天險可據，已派人去燒燕軍的船隻，況且天氣酷熱，燕師中疾病流行，用不了幾天就會退兵的。

在燕王這邊，這時卻加快了攻占南京的步伐。燕師六月一日在浦子口擊敗盛庸，燕王於第二天祭長江之神，六月三日即誓師渡江。誓詞中除指責「群奸構亂」以外，主要是激勵將士，奮勇向前，以給建文朝廷最後一擊：

爾有眾克協一心，奮忠鼓勇，摧堅陷陣，斬將搴旗，身當矢石，萬死一生。於今數年，茂功垂集，在戮力渡江，翦除奸惡。惟慮爾眾，罔畏厥終，僨厥成功耳。夫天下者，我皇考之天下；民者，皇考之赤子。順承天休，惟在安輯。渡江入京，秋毫毋犯。違予言者，軍法從事。於乎，惟命無常，克敬惟常，爾惟懋敬，乃永無咎。[74]

值得注意的是，誓詞中強調，天下是明太祖的天下，民是明太祖的民。這裡雖未明言要推翻建文

---

72 谷應泰，《明史紀事本末》卷十六，〈燕王起兵〉。
73 《太宗實錄》卷八。
74 《奉天靖難記》卷四。

帝，但言辭中已暗含有不承認建文帝的意思。

這時，南軍總掌江上舟師的是都督僉事陳瑄。如果說建文帝還有所依賴的話，就是依賴長江天險，依賴江上的這支水軍。但是，當建文帝命陳瑄率舟師增援盛庸時，陳瑄卻率舟師迎降。燕軍原來都是騎兵和步兵，沒有水軍，雖臨時募集了一些船隻，北兵也不習水戰。如果南軍依靠水軍的優勢頑強抵抗的話，會給燕兵渡江造成很大的困難。陳瑄的投降給了南軍致命的一擊，使燕軍得以順利渡江。

兵部侍郎陳植這時在江上督師，他的部將金都督想投降燕王。陳植知道後，將金都督斥責了一通，諭之以君臣大義。但金都督卻不聽這一套，他糾集黨羽，出其不意地將陳植殺掉，接著率眾投降了燕王，並向燕王邀賞。燕王看金都督是個沒有氣節的小人，不但沒賞賜他，反而立即將他殺掉，對陳植卻具棺裝殮，派人護葬於白石山。燕王這樣做，實際上是對部下的一種教育，表示自己敬重有氣節、有骨氣的人，而痛恨那些變節之徒。

渡江這天是個晴天，萬里無雲，微風輕拂，江上風平浪靜。燕軍將士見此情景都很高興，以為昨日的祭祀感動了大江之神，正在冥冥之中保護著自己，士氣更加旺盛。燕師戰船相接，旌旗蔽空，金鼓大震，戈甲耀日，大軍渡江如履平地。盛庸這時駐軍於高資港（今江蘇丹徒西約四十里處），緣江上下二百餘里，盡列海船嚴備。南軍遙見燕師陣容如此雄壯，早已膽落。燕師逐漸逼近南岸，盛庸整軍抵禦。燕王麾前蜂鼓譟先登，繼之以精騎數百直衝盛庸大營。這時的南軍大有不堪一擊之勢，很快潰不成軍，爭相往山上逃跑。燕軍追奔數十里，斬首數百級，盛庸單騎逃走，其餘將士都解甲來降。

燕師勝利渡江後，將領們大都主張直接西進，攻取京師。經過這半年的轉戰，諸將都明白了燕王的戰略意圖，就是要盡快地奪占南京。他們滿以為這次建議能符合燕王的心意，但出乎意料，燕王卻要攻取東邊的鎮江。他說：

鎮江咽喉之地，若城守不下，往來非便。譬之人患疥癬，雖不能傷生，終亦為梗。先取鎮江，則彼勢危矣。[75]

燕王的這次軍事部署好像有悖常態，實則是因時制宜。南京城內還有二十萬軍隊，如要頑強抵抗，非一朝一日所能攻下。倘鎮江方面前來夾擊，腹背受敵，會使自己處於不利的地位，甚至功敗垂成。鎮江是軍事重地，占領了這裡，就可以放心地攻打南京了。這正體現了燕王用兵不拘常規的高明之處。

燕王命歸降的戰船都掛上黃旗，在江上來來往往。鎮江緊靠長江，城中守軍看到水軍都投降了燕王，非常吃驚。他們向鎮江守將童俊說：「水軍已經投降，我們還能有什麼作為呢？」童俊自知不敵，遂率眾歸降。這樣，進軍京師就沒有後顧之憂了。

六月八日，燕軍由鎮江西進，抵達龍潭。這裡離南京很近，燕王遙望鍾山，愴然下淚。鍾山腳下有他父皇朱元璋的陵墓，自己經過三年征戰，很快就要進入南京了，他這時的感情是極其複雜的。部下見這位叱咤風雲的三軍統帥竟然落淚，都感到很奇怪，謂勝利在望，「何以悲為」？燕王說：「吾往日渡江，即入京見吾親。比為奸惡所禍，不渡此江數年。今至此，吾親安在？瞻望鍾

75《太宗實錄》卷九。

山，仰懷陵寢，是以悲耳。」[76]不少人原以為燕王是一副鐵石心腸，現在才知道，他也是個有血有肉的人，也有著一般人的喜怒哀樂。大家聽了燕王這話，難免有些悲愴，有的也跟著掉下淚來。

這時的建文帝已坐臥不安。方孝孺也很憂慮，但他在建文帝面前還得表現出鎮定自若的樣子。他安慰建文帝道，城中還有勁兵二十萬，城高池深，糧草充足，足可固守。他還獻計，實行堅壁清野，讓城外民人入城，將城外積木也都運入城內，使燕軍難以攻城。這些建議都被建文帝一一採納。另外，方孝孺還建議說：「前遣郡主未能辦事，今以諸王分守城門，遣曹國公、茹尚書、王都督往龍潭，仍以割地講和為辭，用覘其虛實，以待援兵至。至則選精銳數萬，內外夾擊，決死一戰，可以成功。萬一不利，車駕幸蜀，收集士馬，以為後舉。」[77]方孝孺的話並非沒有道理，因為朝廷方面畢竟還有半壁河山，如果上下一心，局面並非不可收拾。無奈這時朝廷方面已士無固志，上下離心，什麼樣的計畫都難以很好地實行。方孝孺的這個計畫儘管也很周到，但已改變不了「忽啦啦似大廈傾」的危亡局面。

當時茹常是兵部尚書，王佐是都督，李景隆領著二人一起來見燕王。燕王不無譏諷口味地說：「勤勞公等至此，有言乎？」李景隆等人把建文帝準備割地求和的事說了一遍。燕王冷笑了幾聲，說他們是說客，這是奸臣之計，接著把對慶成公主說的話又說了一遍，表示自己只求除奸臣，別無他求。李景隆等人只得掃興而回，向建文帝如實稟告。

建文帝要李景隆馬上再去見燕王，就說齊泰、黃子澄等奸臣已被竄逐，等捉拿回來以後再交給燕王。李景隆畏懼，不敢前往，建文帝便命在京諸王陪同李景隆一起前去。在前去諸王中，有史可查的有谷王朱橞、安王朱楹，而沒有周王朱橚。

六月十一日，諸王來到燕營。燕王和兄弟們在此相見，不免感慨萬端，愴然淚下。諸王把建文帝的意思說了以後，燕王即嚴肅地說：

諸弟試謂斯言當乎，否乎？誠乎？偽乎？果出於君乎？抑奸臣之謀乎？

這話真是一針見血，諸王只得無可奈何地說：「大兄所洞見矣，諸弟何言！諸弟來，豈得已哉？」[78]從諸王所處的境況來看，他們內心深處都向著燕王。建文帝削藩，他們都是目標。燕王起兵，正好替他們出了一口氣。只是礙於封建正統觀念，他們還尊奉著建文帝，受建文帝差遣出使。至於他們內心在想什麼，已很難逆料了。但有一點大體可以斷定：燕王即位後，他們相信自己的地位不會惡化，或許還能更好些。這就注定了他們的出使不會產生什麼結果。

諸王不果而還，建文帝更加六神無主，在會見廷臣時竟失聲痛哭。有的建議他離開京師去浙江，有的主張去湖南，方孝孺主張不必倉促出走，仍堅守京城，以待外援，萬一不利時，再去四川，在那裡以圖後舉。建文帝採納了方孝孺的主張，一面派魏國公徐輝祖和開國公常昇分頭防禦，一面祕密遣人出城，以蠟丸裹詔書，促各地趕快出兵勤王。但這些蠟書都被燕軍截獲，直到南京陷落，沒見一處勤王兵趕來。

六月十二日，燕軍逼近南京。徐輝祖的弟弟徐增壽當時任左都督，暗中策畫投降燕王。其實，燕王起兵後，徐增壽不斷「以京師虛實輸於燕」，這時更加緊了投降活動。大理寺丞鄒瑾和監

76《太宗實錄》卷九。
77《太宗實錄》卷九。文中「郡主」云云，乃因建文時將慶成公主改稱為慶成郡主。
78《太宗實錄》卷九。

察御史魏冕得知實情，和同官十八人在殿下將徐增壽狠狠地毆打了一通。建文帝親自詰問徐增壽有無投降之事，他不予回答。建文帝一時大怒，親自提劍「斬之殿廡下」。[79]人們沒想到，這位一貫溫文儒雅的帝王還會有這麼大的火氣。但是，這時殺徐增壽已於事無補，打算投降的何止他一人！

六月十三日，在投降派的配合下，燕王兵不血刃便進入了南京。前後跨四個年頭，時間達三年之久的靖難之役到此基本結束。

79 談遷，《國榷》卷十二；《明史》卷一百二十五，〈徐達傳〉。

第五章　南京稱帝

建文四年（一四〇二年）六月十三日，燕王順利進入南京，全國傳檄而定。他隨即登上帝位，這就是歷史上的明成祖，也就是習稱的永樂大帝。對於降附的建文舊臣，即使是長期在戰場上與他對敵的將領，他都表現出了政治家的寬容，一律予以任用。對於力主削藩和拒不歸降的舊臣，他則表現出了令人髮指的殘忍，從而嚴重玷污了他一生的功業和英名。

入正大統

李景隆和谷王橞打開金川門，迎燕師入京。在大臣和諸王的勸進下，燕王登上帝位。對於建文時所更改的典章制度，一律廢除，仍用洪武時舊典，表示自己才是明太祖的正統繼承人。

金川門之變

南京作為京師，有重兵駐守，經數十年的修建，城牆堅固。因此，燕王對攻打京師這一仗還是相當重視的，他以為一定會有一場惡戰。他先派先鋒劉保等率騎兵千餘人前去偵察，他們先來到朝陽門一帶，看到這裡並沒有什麼防備，這真使燕王大喜過望。這時的南京城內已亂成一團，許多人見朱允炆大勢已去，不足依靠，便在暗中積極謀畫降燕。建文帝朱允炆感到身邊的人沒幾個可靠的，便讓諸王分守城門。但他沒有想到，這些親王也在盤算著投降燕王。

六月十三日，燕王整軍向南京挺進。臨行前，燕王誡諭部下，進入南京後要嚴守軍紀，不得騷擾百姓：

> 將士入城之日，不許擅入人家。侵入一毫者，功高必斬。[1]

這時，李景隆和谷王橞負責防守金川門。當燕王起兵「靖難」時，谷王橞不願歸附燕王，自己從宣府逃回京師，協助建文帝抗燕。這樣的親王應該算是比較可信的了，所以建文帝讓他防守西北方向的這座重要的城門。但是，這時的谷王橞已做好了投降的一切準備。當燕王率兵趕來時，他和李景隆立即打開城門，迎接燕師入城。

如此順利地進入南京，燕王自然是喜不自勝。但他也有憂心的事，他擔心城破之時建文帝會大開殺戒，將諸王殺掉，尤其是自己的同母兄弟周王，其處境尤為危險。為了保護周、齊二王，燕王派出兩支各千餘騎的精銳前去護衛。周王看到那麼多士兵突然趕來，以為要殺掉自己，非常害怕。當他得知這是燕王派兵來保護他時，又驚又喜地說：「我不死矣！」他隨著兵士立即來見燕王。兄弟二人已數年不見，今在此相會，遂抱頭痛哭，旁邊的人也被感動得「愴然下淚」。周王說：「奸惡屠戮我兄弟，賴大兄救我，今日相見，真再生也！」[2]實際上，燕王比周王還要激動。要知道，這是他三年的出生入死、浴血征戰才贏來的，兄弟的這次相見的確來之不易。但燕王說的話更高明，他把兄弟得以相見歸結為天地神明和父母在天之靈的庇佑。

燕軍這邊已順利進入京師，建文帝那邊還沒有一個勤王兵趕來，勝敗之勢已判然分明。當燕王來到皇宮時，「宮中火起，帝不知所終。」[3]人們從火中扒出了一具屍體，已成灰燼，分辨不出來他是不是建文帝。但這件事表明，建文帝歷時四年多的統治宣告結束，明成祖贏得了這場戰爭的最後勝利，中國歷史上的一個新皇帝和一個新時代就要誕生了。

金川門之變後，建文舊臣們的態度有四種類型。第一種是逃跑，「燕兵之入，一夕朝臣縋城去者四十餘人。」[4]在那兵荒馬亂之時，這些逃跑大臣的姓名已難以詳考。

第二種是投降，這也是人數最多的一種。燕王進入南京的當天，兵部尚書茹常就率領群臣投降，並請燕王立即登極稱帝。在這些降臣當中，有後來成為一代名臣的夏原吉、蹇義、楊士奇、楊榮、楊溥、解縉、胡廣、金幼孜等人。

第三種是抗節不屈的大臣。在大勢已去的情況下，這些人為中國傳統的君臣大義所驅使，不願降燕，盡各種可能對抗燕王，明知不可而為之。這些人是少數，但也是最有骨氣的一類。例如，徐達的長子徐輝祖，當燕師由金川門入京時，他還率部毫無希望地抵擋了一陣，很快就敗下陣來，被禁於私第。還有一個叫連楹的御史，他也假裝投降，千方百計想接近燕王行刺，結果被燕王的部下殺死。史書上說，連楹「被殺，屍直立不仆」。[5]人被殺了，屍體還直立著，這在事實

1《太宗實錄》卷九。
2《太宗實錄》卷九。
3《明史》卷四，〈恭閔帝本紀〉。
4《明史》卷一百四十三，〈程濟傳〉。
5《明史》卷一百四十一，〈景清傳〉。

上是不可能的，它反映了後人對這種剛直不屈人士的讚頌。

第四種就是自殺殉難的。他們看到自己為之效忠的皇帝被推翻了，生死未卜，又不願做降臣，便一死了事。例如曾當廷毆打徐增壽的御史魏冕，當宮中火起時，有人勸他投降燕王，受到他厲聲喝斥，隨即自殺。和魏冕一起毆打徐增壽的大理寺丞鄒瑾，也和魏冕同時自殺殉難。

有一個叫龔泰的都給事中，當燕王進入金川門後，他被燕兵抓來。燕王知道他不屬於所謂奸黨之列，就釋放了他。但他並不領燕王的情，回來後就投城下自殺。

宋代大儒程頤的後裔程本立，曾參與撰修《明太祖實錄》。「實錄」修完後，他被任為江西副使。還未上任，燕兵入金川門，程本立遂自縊而死。

翰林纂修周是修也是個志操卓犖之士。京師失守後，他留書給解縉、楊士奇等諸友人，託以後事，自己一個人來到應天府學，向先師行禮畢，自縊於尊經閣。[6]

當時自殺的還有很多，這裡沒必要一一列舉。這後兩種人給燕王以很大的震動，他必須用軟硬兩手來處置建文舊臣，即除了優容降臣外，還要用鐵的手腕來對付那些不肯歸降的人，這就不可避免地釀出了後來的一幕幕悲劇。

燕王進入南京的當天，即發布安民布告，張貼各處。幸原文不長，今照錄於後，以見當時真實情狀：

洪武三十五年（建文四年）六月十三日，大明燕王令旨：諭在京軍民人等知道。予昔者同守藩封，以左班奸臣竊弄威福，骨肉被其殘害，起兵誅之，蓋以扶持祖宗社稷，保安親藩也。於六月十三日撫定京城，奸臣之有罪者，予不敢赦；無罪者，予不敢殺，惟順乎天而已。或有無知小人，乘時圖報私仇，擅自綁縛，劫掠財物，禍及無辜，非予本意。今後凡為首惡有名者，聽人擒拿；餘無者，不許擅自綁縛，惟恐有傷治道。諭爾眾，咸使聞知。[7]

值得注意的是，燕王雖已入主京師，但發布的文告仍用燕王的名號。直到這時，他仍然沒放棄「清君側」、除奸臣的旗幟，表明自己起兵並不是為了奪取皇位。

由於燕王嚴格約束部下，燕兵入京時，「城中軍民皆具香花，夾道迎拜。將士入城肅然，秋毫無犯。市不易肆，民皆安堵。」[8]這裡的描述不免有些溢美，但燕師軍紀比較嚴明卻是事實。入城當天，燕軍一個士兵在市上擅自拿取民人一雙鞋子，燕王聞知後即「立命斬之」。[9]於是，京師的秩序很快便安定下來。

明成祖登極

燕王朱棣勝利了。比起建文帝朱允炆來，事實證明他要傑出得多，甚至是不可同日而語。大臣們心裡都很清楚，天下是燕王的了，建文帝已是一具政治殭屍，絕無復活的可能。因此，凡是沒外逃的在京諸臣，這時大都紛紛投降。如果說還有例外的話，那就是徐輝祖，他既沒自殺殉

6《明史》一百四十三，〈魏冕傳〉、〈鄒瑾傳〉、〈龔泰傳〉、〈程本立傳〉、〈周是修傳〉。
7 黃佐，〈革除遺事〉卷四。《奉天靖難記》卷四載有燕王給「京師文武臣」的諭文，與此大意略同，而此文更近原件。
8《太宗實錄》卷九。
9 同註8。

難，也沒投降燕王。當燕兵入金川門以後，他率兵抵擋了一陣，但很快就敗下陣來。他回來就守在父親徐達的祠堂內，拒不出迎。燕王親自將他召來詢問，他一句話也不說，始終沒表現出一點擁戴燕王的意思。燕王命法司審問他的罪狀，他也不予回答，只是用筆寫了兩句話，一是他的父親徐達是開國元勳，二是明太祖賜予的鐵券有免死待遇。燕王非常惱怒，但念徐輝祖是自己的內兄，又不願擔當破壞祖訓的罪名，所以還是沒有殺他，只是把他「削爵幽之私第」。[10]

別的人沒有徐輝祖這樣的膽量，也沒有這樣的資本，他們便紛紛迎降勸進。燕王進入京師當天，兵部尚書茹常就率領群臣叩頭勸進，謂國家不可一日無主，勸燕王立即登極。燕王心裡自然很高興，但他知道時機還不成熟，也沒必要如此匆忙，便予以拒絕。事實上，皇位已是掌中之物，他要讓更多的人來勸進。

第二天，諸王和文武群臣一起上勸進表，請上尊號，正大位。燕王則故意作態，謂自己不得已才起兵，目的在除奸惡，「安宗社，為周公之勳」。今少主「自絕於天」，當擇有才德者為帝，自己才德「菲薄，豈堪負荷」？這些人自然是叩頭固請，謂「殿下為太祖嫡嗣，德冠群倫，功施社稷，宜居天位，使太祖萬世之鴻業永有所託，天下之生民永有所賴。不宜固讓，以孤天人之心」。[11]這話應該說是夠懇切的了，但燕王覺得還是不夠火候，又予拒絕。

第三天，跟隨燕王征戰的諸將一起上表勸進，謂起兵以來，「戰必勝，攻必取，實由天命之有歸」，勸燕王早登「宸極之尊」。燕王仍予拒絕。

第四天，諸王再次上表勸進，燕王固辭不許。同一天，文武群臣也再次上表，燕王回答說，自己並不是「虛為謙讓，蓋思皇考創業甚難，誠欲推擇諸王中有才德、可以奉承宗廟者立之。主宰得人，天下之福。予雖北面，且無憂矣」。群臣叩頭固請，謂「殿下德為聖人，位居嫡長，當承洪業……不宜徇匹夫之謙，以虛天下之望」。[12]燕王仍固辭不允。

第五天，也就是六月十七日，燕王覺得火候差不多了，如果再固辭不就，反而不好下台，便準備登極稱帝。正當燕王喜氣洋洋地進宮登極時，當時任編修的楊榮迎謁於路上，對燕王說：「殿下先謁陵乎，先即位乎？」[13]這一句話提醒了燕王，他立即命駕掉頭前往孝陵拜謁。這似乎是件小事，其實有著不可忽視的政治影響。拜謁父皇的陵墓後再即位，表明自己是繼承明太祖的皇位，而不是建文帝朱允炆的皇位。這對通過三年戰爭奪得帝位的燕王來說，實在是很重要的一件事，在天下臣民的心理上，這至少可以增加一些自己是合法繼承人的色彩。楊榮也因此事日見信任，後來成為明成祖最親近的大臣之一。

燕王拜謁孝陵後，登輦入城。在登極前，燕王少不得向諸王和群臣說幾句客套話：

> 諸王群臣以為，奉宗廟宜莫如予。宗廟事重，予不足稱，今辭弗獲，勉徇眾志。諸王群臣各宜協心，輔予不逮。[14]

燕王朱棣隨後登上奉天殿，即皇帝位。文武百官和在京軍民自然少不了一番熱烈隆重的慶賀，無需贅述。值得一提的是，當建文帝削奪諸王時，在京師流行起了一首歌謠：

10 《明史》卷一百二十五，〈徐達傳〉。明代公、侯、伯封爵，俱給「鐵券」，正面刻有制詞，背面刻著自身及子孫免死次數。
11 《太宗實錄》卷九。
12 同註11。
13 《明史》卷一百四十八，〈楊榮傳〉。
14 谷應泰，《明史紀事本末》卷十六，〈燕王起兵〉。

莫逐燕，逐燕日高飛，高飛上帝畿。[15]

當時人們不明白這首歌謠是什麼意思，現在燕王當了皇帝，才知道那首歌謠應驗了。

明成祖建元「永樂」，以明年為永樂元年，改建文四年為洪武三十五年。翰林儒臣初擬年號為「永清」，明成祖自改為「永樂」，取天下永遠康樂之意。帝王年號一般取與前代不相重複者，像「洪武」這個年號，乃明太祖朱元璋所自定，與以前歷代帝王都不重複。但「永樂」這個年號，十六國時前涼的張重華即曾使用（三四六—三五三年），北宋末年方臘起義時也曾用過。但他們使用的時間都比較短，又處於亂世，知道的人不多，所以明成祖也使用了這個年號，後人甚至稱明成祖為永樂皇帝。他可能至死也不知道，他這個年號以前即被人數次使用。

在中國歷史上，大體從明成祖開始，年號就幾乎成了皇帝的小名，或者說是代號，到清代更為流行。例如永樂、萬曆、康熙、乾隆……儼然就是用這些年號的皇帝的代號。這種習俗有一個演變的過程。在漢武帝以前，中國的帝王沒有年號，只有謚號，即帝王死後，根據他生前的行為和功業立號以易名，例如周武王、周厲王、漢武帝、漢哀帝等等，謚號幾乎就是這些帝王的代稱。年代久遠了，用作謚號的那些常用字多有重複，使用起來已不方便，唐代遂為之一變，大行廟號，即皇帝死後升附太廟，追尊他為某祖某宗，例如唐高祖、唐太宗、宋太祖、宋太宗等等。於是，唐代以後直至明代以前，廟號就幾乎成了皇帝的代稱。後來，什麼祖、什麼宗的也太多了，用起來也不方便了，所以明清時期年號大行，以至於人們幾乎記不得這些皇帝的謚號和廟號，而只知道他的年號。大概因為明成祖是少有的雄才大略的帝王，所以從他那時起，以年號代稱皇帝的習俗就基本形成了。

還有一個有趣的現象，頗引人注意，即明成祖即位後先師廟改為文廟，將歷代受祭祀的周公從文廟中撤出，僅祀於文華殿之東室。[16] 古代立學都要祭先聖先師，唐代以前，都以周公為先聖。漢代立學開始廟祀孔子。唐代，有時以孔子為先聖，周公為先師；有時以周公為先聖，孔子為先師，但均能同時受祭，燕王起兵，口口聲聲說要「周公輔成王」，但他即位之後，卻將周公的身價大大降低，這到底出自一種什麼心態，實令人費解。可能的一種解釋是，他即位後並沒有「周公輔成王」，而是自己當了皇帝。當學子們祭拜周公時，他們自然會聯想到周公輔成王的可敬，明成祖所謂的「周公輔成王」的欺世盜名。稍有點明史知識的人都知道，明成祖的這種心理是他一生許多重大舉動的重要潛在原因。

革除之際

在明清的野史筆記中，所謂「革除」，是指革去建文年號。伴隨著這件事，還有許多同類性質的事蹟可述。

明成祖在即位前，數次向建文帝上書，用的都是建文年號。他稱帝後即予革去，實際上含有不承認建文帝的意思。對建文帝所實行的一些制度、所上的一些尊號、改用的一些名稱，明成祖盡予更改，一般的是恢復洪武時舊制。

15 谷應泰，《明史紀事本末》卷十六，〈燕王起兵〉。

16 沈德符，《萬曆野獲編》補遺卷二，〈文廟不祀周公〉。

建文帝曾「更定內外大小官制」，例如，洪武時六部尚書為正二品，侍郎為正三品，建文帝則升尚書為正一品，並增設左、右侍中各一人，為正二品，位在侍郎之上；明成祖則令盡復洪武舊制。官制名稱改來改去，十分繁瑣，難以一一縷述。對於這些名稱的改變，建文帝只是為改而改，沒有任何實際意義，徒然為明成祖起兵增添口實。現在明成祖恢復洪武舊制，顯得明成祖才是明太祖的正統繼承人。對建文帝更改洪武官制一事，明成祖曾嘆息著對群臣說：

只如群臣散官一事，前代沿襲，行之已久，何關利害，亦欲改易。且陵土未乾，何忍紛紛為此！……凡開創之主，其經歷多，謀慮深，每做一事，必籌度數日乃行，亦欲子孫世守之……後世輕佻諂諛之徒，以其私智小見導嗣君改易祖法，嗣君不明，以為能而寵任之，徇小人之智謀，至於國弊民叛而喪其社稷者有之矣，豈可不以為戒！[17]

所謂「散官」，明代也稱階官，即雖有其名但閒散無職事的官。其制始於漢代，到隋代才有了「散官」之名，以後歷代都有勳官、散官之分。明代文臣散官資階四十二級，武臣散官資階三十級。建文帝時，不僅勳官，而且連同散官都予重新更定。這種改變確實沒什麼實際意義，只是將沿用已久的名稱變更而已。明成祖以此為例，指責建文帝「改易祖法」，頗能令人信服，因為當時就有許多人對建文帝的這類改動不以為然。在明成祖發布的即位詔中，第一條就宣布：

建文以來，祖宗成法有更改者，仍復舊制，刑名一依《大明律》科斷。[18]

建文時，京城各門和宮中諸殿的名稱都予改過，明成祖下令全部恢復洪武時舊名。建文時所上的謚號也重新改謚。建文帝追尊他的父親朱標為孝康皇帝，廟號興宗，明成祖則仍稱朱標為懿文皇太子；朱標的元妃常氏，建文帝尊為孝康皇后，明成祖復稱她為敬懿皇太子妃。建文帝的生母呂氏，建文帝尊為皇太后。明成祖入金川門那天，曾把她迎至軍中，向他的這位皇嫂述說了一通不得已才起兵的原委，後來讓她和其子允熞一起守居懿文太子陵，仍稱她為懿文太子妃。建文帝的另外兩個弟弟允熥和允熞都被廢為庶人。

最令人注意的是對明太祖和馬皇后的改謚。建文帝上給明太祖朱元璋的謚號是「欽明啟運俊德成功統天大孝高皇帝」，馬皇后原有謚號為「孝慈高皇后」。在古代，謚字越多表示越尊崇，唐代謚號原來只七字，後增至九字；元代謚號有達十八字者，宋神宗謚號達二十字。明成祖為了表示自己是明太祖的正統繼承人，以極其隆重的禮儀對他的父母重新上謚號。為明太祖新上的謚號是「聖神文武欽明啟運俊德成功統天大孝高皇帝」，馬皇后的謚號是「孝慈昭憲至仁文德承天順聖高皇后」。原來的謚號只十三字，現增至十七字，顯得更尊崇了。此後，明代皇帝謚號都是十七字，只有嘉靖帝為太祖增至二十一字。

明成祖為了表明自己遵守祖制，凡是建文時所實行的新法，幾乎全部改行洪武舊制。這樣，有些事情就從一個極端走向另一個極端。大臣們懾於明成祖的威嚴，明知有些事情不必再改過去，也不敢勸阻。只有吏部尚書蹇義對這種做法有所匡救：

> 時方務反建文之政，所更易者悉罷之。（蹇）義從容言曰：「損益貴適時宜。前改者固不

17 谷應泰，《明史紀事本末》卷十六，〈燕王起兵〉。
18 《太宗實錄》卷十上。

當，今必欲盡復者，亦未悉當也。」因舉數事陳說本末。帝稱善，從其言。[19]

在當時的那種氣氛下，對明成祖做這種勸諫是要冒很大風險的。更何況蹇義還是個降臣，他居然敢向明成祖直言得失，不能不讓人感到他是個正直之臣。正因如此，蹇義成了明成祖最倚重的大臣之一，長期任吏部尚書。

為了安撫歸降諸臣，明成祖將建文時諸臣的千餘封章奏取出，命解縉等人檢查一遍，凡是關於民生之類的都保留下來，其他凡是有所干犯的都燒掉，以解除諸降臣的顧慮。明成祖從容問解縉等人：「你們大概也有一些有干犯的章奏吧？」還沒等解縉等人回答，修撰李貫爭先答道：「臣實無之。」明成祖遂正色說道：「你以為沒有這樣的章奏就是賢臣嗎？食其祿，則思任其事。當國危之際，近侍獨無一言，可乎？我不是厭惡那些盡心於建文的人，只是厭惡那些誘導建文變壞祖宗法規的人。以前你們是他的臣，就應該忠於他；今天事我，就應該忠於我，不必曲自隱蔽。」[20]這顯然是明成祖的高明之舉。即使這樣，像建文時的吏部尚書張紞還是害怕追究責任，竟自殺而死。如果沒有這種安撫措施，不知還有多少人會走這條路。

當革除之際，明成祖另一個影響較大的舉動是改修《明太祖實錄》。在中國古代，一個新皇帝即位後，要馬上組織人為上一個皇帝撰寫「實錄」，各朝實錄主要依據皇帝的「起居注」編成。時至今日，人們所能看到的最早的「起居注」是唐高祖李淵的起居注殘編，名為《大唐創業起居注》；所能看到的最早的「實錄」是《唐順宗實錄》和《宋太宗實錄》殘本，明代以前的其餘各朝實錄已盡佚。《明實錄》尚稱完整，但一再改修的只有《明太祖實錄》。也就是說，人們現在所看到的《明太祖實錄》是經三修而成的。

對建文時所修的《明太祖實錄》，明成祖說它「遺逸既多，兼有失實」，遂命儒臣重修。對這件事，後世學者多有考辨，說法不一，但都認為明成祖的這種說法不是他的真意。簡單地說，明成祖的真實用意在於：通過重修《明太祖實錄》，把自己打扮成合法、正統和為明太祖所中意的皇位繼承人，從而永遠改變「篡逆者」的形象。

正因如此，明成祖一即位，就命曹國公李景隆為監修，以解縉為總裁官，重修《明太祖實錄》，於永樂元年六月改修完畢。後來，明成祖對這個改後的本子還不滿意，又命姚廣孝為監修、楊士奇為總裁官再次改修。今人所看到的《明太祖實錄》，就是經三修而成的，頭兩次修的已被焚毀。對這種一再改修「實錄」的事，《明通鑑》的作者夏燮一針見血地揭出了明成祖的隱衷：「明成祖於建文所修太祖實錄，一改再改，其用意在嫡出一事。蓋懿文太子薨，則其倫序猶在秦（王）、晉（王）。若洪武之末，則秦、晉二王已薨，自謂倫序當立，藉以文其篡逆之名也。」[21]「實錄」向來被認為是研究歷史的第一手資料，但因這種一改再改，從而有不少失實之處，給後來研究這段歷史的人帶來很多困難。

19《明史》卷一百四十九，〈蹇義傳〉。

20 谷應泰，《明史紀事本末》卷十六，〈燕王起兵〉。

21 夏燮，《明通鑑》卷首，〈義例〉。

論功行賞

明成祖於北平初起兵時，身邊只有八百壯士。建文朝廷「以天下制一隅」，明成祖則以一隅抗天下，經過三年艱苦卓絕的轉戰，終於推翻了建文帝，自己當了皇帝，開始南面稱孤，他自然忘不了那些為他打江山的將士。當南京的局面稍微穩定以後，他便大行論功封賞。

從征將領封公者二人：朱能為成國公，食祿五千二百石，子孫世襲；丘福為淇國公，子孫世襲。另外，張玉因在東昌戰死，追封為榮國公。張玉和朱能是明成祖奪天下的左膀右臂，故恩典尤為優厚，「俱三世贈王，為極盛」。[22] 所謂「三世贈王」，即對他們的父親、祖父和曾祖父都追贈王號，是極為榮寵的封典。

封侯、封伯者各十餘人。其中，張玉的兒子張輔封為信安伯；因譚淵也先期戰死，其子譚忠封為新寧伯。他們的子孫都可世襲，只是因他們的功勞大小不同，有的可襲原職，有的則只能承襲指揮、同知等職。在明代，靖難功臣封公、侯、伯者，其嫡長被稱為爵主，可主一個家族的是非曲直。這些人實際上是明成祖扶植起來的一批新貴，是他重要的統治基礎。

對其他從征將士分四等封賞：一等是奇功，二等是首功，三等是次功，四等大旗下功，除封官加職以外，還賞賜銀兩、文綺等物。大規模封賞以後，明成祖「慮功臣封有遺缺，令丘福等議」。丘福等人認為對個別將領封賞太輕，於是又增封了一個侯、四個伯。例如李彬，原封伯爵，丘福等人認為其功不在房寬之下，而房寬已封侯，明成祖遂將李彬封為豐城侯。[23]

這些創業功臣都受到重用，他們的子孫也享有不少特權。例如武官子弟本來要先比試，後襲職，但明成祖卻讓「靖難故官子弟」先襲職，以後再比試。他諭兵部說：

朕適見所引故官子弟比試者，不覺愴然。蓋初舉義之時，其父兄忍飢冒寒，艱苦百戰，不幸有死於戰陣，或歿於疾病。今觀其子弟皆稚弱，若令如例比試，而後襲職，必未閑武事，而因是絕其俸祿，無以自存矣。可且令襲職，給全俸，俟長成比試。[24]

這段話很能代表明成祖對靖難功臣的感情。這些子弟既然已正式襲了職，以後即使進行所謂「比試」，也不過是走走過場，絕不會因這種所謂「比試」而被除名。很明顯，這是對靖難功臣及其子弟的一種加恩。

這裡特別值得一提的是姚廣孝，他雖未親臨戰陣，但卻是靖難的第一功臣。明成祖為燕王時，身邊多是武人，出謀畫策主要依靠姚廣孝。促使燕王下決心起兵的是他，燕王統兵在外轉戰，主要由他輔佐世子居守北平。「李景隆、吳高、平安之師，前後數十百萬，皆計卻之。」[25]使燕王一直無後顧之憂，且可從後方得到源源不斷的補給。姚廣孝的作用很類似劉邦打天下時居守關中的蕭何，甚至更有過之。因為劉邦在外邊作戰，身邊還有個大謀士張良，而明成祖則沒有，靖難三年，「或旋或否，戰守機事皆決於道衍……論功以為第一。」[26]明成祖對這位第一功臣自然要大加封賞了，但奇怪的是，姚廣孝卻辭而不受，只接受了一個僧祿司左善世的僧官。「道衍」是

22 沈德符，《萬曆野獲編》卷五，〈定襄王〉。
23 《明史》卷一百四十六，〈陳賢傳〉。
24 《太宗實錄》卷八十三。
25 李贄，《續藏書》卷九，〈姚廣孝〉。
26 《明史》卷一百四十五，〈姚廣孝傳〉。

他的僧號，人們一直稱他為道衍和尚，這時明成祖命恢復其姚姓，賜名「廣孝」。明成祖讓他蓄髮，意在使其還俗，姚廣孝堅持不肯；明成祖賜給他宅第，他也推辭不要。明成祖賜給他兩個漂亮的宮女，他一個多月未接近她們，也不與她們說話，也不說讓她們走，明成祖只好將這兩個宮女召回。永樂二年立太子，明成祖命姚廣孝為資善大夫、太子少師，並以同官追贈他的父親和祖父。他平時住在僧寺，上朝時著朝服冠帶，退朝後仍穿僧家緇衣。姚廣孝是中國歷史上一個非常奇特的人物，他以皇帝的賓客自居，關鍵處總能見到他的身影，但卻不貪圖高位。明成祖賞賜給他的金帛無數，但他都散發給「宗族鄉人」。只是到他死了以後，明成祖才得以盡情地對他進行追封，追贈他為「推誠輔國協謀宣力文臣，特進榮祿大夫、上柱國、營國公，謚恭靖」。在明成祖所封贈的文臣當中，沒有哪一個能與姚廣孝的這種封號相比。

在靖難之役期間，凡與此事有關而被建文帝罷黜的諸臣，明成祖令仍任原職。即使與靖難無關而被建文帝罷黜的諸臣，有的仍任以職事，有的年老體弱，則命以原官致仕，分品級賜予錢鈔，以做道里費，讓他們回鄉「優游暮年」。[27]

明成祖入京師，監察御史尹昌隆被列為奸黨，將就刑時，他大呼冤枉，謂自己曾上疏勸建文帝，以皇位讓明成祖，「奏牘尚存，可復案也」。原來，當燕兵南下時，尹昌隆曾上書建文帝說：「今事勢日去，而北來章奏有周公輔成王之語，不若罷兵息戰，許其入朝。彼既欲伸大義於天下，不應便相違戾。設有蹉跌，便須舉位讓之，猶不失藩王也。若沉吟不斷，禍至無日，進退失據，雖欲為丹徒布衣，不可得矣。」明成祖見此章奏後，頗受感動，不僅未殺他，還命他為北平按察使司。[28]

都督徐增壽因暗中助己，被建文帝所殺，明成祖痛悼不已，遂追封他為武陽侯，不久又進爵為定國公，子孫世襲。徐達的長子已襲封為魏國公，其次子徐增壽又世為定國公，故徐達之後「一門二公」，為明代功臣中所僅見。

明成祖也沒有忘記那些有功的普通百姓，像北平、保定、通州等地協助燕軍守城的婦女，有的運磚、運石，有的運水澆城，在抵禦南軍中都有功勞，因此而分級受到賞賜。例如，「保定運磚石婦女，每名賞鈔一百貫，絹一疋，棉花三斤。」[29]

明成祖渡長江取南京時，舟工是周小二。明成祖也沒忘掉這位為自己操舟的人，「擢上海縣民周小二為巡檢，賜采帛二表裡，鈔百錠，蠲其徭賦三年。」[30]燕軍渡江，舟工很多，但周小二船上乘的是明成祖，所以他得到特殊的升賞。這件小事表明，凡是為明成祖奪天下做出過貢獻的人，不論功勞大小，都成了有功之人，都受到了不同的升賞，這與那些忠於建文的人形成了鮮明的對比。

屠戮建文遺臣

正如前文所述，面對明成祖這位新皇帝，建文舊臣大體可分為四類，即降附、逃跑、抗節不

27《太宗實錄》卷二十三。
28 谷應泰，《明史紀事本末》卷十六，〈燕王起兵〉。
29 懶生袁子，《奉天刑賞錄》，〈運磚人役〉。
30《太宗實錄》卷十下。

屈和自殺殉難。降附的大臣認為，明成祖取代建文帝只不過是皇族家事，他們都是明太祖朱元璋的後裔，自己轉過來向明成祖稱臣不算什麼失節的事，這批人是大多數。另有些官員既不願為建文殉節，又不願降附，於是便隱姓埋名，以平民隱士了此一生。而抗節不屈的大臣認為，明成祖當皇帝屬於「篡逆」，大逆不道，建文帝才是正統的合法皇帝，他們懷著對建文帝的一片忠心，向明成祖誓死抗爭，明成祖則以極其殘暴的手段，對他們及其親屬大肆誅戮，從而構成他一生中最陰暗的一面。

血腥的一幕

明成祖初起兵時，所謂「除奸惡」，主要是指齊泰、黃子澄二人，未涉及其他大臣。這種做法可能出自一種策略上的考慮，不願打擊面過寬。現在不同了，他登極當了皇帝，一下子就列出左班文臣中的奸惡二十九人。他們當中有不少是明初的著名大臣，其中包括：太常寺卿黃子澄，兵部尚書齊泰，禮部尚書陳迪，文學博士方孝孺，副都御史練子寧，禮部侍郎黃觀，太理寺少卿胡閏、寺丞鄒瑾，戶部尚書王鈍和侍郎郭任、盧迥，刑部尚書侯泰、侍郎暴昭，工部尚書鄭賜、侍郎黃福，吏部尚書張紞，御史曾鳳韶、王度、謝昇、尹昌隆，宗人府經歷卓敬、修撰王叔英等人。可以看出，建文時的六部九卿大臣幾乎全被列入其中。在他們當中，鄭賜、王鈍、黃福、尹昌隆四人曾迎駕歸附，自稱為奸臣所連累，命仍任原職。因李景隆和茹常為吏部尚書張紞開脫，命張紞仍任吏部尚書，其餘的人則一律不予寬宥。沒過幾天，又揭榜於朝堂，將徐輝祖、葛誠、周是修、鐵鉉、姚善、劉璟、茅大芳等人皆列入奸臣榜，連同上次所列，「共五十餘人」。[31]實際上，後來陸續被懲治的所謂「奸惡官員」還有很多，有的文獻記載達一百二十四人。[32]這當中，包括一些雖未榜示但卻為建文帝殉節的官員。

顯而易見，建文朝文武官員的主要人物幾乎都包括在這些所謂「奸惡」之中。牽動面特別大的是，明成祖公開發出賞格，允許軍民人等綁縛那些未降附的奸臣，並分級升賞。於是，不少人因擒獲奸臣得官，各地有不少人乘機報私仇，搶劫財物，造成很大的危害。明成祖也很快發現了這樣做的弊端，下令制止，但過了很久才得以止息。

明成祖對這些所謂奸惡區分首從，對「首惡」嚴懲，非首惡者只要悔罪降附，即予寬宥。在懲治這些「首惡」的過程當中，可謂無所不用其極。

黃子澄被列為「首惡」中的第一人。當明成祖率兵入京時，黃子澄和齊泰名為被「竄逐」，實則是「密令募兵」。黃子澄準備和蘇州知府姚善一起到海外乞兵，以圖後舉，姚善以為不可，他便自己南下。在太倉，被武士湯華所執，送往京師。明成祖親自審問，黃子澄抗節不屈，仍然口稱「殿下」，而不是稱「陛下」，遭到左右侍從的一片喝斥。黃子澄大義凜然地說：

> 臣知殿下以兵力取富貴，不知殿下即此位。……況富貴瞬息，何足重輕！殿下向來悖謬，不可為訓，恐子孫有效尤而起無足怪者。

31 《明史》卷一百五十一，〈張紞傳〉；《明史紀事本末》卷十六，〈燕王起兵〉。

32 郎瑛，《七修類稿》卷十，〈建文忠臣〉。

明成祖大怒，命將他宗族老少六十五人、妻族外親三百八十人全部帶至，「哀號震天」。黃子澄見此情景心如刀割。明成祖命他將自己的罪過寫於紙上，他奮筆寫道：

> 本為先帝文臣，不職諫削藩權不早，以成此凶殘。後嗣慎不足法。

明成祖見此極為惱怒，立命將他的雙手砍去，接著又說道：「汝雖未入島夷，足跡已至海上。」遂命再將他的兩足砍去。這時的黃子澄已手足全無，人們都知道漢初的戚夫人被呂后砍為「人彘」，但很少有人知道這種悲劇在黃子澄身上又得到重演。所不同的是，戚夫人成人彘後過了一段時間才死去，黃子澄則當即被磔殺。他一家人不分老少，全被斬首，姻親都被謫戍邊疆。只有他的一個兒子改名為田經，遷居湖廣咸寧（今湖北咸寧市），黃子澄這才沒有絕嗣。

因黃子澄曾躲藏在致仕的袁州知府楊任家中，楊任受到株連，亦被磔殺，兩個兒子也被斬首，親屬謫戍邊疆。[33]

齊泰是另一「首惡」，他奉密詔赴外地募兵，以圖興復。當時懸賞捉拿齊泰等人，風聲緊急。他原騎一匹白馬，怕被人認出來，便用黑墨把馬染成黑色。因急匆匆趕路，馬渾身出汗，馬身上的黑墨褪去，被人認出，在廣德（今屬安徽）被人抓獲，送往京師。齊泰不屈被殺，一家被「族誅」，從兄弟齊敬宗死難，叔父齊時永、齊陽彥等被謫戍。其子剛六歲，免死，配給功臣家為奴，仁宗時才被赦還。

鐵鉉字鼎石，河南鄧州（今南陽）人。當明成祖連敗李景隆後，乘勝南下，不意在濟南為鐵鉉所挫。不久，鐵鉉和盛庸在東昌又大敗燕軍，致使燕軍不敢再取道山東南下。當明成祖稱帝南京後，鐵鉉率殘兵駐淮南。燕將用計將其擒獲，十月間送至京師。明成祖親自審問，鐵鉉反背坐於廷上，謾罵不止。明成祖讓他回過頭來看一下，終不可得。明成祖盛怒之下，命將其耳鼻割下，但鐵鉉仍罵不止。明成祖命「碎分其體」，磔殺於市，時年三十七歲。鐵鉉的父母皆八十餘歲，一起被安置到海南；長子福安，年十二歲，謫戍河池（今屬廣西）；次子康安，年七歲，起初發往匠鋪，後被戮死；其妻女都被發往教坊司，充作女樂，實為官妓。[34]

陳迪是建文時的禮部尚書，明成祖命將他召來責問，他抗辯不屈，罵不絕口。他和兒子鳳山、丹山等六人同日就刑。陳迪仍罵聲不止，明成祖命將鳳山等人的耳鼻割下，熬熟後讓陳迪去吃，並問味道如何。陳迪答道：「忠臣孝子的肉，香美無比。」並繼續唾罵。明成祖命將他們六人都凌遲致死。人們在收屍時，發現陳迪的衣帶中有遺詩一首：

三受天王顧命新，山河帶礪此絲綸。
千秋公論明於日，照徹區區不二心。

另有《五噫歌》，「辭意悲烈」。陳迪的妻子管氏自縊死，幼子陳珠才五個月，乳母將他藏在水溝中，才得以幸免。[35]

建文遺臣中有許多人慘烈死去，難以盡述。尤其令人目不忍睹的是，他們的妻女也受到百般凌辱。例如，黃子澄的妹妹和齊泰的一個姐姐、兩個外甥媳婦都被發往教坊司，在那裡被任意凌

33 朱國楨，《皇明遜國臣傳》卷二，〈太常卿兼翰林學士黃公〉；《明史》卷一百四十一，〈黃子澄傳〉。
34 黃佐，《革除遺事》卷四，〈鐵鉉〉；朱國楨，《皇明遜國臣傳》卷二，〈兵部尚書鐵公〉。
35 朱國楨，《皇明遜國臣傳》卷二，〈禮部尚書陳公〉；《明史》卷一百四十一，〈陳迪傳〉。

辱，有的還生了孩子，這在史籍中有多處記載。下面這段記載雖文采不足，但卻真實可信，且更近當時的原貌：

永樂十一年正月十一日，本司（教坊司）右韶舞鄧誠等於右順門口奏，有奸惡齊泰的姐並兩個外甥媳婦，又有黃子澄妹，四個婦人，每一日一夜二十條漢子守著。年小的都懷身，節除（夕）夜生了個小龜子，又有個三歲的女兒。奉欽：依由他。小的長到大，便是搖錢的樹兒。又奏，黃子澄的妻生一個小廝，如今十歲也。又有，史家有鐵鉉家個小妮子。奉欽：依都由他。[36]

這些女子都被刺了字，在教坊司被人任意糟蹋。因為這時已是永樂十一年，黃子澄妻子生的那個孩子十歲，即九周歲，顯然是在教坊司被姦污後生的。

鐵鉉的兩個女兒也被發往教坊司為娼，但數日始終不受辱。她們二人各賦詩一首，交給鐵鉉往日的一個同官。其長女詩云：

教坊脂粉洗鉛華，一片閒心對落花。
舊曲聽來猶有恨，故園歸去已無家。
雲鬟半挽臨妝鏡，兩淚空流濕絳紗。
今日相逢白司馬，尊前重與訴琵琶。

其次女詩云：

骨肉相殘產業荒，一身何忍去歸娼！
淚垂玉箸辭官舍，步蹴金蓮入教坊。
覽鏡自憐傾國色，向人休學倚門妝。
春來雨露寬如海，嫁得劉郎勝阮郎。[37]

這位同官將鐵鉉二女的詩呈上，明成祖知道二人志不可屈，動了惻隱之心，「乃赦出之，皆適士人」。此事見於多處記載，有的史籍謂此事不確。朱國楨《皇明遜國臣傳》中稱：「二詩或出好事之口。」不論此事確否，鐵鉉有女兒被發往教坊司卻是可信的。

這些遺臣的妻女有不少人被折磨死在教坊司，有的死者屍體就被拉出去讓狗吃了。有的女子被配給家奴，如果這家奴不是太凶殘，身分雖低賤些，但對這些女子來說就算是較好的下場了。謝昇的妻子韓氏被送往淇國公丘福營，「轉營姦宿」。這也算是一種獨特的刑罰。

在明成祖屠戮建文遺臣的過程中，最慘烈、最為後人所常提及的，大概就是方孝孺了。

方孝孺不屈，「誅十族」

方孝孺是建文帝最親近的大臣之一，遇到什麼國家大事，建文帝總是要問問他。建文帝好讀書，有了什麼疑難問題，總是讓他為自己講解。臨朝奏事，或行或否，經常讓方孝孺在御前擬旨

36 懶生袁子，《奉天刑賞錄》，〈教坊錄〉。
37 呂毖，《明朝小史》卷四，〈二女詩〉。

批答。修《明太祖實錄》，方孝孺為總裁；燕王起兵北平，討燕的詔檄都出自方孝孺之手；更定官制，多出自方孝孺之議。方孝孺字「希古」，正像他的名字的含義一樣，他復古好儒，改官制，行井田，一味循行古法。建文帝對他十分尊重，言聽計從，君臣相處甚諧。儘管方孝孺的父親因「空印案」受株連被明太祖所殺，但他視建文帝為知遇之君，忠心不二。正因如此，也就埋下了日後這場悲劇的禍根。

明成祖由北平長驅南下時，姚廣孝送到郊外，跪在明成祖跟前密託：「方孝孺素有學行，城破之日，他必不肯降。請不要殺他，殺了方孝孺，天下讀書的種子就絕了。」明成祖點頭答應。金川門之變後，方孝孺拒不迎降，閉門不出，並為建文帝穿喪服，晝夜啼哭。明成祖召用他，他不肯屈從，被鎮撫伍雲等強迫著來見明成祖。他身著喪服，當廷號哭。明成祖讓他的學生廖鏞等人去勸說他，他對廖鏞等人大聲訓斥道：「小子們跟我數年，難道還不知道義之是非嗎？」明成祖不想殺他，將他繫入監獄，並派人反覆勸諭，但始終不屈。明成祖要擬即位詔，大家都推薦方孝孺，遂召他出獄。他當眾號哭，聲徹殿廷。明成祖一時頗受感動，從殿上走下來親自勞問道：「先生無自苦，予欲法周公輔成王耳。」方反問道：「成王安在？」成祖道：「彼自焚死。」方問：「何不立成王之子？」成祖道：「國賴長君。」方說：「何不立成王之弟？」成祖道：「此朕家事。」成祖一邊說，一邊示意左右，讓他們把筆札交給方孝孺，並說：「詔天下，非先生草不可。」方孝孺投筆於地，且哭且罵說：「死即死耳，詔不可草！」成祖按捺著火氣道：「即死，獨不顧九族乎？」方孝孺以更大的聲音答道：「便十族奈我何！」成祖頓時大怒，恨其嘴硬，立命左右將方孝孺的嘴割破，直割到兩耳，復下獄中，大捕其宗族門生。每逮繫一人，就讓他到方孝孺跟前，讓方孝孺看一看，但方孝孺卻連頭都不回。

明成祖這時也横下了一條心，除誅方孝孺「九族」，將其朋友門生又列為一族，共稱所謂「十族」。當差役奉詔逮繫其妻鄭氏時，鄭氏和諸子已自經而死。受此案株連被逮繫的人甚多，僅被磔殺於市的即達八百七十三人，謫戍荒徼者不可勝計。方孝孺的弟弟名字叫孝友，受株連被殺。方孝孺看著他慷慨就刑，淚流滿面。方孝友口占一詩道：

阿兄何必淚潸潸，取義成仁在此間。
華表柱頭千載後，旅魂依舊到家山。

這令當時的士人感嘆不已，說他的確不愧是方孝孺之弟。

方孝孺最後受戮，磔殺於聚寶門外。他就刑時氣宇軒昂，並留下《絕命詞》一首：

天降亂離兮孰知其由，
奸臣得計兮謀國用猷。
忠臣發憤兮血淚交流，
以此殉君兮抑又何求？
嗚呼哀哉，庶不我尤！

方孝孺有兩個女兒，都還年輕，尚未婚嫁，被逮繫至京時，二人連袂投秦淮河而死。[38]

---

38 谷應泰，《明史紀事本末》卷十八，〈壬午殉難〉；朱國楨，《皇明遜國臣傳》卷一，〈文學博士方先生〉；《明史》卷一百四十一，〈方孝孺傳〉。

在方孝孺之前，中國沒有所謂「誅十族」之說，最重的也只有「誅九族」，這種株連已是極為殘暴了。明成祖竟誅方孝孺「十族」，豈不是空前絕後的殘暴嗎？為此，後人有的否認明成祖「誅十族」之說，其實是確有其事。對所謂「九族」的解釋，歷代有些歧異，明清時期一般是指犯人的上四代和下四代，加上本人這一代。歷代的解釋不管怎樣不同，從來未把朋友門生作為一族，而方孝孺事確實株連到他的朋友門生。

鄭公智和林嘉猷都曾「師事孝孺」，的確是方孝孺的門生。鄭公智是御史，林嘉猷是編修。福建人鄭居貞是方孝孺的朋友，曾任鞏昌通判、河南參政，這些人都受株連被殺。[39]德慶侯廖永忠的孫子廖鏞和廖銘曾「受學於方孝孺」，方孝孺被殺後，他們兄弟二人收其遺骸，安葬於聚寶門外的山上。他們二人接著就被逮繫，最後也被殺。[40]

不必為尊者諱，也不必為傳主諱，明成祖誅方孝孺「十族」之說確有其事。這件事和明成祖一生的幾件偉大事業一樣，構成了明成祖作為和個性的不同側面，這才是一個活生生的、完整的明成祖。

方孝孺以一介儒生，手無縛雞之力，面對專制君主的屠刀視死如歸，抗節不屈，真可以感天地而泣鬼神！正因如此，方孝孺受到許多後人的景仰和讚頌。李贄《續藏書》中保存了一首詩，是明初曾任過刑部尚書的魏澤寫的，很好地表達了對方孝孺的悲悼之情。這首詩是他後來過方孝孺故居時寫的：

> 筍輿沖雨過侯城，撫景令人感慨生。
> 黃鳥向人空百囀，清猿墜淚只三聲。

山中自可全高節，天下難居是盛名。
卻憶令威千載後，重歸華表不勝情。[41]

方孝孺的氣節確實感人。他受儒家正統思想的薰陶，對建文帝忠心不二，確有操守。他遇上建文帝這個儒雅的皇帝，對他言聽計從，也確有知遇之恩。如果拋開是否值得為建文帝殉節這個因素不談，僅就方孝孺的個人氣節來看，在歷史上實不多見，只有極少數人能做到這一點。這正應了中國的一句古話：士為知己者死。

但是，當人們冷靜下來認真思索一番之後，就不難發現，方孝孺的識見並不高，他更改官制，改殿名、城門名，都採用古稱，甚至要重新推行遠古的「井田制」，不能不說是背時之舉。成祖起兵後，建文帝「以天下制一隅」，占有極大優勢，結果卻連連失敗，終被明成祖取而代之。這其中原因儘管很多，方孝孺作為建文帝的主要謀臣之一，必不可免地要負有一定的責任。這歷史事實本身就表明，方孝孺算不上一個高明的謀略家。他最為可貴之處是他對建文帝的忠心，而這種忠心又近於所謂「愚忠」。

以前，人們都是把這場悲劇歸罪於明成祖的殘暴，實際上，方孝孺的這種愚忠也應分擔一份責任。皇帝是由明成祖當，還是由建文帝的兒子或弟弟來當，甚至是由建文帝來繼續當，的確如明成祖所說，這是他們朱家的「家事」，不論誰當，都是大明皇帝。實際證明，明成祖比建文帝

39 《明史》卷一百四十一，〈鄭公智傳〉、〈林嘉猷傳〉、〈鄭居貞傳〉。
40 《明史》卷一百二十九，〈廖永忠傳〉。
41 李贄，《續藏書》卷七，〈典史魏公〉。

更有作為，如果方孝孺沒有這種愚忠的話，以自己的才智輔佐明成祖，對國家可能做出更多有益的事。可惜的是，方孝孺這副錚錚鐵骨，恰恰遇上了敢於扭轉乾坤、唯我獨尊的明成祖，他容不得方孝孺對他如此冒犯，況且那些話句句都刺中了明成祖的痛處，終於釀成了這幕悲劇。正因如此，明清時期的不少學者談到，這場悲劇乃「激之使然」。例如，《皇明表忠記》的作者錢士升即寫道：

孝孺十族之誅，有以激之也。愈激愈殺，愈殺愈激，至於斷舌碎骨，湛宗燔墓而不顧。而萬乘之威，亦幾於殫矣。[42]

李贄是明後期的著名思想家，他對方孝孺的這種做法也不以為然。他以山西清遠戍卒羅義為例：羅義曾上書燕王，「乞早息兵歸國」。他又赴京上書，請求建文帝「息兵講和」，被建文帝繫於獄中。明成祖即位後，提升他為戶科給事中，不久又升為湖廣右參政。李贄藉此議道：

此衛卒見識，勝方正學（按：方孝孺讀書之廬曰「正學」）十倍。人亦何必多讀書哉？嗚呼！以全盛之天下，金湯之世界，付與講究《周禮》、精熟《太學衍義》之大學士，不四年而遂敗。可畏哉，書也。[43]

我們不必為明成祖諱，他誅方孝孺「十族」，的確過於殘忍；我們也不必為方孝孺諱，他確實失之愚忠。

「瓜蔓抄」

明成祖屠戮建文遺臣，另一件常為後人所提及的事就是「瓜蔓抄」。所謂「瓜蔓抄」，含有順藤摸瓜之意，即轉相攀染，廣加株連，濫殺無辜。此事始於御史大夫景清。

建文初年，景清曾任北平參議。燕王與他交談，他侃侃而談，言論明晰，頗受燕王讚賞。不久回京師，升為御史大夫。

明成祖稱帝後，建文舊臣死的很多。景清曾與方孝孺約，寧為建文殉節，絕不向明成祖稱臣。方孝孺等人都已慷慨殉難，而景清因與明成祖有舊，仍任原官，委蛇於朝班很長時間。一天早朝，景清懷藏利刃，穿著緋色衣服上殿，準備刺殺成祖。在此以前，有人藉異星赤色犯帝座為名，要成祖提高警惕。成祖本來就懷疑景清有異心，及上朝，見景清著緋衣，有些異常，遂命侍從對景清搜身，得利刃一把。成祖詰責，景清奮然說：「欲為故主報仇耳！」邊說邊罵。成祖命打掉他的牙齒，但他仍罵不絕口，並含一口血向殿上噴去，成祖的龍袍上被噴上斑斑點點的血跡。成祖頓時大怒，立命將景清剝皮實草，械繫於長安門，用鐵刷子將景清身上的肉一塊一塊刷掉。肉被刷光，骨被打碎，成祖猶不解恨，遂滅其族，「籍其鄉，轉相攀染，謂之瓜蔓抄，村里為墟。」[44]景清的街坊鄰居都受到株連，這種打擊面比「誅十族」甚至還要寬。因為「十族」還

42 談遷，《國榷》卷十二，〈建文四年六月壬午〉。
43 李贄，《續藏書》卷七，〈山西清遠戍卒羅義〉。
44 朱國楨，《皇明遜國臣傳》卷二，〈御史大夫景公〉；《明史》卷一百四十一，〈景清傳〉。

有明確的界限，而這種「瓜蔓抄」幾乎沒什麼界限可言，只要和犯人有點這樣或那樣的關係，都可能被株連。

例如，青州教諭劉固曾因母老乞歸，景清致書劉固，要他回京任職。只是因為這種引薦的關係，劉固受到株連。他和兒子劉超、弟弟劉國、母親袁氏同日受刑於聚寶門外。兒子劉超臂力過人，臨刑時仰天一呼，捆綁他的繩索被掙斷，隨即奪過劊子手的屠刀，連殺場上十餘人，後終於被磔殺。[45]

此風一開，無辜受牽連被殺者不勝枚舉。例如，大理寺少卿胡閏抗節不屈，他和長子俱被殺，次子遣戍邊疆，四歲的幼女入功臣家為奴。[46] 受胡閏牽連，宗族鄉親有許多人被無辜抄沒，有的被殺。胡閏是饒州（今江西波陽）人，因遭「瓜蔓抄」，故鄉一片淒慘景象：

> 文皇（明成祖）既抄沒其一族，男女二百一十七人。所居之地，在府城西隅碩鋪坊，一路無人煙。雨夜聞哀號聲，時見光怪。嘗有一猿，獨哀鳴徹曉。東西皆污池，黃茅白葦，稍夜，人不敢行。[47]

御史高翔是陝西朝邑人，明成祖即位後，他穿著喪服入見，語多不遜。明成祖大怒，除將其「族誅」外，還挖開其祖先的墳墓，攙雜上一些牛馬的骨頭，一起焚成灰揚掉，「親黨悉戍邊」。其田產分給附近百姓，徵收特重的賦稅，「令世世罵高御史也」。其祖上墓地舊址被稱為「漏澤園」。[48] 連種其田地的普通百姓都受到株連，這種做法實在是聞所未聞。

受這種「瓜蔓抄」的影響，當時告訐之風甚盛，有的人竟以告訐得官。例如，丁珏本是山陽（今江蘇淮安）的一個普通百姓，「里人賽社」，即具酒食祭祀田神，本來沒什麼其他意思，丁珏卻誣稱百姓「聚眾為妖，坐死數十人」。明成祖覺得丁珏對自己很忠心，立即授他為御史。[49]

對建文舊臣的這場屠戮延續了十餘年，只是有時緊一點，有時鬆一點。明成祖後來也看到株連太廣，不時地故示寬大，「不念舊惡」，有些被告訐的犯人親屬也未予治罪。

練子寧是建文時的右副都御史，因當廷責罵成祖，被割掉了舌頭。他也遭到「瓜蔓抄」，「宗族棄市者一百五十一人，又九族親家之親被抄沒戍邊者，又數百人。」錢習禮是練子寧的姻親，當時未被株連到。永樂九年，錢習禮中進士，選為庶吉士，不久改任檢討。鄉人告他是練子寧奸黨，錢習禮「恆惴惴」，非常害怕再受到株連。大學士楊榮乘間向明成祖說到此事，明成祖不僅未予懲治，反而笑著說：「使子寧在，朕猶當用之，況習禮乎！」[50]這時距明成祖稱帝已十年，尚有人為此事告訐，足見此風沒有盡息。明成祖這種故示寬大的話，對建文舊臣及其親屬無疑是一種安慰。

永樂七年（一四〇九年），新中的進士王彥向朝廷自陳，稱自己家與奸惡外親有牽連，但未予治罪。[51]明成祖這時已不願過多株連。

胡廣是永樂時的著名內閣學士，因母喪回江西吉水奔喪，回朝後明成祖問他：「百姓安否？」

45 谷應泰，《明史紀事本末》卷十八，〈壬午殉難〉。
46 《明史》卷一百四十一，〈胡閏傳〉。
47 呂毖，《明朝小史》卷四，〈孤猿夜泣〉。
48 呂毖，《明朝小史》卷四，〈漏澤園〉；《明史》卷一百四十一，〈高翔傳〉。
49 沈德符，《萬曆獲編》補遺卷二，〈朝士匿喪〉。
50 《明史》卷一百五十二，〈錢習禮傳〉；谷應泰，《明史紀事本末》卷十八，〈壬午殉難〉。
51 沈德符，《萬曆野獲編》卷十六，〈籍沒奸黨〉。

胡廣回答道：「安，但郡縣窮治建文時奸黨，株及支親，為民厲。」[52]這件事表明，當時窮治建文遺臣，已牽動全國各地，株連面甚廣。胡廣的話對明成祖有所觸動，數次諭刑部不欲多殺。

實際上，明成祖即位當年就曾諭刑部：「有罪者既已伏誅，無罪者各安職業，而內外軍民屢執無罪之人，以希幸賞，惡不可長。速諭止之，違者抵罪。」[53]但此風一直未能止息。永樂九年（一四一一年）九月，明成祖諭三法司，「凡死罪必復奏」。這顯然是慎刑的標誌。也就在這一年，浙江黃巖縣的民人告發當地豪民，說他仍保存著建文時奸惡士人上給楚王的書稿，應予治罪。明成祖說：「此必與豪民有怨而欲報之。朕初即位命有司：凡建文中上書有干犯語言，皆朕未即位以前事，悉毀之，有告者勿行。今復行之，是號令不信矣。況天下之主，豈當念舊惡！」[54]明成祖的這番話說得很堂皇，但他並不是不念舊惡，這已是有目共睹。特別耐人尋味的是，普通百姓到這時還為這種小事進行告訐，可見此風久刮未止。但明成祖畢竟已即位十年了，統治已經穩固，建文帝已沒有死灰復燃的可能，他可以認真地顯示不念舊惡了。

明成祖屠戮建文遺臣既殘酷，株連面又寬，不知有多少人含冤死去，這件事是明成祖一生的一塊大心病。永樂二十二年（一四二四年），也就是明成祖死去的那一年，新進士邢寬被點為狀元，實際上就和明成祖的心理因素有關。邢寬與「刑寬」同音，取刑罰寬大仁慈之意。這恰恰從另一個側面告訴人們，明成祖在處置建文遺臣方面並不寬大。

蹤跡建文帝

明成祖入金川門後，建文帝是否死於火中，這一直是明成祖的一塊大心病。他派心腹大臣四出，不遺餘力地尋找建文下落，永樂年間不少重大舉措與此事有關。此後數百年間，有關建文帝的傳說越來越多，學者們也做出了種種努力，試圖揭開這樁疑案的真相。

建文帝死於火了嗎？

《明史·恭閔帝本紀》載，燕王入金川門的當天，「宮中火起，帝不知所終。」凡是有點歷史知識的人，幾乎都能一字不錯地背下這句話。明史館始創於清順治二年（一六四五年），《明史》於乾隆四年（一七三九年）刊行，此時距明成祖入金川門已三百多年。《明史》中的這句話模稜兩可，實際上它正是建文下落不明的反映。據著名明史學者黃雲眉先生考證，《恭閔帝本紀》出自徐嘉炎之手，而徐嘉炎認為建文帝未死於火，而是「遜國」外逃。清前期的著名學者朱彝尊也在明史館，他則認為已死於火，就像《明實錄》中所記載的那樣。自明代嘉、萬以後，社會上流傳許多有關建文遜國的野史筆記。所謂「遜國」，即讓位給明成祖而自己出走的意思，也就是說建文帝沒有死。修《明史》的諸學者意見不能統一，遂依違於二說之間，留下了這句模稜兩可的話。這句話又給後來的學者留下疑點，吸引著許多人殫精竭慮地要尋個究竟。黃雲眉先生考證《明史》可謂用力最著，成就也最大，但他研究許久，最後也不得不無可奈何地表示：「不妨兩存其

52《明史》卷一百四十七，〈胡廣傳〉。
53《太宗實錄》卷十上。
54《太宗實錄》卷七十八。

說。」[55]

今天，我們在前人研究的基礎上，已經有可能再前進一步。這不僅因為今天的條件更優越，既可以更方便地看到各種文獻，而且因為我們可以擺脫過去學者所受到的一些局限，尤其是明清時期，學者們持什麼看法，往往與當時的政治環境有關。我們今天探討這個問題，已完全不存在這方面的影響。

據《明實錄》記載，燕王率兵入金川門後，建文帝「乃嘆曰：『我何面目相見耶！』遂闔宮自焚」。八天後，明成祖「備禮葬建文君，遣官致祭，輟朝三日」。[56]以後明代官書都沿用此說。

據《明史・王景傳》載，明成祖詢問禮部侍郎王景，葬建文帝應該用什麼禮儀。王景說：「宜用天子禮。」明成祖「從之」。朱彝尊認為，明成祖不會用天子禮儀安葬建文帝。實際上，只要想一下就會發現，明成祖禮葬建文帝是完全可信的。可信的原由在於，在全國百姓的心目中，建文帝是合法的正統的真龍天子。他如果不死，皇位就應該是他的。明成祖要名正言順地即帝位，就必須給全國造成建文帝已死的印象。不管火中的屍體是誰，反正已經燒焦，無法辨識，或者說根本就不需要辨識，就指為建文帝的屍體，並用天子禮儀安葬一下，正可以遮天下人耳目。這樣做，與明成祖起兵「誅奸惡」的旗號相一致，本來不是要推翻建文帝，他自焚死，便依禮安葬他，天下臣民對明成祖便無可指責。這樣做，明成祖登極稱帝才名正言順。既然建文帝已死，國不可一日無君，明成祖這才能即帝位。

對這一點，著名的明清史專家孟森先生也看出了其中奧妙。他說：「必以置陵守冢為用天子禮，則未必然。但葬時稍用天子儀仗，以震都人耳目，為絕天下人望之計，與出其屍於火，意正一貫，不必甚以為難信也。」[57]也就是說，明成祖禮葬建文帝是可信的，只是「稍用天子儀仗」，在形式上使用皇帝的旗幟、車駕、樂隊等等，而不一定要「置陵守家」，就像今天人們所看到的北京十三陵那樣。

但明成祖禮葬的真是建文帝嗎？從各方面的材料來看，安葬的不是建文帝，而是建文帝的皇后馬氏。她是光祿少卿馬全之女，洪武二十八年被冊為皇太孫妃。《明史》明確記載道：「(建文)四年六月，城陷，崩於火。」[58]死於火中的不是建文帝，而是馬氏，但各種材料都看不到安葬馬氏的記載，且屍體取之於火中，明成祖正可以指為建文帝之屍，接著便「稍用天子儀仗」將其安葬完事。

綜觀各方面的材料可以斷定，建文帝確已出逃。這至少有以下一些證據：

第一，儘管明成祖「用天子禮」安葬了建文帝，但南京卻沒有建文帝的墳墓。《國榷》的作者談遷是明末人，他記道：「金陵故老，無能指建文帝葬處。」[59]這是本朝人在記本朝事，相距還不算甚遠。此時就已指不出建文陵墓，足見當時安葬雖「用天子禮」，但封冢肯定不大，時間稍久，人們就不能辨識。更重要的是，因明知安葬的不是建文帝，史牒中未予明確記載，太常寺不按時祭掃，時間用不了多久，墳跡就湮沒無聞了。

第二，建文帝有兩個兒子，長子文奎，建文元年立為皇太子；次子文圭，被明成祖幽禁於廣

55 黃雲眉，《明史考證》卷四，〈(恭閔帝紀)考證〉。
56 《太宗實錄》卷九。
57 孟森，《明清史論著集刊》上冊，〈建文遜國事考〉。
58 《明史》卷一百一十三，〈后妃一〉。
59 談遷，《國榷》卷十二，〈建文四年六月壬午〉。

安宮，即歷史上常常提到的建庶人。後來，明英宗將文圭釋放，年已五十七歲了，不久即死去。那麼，皇太子文奎哪裡去了呢？據《明史》記載：「燕師入，七歲矣，莫知所終。」[60]看來是逃跑了。既然七歲的太子在這次事變中逃跑在外，建文帝也可以逃往外地。

第三，有一天明成祖對左右的人說：「朕於宮中遍尋皇考宸翰不可得，有言建文自焚時，並寶璽皆毀矣。朕深慟之。」[61]《明實錄》中的這條材料為歷代學者所忽略，實際上是一條很關鍵的材料。寶璽是封建皇帝發布詔令時所用的印章，被視為傳國之寶。《明實錄》無意中保留了這句話，卻透露了一個重要的史實，即建文帝所使用的寶璽和建文帝一起消失了。此事是很耐人尋味的。

自秦朝到唐朝的千餘年間，都使用由和氏璧琢成的玉璽，上有李斯的篆文：「受命於天，既壽永昌。」唐高祖李淵改「璽」為「寶」，所以後世又稱寶璽。據傳，這顆傳世之寶散失於五代時。明朝時又出現了另一種傳說，即元順帝北走沙漠時，帶到了塞外。看來，和建文帝一起消失的不是這顆寶璽。那麼，這顆寶璽要麼是明太祖朱元璋琢製的那一顆，要麼是建文帝琢製的那一顆。建文三年，使者由西域帶回一塊頗大的青玉，建文帝命琢製為璽，一改八字之古制，琢上十六字：「天命明德，表正萬方，精一執中，宇宙永昌。」[62]頒用此璽時，禮儀還搞得頗為隆重。大概是受寶璽丟失這件事的影響，弘治十三年（一五〇〇年），陝西鄠縣人獻上一顆偽璽，璽文也是「受命於天，既壽永昌」八個字，[63]但弘治帝棄置未用。

不論隨建文帝一起消失的是哪一顆寶璽，對新繼任的皇帝都是一件很大的憾事。如果死在火中的是建文帝，即使寶璽有所損壞，也絕不至於無影無蹤，至少應有殘骸在建文帝身邊。明成祖也像指建文帝死於火一樣，謂「有言」寶璽毀於火，誰也未親見。由此可以看出，建文帝在逃跑時也帶走了寶璽。更何況，即使建文帝真的投火自焚，他也沒必要帶著寶璽去自焚。相反，建文帝逃跑在外則要帶上寶璽，如此一來，他既是正統的合法皇帝，又有著皇帝合法的印璽，號令群眾就可以更加名正言順。因此可以說，這條不起眼的材料恰恰是建文帝未死於火的有力證據。

第四，從當時的形勢來看，燕軍雖然進入京師，但建文帝並沒有到山窮水盡的地步。不要說江南基本上還是建文帝的地盤，即就江北而言，明成祖實際上所控制的地盤也不很多。當時，整個遼東還在朝廷控制之下，孫岳還控制著中都鳳陽，鐵鉉仍控制著山東一帶，駙馬梅殷「尚擁兵淮上」。因此，當時建文帝可以調動的兵力仍然很多，沒有必要投火自焚，他完全可以逃往外地，再圖興復。唐代發生「安史之亂」時，安祿山攻占了京師長安，唐玄宗逃往四川，後來終於平息了叛亂，唐室再興。建文帝不會不知道這段歷史。因此可以說，當時建文帝並沒到非死不可的地步。

人們看到，明成祖進入南京後，建文遺臣除大量逃跑以外，有那麼多人抗節不屈，有那麼多人受株連，死得是那麼慘烈，但很少有人認真想過，為什麼有那麼多人對建文帝那麼忠心？其中除一部分人確有氣節以外，也有相當一部分人出自對建文帝抱有幻想。他們知道建文帝已逃亡在外，還有可能復位，這成了他們不願屈節歸附明成祖的一種動力。

要知道，這時並不是臣下顯示氣節的最佳時刻，因為它並不是改朝換代，依舊是大明江山，

60《明史》卷一百一十八，〈諸王三〉。
61《太宗實錄》卷二十五。
62 沈德符，《萬曆野獲編》卷一，〈璽文〉、〈進璽〉。
63 同註62。

依舊是朱元璋的後人當皇帝，只不過是由朱元璋的兒子當還是孫子當的問題，而他們實際上都有資格繼承皇位。奇怪的是，這時舊臣所表現的氣節比改朝換代時表現出的氣節還要壯烈。李自成進京時，「文臣、閣部、詞林、卿寺、台省以及郎署，自裁者僅二十人，竟無一人罵賊而死。」64漢族士大夫稱清是異族入主，該是顯示氣節的最佳時刻了吧，但也趕不上明成祖即位後那樣慘烈，那樣規模大。

稍有些明清史知識的人都知道，明朝舊臣沒有多少人因拒絕降清而被殺。在著名的清初「文字獄」中，株連最多的大概就是莊廷鑨的「明史獄」了，株連被殺者才七十餘人，數百人充軍邊疆。而方孝孺一案牽連被殺者即達八百七十三人，謫戍邊疆者「不可勝計」，至少比被殺的要多。其他建文舊臣受株連被殺數百人者有好幾起，這顯然是清初所無法比的。這不能不使人想到，建文舊臣中顯然有相當一部分人對建文帝抱有復位的幻想。這從另一個側面告訴人們，建文帝並沒有死於火。

第五，姚廣孝在臨死前，請求明成祖釋放僧人溥洽。溥洽是建文帝的主錄僧，他因知道建文帝逃跑一事而被禁繫了十六年。《明史．姚廣孝傳》載：

（永樂）十六年三月入覲，年八十有四矣，病甚，不能朝，仍居慶壽寺。車駕臨視者再，語甚歡，賜以金唾壺，問所欲言。廣孝曰：「僧溥洽繫久，願赦之。」溥洽者，建文帝主錄僧也。初，帝入南京，有言建文帝為僧遁去，溥洽知狀，或言匿溥洽所。帝乃以他事禁溥洽……至是，帝以廣孝言，即命出之。

明末清初的大文人錢謙益在《初學集》中有過考辨，建文帝出逃時剃髮為僧，即出自溥洽之手。

這件事有力地告訴人們，明成祖心裡很明白，建文帝已逃亡在外。正因為如此，明成祖派出心腹大臣四出察訪建文下落。這事情本身就表明，建文帝的確沒有死於火。

尋找建文下落

建文帝是怎麼逃出去的，逃到了什麼地方，不只是當時的人很關心，後世人也常常提及此事，並產生了許多頗為神祕的說法。明清時期的許多野史筆記對此都有所記載，其中最系統的大概就是《明史紀事本末》中的〈建文遜國〉那一篇了。其他諸書，例如《吾學編》、《明朝小史》、《明高僧傳》中的一些記載，都與〈建文遜國〉所記大同小異。

據記載，金川門失守後，建文帝長吁短嘆，打算自殺。翰林院編修程濟說：「不如出逃。」少監王鉞跪稟道：「太祖駕崩時留下個鐵篋，說有大難時打開，現放在奉先殿左邊。」身邊大臣急忙拿來鐵篋，不只是裹著鐵皮，兩把鎖也灌上了鐵。建文帝急忙讓人到大內點了把火，皇后馬氏赴火死。程濟打破鐵篋，裡邊有度牒三張，分別叫應文、應能、應賢，有剃刀一把，白銀十錠，還有僧人穿的袈裟和鞋帽，裡面還寫著逃出的路線。程濟隨後為建文帝剃了髮，楊應能願剃髮隨行。監察御史葉希賢以自己名字中有「賢」字，認為「應賢無疑」，也剃了髮。當時身邊的

64 懶道人，《剿闖小史》。

五六十人都願隨行，建文帝以人多目標大、行動不便為由，讓大家「宜各從便」，自己身邊只帶九個人逃去。神樂觀道士王昇用小船將建文帝接出，接著楊應能、葉希賢等十三人趕來。此後，建文帝身邊只留四五人做護衛，其餘的人「遙為應援」。於是他們便忽南忽北，往來名勝，浪跡江湖，在許多地方留下了他們的傳說和故事。直到現代，雲南「大理民家仍有以惠帝（建文帝）為鼻祖者」。[65]

建文帝在雲貴一帶留下的遺跡和傳說較多，不少書還記錄了一些建文帝的詩文。這些詩文有一些屬後人假託，但有一些頗合建文帝的身分，似不像假冒。其中常為人所提到的是《羅永菴隨筆》兩首。這是建文帝避居貴州金竺（今貴州廣順）羅永菴時所作。其中一首是：

風塵一夕忽南侵，天命潛移四海心。
鳳返丹山紅日遠，龍歸滄海碧雲深。
紫微有象星還拱，玉漏無聲水自沉。
遙想禁城今夜月，六宮猶望翠華臨。

另一首是：

閱罷楞嚴磬懶敲，笑看黃屋寄雲標。
南來瘴嶺千層迴，北望天門萬里遙。
款段久忘飛龍輦，袈裟新換袞龍袍。
百官此日知何處，惟有群烏早晚朝。[66]

〈建文遜國〉對建文帝什麼時間到了什麼地方，由什麼人跟隨，記載得就像旅行日誌，其可信程度已難詳考。有些內容肯定出自某些人的附會和傳聞。例如建文帝由南京外逃時，說明太祖留下個鐵篋，有的書還說成是明初大奇人劉基的主意，頗有神祕色彩，顯然是後人附會。最關心這件事的應該說還是明成祖，他心裡很明白，只要建文帝仍活在世上，他就是一面很神聖的旗幟，有著很大的影響力和號召力，隨時可以對自己的皇位構成威脅。因此，他派心腹大臣四出，有的是明言出使，藉機訪查，有的則扮成普通百姓，祕密尋找建文下落。這正像有的史書中所說：

> 文皇（明成祖）初，以遜國伏戎為慮，以故軺車四出，幾於「上窮碧落下黃泉」矣。[67]

私訪建文帝最著名的大概就是胡濙了。在明成祖在位的二十餘年間，他的主要活動就是四處尋訪建文帝。《明史．胡濙傳》載：

> 惠帝之崩於火，或言遁去，諸舊臣多從者，帝（明成祖）疑之。（永樂）五年遣濙頒御制諸書，並訪仙人張邋遢，遍行天下州郡鄉邑，隱察建文帝安在。濙以故在外最久。

所謂「頒御制諸書」，「訪仙人張邋遢」，都不過是名義，他的主要任務和真正目的就是「隱察建文帝安在」。

這裡提到的張邋遢是個奇人。他原籍遼東懿州（屬今遼寧黑山縣），名全一，又名君實，號三

65 王崇武，《明靖難史事考證稿》第三章。
66 呂毖，《明朝小史》卷三，〈羅永菴遺筆〉。
67 沈德符，《萬曆野獲編》卷三十，〈使西城之賞〉。

丰。因為他不修邊幅，所以人稱張邋遢。他身材修長，龜形鶴背，大耳圓目，鬍鬚根根如針，不論寒冬盛夏，隨身只有一件破衲衣和一領蓑衣。讀書過目不忘，善戲謔，旁若無人，有人說他能一日千里，行無定處，其形象就像家喻戶曉的濟公一樣。據說明太祖朱元璋就曾經訪查過他，未訪查到。[68] 明成祖這時讓胡濙去訪，也是「積數年不遇」，也許一開始就沒準備遇上，因為他的真正目的在於訪查建文帝。

鄭和下西洋實際上也有察訪建文帝的用意。《明史．鄭和傳》載：「成祖疑惠帝亡海外，欲蹤跡之，且欲耀兵異域，示中國富強。」也就是說，明成祖懷疑建文帝逃往海外，所以讓鄭和出使海外諸國時暗中訪查。仔細檢索一下史籍就會發現，在鄭和的使團中也有錦衣衛人員。錦衣衛和東廠、西廠都是明代的特務機構。這些人跟隨鄭和出使，顯然有暗中察訪建文帝的用意。這種情況在《明實錄》中可以找到蛛絲馬跡。

> （宣德元年六月）錦衣衛杜子忠等四人，永樂中從太監鄭和使西洋，至錫蘭，四人被掠。今自蘇門答臘國附朝貢舡來歸。[69]

這條記載明白無誤地告訴人們，在鄭和使團中確實有錦衣衛特務跟隨。這不僅是察訪建文帝的一個有力證據，而且也是建文帝確實逃亡在外的一個有力證據。

明中期人鄭曉也看破了這一點。他寫道：

> 成祖西洋之舟發，不亦勞乎！鄭和之泛海也，胡濙之頒書也，國有大疑云爾。[70]

這裡的所謂「大疑」，就是指建文帝逃亡在外一事。

若干年以來，研究鄭和下西洋成為學術上的一個熱點，有關著作和論文陸續不斷，但人們卻忽略了一個重要史實，即明成祖為什麼要用鄭和這樣一些宦官充任使臣。鄭和的副手王景弘也是宦官，出使榜葛剌（今孟加拉國）、尼八剌（今尼泊爾）和中印度等地的侯顯也是宦官，《明史》上說他「強力敢任，五使絕域，勞績與鄭和亞」。[71]出使蒙古諸部的是宦官海童，出使西域（今中亞一帶）的主要是宦官李達。人們大都知道陳誠出使西域，是因為他留下了《使西域記》這本書，實際上他多次充當李達的副使，而正使是宦官李達。

一般說來，用宦官為使臣出使外國並不適宜，因為宦官被人們認為是「刑餘小人」。那麼，明成祖總是用宦官為使臣出使外國，難道就是因為只有他們才勝任，別的沒有人才了嗎？顯然不是，而是明成祖有其他考慮。不難想像，建文帝對待宦官嚴厲，紛紛逃歸明成祖，透露建文帝宮中虛實，幫助明成祖奪得帝位。這些宦官不像士大夫那樣講究忠義，明成祖認為他們最為可靠，所以就讓他們為使臣，「輻車四出」，暗中擔負著訪查建文帝的任務。如果不是有這種特殊任務的話，明成祖完全可以派文臣充任使節，而不必大量地使用這些宦官。

甚至老百姓中也有人告發這種事，說建文帝藏在了誰家誰家。例如，「浦江義門鄭氏廳中」，有建文帝親書的「孝友堂」三字。建文遜國後，有人向朝廷告發，說建文帝藏在此家。明成祖「遣

68《明史》卷二百九十九，〈張三手傳〉。
69《宣宗實錄》卷二。
70 鄭曉，《今言》卷四。
71《明史》卷三百四，〈侯顯傳〉。

使廉之」，到這家搜查了一番，「及發櫝，惟見經史。」沒找到建文帝。明成祖聽說後大怒，「乃斬誣者」。[72]告發者雖以誣告罪被斬，但明成祖畢竟派人去搜查了。這事表明，明成祖知道建文帝逃亡在外，不然的話，他就沒有必要派人去搜查了；同時也表明，當時下層人士也知道建文帝逃亡在外。這人以誣告罪被殺，實際上主要是因為他觸及了明成祖的痛處，明成祖本來說建文帝已死於火了，怎麼還說他躲藏在誰家呢？豈不是擾亂民心！看來這人被殺是必然的了。

明成祖直到臨死前一年才對此事放下心來。永樂二十一年（一四二三年），胡濙由外地回朝，「馳謁帝（明成祖）於宣府。帝已就寢，聞濙至，急起召人。濙悉以所聞對，漏下四鼓乃出。先濙未至，傳言建文帝蹈海去，帝分遣內臣鄭和數輩浮海下西洋，至是疑始釋。」[73]因為這是明成祖的心腹大事，所以儘管已經睡下了，還是起來接見胡濙，並談到「四鼓乃出」。至於疑慮是怎麼消失的，後人已不得其詳，但肯定是得到了建文帝不會再為患的確切消息。另一件耐人尋味的事情是，鄭和連續六次下西洋以後，明成祖從此就再也沒有讓他出使；鄭和第七次下西洋是在宣德年間進行的。這不應被認為是一種偶然的巧合，而是與不必再訪查建文帝有著內在的聯繫。

近人在考察建文帝下落方面取得了突破性成果。《文匯報》編輯徐作生原是學歷史出身，他利用記者的方便條件，曾去南京尋訪建文帝遺蹟，後又赴北京多方考證。徐作生數次去江蘇吳縣黿山和穹窿山一帶進行實地勘訪，在此找到了建文帝出亡的遺蹟、遺物，例如雕龍柱礎、御池、御池橋、神道、方台等。他以文獻材料結合自己實地勘訪的結果，連續寫成兩篇論文，在學術界引起了普遍的重視和贊同。他經過七年的努力得出結論：當年建文帝出亡後，曾藏於江蘇吳縣黿山普濟寺內。不多久姚廣孝歸隱禪寺，在姚廣孝的監護下，建文帝隱匿於穹窿山皇駕庵，直至一四二三年（永樂二十一年）病死於此，葬於皇駕庵後的小山坡上。[74]作者的結論與胡濙向明成祖的回報恰相吻合。因此可以得出結論，建文帝沒有死於火，而是逃亡在外了。

關於建文疑案

建文帝的下落到底如何，成為一樁歷史疑案。這個問題不僅長期困擾著明成祖，而且困擾了後來的數代皇帝，並成為後代學者長期爭論不休的問題。有的人說建文帝已死於火，有的說他逃亡在外，有的人還冒充建文帝，再加上文人好異，加以附會渲染，更令人真假難辨。

有一種說法流傳較廣，直到嘉靖、萬曆年間還常常為人所提及，並筆之於書。鄭曉在《吾學編》和《今言》中有五六處提到此事。據鄭曉的記載，正統七年（一四四二年），有一個僧人來到田州（今廣西田陽）土官官府，自稱是建文皇帝，說自己從四川到雲南，又來到廣西，因年紀已老，希望能把骸骨埋在祖墓旁邊。官員們一聽大驚，立即上報朝廷，並把他送往京師，宮中的人稱他為「老佛」。朝廷大臣連連上疏，懷疑他是假冒，故意惑眾。因老宦官吳亮侍奉過建文帝，英宗便命吳亮前去見一下這個僧人，看是真是假。一見面，那個僧人就說：「你不是吳亮嗎？」吳亮故意說：「不是。」僧人說：「我往日御便殿，你進飯食，吃的是子鵝。我扔到地下一片鵝肉，你的手還提

72 呂毖，《明朝小史》卷四，〈孝友堂〉。
73 《明史》卷一百六十九，〈胡濙傳〉。
74 徐作生，〈明惠帝出亡穹窿山新證〉，載《史學月刊》一九八六年第六期；〈明惠帝出亡穹窿山補證〉，載《史學月刊》一九八七年第四期。

著一只壺，像條狗一樣趴在地下把那塊肉吃了，怎麼說你不是吳亮呢？」吳亮聽後伏地大哭，回去以後自經而死。英宗知道後，把僧人迎到西內，老死宮中，葬於西山，不封不樹。[75]

這個傳說並不完全是憑空編造，而是由楊行祥冒充一事敷衍而成。仔細翻檢一下《明實錄》就會看到，在正統五年（一四四〇年）十一月「丁巳」：

有僧年九十餘，自雲南至廣西，紿人曰：「我建文也。張天師言我有四十年苦！今為僧期滿，宜亟還邦國。」以黃紙為書，命其徒清進持詣思恩府（今廣西武鳴）土官。知府岑瑛執送總兵官。柳溥械至京，會官鞫之，乃言其姓名為楊行祥，河南鈞州白沙里人，洪武十七年度為僧，歷遊兩京、雲南、貴州至廣西。上命錦衣衛錮禁之，凡四踰月，死獄中。其同謀僧十二人俱謫戍遼東邊衛。[76]

建文帝生於洪武十年（一三七七年），至正統五年（一四四〇年）為六十四歲，楊行祥年已九十餘，自然容易被識破。有的書記為楊應祥，有的書記為楊應能，實際上都本於這一件事。更何況，建文帝既然逃跑在外，他絕不會再回來自投羅網。對照《明實錄》中上面的這條記載，有關這類的傳說自然不攻自破。

還有一種說法，嚴震直是建文時的工部尚書，明成祖即位後仍命他為工部尚書，奉使去安南，「見建文君，悲愴不食，吞金而死。」[77]這個傳說純係編造。《明實錄》中記載，洪武三十五年（建文四年）九月「壬辰」，「工部尚書嚴震直卒。」[78]但他並未死於安南，而是死於山西澤州（今晉城）。這在《明史》中有明確記載：「成祖即位，召見，命以故官巡視山西。至澤州，病卒。」[79]嚴震直剛到山西就病死於澤州，根本沒到安南。

這些傳說雖不可信，但它也說明了一個問題，士人大都同情建文帝，直到明中期，士大夫還不斷編造出一些有關建文帝疑蹤的傳說。

有許多建文遺臣逃散各地，他們變換姓名，隱居僻鄉，操各種不同的職業，不時還吟詩懷舊，更為建文疑蹤增添了神祕色彩。其中流傳較廣的是關於河西傭、補鍋匠和雲門僧等人的傳說。

所說的河西傭不知是何許人。建文四年冬天，他便開始在金城（今甘肅皋蘭）行乞，後到河西魯家為傭工，故被稱為河西傭。他整天穿一件破葛衣，後以工值買了件羊皮襖，但仍要把舊葛衣套在外面。幹活累了，有時還吟詩，夜裡還不時啼哭。臨死時囑咐他的主人，不要埋葬他的屍骨，火焚後，等西北風起將骨灰揚掉即可。主人從其言。

補鍋匠以補鍋為業，經常往來於夔州和重慶一帶，當地的老百姓大都認得他，稱他為老補鍋。不論到哪個地方，不過三天就離去。常宿寺廟，遇陰雨天即買酒自飲。有一天，在夔州他突然遇到一個人，相顧愕然，接著相抱痛哭，入山中密語一天，後離去。補鍋匠還能寫古詩，詩後題馬二子，或馬公，或塞馬先生，後不知所終。

雲門僧隱居會稽（今浙江紹興），經常泛舟賦詩，回來就燒掉。還有個被稱為東湖樵夫的人，以賣柴為生，賣柴時「口不二價」。閒暇時用草棒在地上寫詩，寫好後就用沙土亂其字跡。有人突

---

75 鄭曉，《吾學編》卷五十九，〈吳亮傳〉；谷應泰，《明史紀事本末》卷十七，〈建文遜國〉。
76 《明英宗實錄》卷七十三。
77 李贄，《續藏書》卷五，〈嚴震直傳〉。
78 《太宗實錄》卷十二下。
79 《明史》卷一百五十一，〈嚴震直傳〉。

然從後邊抱住他，看他寫的是什麼內容，「皆孤臣去國之詞」。[80]

有關這類人的記載還有很多，其真實姓名難以詳考，說他們是建文遺臣則大體可信。這些人的行蹤不時喚起人們對建文帝的回憶，後來的士大夫也不斷將這類事筆之於書。值得注意的是，後人的有關記載大都受到了當時政治形勢的影響，未免有些曲筆。

永樂年間，士大夫中幾乎沒有敢言建文出亡一事者。官書所記，都是沿用建文死於火之說。當時的人本來知情，但礙於「國初殺氣渾不除，越三十年還相屠」，[81]人人噤若寒蟬，避之唯恐不及，越是知情人越不敢言。

明中期以後，文網漸疏，此事已過去久遠，統治者已沒有建文或他的子孫復辟的擔心，所以士大夫中談建文事的人多了起來。自正德以後，甚至不時有大臣上書，請對建文帝後人加封，為建文帝加廟號、謚號，經部議，未能實行。也就在這時，記載建文出亡一事的書陸續出現，其中影響最大的是史仲彬的《致身錄》。萬曆年間，科臣歐陽調律將此書獻於朝，謂得之於茅山道士之手。書中記建文帝出亡經過，作者史仲彬親自隨行，是跟隨建文帝逃亡的二十二人之一。書前有焦竑的序，書後還有他兒子史晟的後記。此書流傳至今，當時士大夫一時相信的很多。當時一些著名的文人大都持建文出亡一說，例如王世貞在《弇山堂別集》中，鄭曉在《吾學編》和《今言》中都持此說。

這種情況在清前期為之一變，尤其是在清初，否認建文出亡一說者成為主流，像朱彝尊、王鴻緒等大文士都持此說。就連一直主張建文出亡一說的錢謙益也連連撰文，力辨《致身錄》之偽，找出十條理由，證明它是後出的偽作。[82]《明史》成書於清前期，也以史仲彬「實未嘗為侍書」為由，謂《致身錄》為晚出，「附會不足信」。[83]明眼人不難看出，這是因為建文出亡一事與朱三太子案頗為相似。清初不時有人冒充朱三太子，以崇禎帝太子的身分密謀反清，給清初統治者帶來很多不穩定因素。人們如果談論建文出亡一事，就頗有借古喻今之嫌。人們為迎合清初統治者的心意，要麼避而不談，要麼就說建文出亡一事為偽撰。

這種局面到清中葉才有所變化。這時明朝滅亡已久，人們對朱三太子案一事早已淡忘，清朝的統治已穩固，人們才又敢於談建文出亡一事。著名史學家趙翼就寫過有關建文帝的詩，例如《金川門懷古》中即寫道：「從亡芒履千山險，駢僇歐刀十族空。」「一領袈裟宵出竇，九江綺紈夜翻城。」[84]從詩中可以看出，趙翼是相信建文出亡一說的。從士大夫的態度來看，大都同情建文帝，對明成祖多有微詞。《儒林外史》的作者借鄒吉甫的話說道：「本朝的天下要同孔夫子的周朝一樣好的，就為出了個永樂爺，就弄壞了。」[85]話雖說得褊狹，但卻反映了一般士大夫的傾向。

勝敗之間

「靖難之役」打了三年，跨四個年頭，建文帝失敗逃亡，明成祖隨後登極稱帝。這場戰爭給全

80 朱國楨，《皇明遜國臣傳》卷五，〈河西傭〉、〈川中補鍋〉、〈東湖樵夫〉；《明史》卷一百四十三，〈程濟等傳〉。
81 王士禎，《池北偶談》卷六，〈致身錄考〉。
82 錢謙益，《初學集》卷二十二，〈致身錄考〉、〈書致身錄考後〉。
83 《明史》卷一百四十三，〈程濟等傳〉。
84 趙翼，《甌北詩鈔》七言律二。
85 吳敬梓，《儒林外史》第九回。

國造成了很大的破壞，尤其是北方受害最深，「淮以北鞠為茂草」。這場戰爭無疑是歷史上的一個重大事件，對有明一代的政治影響極其深遠。此後數百年間，直到現代，都不斷有學者對這段歷史進行研究和考證。那麼，這到底是一場什麼性質的戰爭？建文帝為什麼失敗了？而明成祖為什麼取得了最後的勝利呢？

這是一場什麼性質的戰爭？

關於「靖難之役」的性質，過去有人說這是統一與分裂的鬥爭，有的說是革新集團和保守集團的鬥爭，還有的說是軍人集團與文人集團的鬥爭。以前，人們大都習慣於按老框框想問題，談到一場較大規模的戰爭，總要分出誰正義，誰非正義，誰對誰錯，有明顯的傾向性，上面的幾種說法也不例外。實際上，儘管雙方打出的旗號不同，但都掩蓋不住赤裸裸的爭奪皇位的實質。前面提到的那幾種說法，都帶有學究氣，都未能擊中要害。

說這是統一和分裂的鬥爭，是說建文帝代表統一的勢力，明成祖代表分裂的勢力。建文帝要削藩，明成祖起兵反抗，這不是統一和分裂的鬥爭嗎？實際上這只是從表面上看問題，缺乏全面深入的分析。

從當時整個社會情況來看，統一和分裂並不是社會的主要矛盾。明王朝統一已三十餘年，形成了一整套的制度和秩序，無論建文帝還是明成祖，都沒打算裂土而治，而是都把自己看成整個統一國家的繼承人。明成祖為奪位而發動了「靖難之役」，最後以奪得帝位而告終。明成祖從來沒想過割據一方，當時也沒有割據的可能。起兵後，他和建文帝二人不是魚死，就是網破，不可能建立兩個並立的政權，談不上誰想統一，誰想分裂。

建文帝代表統一嗎？具有諷刺意味的是，正是這位建文帝，當形勢危急時，數次派人到明成祖那裡去求和，答應割地而治；正是這位被說成代表分裂勢力的明成祖，一再斷然拒絕這種做法。用統一和分裂的這種說法，又怎麼去解釋這人盡皆知的歷史事實呢？

另一個根據是所謂「削藩」。明成祖原是個藩王，建文帝要削藩，結果打了起來，這豈不是統一和分裂的鬥爭嗎？實際上，從當時矛盾發展的情況來看，削藩要反，不削藩也要反，只是早一天晚一天而已。歷史事實表明，建文帝搞削藩，最後失敗了，還丟了皇位。明成祖即位後也搞削藩，而且更有力，使藩王之害徹底被消除，中央集權得到空前的鞏固和加強。難道能說建文帝削藩是為了統一，而明成祖削藩是為了分裂嗎？

說這是革新集團和保守集團的鬥爭，是說建文帝代表革新勢力，他不顧朱元璋的「祖訓」，改官制、省州縣、削諸藩，力圖革新。明成祖起兵反對，打斷了這個進程，是保守勢力的代表。

但建文帝「革」的是什麼「新」呢？不要說「省州縣」算不上什麼革新，因為那只是減少幾個州縣的數目，就連改官制來說，也顯得十分可笑。把官名換個古老的名稱，人還是那個人，管的事還是那些事，這能叫革新嗎？殿名、城門名也都換個新名稱，到底意義何在呢？尤其引人注目的是，他還打算實行井田制。這種在西周時實行的奴隸制的土地制度，後世不時有人建議實行，但都失敗了。建文帝居然也想實行，也沒行得通。這顯然是一種違背歷史潮流的落後之舉，與其說成是革新，還不如說是復古。

從當時社會情況來看，明王朝才建立三十一年，由於朱元璋以猛治國，吏治還說不上腐敗，稍有點歷史知識的人都承認，這是中國封建社會吏治最清明的時期之一。經濟也得到恢復和發展，還處於上升階段。建文帝即位時還不存在革新的客觀要求，他只要按照朱元璋的大政方針幹下去，再稍加變通和完善，社會就可以穩定健康地發展。建文帝的所謂革新，多屬無益之舉，其特點是復古倒退。因此，他和明成祖爭奪皇位的這場戰爭，也就說不上什麼革新和保守的鬥爭了。

與革新、保守這種說法相聯繫，有人說靖難之役是一場軍事集團和文人集團的鬥爭，明成祖代表軍事集團的利益，建文帝代表文人集團的利益，文人集團要革新，軍事集團要反撲，要鎮壓。這些人看到，建文帝身邊多是文人，像方孝孺、黃子澄等人。文人在建文時比較得意，甚至有人說建文朝是「秀才朝廷」。而明成祖一開始就是個統軍禦邊的將領，靠武力奪取了帝位，這不是文人與武人的鬥爭嗎？不難看出，這種說法是很淺薄的，是經不起推敲的。

最明顯的事實是，建文帝身邊並不全是文人，也有武將，他也得到了相當多將士的支持。徐達是明太祖朱元璋的第一號武將和功臣，如果說有個軍事集團的話，他的影響應該說最大，而他的長子徐輝祖就一直堅定地支持建文帝，最後被明成祖幽禁一生；他的弟弟徐增壽卻又向著明成祖，後被建文帝所殺。他們兄弟二人的態度如此不同，建文帝和明成祖二人中誰代表這個最大的武人家族的利益呢？另外，建文帝命將出師討伐明成祖，動不動就是數十萬人，如果沒有大批將士支持建文帝，這個仗能打下去嗎？像耿炳文這樣的元功宿將，並不在明成祖那一邊，而是在建文帝這一邊。其他像盛庸、鐵鉉等人，也絕不能說他們是文人。至於說方孝孺等文臣經常圍著建文帝轉，那是因為在和平時期，處理國家政事多用文人，過去歷代王朝大都如此，正所謂「亂世用武，治世用文」，不能以此就說建文帝代表文人集團的利益。更何況，當時也看不出有個什麼文人集團。

就明成祖那方面來看，他起兵時身邊並沒有一個所謂軍事集團。張玉、朱能是他的左膀右臂，都只是中下級軍官，代表不了明王朝軍事集團的利益。明成祖身邊連一個像耿炳文那樣的元功宿將都沒有。另外，明成祖身邊也不全是武人，像姚廣孝，顯然就是個文人。

從靖難之役的經過可以看出，許多地方的守將是戰是降，並沒有考慮誰代表軍人集團的利益，誰代表文人集團的利益，而是由當時的形勢和一些其他因素決定的。例如，彰德守將趙清起初不肯降燕，只是對燕王說，你進入京師後，只要給我個二指長的小條，我就不敢不去，只是現在還不敢降。趙清的態度代表了大多數人，他們並不考慮誰軍人、誰文人，而是誰當皇帝就擁戴誰，忠於的是皇權，而不是哪一個人。還有一些守將顯得很滑稽，面對攻來的燕軍不知所措，竟借助術士的占卜。泗州守將周景初就是如此，經占卜降燕吉利，他就投降了燕王。這看來很可笑，但它卻說明了一個問題，即這些守將腦子裡並沒有一根軍人集團和文人集團的弦。

不錯，明成祖即位後，死得最慘烈的大都是文臣，這似乎成了這種說法的有力證據。但仔細考察一下就會看出，明成祖殺他們，不是因為他們是文臣，而是因為他們抗拒自己。凡歸順者，不管是文臣還是武將，明成祖都一概予以任用。以前，人們經常說誅方孝孺「十族」是多麼殘忍，很少有人提及，還有相當一大批文臣很快歸降了明成祖，例如較著名的有：蹇義、夏原吉、胡廣、解縉、楊榮、楊溥、楊士奇等，這些人在後來都成了一代名臣，受到了明成祖的重用。在首批列出的二十九個「奸惡」當中，黃福是其中之一，但他歸降了明成祖，也受到重用，被任為工部尚書，後來鎮守安南，功績卓著。這只是歸降明成祖的文臣中的一小部分，但也足能說明，以殺方孝孺等人為例來證明明成祖代表軍人集團的利益，這是站不住腳的。

經過以上的辨析，事情已經很清楚，靖難之役就是一場明成祖和建文帝爭奪皇位的戰爭。建文帝害怕明成祖奪他的皇位，要削除他，明成祖則乘機起兵，奪取了皇位。事實就這麼簡單，這麼明瞭，也正是問題的真正本質。

建文帝失去民心了嗎？

靖難之役，明成祖是勝家，建文帝是輸家，而失敗一般被認為是失去民心的結果。在古代，通過宮廷政變奪得帝位的人屢見不鮮，例如唐太宗就是一個；通過在宮廷搞陰謀奪得帝位的人也常可看到，例如雍正帝就是。但是，一個藩王從地方上起兵奪得帝位的，在中國歷史上卻只有明成祖這一次。西漢時有過「吳楚七國之亂」，七個藩王一起動手，那聲勢比明成祖這次大，但最後還是失敗了。靖難之役在歷史上很特殊，稱得上是個例外。尤其令人難以理解的是，失敗者並不是個壞皇帝，並沒有失掉民心，而是頗受人擁戴。這就使得靖難之役顯得更加例外了。或者說，這正是這場戰爭的一個突出特點。

明太祖朱元璋以嚴刑峻法駕馭臣下，這在歷史上是出了名的。建文帝一改明太祖的嚴酷，崇尚禮教，認為「齊民以刑不若以禮」，用刑盡量寬大。他儒雅好文，「日與方孝孺輩論周官法度」，[86] 一心想恢復二帝三王之治。臣下有什麼想法，都可以大膽向他提出來，用不著像洪武時那樣戰戰兢兢。這使得士大夫們真有些心花怒放了，覺得遇上了個好皇帝，覺得儒家那套政治理想可以付諸實踐了。再加上中國封建社會的正統觀念，覺得建文帝是明太祖的合法繼承人，在家孝，在國忠，所以要忠於建文帝。直到明成祖奪得帝位了，許多建文舊臣仍抗節不屈，就像方孝孺那樣視死如歸，其主要原因就在於此。

建文帝失去了皇位，但沒有失去民心。這不僅在方孝孺、鐵鉉等人身上得到了體現，其他的一些人，甚至一些普通士卒都認為，明成祖奪位屬於「篡逆」，內心一直向著建文帝。

明成祖即位時，劉基的次子劉璟在家為民。召他進京，他稱疾不去。後來他被強行召到京師，見了明成祖不是稱陛下，而是仍稱殿下。尤其令明成祖惱火的是，劉璟居然當廷說：「殿下百世後，逃不得一『篡』字。」[87]明成祖大怒，將他下到獄中，他後於獄中自殺。劉璟的話代表了相當一批人的態度，他們對建文帝抱著一片忠心。斥明成祖為「篡」，這是他最忌諱的，捅到了他的痛處，難怪劉璟要被逮繫下獄了。

有些士大夫留下的絕命詞頗為感人。翰林修撰王叔英奉詔募兵，燕軍入京，知事已不可為，遂自經於一棵銀杏樹下，其衣裾間藏有絕命詞：

人生穹壤間，忠孝貴克全。
嗟予事君父，自省多過愆。
有志未及竟，奇疾忽見纏。
肥甘空在案，對之不下咽。
意者造化神，有命歸九泉。
嘗念夷與齊，餓死首陽巔。
周粟豈不佳，所見良獨偏。

86 朱鷺，《建文書法擬》前編。

87 《明史》卷一百二十八，〈劉璟傳〉。

高蹤渺難繼，偶爾無足傳。
千秋史官筆，慎勿稱希賢。

王叔英寫在案上的兩句話也很悲壯：「生既已矣，未有補於當時；死亦徒然，庶無慚於後世。」[88]

曾鳳韶在建文時任監察御史，明成祖即位後，召他仍任原官，他拒不赴任。成祖又召他任侍郎，他知道不可免，遂自殺。他用血寫在衣襟上的絕命詞是：「予生廬陵忠節之邦，素負剛梗之腸。讀書登進士第，仕宦至繡衣郎。慨一死之得宜，可以含笑於地下，而不愧吾文天祥。」[89]

有些人死得頗具神話色彩。例如建文時的禮部右侍郎黃觀，被列為文職奸臣第六，後於羅刹磯投河死。其妻翁氏亦投水死，死前嘔血石上，成小影，一到陰雨天氣就可以看到，人稱「翁夫人血影石」。影呈人形，有愁慘狀，後被僧人移入寺中，直到清前期此石尚在。[90]

劉璟等屬於士大夫行列，知書達理，始終忠於建文帝也就罷了。一些普通士卒也對建文帝忠心耿耿，這就很耐人尋味了。

無錫人儲福原是燕山衛士卒，因不願為明成祖效勞，在靖難之役結束前逃跑了。明成祖即位後，下詔命逃卒入伍，儲福被調往雲南。儲福「仰天哭曰：『吾雖一介賤卒，義不為叛逆之臣。』在舟中，日夜泣不止，竟不食而死。」[91]

崑山人龔翊從十八歲起就當金川門守卒。燕軍由金川門進入南京，他放聲大哭，遂外逃隱居。宣德年間，著名的清官周忱兩次推薦他為學官，他推辭不就，說道：「(龔)翊仕無害於義，恐負往日城門一慟耳。」[92]竟隱居終身，人們私諡他為安節先生。

這兩個普通士卒大概都沒有讀過書，即使讀過，也不會讀得很多，肯定算不上士大夫圈內的人。他們對建文帝也居然那麼忠心，表現得那麼大義凜然，足可看出建文帝並沒有失去民心。

人們常說，得民心者得天下，失民心者失天下。這是很有道理的，在通常情況下甚至可說是一條定律。凡事都有例外，在個別情況下，得民心的君主如果用人不當，策略失誤，也會失掉天下。建文帝的失敗應該說就是一例。如果說到用人不當的話，建文帝用李景隆就是個典型。

靖難之役中的李景隆

李景隆的父親李文忠是朱元璋的外甥，由此可知，明成祖是李景隆的表叔，建文帝是李景隆的表兄弟。李景隆曾奉建文帝之命，逮治了明成祖的同母弟周王橚，從而更加受到建文帝的信任。建文帝命他代耿炳文為大將軍，幾乎傾全國兵力交他率領，全力北伐，試圖一舉消滅燕軍，結果卻全軍覆沒，使南軍從此一蹶不振。李景隆是靖難之役中一個很關鍵的人物，他首鼠兩端，越往後越傾向於明成祖，是一個葬送建文天下的禍首。以前，人們對靖難之役有過各種各樣的分析，但都對李景隆注意不夠。

李景隆率五十萬大軍北伐，頗有雷霆萬鈞的氣勢。當時明成祖起兵不久，人馬不多，主力又

88 《明史》卷一百四十三，〈王叔英傳〉。
89 《明史》卷一百四十三，〈曾鳳韶傳〉。
90 《明史》卷一百四十三，〈黃觀傳〉。
91 李贄，《續藏書》卷七，〈燕王衛卒儲福〉。
92 李贄，《續藏書》卷七，〈金川門守卒龔翊〉。

去攻掠大寧等地，留在北平的主要是老弱婦孺，防守的力量十分單薄。在那種強弱不可同日而語的情況下，李景隆的大軍竟一直未能將北平攻下，這是令人難以思議的事。尤其令人不解的是，當瞿能父子浴血奮戰，已將彰義門攻破，李景隆不是麾師跟上，乘機攻入城內，而是命令瞿能暫停攻城，「令候大軍同進」，致使功敗垂成。《明史》上說這是李景隆忌功，未免太輕描淡寫了。瞿能只是李景隆的部將，立了功還能對李景隆有什麼威脅嗎？更何況，古往今來的統帥都是鼓勵部下殺敵立功，哪有怕部下立功的呢！如果當時一鼓作氣，攻占北平，使明成祖失去這個根本之地，結局會完全是另一種樣子。仔細想一下就不難發現，李景隆這樣做當有更深的原因在。

當李景隆連戰皆敗，由德州倉皇逃往濟南時，德州尚有「糧儲百餘萬」石。德州是伐燕的基地，糧草充足。李景隆南逃，將這些糧儲完好無損地留給了燕軍。[93] 李景隆如果不是首鼠兩端的話，他完全應該將這些糧儲燒掉，絕不能留給燕軍做軍餉，這些糧儲對燕軍真是莫大的幫助。李景隆為將，對有勇有謀真心伐燕的將領百般排斥。例如楊本，本來是個有勇有謀的人，「從景隆討燕有功，景隆忌之，不以聞。」即你再有功，我不為你上報。楊本後來大概看到了李景隆懷有二心，自己「以孤軍獨出」，李景隆也不予接援，終於因寡不敵眾，使楊本被俘，後死於北平獄中。[94]

王度也是個有勇有謀的人，盛庸取得東昌大捷，實際上多賴王度的謀畫。李景隆雖喪師，但回朝仍用事，他「忌（盛）庸等功，讒間之，（王）度亦見疏」。[95] 使王度的才能無法進一步發揮。

這一連串的事充分表明，李景隆是在腳踩兩家船，其危害性難以估量。後來，有越來越多的人識破了李景隆的真面目，彈劾他，要建文帝殺掉他。但建文帝仁柔有餘，念他是至親，始終未對他治罪。

黃子澄最初極力推薦李景隆為大將軍，後來李景隆兵敗回朝，黃子澄力請殺掉李景隆。他當廷痛哭著說：

景隆出師觀望，懷二心，不亟誅，何以謝宗社，勵將士！[96]

練子寧也當廷抓住李景隆，哭著指責他，請求建文帝立即將他殺掉。

方孝孺最後也看清了李景隆的真面目，當燕師逼近南京時，他當廷抓住李景隆，要建文帝殺掉他。方孝孺一針見血地說：「壞陛下事者，此賊也。」鄒公瑾等十八人群起而毆之，差一點將李景隆當場打死。[97]

當燕軍兵臨南京城下時，李景隆和谷王橞一起防守金川門。當時南京城內尚有勁兵二十萬，糧草充足，如果認真抵抗，還是有相當力量的。這時的李景隆再也不掩飾他的真面目了，立即打開城門，迎燕師進京，這就是所謂金川門之變，從而使明成祖取得了最後決定性勝利。

聯繫李景隆的前後表現，可以斷定他首鼠兩端。至於他在暗中到底幫著明成祖幹了多少事，今已無法詳考。但從明成祖對他的封賞中可以看出，他儼然是明成祖奪天下的第一功臣。史載，明成祖封賞靖難功臣，「公爵加祿受賞者一人」，那就是李景隆，其所受封賞最為隆崇：

93 《太宗實錄》卷五。
94 《明史》卷一百四十二，〈楊本傳〉。
95 《明史》卷一百四十一，〈王度傳〉。
96 谷應泰，《明史紀事本末》卷十六，〈燕王起兵〉。
97 同註96

> 奉天輔運推誠宣力武臣，特進光祿大人、左柱國、太子太師曹國公，加食祿一千石，子孫世襲。其賞白金四百兩，文綺四十表裡，鈔四千貫。[98]

在李景隆之後，「都督僉事封公受賞者二人」，即朱能和丘福。張玉死後，朱能就是明成祖手下的第一員大將了，他受的封賞是：

> 奉天靖難推誠宣力武臣，特進榮祿大夫、右柱國、左軍都督府左都督、成國公，食祿五千二百石，子孫世襲。其賞白金四百兩，文綺四十表裡，鈔四千貫並貂蟬冠服。[99]

對照就可看出，朱能的封爵大大地低於李景隆。朱能是右柱國，李景隆是左柱國，明代尚左，左柱國為尊。另外，李景隆「太子太師」的頭銜也是朱能所沒有的。朱能尚且無法與李景隆相比，那就更不用說其他的「靖難功臣」了。這種情況不是就說明李景隆在靖難之役中的作用嗎？

有的史書則說得明確了當，明成祖「以曹國公李景隆……有默相事機功」，所以才對他的封賞特別優厚。[100]什麼是「默相事機」？還不是在暗中幫助明成祖！

正因為李景隆功高爵顯，所以在明成祖的群臣中，他堂而皇之地位居第一。朝廷有大事，「景隆猶以班首主議，諸功臣咸不平。」[101]諸功臣九死一生，打下了江山，李景隆是個降臣，卻位列班首，難怪「諸功臣咸不平」了。但這是因為他們不明白底細，明成祖才真正了解李景隆的特殊貢獻。再加上李景隆那種特別顯赫的身分，他就成了導致建文帝失敗的一個關鍵人物。可悲的是，建文帝可能至死也沒認識到這一點。

敗者有因，勝非偶然

靖難之役以建文帝的失敗和明成祖的勝利而告終，這是由多種因素決定的。從建文帝方面來看，他的失敗主要有以下三方面的原因：

第一、建文帝優柔寡斷，策略連連失誤。

當建文帝要削藩時，他明明知道最主要的威脅是燕王，但又不敢觸動他，而是先削了幾個並未構成威脅的藩王。古人都知道「擒賊先擒王」，但建文帝卻不敢這樣做，而是先擒嘍囉，打草驚蛇，使燕王早早地做了準備。有的大臣看出了問題的癥結所在，建議把燕王徙封到南方，調虎離山，不算削除他的王號，又可以削弱他的勢力，不使為害，應說是個良策，但建文帝卻遲疑不決，未能實行，結果是養虎貽患，壞了大事。

燕王起兵後，建文帝用耿炳文北伐，這個決定還是很對的。論資望，論打仗經驗，耿炳文都是個合適的人選。在真定之戰中，燕兵突然發動襲擊，耿炳文只是受了點小挫，真定並沒有失守。燕王也不敢戀戰，很快就撤回北平。但建文卻臨陣換將，讓李景隆這個公子哥兒取代了耿炳文，從而鑄成了不可挽回的大錯。

當燕軍長驅南下時，南軍連連失敗，建文帝命徐輝祖率軍往援，結果旗開得勝，大敗燕軍於

98 懶生袁子，《奉天刑賞錄》，〈李景隆〉。
99 懶生袁子，《奉天刑賞錄》，〈朱能〉。
100 谷應泰，《明史紀事本末》卷十六，〈燕王起兵〉。
101 《明史》卷一百二十六，〈李景隆傳〉。

齊眉山。燕軍將領紛紛要求退往北平，只有朱能等少數幾個人堅持繼續南下。這對雙方來說都是重要的十字路口，一步走錯就可能全盤皆輸。但建文帝這一步又走錯了，剛打了個大勝仗，燕軍還並沒有北撤，他卻先把徐輝祖撤了回去，而不是乘勝追擊。這下子好了，南軍「諸將勢孤，遂相次敗績」，燕軍很快便打到南京城下。

建文帝的策略失誤之處還有許多，以上所說只是幾處犖犖大者。在關鍵階段，一個策略失誤就可能斷送大局，而建文帝卻連連失誤，這就注定了他失敗的命運。

第二、建文帝過於仁柔，貽誤事機。

就個人品質來說，仁柔沒什麼不好。但作為一個統治者，尤其是封建時代的一個帝王，仁柔也可以壞大事。例如李景隆，率領五十萬大軍北伐，加上別處會合的軍隊，共有六十萬之眾，結果全軍覆沒。如果換個剛毅點的君主，早就殺掉他了，但建文帝不僅未忍心殺他，還讓他繼續在朝中用事。壞事如李景隆者尚不受懲治，那還能懲治誰呢？執法不嚴，則部下懈於用事，難收成功之效。

有一次，建文帝向禮部侍郎陳性善「問治天下要道」，陳性善上數條建議，建文帝「悉從之」。但很快又「為有司所格」，又不實行了。陳性善很惱火，竟當面責問建文帝：「……許臣必行，未幾輟改，事同反汗，何以信天下？」這情景是很難堪的，致使「帝為動容」。[102]還是不了了之。臣下當廷責問有九五之尊的皇帝，在封建社會是極其少見的，這是建文帝仁柔的又一個典型事例。仁柔的人往往不果斷，這是當首腦的大弱點。

第三、建文帝用人不當，而且多疑。

建文帝用李景隆北伐，就是一個用人不當的典型。除此之外，這類用人不當的事還有很多。

建文帝把削藩大事交給齊泰、黃子澄，這兩人都不足以擔此大任。要削藩，又不敢先動燕王，只是對燕王採取了一些預防措施。當時，戶部侍郎郭任看出這種做法不策略，主張「先本後末」，首先圖燕。他說：「天下事先本後末則易成。今日儲財粟，備軍實，果何為者？乃北討周（王），南討湘（王），捨其本而末是圖，非策也。」[103]在這點上，郭任比齊、黃高明，可惜郭任的建議未被採納。黃子澄主張先圖周王橚，實際上是捨本逐末，打草驚蛇。耿炳文在前線稍遭敗績，他又推薦李景隆，致使事不可為。明成祖入金川門後，齊泰用黑墨將白馬染成黑色，落荒而逃。馬身上出汗，墨汁順汗水脫落，被人認了出來，齊泰只好當了俘虜，而他正是被建文帝委以重任的兵部尚書。這件小事足證他不是大將材。

方孝孺無疑是建文帝的左膀右臂之一，但他重氣節不重才智。他曾說過：「士之可貴者，在氣節不在才智。天下未嘗無才智而世之亂也，恆以用才騁智者，釣奇竊名以悅其君，卒致無窮之禍，而氣節不與焉。」[104]作為治國重臣，氣節固然重要，但才智也很重要。方孝孺氣節感人，但治國安邦的才智未免顯得不足，這一點最突出地表現在他的所謂「改制」上。那邊燕兵已起，全國兵馬倥傯，而他卻和建文帝在那裡津津樂道於「周官法度」，銳意文治，改官制，併州縣，行井

102 《明史》卷一百四十二，〈陳性善傳〉。
103 《明史》卷一百四十一，〈郭任傳〉。
104 張萱，《西園聞見錄》卷十。

田，這能僅僅歸結於不識時務嗎？不可否認，這也是治國才能不足的表現。在明代，連讚美他的人也認為他紛更過甚，例如朱鷺就曾說過：

（建文）四年之間，今日省州，明日省縣；今日併衛，明日併所；今日更官制，明日更官階；宮門殿門名題日新，雖干戈倥傯，日不暇給而不曾休，一何擾也！是正學（方孝孺）之過也。105

這話實在說出了問題的要害，但還沒說行井田呢，這才顯得更迂腐呢。

建文帝還有用人多疑的弱點。例如，吳高和楊文駐守山海關，對北平是很大的威脅。明成祖只是略施小技，給他二人各致一封信，盛讚吳高而貶低楊文。建文帝聞訊後，懷疑吳高有二心，遂將其解職，謫徙廣西。楊文勇而無謀，吳高較有謀略。這一來，獨留楊文守關，遼東兵就顯得沒什麼作為了。另外，徐輝祖於齊眉山大敗燕軍，局面為之一變。但建文帝很快就把徐輝祖調回，致使燕軍長驅金陵，全盤皆輸。這除策略上的失誤外，也因建文帝對徐輝祖有疑慮所致。

建文帝失敗的因素也就是明成祖制勝的條件。建文帝是那樣仁柔，遇上的明成祖卻是那樣剛毅過人，那麼有雄才大略。建文帝「以天下制一隅」，本來具有很大優勢，但明成祖卻由弱到強，由小到大，由一隅而終於統治全國，取建文帝而代之。這與明成祖的作風和策略的正確運用是密切相關的。

明成祖的部下除少部分嫡系外，大部分是南軍的降兵降將。對歸降者一律不咎既往，推誠任用，所以看不到有反戈的現象。打起仗來，明成祖總是身先士卒，這種大無畏的氣概自然激勵了部下，故燕軍將士打起仗來往往能以少勝多。

從策略的運用上看，明成祖不知要高出建文帝多少倍。例如，當明成祖起兵後，以有限的兵力採取突襲的方式，迅速取得了薊州、懷來戰役的勝利。當建文帝派耿炳文北伐時，明成祖已在北平一帶站穩了腳跟，可以全力迎擊正面之敵。在對付耿炳文時，明成祖趁南軍立足未穩之機，採取遠距離快速奔襲的戰術，在運動戰中捕捉戰機，迅速取得了雄縣、莫州和真定戰役的勝利，使得南軍的第一次北伐破產。在對付李景隆時，明成祖在內線打防禦戰，固守北平堅城，拖垮敵人。在外線打運動戰，壯大自己，由弱變強，最後內外夾擊，轉危為安，使南軍的第二次北伐又遭失敗。在夾河、藁城戰役中，明成祖揚野戰之長，避攻堅之短，將敵人誘出堅城，各個擊破。當他得知南京空虛時，則毅然改變戰略，不再與南軍進行一城一地的爭奪，而是長驅南下，直取金陵。以京師號令全國，各地傳檄而定，取得了最後的勝利。

僅從以上粗線條的分析就可以看出，明成祖完全可以躋身於古代最卓越的戰略家行列。以前，人們出自痛恨明成祖屠戮方孝孺等人，多不願談他的卓越之處，致使他的才能和貢獻未被人們充分認識到。了解到這一些之後，就會感到明成祖的勝利絕不是偶然的。

105 朱鷺，《建文書法擬》前編。

第六章　加強中央集權

明成祖在位期間，採取了一系列重大措施來加強中央集權。他最早設立了內閣；再次削藩，徹底消除了藩王之害。他任用酷吏，打殺異己；創設東廠，實行特務統治，從而使專制主義中央集權發展到一個新階段。

設立內閣

在近代，內閣是個很普通的名詞。在中國歷史上，永樂以前並沒有所謂內閣，它是明成祖設立的。內閣的出現是中國官制史上的一個重大變化，它也是明成祖加強中央集權的一個有力措施。內閣制度與過去的丞相制度既有聯繫，又有區別，對後世影響甚大。

由丞相到內閣

明成祖設立內閣是一個重大歷史現象。以前，人們大都有一種誤解，以為內閣就是丞相，其實是很不對的。這裡有必要把丞相演變到內閣的過程做一簡單的回顧。

在中國封建社會，一直存在著一個皇權和相權的矛盾。從二者消長的過程來看，皇權在一天天上升和強化，相權則一天天下降和衰落，到明代則為內閣所取代。

秦漢時期相權最重。丞相「掌丞天子，助理萬機」，入則參與廷議，出則號令百官，事無不統，負有第一線的責任。丞相是所謂三公之一，但地位最重。丞相上朝，皇帝還要從御座上站起來，表示一下。皇帝如果在路上遇到丞相，還要下輿打一下招呼。「丞相有病，皇帝法駕親至問候。」[1]這種待遇是後世丞相所不敢想望的。有人稱秦和漢初是丞相責任制時期，應該說是有一定道理的。

漢武帝感到相權太重，便用近侍分奪丞相的權力。他在內廷設尚書台，實際上就是他的內廷祕書處，用來參決機務，甚至還讓宦官參與其間。尚書台的地位日益顯赫，相權隨之日益低落。東漢時，尚書台的職權進一步擴大，尚書成了事實上的丞相，三公形同虛設，即所謂「雖置三公，事歸臺閣」。[2]所謂「事歸臺閣」，就是歸尚書台，「三公論道而已」。

隋唐時行三省制度，三省長官同為丞相，相互牽制，誰也不能專權。一般都有四五個人同時為相，多時達十餘人，他們同時議事，最後由皇帝裁決。唐中期以後，皇帝還常常派親信「同平章事」、「參知政事」，即同丞相們一起處理章奏等事，參與知道政府事務，這些人也漸漸地成了相。到後來，即使原來的三省長官，如果沒有這些頭銜，也不敢執政事。與秦漢時相比，這時的相權大為削弱了。

1 杜佑，《通典》卷二十一。
2 《後漢書》卷四十九，〈仲長統傳〉。

宋代的君主專制發展到一個新階段。宋太祖趙匡胤在稱帝的第二天，要了個小花招，故意裝著眼睛昏花，要丞相范質把章奏送到他跟前，趁機讓宦官把他的座位撤掉。於是成為定制，以後丞相在廷上與皇帝答話，再也不能「坐而論道」了，而必須「立而陳言」。另外，皇帝對相權又進行了分割，分軍事權給樞密院，分財政權給三司使，丞相只管行政。這還不夠，還必須由皇帝「差遣」，方可任事。否則，不管什麼官職，都無權行事。

元代行單省制度，只存中書。但中書令一般由皇太子兼任，中書令下面設左右丞相。原來行使丞相實權的「平章政事」還在丞相之下。中書令又常常沒人在位，形同虛設，左右丞相行使起權力來也是名不正而言不順。

到了明代，君主專制發展到登峯造極的程度。與此相適應，延續了千餘年的丞相制度也被廢除了。洪武十三年（一三八〇年），丞相胡惟庸以謀反罪伏誅，朱元璋乘機「罷丞相不設」，一切出自「宸裁」。他還把這一點立為祖訓：「以後嗣君毋得議置丞相。臣下敢有奏請設立者，處以極刑。」[3]這樣，明代的皇帝就不僅是「代天行命」的君主，而且是事必躬親的行政首腦。

因政務紛繁，皇帝一個人實在忙不過來，朱元璋便又設了「四輔官」，讓他們「侍左右，備顧問」。這些人品級低，沒實權，對皇權構不成威脅。四輔官的設置實際上是向內閣制度的一個過渡。

「永樂入踐極，始開內閣於東角門。」明成祖讓解縉等七人「入直文淵閣，諸六部大政，咸共平章」。[4]於是，在中國官制史上就進入了有內閣的時代。不僅明清兩代有內閣，連北洋政府時期設的國務院也稱內閣。

內閣事權

內閣成員俗稱閣臣，也叫殿閣大學士。建文時沒有殿閣諸名號，方孝孺也只是個文學博士。明成祖讓解縉等七人入直文淵閣，就是一個小型內閣班子。據《明史・職官志》載：「殿閣大學士，掌獻替可否，奉陳規誨，點檢題奏，票擬批答，以平允庶政。」在明代，「票擬」是內閣最主要的權力，即對諸司章奏先擬出處理意見，交皇帝「批紅」後即付諸實施。這個權力在永樂年間還沒有，宣德年間三楊勢重，內閣才開始有了「票擬」的權力。在永樂年間，其他的那幾項事權內閣已基本得到。僅就這幾項事權來看，也屬清要之職。內閣最接近皇帝，不僅代筆，而且可以和皇帝一起從容議事，這是外廷官員很歆羨的。

閣臣稱大學士，這個名號也頗為榮寵。大學士最早見於唐代，為皇帝的文學侍從。到了宋代，大學士則用來優遇曾當過宰相的人。明代大學士品級雖不高，僅止五品，但名聲不低。

閣臣還有個小特權，即可以向皇帝上「密揭」。臣下上封言事，外廷由通政司轉呈，內廷由會極門宦官轉呈，只有內閣成員可以進「密揭」。往往「外廷千言，不如禁密片語」，這就無形中提高了內閣的身價。

但如果說明代的內閣就相當於以前的丞相，那就大錯了。首先，明代的內閣不是一級正式官署，沒有法定的政治權力。以前，六部尚書是丞相的下屬，丞相可以直接對他們發號施令。六部

---

3 《明史》卷七十二，〈職官志〉。

4 孫承澤：《春明夢餘錄》卷二十三，〈內閣〉。

有什麼事，也直接向丞相回報和請示，但內閣根本就沒這樣的權力。六部尚書直接向皇帝請示和回報，根本不經過內閣。

其次，明代內閣大學士的品級很低，「終明之世不過正五品」。明代的官階分九品，一個五品官只是個中級官員。以前，丞相都是當朝一品，位極人臣。而在明代，就品級和事權而言，內閣大學士反在六部尚書之下。正因如此，《明史．職官志》上說：「雖居內閣，官必以尚書為尊。」宣德以後大學士品級高，是因「三楊」等人兼有師、保、尚書等頭銜。

之所以有不少人認為內閣就相當於丞相，是因為受到一個現象的迷惑，即明中期以後出現了嚴嵩、張居正那樣的權臣，儼然成了過去那樣的丞相。其實，他們二人都是特殊歷史條件下的產物。嘉靖皇帝信道教，整天在宮內做齋醮，就敢一連十幾年不上朝。在政治上出現了真空，嚴嵩作為內閣首輔，自然就顯得權力大了起來。萬曆皇帝十歲即位，少不更事，由張居正執政，權傾朝野，雖過去的真丞相也難以相比。即使這樣，很多朝臣也認為這是有悖於「祖訓」的，所以他們二人的下場都很可悲。這種特殊歷史條件下的特殊現象，不能用來代表明代內閣的通常情況。

明代就有人說：「文皇（明成祖）嗣統，妙簡英哲，於是解縉、楊士奇等入直內閣，備顧問，代王言而已。」[5]也就是說，明代內閣的最主要職能不過是「代王言」而已。到明中期，社會上還流傳著「紙糊三閣老，泥塑六尚書」之謠。那意思是說，六部尚書雖是二品官，有時還趕不上大學士進言方便。大學士票擬（永樂時大學士還沒有此權）後，還要由司禮太監代皇帝「批紅」後方能生效，司禮太監更接近皇帝。這還是有了「票擬」權以後的情況，在沒有票擬權的永樂年間，閣老（大學士）們就更是「紙糊」的了。

由此可以看出，明成祖設立內閣，不過相當於內廷祕書處，其權力絕不足以與前代的丞相相比。這是明成祖加強專制主義中央集權的一個有力措施。

內閣七學士

明成祖設立內閣，其成員都是編、檢、講讀之官。永樂年間習稱「內閣七學士」，都是頗有才華的文人：解縉是侍讀，黃淮是中書舍人，楊士奇是編修，胡廣為侍講，楊榮為修撰，金幼孜是給事中，胡儼是檢討。永樂年間的文壇上出現了所謂「臺閣派」，以歌舞昇平、雍容典雅為特徵，楊士奇、楊榮和金幼孜等都是領袖人物，由此也可看出內閣七學士的基本特色。

解縉是七人中才華最奔放的一個，頗有點恃才狂放的味道，是明初著名的大才子。洪武時他就上書反對分封，明太祖看他年輕，讓他回去待上十年，「以十年著述，冠帶來廷」，大用未晚。建文時回京，任翰林待詔。明成祖即位，升他為侍讀學士。編撰《明太祖實錄》、《列女傳》等書，明成祖都讓他任總裁。在春節（古代以立春那天為春節，一月一日為元旦。今以一月一日為春節，乃孫中山建立民國後改定）那天，明成祖賜給解縉等七人金綺衣，待遇和六部尚書一樣。明成祖為這種破例的恩遇解釋說：「代言之司，機密所繫，且旦夕侍朕，裨益不在尚書下也。」[6] 七學士雖然只是五品官，但在明成祖的眼裡還是很有地位的。明成祖對他們推誠重用，他們也知無不言，「從容獻納，帝嘗虛己以聽。」

5 袁袠，《世緯》卷上。

6 《明史》卷一百四十七，〈解縉傳〉。

當明成祖要對安南大舉用兵時，解縉極力反對，但未被採納。後來，因捲入皇子的奪嫡鬥爭，解縉被下獄致死。

胡廣是建文二年的狀元。廷試時，正值討伐燕王的關頭，胡廣的對策有「親藩陸梁，人心搖動」的話。所謂「陸梁」，即跳躍的樣子，指藩王不安本分。建文帝聽了很高興，親點他為頭名狀元，賜名胡靖，取意靖燕王之難的意思。雙方你靖我的難，我靖你的難，最後是明成祖靖難成功，胡廣和解縉同時迎附。明成祖改胡廣修撰為侍讀，恢復胡廣原名。胡廣曾數次隨成祖北征，每紀功勒石，都由胡廣來書寫。

楊士奇是七學士中任事最久、也最負盛名的一個。人們常說「三楊當國」，為首的就是楊士奇，另兩人是楊榮和楊溥。明成祖初以楊士奇為左中允，繼為左諭德，後升任編修。楊士奇奉職謹慎，在家從來不言公事。他善於應對，每言輒中。人有小過，他極力與人為善，不予苛責。有一次，廣東布政使徐奇帶了一些南方的土特產贈送廷臣，在送禮的名單上沒有楊士奇。明成祖問楊士奇這是怎麼回事，楊士奇回答說：「徐奇赴廣東時，群臣作詩為他送行。我恰巧有病沒有去，所以我也就不在名單上。現在受還是沒受尚難確定，況且禮品輕微，當無他意。」明成祖本來打算要治那些人的罪，聽楊士奇這麼一說，馬上變了主意，命令燒掉那個名單，不再追究。別人聽到這件事，自然都很感激楊士奇。這件事也表明，明成祖和內閣學士們的關係格外親密。

楊榮是七學士中最懂兵事的一個。明成祖在兵事上遇到什麼問題，總是找來楊榮徵求意見。明成祖五次親征蒙古，楊榮每次都隨行，多有贊畫之功。楊榮在七學士中年齡最小，但特別警敏，判事準確。有一天晚上，寧夏來報告，說已被敵人包圍，事情緊急。明成祖問楊榮當如何處置。楊榮說：「寧夏城牆堅固，將士習戰。奏書送到京師需十餘天，圍也就解了。」到半夜時，寧夏果又來報，說圍已解。[8] 這使得明成祖頗為嘆服，楊榮也因而益受信任。永樂五年（一四〇七年），楊榮受命赴甘肅贊畫軍務，回京在武英殿向明成祖稟報。因正值盛夏，明成祖對他圓滿完成任務滿心高興，親自切西瓜給他吃。這雖然是件小事，但卻從中可以看出他們君臣關係的融洽。

其他幾個學士也都各有特長。黃淮達於治體，論事明晰，所言多被成祖所採納。蒙元的阿魯台要率部歸附，請求准許他控制吐蕃（今西藏）諸部，許多大臣主張答應他。黃淮卻說：「分則易制，合則難圖。」明成祖聽了以後很以為是，當廷讚揚黃淮說：「黃淮論事，如立高崗，無遠不見。」[9] 金幼孜的詩文寫得很漂亮，常侍成祖身邊。成祖數次北征蒙元諸部，他都隨行，作詩詠山川形勝，書功紀行。胡儼嗜學，天文、地理無不究覽，能以師道自任，故長期擔任國子監祭酒。這七個人組成了明成祖的祕書班子，雖然他們都是建文舊臣，但卻受到明成祖的分外信任。

內閣七學士都來自翰林院。翰林，意同翰苑，即文士薈萃之地。明清兩代都把翰林院作為儲才重地，翰林院無定員，人可以多，也可以少，翰林學士掌祕書、著作之職。他們的品級不高，但如表現得才華出眾，往往能很快升至顯要。明成祖從翰林院中選拔解縉等七人組成內閣，在永樂一朝發揮了極為重要的核心作用。明代人就看到了內閣制度的長處：「至我太宗文皇帝，簡任內閣儒臣，日與咨訪政治。然彼時內閣，多是朝廷親選翰林編修等才猷、歷經能識人才、治體公忠體國者為之，不曾驟加高品。至於選入翰林者，又皆唯才是取，不拘內外新舊職事。」[10] 這話

7 《明史》卷一百四十八，〈楊士奇傳〉。
8 《明史》卷一百四十八，〈楊榮傳〉。
9 《明史》卷一百四十七，〈黃淮傳〉。
10 張萱，《西園聞見錄》卷二十六。

表明了內閣和翰林院的關係，也道出了內閣制度的優點。明太祖廢除丞相制以後，明成祖設立內閣，這對推動整個官僚機器的運轉，對加強中央集權，都是一個成功的措施。正因如此，內閣制度在永樂時一經確立，後世皇帝皆相沿不廢。

再次削藩

建文帝削藩，惹出了一場全國性內戰，結果丟了皇位。明成祖即位後，他也深感藩王之害，認為這是他加強中央集權的重大障礙。即位之初，明成祖對諸王恩禮有加，但不久就開始了大刀闊斧的削藩行動。有些藩王想走明成祖的老路，陰謀反叛，但明成祖畢竟不是建文帝，這些陰謀都歸於失敗。朱元璋分封藩王所造成的禍害，到明成祖時才基本被消除。

削藩前先行安撫

明成祖一進入金川門，馬上就派人將周王和齊王從獄中救出。一開始他們很驚慌，以為要把他們拉出去殺掉呢，當他們知道是明成祖救他們時，自然喜出望外。他們把明成祖的勝利看成自己的勝利，以為往日的權勢和富貴又會重來。他們沒有想到，他們的這位「大兄」是一位削藩更徹底的人物。只是因為剛進京師，一來明成祖還需要得到諸王的支持，二來自己因反對建文帝削藩而起兵，自己不能馬上再削藩。為了表現出與建文帝的明顯不同，他要先對諸王進行安撫。

明成祖一即位就宣布，凡是被建文帝削去王號的諸王，一律恢復舊爵。這樣，周王、齊王、代王、岷王都恢復了舊封。湘王因在建文時自焚而死，建文帝給他的謚號為「戾」，顯然帶有貶意，明成祖改謚其為「獻」，這就有褒義了。不僅這些王都復了舊爵，他們遭牽連的部下也都得到復職：「文武官員軍民人等連累致罪者，官復原職。已故者，文官優免其家差役，武官子孫承襲。民充軍者，復還原籍為民；軍發邊遠者，仍還原衛。」[11]另外，明成祖還為各王府增置了賓輔、伴讀、伴書等，這也是提高諸王府待遇的一個標誌。明成祖即位時正值盛夏，南京酷熱，明成祖讓在京諸王不必每日上朝，而改為三日一朝，以示優遇。諸王府除嫡長子承襲外，其餘諸子隨著宗支的疏遠，按規定封為將軍、中尉等職，明成祖也為他們提高了品級。這樣一來，宗室成員都因明成祖即位而得到了不同的好處。

對於寧王朱權，明成祖在剛起兵不久就收編了他的部下，當時答應他，事成後「中分天下」。現在事成了，明成祖當上了皇帝，沒有兌現前言，而是將寧王改封到南昌。

明成祖還時而對諸王進行慷慨的賞賜。其中，對他的同母兄弟周王的賞賜最優厚。例如，明成祖剛即位，就賞賜給周王鈔二萬一千錠。第二天，即七月九日是周王的生日，明成祖又「賜周王橚生日禮物：冠一，通天犀帶一，彩幣三十匹，金香爐、盒各一，玉觀音、金銅佛各一，鈔八千錠，馬四匹，羊十隻，酒百瓶」。[12]這種禮遇是別人所不敢想望的。

谷王橞因迎駕有功，明成祖「賜谷王橞樂七奏，衛士三百，金銀槍、大劍、金三百兩，銀

11《太宗實錄》卷十上。

12 同註11。

三千兩，彩幣三百匹，鈔三萬錠，馬四匹，金籠鞍轡二副，歲增米三千石。」與此同時，明成祖又「賜周王橚鈔八萬錠，齊王榑二萬錠」。[13] 僅從以上這兩個例子就可以看出，明成祖即位之初對諸王是何等恩禮有加。

另外，建文時一般不准諸王進京，明成祖則一改建文時的做法，許諸王時而入京朝覲。「永樂朝，親王入覲者不絕，蓋文皇（明成祖）矯建文疏忌宗室，倍加恩禮。」[14] 這實際上也是明成祖安撫諸王的一個措施。

但諸王們很快就發現，他們在明成祖手下只能安分守法，不能驕恣放縱，更不能幹任何危害皇權的事。否則，明成祖削起藩來比建文帝要堅決果斷。

削藩時雷厲風行

幾乎就在對諸王安撫的同時，明成祖就嚴密注視著諸王的表現。事實上，這些藩王只有極個別的人表現較好，例如封到四川的蜀王朱椿，平時喜歡讀書，雍容好儒，守禮法，還為當地百姓做了一些好事，其餘的可以說都有不法行為。輕者驕縱放蕩，為害地方；重者則暗養勇士，陰謀奪位。對於前者，明成祖賜書切責一番也就完事了。對於後者，即那些陰謀奪位的藩王，明成祖則斷然予以削除，有的革去護衛，僅留個王號空名，有的則徹底廢為庶民。

寧王朱權的三護衛都是驃悍的衛兵，為明成祖立下了汗馬功勞。明成祖即位後，不僅沒有和朱權「中分天下」，而且連個較好的封地也沒有給他。寧王自然也不敢提中分天下的事，一開始只要求封到蘇州，明成祖以蘇州為畿內之地，沒有答應。又請封往錢塘，明成祖則說，他們的父皇曾打算封五弟（周王）到錢塘，最後也沒實現，所以現在也不能封給他。最後終於將寧王改封到南昌，當時的南昌還屬於比較荒僻的地方，寧王自然怏怏不快。他於永樂元年二月就封，當年就有人「告（朱）權巫蠱誹謗罪」。寧王聽說後非常害怕，但明成祖派人按驗，沒找到確切的證據，又見寧王那麼擔心，似有悔改，未予懲治。從此以後，寧王「日韜晦」，以鼓琴詩書自娛，終成祖一朝總算平安。

代王朱桂曾被建文帝廢為庶人，明成祖復其爵，讓他於永樂元年正月回原封地大同。不久，明成祖就聽到他有驕縱不法的行為，遂賜璽書警告他：「聞弟縱戮取財，國人甚苦，告者數矣，且王獨不記建文時耶？」代王仍不思悔改，告發他不軌的人列出他三十二條罪狀。明成祖遂召他入京，他不來。再召，只得硬著頭皮上道。走到半路，明成祖又派人將他遣回，但已「削其三護衛，止給校尉三十人隨從」。[15] 這時代王距恢復舊藩還不到半年。

齊王朱榑在建文時也被廢為庶人，明成祖恢復了他的舊封。但他惡習不改，「陰蓄刺客，招異人術士為咒詛，輒用護衛兵守青州城，並城築苑牆斷往來，守吏不得登城夜巡。」兩個地方官向明成祖上書告發，齊王聞知後，將這二人殺掉滅口。永樂三年，亦有人告周王不法，周王遂上書謝罪。明成祖將周王謝罪的文字交給齊王看。第二年五月齊王來京，有不少人彈劾齊王的罪過，齊王當廷蠻橫地喊道：「奸臣喋喋，又欲效建文時耶！會盡斬此輩。」明成祖遂斷然將其禁錮於

13 《太宗實錄》卷十下。
14 沈德符，《萬曆野獲編》卷四，〈親王來朝〉。
15 《太宗實錄》卷二十。

南京，革去三護衛，將他及其子孫都廢為庶人。[16]

岷王朱楩在建文時也被廢削，明成祖復其王爵。當時西平侯沐晟向建文帝奏報了岷王的不法行為，使其被廢為庶人，這時又復爵了，故與沐晟交惡甚深。岷王仍惡習如故，明成祖賜書勸諭，同時也誡諭沐晟一番。岷王不思改悔，整日沉湎於酒色，擅自收繳諸官司印信，妄戮吏民。明成祖聽說後十分惱怒，命奪其冊寶，但不久又還給了他，這是因岷王在建文時就被廢，剛復王爵再廢，於心有所不忍。但岷王仍作惡不悛，明成祖遂「削其護衛，罷官屬」。[17]使其如同一介平民，無法作惡。永樂六年（一四〇八年），與岷王被廢削的大體同時，封在蘭州的肅王朱楧也被廢掉。

周王橚也不安本分。建文時，長史王翰數次勸說他，皆不聽，王翰佯狂而去。他的次子汝南王有爋向建文帝告發，說他的父親有異謀，致使周王被廢，禁錮於南京。明成祖念其為同母兄弟，對他格外優厚，不僅復其王爵，而且為他增加祿米五千石。明成祖讓他回原來的封地開封，他說開封因臨近黃河，為河患所苦，求改封別處。明成祖遂命在洛陽為他建造新宮，準備將他徙封到洛陽。但是不久，周王又說河堤已加固，請求再修一下開封的舊宮，以節省費用。明成祖又答應了他。但他並不接受教訓，違犯禮法，擅自在他封地以外的州縣張貼榜文，號令地方。地方官抄下來報告朝廷。永樂三年（一四〇五年）七月，明成祖賜書切責，要他「行事存大體，毋貽人譏議」。[18]

永樂十八年（一四二〇年）十月，人告周王準備謀反。明成祖遣心腹「察之有驗」，遂於第二年二月召他進京，把別人揭發他的罪狀讓他看。周王無言可辯，「唯頓首稱死罪」。明成祖許其歸國，但已革去三護衛。周王在眾兄弟中還算較好的一個，才有這種待遇，其他藩王也就可想而知了。周王大概覺得，明成祖之後就該輪到他當皇帝了，所以明代人就說，周王「豈非復襲壬午故事耶」？[19]因建文四年是壬午年，所以有人稱金川門之變為壬午之變。

之所以說周王是諸王中較好的一個，是因為他畢竟是個讀書人。特別值得一提的是，他還是明代頗有成就的科學家，他著有《救荒本草》一書，收錄了可供人食用的野生植物四百一十四種，其中二百六十七種為他所新增，且圖文並茂，考訂翔實。李時珍曾稱讚該書「詳明可據」。周王還主持編寫了《普濟方》一書，共一百六十八卷，取古今方劑，分成二千一百七十五類，收七百七十八法，六萬一千七百三十九方，附二百三十九幅圖，集明代以前方劑之大成，是中國現存最大而又最完備的一部古代方劑學著作。周王還善詞賦，著有《元宮詞》百章。這大概是他在政治上失意後專注於學問的結果。

谷王橞因有金川門迎降之功，得到的賞賜特別豐厚。明成祖將他改封到長沙，增歲祿二千石。他居國驕橫，忠誠伯茹常有一次路過長沙，未去拜謁他，他便彈劾茹常無禮，致使茹常服毒自殺。他在當地「奪民田，侵公稅，殺無罪人」。他的長史虞廷綱數次規勸，惹得他發了火，反誣虞廷綱誹謗，將其磔殺。另外，他還招納亡命，教他們習兵法戰陣，造戰艦兵器。他又大建佛寺，找來一千多僧人為他念咒語祈福。他偽引占卜中的讖語，稱自己是明太祖的第十八子，當主神器。谷王橞實際上是第十九子，因趙王朱杞早死，他即自稱為第十八子。他當皇帝心切，打算

16《明史》卷一百一十六，〈齊王榑傳〉。

17《明史》卷一百一十八，〈岷王楩傳〉。

18《太宗實錄》卷三十六。

19 沈德符，《萬曆野獲編》卷四，〈周定王異志〉。

藉元宵節獻燈的機會，選壯士同入內宮，伺機為變。他致書蜀王，多有起事的隱語，蜀王回書切責。不久，蜀王的兒子崇寧王朱悅燇因罪逃來長沙，藏在谷王橞處。谷王橞廣布謠言：「往年我開金川門，出建文君，今在邸中。我將為申大義，事發有日矣。」他的部下張興密報於朝，蜀王也上書告變。明成祖遂召谷王入朝，數其罪過。谷王無言以對，「伏地請死」。明成祖沒有殺他，只將他及其二子廢為庶人。[20]谷王橞開金川門迎降明成祖，背叛了建文帝，接著又打著建文帝的旗號反對明成祖，真可謂是個反覆無常的人了。

谷王橞被廢是在永樂十五年。由於他陰謀打建文帝的旗號謀反，故殃及建文帝的弟弟允熥。當時，他是建文帝唯一還活在世上的弟弟。明成祖怕有人藉他搞不軌之謀，「是年即以訃聞」，[21]實際上就是暗中指使人將他殺掉。

明成祖由藩王起家，深知藩王之害，所以對諸藩進行著嚴密的監視。除上述數王外，還有一些王被以各種方式削除。例如，秦王的兒子隱王尚炳，因稱病未出迎朝廷使者，被明成祖賜書切責。他慌忙來朝謝罪，因慌懼不久死去。尚炳的弟弟安定王尚炌陰謀奪位，他讓卜者算命，謂他當登大寶。於是，他招募人馬，私造印信，準備起事。事發後，尚炌被廢為庶人，「命往泗州守祖陵」。[22]遼王朱植在建文時被改封荊州，明成祖因他未支持自己，即位後將他的護衛削除，只給他保留個空王號。建文帝出逃時，他還有兩個弟弟，明成祖為示寬容，一開始還給他們個王號，只是封到較偏遠的地方，但很快就把他們召回京師，禁錮於鳳陽，先後死去。

看來，明成祖削藩比較順利，不像建文帝那樣一波三折。這一方面是因為建文帝削了幾個藩王，為明成祖提供了一些有利條件，另一方面也因為，當時已沒有足能與朝廷抗衡的強藩。尤其重要的是，建文帝削藩猶豫，態度不堅決，策略也不當，而明成祖則堅決果斷，雷厲風行，策略也運用得當。

明初的削藩是歷史上的一件大事，對有明一代的政治影響深遠。今將朱元璋諸子藩王情況列表於後。

朱元璋諸子藩王情況一覽表

王號	名字	排行	封地	紀事
秦王	朱樉	二	西安	洪武三年封，洪武十一年就藩。洪武二十二年改大宗正院為宗人府，任宗人令。洪武二十四年因多有過失，召來京師，因太子朱標為解，復命歸藩。洪武二十八年死，謚號「愍」。
晉王	朱棡	三	太原	洪武三年封，洪武十一年就藩。性驕橫，多不計，就藩途中即笞膳夫。太祖幾欲廢之，賴太子救，得免。洪武三十一年三月死，謚號「恭」。
燕王	朱棣	四	北平	
周王	朱橚	五	開封	洪武三年封為吳王，洪武十一年改封周王。建文初廢，禁錮南京。成祖復其封。永樂十八年因謀反有徵，削三護衛。洪熙元年死，謚號「定」。
楚王	朱楨	六	武昌	始生時，報武昌捷，太祖喜，許以楚地封之。洪武十四年就藩，數次平南方叛亂。永樂二十二年死，謚號「昭」。

20《明史》卷一百一十八，〈谷王橞傳〉。
21 沈德符，《萬曆野獲編》補遺卷一，〈谷王反復〉。
22《太宗實錄》卷一百一十三。

齊王	朱榑	七	青州	洪武三年封，十五年就藩。數歷塞上，以武略自喜。性凶暴，多不法。建文時廢為庶人，與周王同禁錮。明成祖復其封。永樂八年，因謀反和其子並廢為庶人。
潭王	朱梓	八	長沙	洪武三年封，十八年就藩。好學善屬文。因岳父坐胡惟庸案伏誅，不自安。太祖召入京，大懼，與妃俱焚死。無子，除封。
趙王	朱杞	九		洪武二年生，次年受封，明年死。
魯王	朱檀	十	兗州	洪武三年生，生兩月即受封。洪武十八年就藩。好禮士，善詩歌。因服金石藥傷目。洪武二十二年死，謚號「荒」。
蜀王	朱椿	十一	成都	洪武十一年封，二十三年就藩。雍容儒雅，太祖稱之為「蜀秀才」。曾聘方孝孺為世子傅，題其居為「正學」。以禮教守藩，民得安業。永樂十四年，告谷王謀反，受成祖嘉賞。永樂二十一年死。
湘王	朱柏	十二	荊州	洪武十一年封，十八年就藩。好讀書，善騎射，尤喜道家言，自號「紫虛子」。建文時，人告謀反，無以自明，闔宮自焚。謚號「戾」，永樂時改謚為「獻」。
代王	朱桂	十三	大同	洪武十一年封豫王，二十五年改封代，是年就藩。建文時以罪廢為庶人，成祖復其封。不久，人告其三十二罪，革其護衛、官屬。晚年尚同其子浪行市中，袖錘斧傷人。正統十一年死。
肅王	朱楧	十四	蘭州	洪武十一年封漢王，翌年改封肅，又明年就藩平涼，二十八年就藩甘州。建文時移駐蘭州。永樂六年，因妄殺衛卒和私受哈密進馬，逮其長史官屬。永樂十七年死。

遼王	朱植	十五	廣寧	洪武十一年封衛王，二十五年改封遼。習軍旅，數立戰功。靖難兵起，建文帝召入京，改封荊州。永樂十年削其護衛，二十二年死。
慶王	朱栴	十六	寧夏	洪武二十四年封，二十六年就藩。好學有文才。成化五年死。
寧王	朱權	十七	大寧	洪武二十四年封，二十六年就藩。「帶甲八萬，革車六千」，數出塞，以善謀稱。靖難兵起，建文帝召其入京，不赴，坐削三護衛。成祖收編其騎兵，為勁旅。永樂元年改封南昌。人告誹謗，遂自警，日韜晦，多與文士往還，注書和撰述數十種。正統十三年死。
岷王	朱楩	十八	岷州	洪武二十四年封，二十八年改駐雲南。建文元年廢為庶人，徙漳州。成祖復其封。因多行不法，永樂六年削其護衛，罷官屬。景泰元年死。
谷王	朱橞	十九	宣府	洪武二十四年封，二十八年就藩。因宣府為上谷地，故稱谷王。燕兵起，走還京師。開金川門迎降成祖，改封長沙。永樂十五年，因以建文旗號謀反，和其子皆被廢為庶人。
韓王	朱松	二十	開原	洪武二十四年封，未就國。好學無過，永樂五年死。
瀋王	朱模	二十一	潞州	洪武二十四年封，永樂六年就藩，宣德六年死。
安王	朱楹	二十二	平涼	洪武二十四年封，永樂六年就藩，十五年死。
唐王	朱桱	二十三	南陽	洪武二十四年封，永樂六年就藩，十三年死。
郢王	朱棟	二十四	安陸	洪武二十四年封，永樂六年就藩，十二年死。
伊王	朱㰘	二十五	洛陽	洪武二十四年封，永樂六年就藩。好騎射，不樂居宮室，常馳逐郊外，無故傷人。永樂十二年死。
	朱楠	二十六		洪武二十六年生，剛逾月而死。

削藩後藩禁嚴厲

明成祖開始削藩後，逐步加強了對諸王的控制，這也就是所謂「藩禁」。嚴格地說，這也是削藩的一個內容，因為雖名義上沒削去王號，但實際權力卻大大削弱了。這或者可以稱作是另一種形式的削藩。這類藩禁在洪武、建文時已規定了一些，自明成祖以後禁例更多，而且更加嚴厲。

從《明實錄》中可以看出，自永樂三年始，明成祖就不斷地訓諭諸王，要他們老實守法，以全親親之誼。永樂三年五月，明成祖賜書訓誡諸王：「《易》曰：『履霜堅冰至。』孔子釋之曰：『其所由來者漸矣。』……雖不可虧親親之私恩，亦不敢廢天下之公義。……諸弟侄亦惟常念皇考之法俱在，各盡乃道，共保富貴。」[23]同年十月，明成祖乘賜諸王《皇明祖訓》之機，再次向諸王表示，自己不是宋太宗，諸王也不要當「漢七國」。[24]但歷史事實表明，諸王想當「漢七國」的很多，有的是沒敢當，有的是試當了一下，很快就被削去了。明成祖則比宋太宗更有過之，他反而更像漢武帝，因為正是在他們這兩個雄才大略的帝王手裡，兩代的藩王之害才徹底被消除。

大體上看，明成祖加強藩禁的措施有以下幾個方面：

第一、移塞王於內地，削減其護衛軍。

從明初藩王的情況來看，實力最強的是幾個「塞王」。因有禦邊的任務，不僅自己控制的兵士多，且有節制其他軍事將領的權力。對朝廷構成威脅的也主要是他們，建文時就把幾個塞王移往內地，例如遼王朱植原封廣寧，建文帝將他移往荊州，肅王朱楧也由甘州移往蘭州。明成祖即位後，雖稱恢復諸王舊爵封，但移往內地的藩王不許回原地，而且還把原封宣府的谷王移往長沙，寧王也由大寧改封南昌。原來，一般的藩王都有三護衛，一衛大抵五千六百人。明成祖用各種方式，有的三衛盡削，有的只留一衛，有的則只留幾十人「備使令」而已。

第二、禁止諸王節制武臣，將軍事指揮權轉移到朝廷任命的將領手中。

洪武年間形成了諸王可以節制武臣的局面，尤其是幾個塞王，一旦邊境有事，像傅友德那樣的元功宿將都要聽藩王節制。這是一種很大的權力，也為諸王提供了培養羽翼、擁兵割據的條件。建文帝就曾經規定：「親王不得節制文武吏士。」[25]但沒有形成制度，也沒有切實有力的措施。這一點在明成祖那裡得到了有力的實施，他陸續把靖難功臣派往各地，讓他們指揮當地的軍隊，明令諸王不得干預。他命左都督劉貞鎮守遼東；何福佩征虜將軍印，充總兵官，鎮守陝西、寧夏等地。武安侯鄭亨充總兵官，駐宣府備禦。北平雖有他的三子高燧在那裡駐守，明成祖仍命靖安侯王忠前去節制諸軍。這樣，自明成祖以後，諸王節制武官、指揮軍隊的權力就消失了。同時，明成祖又設立京軍三大營，強幹弱枝，藩王尾大不掉的局面就不復存在了。

第三、禁止藩王干預地方事務。

洪武末年就有過這類的規定，建文時又加以重申，但那時由於藩王的實際權力過大，干預地

23《太宗實錄》卷三十五。
24《太宗實錄》卷三十八。
25 谷應泰，《明史紀事本末》卷十五，〈削奪諸藩〉。

方事務的事還是經常發生。明成祖當過藩王，深知其中三昧，即位不久就宣布：「自今王府不得朝命，不許擅役一軍一民及領一錢一物，聽從者有罰。」[26] 這實際上也是告訴地方官，不要聽任藩王干預他們的事務。為此，明成祖還明確規定：「事干王府者，遵祖訓啟王知之。有司令行事務，不許一概啟請，推託利害。若王府事有相關，即遣人馳奏，不得報而擅承行者，論以重罪。」[27] 即使這樣，永樂三年還是發生了周王府在地方州縣張貼榜文的事，為此明成祖賜書嚴加訓誡：「朝廷與王府事體不同，（王府）長史專理王府事，豈得遍行號令於封外，與朝廷等？一家有一家之尊，一國有一國之尊，天下有天下之尊，卑不踰尊古之制也。今賢弟居國，如諸子擅行號令於國內，其亦可乎？……」[28] 周王是成祖的同母兄弟，尚不許干預地方事務，其他諸王就更不許這樣做了。

由以上的敘述可以看出，明成祖削藩的手法比建文帝高明，也顯得更從容。他對諸王先誡諭，對有異謀者則或削護衛，或廢為庶人，對未廢削者也做了一些嚴厲的限制。經明成祖這一系列的處置，就從根本上改變了藩王權力過大的局面，使他們難以再危害朝廷。自明成祖以後，諸王「若無罪而拘之者」，雖覬覦皇位的不乏其人，有的人也搞了點小動作，但沒有能成氣候者，「片紙旦下，而夕繫於請室。」

具有諷刺意味的是，由建文帝開始的這件削藩大事，竟由他的反對者明成祖完成了。此後，尤其是宣德年間，又陸續增加了一些藩禁措施，例如，凡皇族人員不得參政、出仕，也不得從事士農工商「四民之業」，出城不得二王相見，嚴禁與官府交結，明中期以後甚至還禁止藩王入朝。這樣，明宗室成員就成了「徒擁虛名、坐糜厚祿」的寄生蟲。這類寄生蟲人數少時問題還不大，明末達到二三十萬，成了國家財政上的一個大包袱，帶來一系列嚴重的社會問題。當「開宗室之禁」時，明王朝也就臨近滅亡了。

任用酷吏

明成祖知道自己的皇位來得不光彩，有那麼多建文舊臣抗節不屈，雖經過大肆誅殺，沒人敢公開反對自己，但仍不能保證人人忠心。為了鞏固自己的統治，強化中央集權，他便千方百計地嚴密控制臣下，任用酷吏打殺異己。正像唐代的武則天使用酷吏周興、索元禮等人那樣，明成祖手下也有一批這樣的「惡犬」，其中最有名的是紀綱和陳瑛。

紀綱

紀綱是臨邑人，曾和高賢寧同受學於王省。燕師南下，王省守義自殺，高賢寧助鐵鉉固守濟南，曾寫《周公輔成王論》。紀綱卻是另一種人，不守本分，以「劣行被黜」，即被王省趕出了校門。人們都沒有想到，這個品行不端的紀綱後來竟成了明成祖搏擊臣民的得力鷹犬。

當明成祖率燕軍南下濟南時，紀綱這個平民百姓竟毛遂自薦，攔住明成祖的馬，「請自效」。

26《太宗實錄》卷十八。
27《太宗實錄》卷十九。
28《太宗實錄》卷三十六。

明成祖和他一交談，覺得他挺精明，又善騎射，遂將他留在身邊。紀綱「善鉤人意向」，頗得明成祖歡心，不久便被提升為「忠義衛千戶」。明成祖即位後，升他為「錦衣衛指揮使」。錦衣衛是朱元璋設立的，為親軍第一衛，不僅掌侍衛，而且掌偵緝。錦衣衛還掌管詔獄，也就是習稱的錦衣衛獄，主要關押臣僚。由此可以看出，紀綱任錦衣衛指揮使，這是一個十分顯要的角色。

紀綱按照明成祖的意旨，「廣布校尉，日摘臣民陰事。」明成祖把這些人交紀綱處置。紀綱「深文誣詆」，嚴加懲治。明成祖感到他對自己很忠心，很快又提升他為都指揮僉事，仍兼掌錦衣衛。[29]這一來，紀綱就更加權勢薰天了。

明代頗有名氣的廉吏周新就死於紀綱之手。有一次，紀綱派一個錦衣衛千戶到浙江緝事。這個千戶大作威福，廣收賄賂。周新當時是浙江按察使，準備逮治這個千戶。因事不密，這個千戶早早地逃跑了。不幾天，周新因公事入京，在涿州偶然遇上了這個千戶，周新立即將他逮繫於涿州獄中。但是，周新還沒趕到北京，這個千戶卻已提前趕到了。紀綱遂誣劾周新諸多罪狀，明成祖大怒，立命逮治周新。旗校都是錦衣衛人員，在路上就把周新打得體無完膚，奄奄一息。周新自知被誣，當廷抗辯，惹得明成祖大怒，立命斬首。後來紀綱因罪被殺以後，周新才得以昭雪。[30]

明初的大名士解縉也死於紀綱之手。解縉自恃才高，勇於任事，喜歡評論諸臣短長。在立儲一事上他支持皇長子朱高熾，為漢王高煦所忌。後藉故將解縉逮繫錦衣衛獄，「拷掠備至」。在紀綱的嚴刑逼問下，獄詞連及八九個大臣，都被逮繫獄中。其中，有五人在獄中「皆瘐死」。有一次，紀綱上詔獄囚籍，明成祖看到還有解縉的名字，說道：「（解）縉猶在耶？」紀綱似乎明白了其中的意思，遂用酒將解縉灌醉，「埋積雪中，立死。」[31]解縉活活在積雪中被凍死時才四十七歲，世人都知道他才用未盡，頗感痛惜。

紀綱要處死哪一個人，就先把他領到家中，讓他洗個澡，設酒席讓他好好吃一頓，佯說要到皇帝跟前為他解脫，藉以索取財賄。等到這人的家產快用盡時，突然將這人殺掉。這樣，既受了賄，又殺了人，在明成祖面前還顯得很忠心，很能幹。在他掌錦衣衛期間，臣僚「被殘殺者不可勝數」。[32]紀綱的官階雖然不算很高，但朝中大臣都很害怕他，「諸公雖元勳見則自匿」。[33]

都督薛祿是明成祖的靖難功臣，官階遠在紀綱之上。有一次，紀綱想買一個女道士為妾，結果被薛祿先得到了。紀綱很惱火，在內廷遇上薛祿，突然用鐵撾打去，薛祿「腦裂幾死」。即使如此，他對紀綱也無可奈何。都指揮啞失帖木兒大概有些不識時務，自恃與紀綱是同級官，在路上不避道，紀綱便藉故將他「捶殺之」。

當時還沒設東廠，明成祖主要用紀綱偵伺臣下，滿朝文武都知道紀綱那不同尋常的分量。於是，紀綱的膽子也越來越大。「詔選妃嬪，試可，令暫出待年，（紀）綱私納其尤者。」即把最好的留下來供自己玩樂。明初的大富豪沈萬三雖被籍沒，但「漏資尚富」，其子文度向紀綱賄送了許多的奇珍異寶。紀綱讓文度到蘇州一帶選美女，「十五而中分之」。[34]

---

29 《明史》卷三百七，〈紀綱傳〉。
30 《明史》卷一百六十一，〈周新傳〉。
31 《明史》卷一百四十七，〈解縉傳〉。
32 《明史》卷三百七，〈佞倖〉。
33 王世貞，《錦衣志》。
34 《明史》卷三百七，〈紀綱傳〉。

永樂十四年（一四一六年）七月，異己分子被打殺得差不多了，明成祖也清楚地知道，人們對紀綱都有一種不可言狀的怨恨，便以謀反罪將紀綱磔殺於市，以消天下人之怨。這隻橫行了十四五年的惡犬，這時變成了一隻替罪羊。

陳瑛

陳瑛和紀綱不同，紀綱是個特務頭子，在暗中偵伺臣下，陳瑛掌都察院，專門負責糾劾百官，是公開監督臣下的人。

陳瑛是滁縣人，洪武時為御史，建文初調任北平僉事。有人告他受燕王金錢，與燕王通密謀，被建文帝逮治，謫貶廣西。明成祖即位後，召他為都察院左副都御史，掌院事。他「天性殘忍，受帝寵任，益務深刻，專以搏擊為能」。他一上任，就接二連三地劾治建文舊臣十餘人。像侍郎黃觀、修撰王叔英等，不僅本人伏誅，還「給配其妻女，疏族、外親莫不連染」。大理寺少卿胡閏和其子都被殺，受株連「數百家，號冤聲徹天。兩列御史皆掩泣，（陳）瑛亦色慘」。但陳瑛卻說：「不以叛逆處此輩，則吾等為無名。」[35]這句話反映了陳瑛的真實心態：把建文舊臣定為「叛逆」，自己則屬於正義，對他們懲治得越嚴厲，越顯得自己忠心。一個掌都察院的首領抱著這種心理行事，也就不難理解建文舊臣為什麼死得那麼慘了。

陳瑛善於察言觀色，落井下石。永樂三年（一四〇五年）二月，北京刑部尚書雒僉上書，「奏朝廷用人宜新舊兼任。今所信任者，率藩邸舊臣，非至公之道。」這話刺著了明成祖的痛處，極不高興，但又怕別人說自己「不容言者」，所以並沒打算立即治雒僉的罪。陳瑛這時卻火上加油，馬上彈劾雒僉「居官貪婪暴虐，擅作威福十數事」，甚至說雒僉的妻子也在家鄉「逼索財物」，「強買貨物」。於是，明成祖便以這些罪名將雒僉處死。[36]

一個多月以後，陳瑛又彈劾工部尚書黃福，說他「不能存恤工匠」。黃福是建文舊臣中被列為奸惡的二十九個文臣之一，但他沒什麼惡績，又歸降了明成祖，在解縉對諸大臣的評語中，黃福是唯一一個沒有貶語的人。因此，明成祖仍重用了黃福，讓他任工部尚書。這時因陳瑛劾奏，遂將黃福降一級使用，改任北京行部尚書。[37]黃福還算幸運，沒有掉腦袋。

永樂四年（一四〇六年）三月，嘉興知縣李鑑奉命籍沒「奸黨姚瑄」，沒有將姚瑄的弟弟一起逮治。陳瑛則彈劾李鑑，說他對應當連坐的人沒有逮繫，應予治罪，並將李鑑逮送京師。李鑑向明成祖解釋說，都察院行文中只有姚瑄的名字，沒有他弟弟的名字。幸賴明成祖明察，謂李鑑這是出於「慎重之意」，未予治罪。[38]但這件事卻生動地表明，陳瑛用法是何等刻薄。

陳瑛於永樂元年即被提升為左都御史，名正言順地成為掌都察院的第一號人物。在他任職的九年間，其最主要的活動就是打殺建文舊臣，包括那些歸降後受到明成祖重用的大臣。《明史》上說：「都御史陳瑛滅建文朝忠臣數十族，親屬被戮者數萬人。」[39]這並沒有誇大其詞，這還不包括歸降明成祖的那些人。

35《明史》卷三百八，〈陳瑛傳〉。
36《太宗實錄》卷三十三。
37《太宗實錄》卷三十四。當時北京稱行在，有一套官僚機構。在北京任尚書則稱行部尚書。
38《太宗實錄》卷四十一。
39《明史》卷三百七，〈紀綱傳〉。

盛庸歸降後，明成祖命他鎮守淮安。鐵鉉就獲後，明成祖又命盛庸為山東布政使。永樂九年，盛庸為避嫌而致仕，以求善終。不久，千戶王欽告訐盛庸，雖未得實，但王欽立即被提升為指揮同知。陳瑛看出了其中的奧妙，接著便彈劾盛庸「怨望有異圖」，盛庸懼而自殺。[40]

陳瑛彈劾盛庸得手後，永樂二年便又彈劾長興侯耿炳文，說他使用的器皿和服飾上有龍鳳花紋，「僭妄不道」。這是個很重又不容易說清的罪名，致使耿炳文也畏罪自殺。

何福也曾率南軍與明成祖對抗。明成祖即位後，以何福知兵，命他鎮守寧夏、甘肅等地數年，被封為寧遠侯。永樂八年隨明成祖北征，「數違節度」。師回後，陳瑛乘機彈劾，逼何福自縊。茹常是最先迎降並勸明成祖早正大統的人，被明成祖封為忠誠伯。但他也逃不過陳瑛的魔爪，說他營府第「違祖制」，逮繫錦衣衛獄。他自知不免，便服毒而死。

梅殷和胡觀雖是明太祖的駙馬，但因原來忠於建文帝，陳瑛也毫不畏懼地對他們進行彈劾。當明成祖在南京即位時，梅殷「尚擁兵淮上」。明成祖讓妹妹寧國公主寫血書招梅殷，梅殷見書痛哭，遂回京歸降。入見時，明成祖親自迎勞，說道：「駙馬勞苦。」梅殷答道：「勞而無功耳。」陳瑛看出梅殷並不甘心歸附，於永樂二年便彈劾他「蓄養亡命」，還和人詛咒明成祖。第二年十月，梅殷早晨上朝時，突然被人擠到橋下溺死。寧國公主抓住明成祖的衣服大哭，問駙馬安在。明成祖把罪責推在都督僉事譚深和錦衣衛指揮趙曦身上，將二人當替罪羊殺掉。《明實錄》上是這樣記載此事的：

（梅殷）一日四鼓入朝，經竹橋，（譚）深、（趙）曦令人捽殷，墜橋下死。而（趙）曦誣奏殷自投水死。[41]

這顯然是史官為明成祖粉飾的說法。實際上，經陳瑛對梅殷誣劾後，明成祖聯繫到梅殷以前的表現，就導演了這幕雙簧。

駙馬胡觀曾隨李景隆北伐，為燕兵所俘，歸降了明成祖。永樂三年五月，陳瑛彈劾胡觀「強取民間子女，又娶娼為妾」，且知他人有異謀不報。胡觀自知不免，遂自經而死。[42]朱元璋有十六個女兒，在諸駙馬中，梅殷和胡觀是比較有才能的，深受朱元璋喜愛。他們二人之死都和陳瑛有關。

李景隆雖為群臣之首，但也好景不長，永樂二年就遭到陳瑛的彈劾，說他「謀不軌」。接著，周王橚、鄭賜、蹇義等人也彈劾李景隆多有不法，但明成祖卻「詔勿問」。[43]後來，大概因為藩邸舊臣和建文舊臣都對李景隆沒有好感，紛紛彈劾他，明成祖這才奪了他的爵，還是不忍心殺他，僅將他錮之私第，永樂末年死去。

連明成祖的心腹大臣他也敢彈劾。隆平侯張信因曾祕密告變，被明成祖稱作「恩張」。明成祖即位後，察訪諸王府密事大都派張信去辦。永樂八年冬天，陳瑛彈劾張信「無汗馬功勞，忝冒侯爵，恣肆貪墨」。明成祖起初「命法司雜治之，尋以舊勳不問」。[44]從這件事可以看出，陳瑛的氣焰是多麼炙手可熱。

40《明史》卷一百四十四，〈盛庸傳〉。
41《太宗實錄》卷三十八。
42《明史》卷一百二十一，〈南康公主傳〉。
43《明史》卷三百八，〈陳瑛傳〉。
44《明史》卷一百四十六，〈張信傳〉。

以上所舉，只是陳瑛所劾治的人中有代表性的幾個，其他被他彈劾獲罪的還有很多，例如順昌伯王佐，都督陳俊，指揮王恕，都督曹遠，指揮房昭，僉都御史俞士吉，大理寺少卿袁復，御史車舒，都督王端，指揮林泉、牛諒，通政司參議賀銀等，「先後又數十人，俱得罪。」不可否認，其中有些人確有罪過，但也有相當多的人是受誣劾。皇太子朱高熾在監國時當面說他：「卿用心刻薄，不明政體，殊非大臣之道。」[45]因明成祖當時正寵信他，所以皇太子對他也無可奈何。

對陳瑛的所作所為，明成祖心裡一清二楚。只是當時他需要這樣的鷹犬，陳瑛就充當了這樣的角色。後來，明成祖看到他積怨太深，便將他「下獄死，天下快之」。

用酷吏掌之有度

明成祖畢竟是有雄才大略的帝王，他使用酷吏為自己效勞，又不允許他們危害自己的統治。他用酷吏威懾臣下，使臣下不敢有越軌行為，尤其是要防止叛逆事件。包括這些酷吏在內，實際上也處於被嚴密的控制之下。只是他們缺少這種自知之明，得意起來便忘乎所以。當明成祖看到這些酷吏危害了自己的統治時，就會毫不猶豫地將他們殺掉。

酷吏們在那裡搏擊臣下，總頭目其實是明成祖。正像《明史．陳瑛傳》上所說，陳瑛彈劾大臣，「皆陰希帝指」。明成祖需要酷吏，於是就產生了酷吏，紀綱和陳瑛只是兩個較典型的，其實當時產生了不少這樣的人物。

周新是明初頗有點名氣的廉吏，「永樂初拜監察御史，彈劾不避，權貴憚之，稱曰『冷面寒鐵公』。」[46]據《明史．周新傳》上記載，京師中誰家的小孩哭鬧，一說周新來了，小孩子們馬上就藏到一邊，不敢又哭又鬧了。實際上他也是「為政察察」，劾治了不少大臣。只是他不貪墨，對普通百姓不壞，平反了一些冤案，所以名聲還不錯。後來明成祖聽信了紀綱的讒言，將周新處死。

鄭賜在建文時曾任工部尚書，曾「督河南軍扼燕」。明成祖即位後，他的罪惡被說成僅亞於齊、黃二人。明成祖責問他，他說「盡臣職耳」，明成祖感到此人可用，便命他為刑部尚書。他為政嚴苛，一上任就彈劾孫岳，指責他毀鳳陽寺廟，取木材造船以抗禦燕軍。他又和陳瑛一起彈劾耿炳文、李景隆等人。有一次，教諭康孔高朝京師，因老母有病，他順道回鄉探望老母，耽誤了數月。鄭賜便予彈劾，請逮問治罪。幸賴明成祖明察，認為探母疾情有可原，又恢復了康孔高的官。在配合陳瑛等人劾治建文舊臣中，他發揮了很重要的作用。永樂六年，他為同官所間，憂懼而死。[47]

馬麟在建文時被謫貶雲南，明成祖將他召回，任兵科都給事中。有個大臣在奏牘中寫錯了一個字，他就反覆劾奏，請予治罪。明成祖訓誡他：「言官當陳軍事大務，細故可略也。」他這才罷休。《明史》上說他「無他建白，專以訐發為能。……（馬）麟居言路，糾彈諸司無虛日」。[48]

淮安的民人丁珏看風頭有機可乘，鄉人豐收後在土地廟祭神，他誣告鄉人不軌，致數十人被處死，他本人竟也因此被立授為刑科給事中：

45 《明史》卷三百八，〈陳瑛傳〉。
46 張萱，《西園聞見錄》卷十。
47 《明史》卷一百五十一，〈鄭賜傳〉。
48 《明史》卷三百八，〈馬麟傳〉。

（丁）珏居山陽，見時嚴誹謗之禁，乃許其鄉人里社賽神事，指為聚眾謀不軌，坐死者數十人。法司希指，謂珏才可用，立擢之。由是陰伺百僚，有小過輒以聞，舉朝側目。卒以貪黷被劾戍邊。[49]

這件事充分表明，明成祖很欣賞這類告密的人。天下臣民舉手投足都必須格外小心，否則就會隨時被人告發。

當時臣下都處在明成祖的嚴密監視之下，甚至皇太子也不能幸免。胡濙在國內蹤跡建文帝，永樂十六年，他還奉明成祖之命，名為出巡江浙，暗中到南京偵察皇太子的行為。他在南京故意多住了些日子，連內閣學士楊士奇也感到奇怪，催他上道，他便以「冬衣未完」來掩飾。他到安慶後，將所見所聞祕密地寫成報告，為皇太子說了些好話，這才解除了明成祖的疑慮。其實，胡濙自己也處在別人的監視之下。一個士酋曾向胡濙討《洪武正韻》，饋送給胡濙三小筐櫻桃。胡濙拒絕接受櫻桃，但卻把書送給了這個士酋。胡濙回京後，明成祖向他問起此事。胡濙便恍然大悟，原來他的一舉一動都有人向明成祖回報。[50]

因為告密的人多，執法的大臣又多以嚴苛為能，因此得罪的人自然也就多。有些大臣被繫於詔獄，明成祖外出巡幸時，「下詔獄者率輿以從，謂之隨駕重囚。」這顯然帶有折辱他們的意思。更有甚者，有許多人瘐死獄中，有時一個月即瘐死獄中九百三十餘人。永樂九年（一四一一年）十一月，刑科都給事中曹潤上書稱：

臣竊見其中有淹禁一年之上者，且一月之間，瘐死九百三十餘人，使罪重者不得示懲，而輕者死於無辜。

明成祖見奏，馬上召法司官說：

> 朕於一物不忍傷害，況人命乎！爾等不體朕心，冤濫如此，縱不畏國法，獨不畏陰譴耶？姑記爾等，徒流以下，期十日內皆決放，重罪當繫者亦須矜恤，無令死於飢寒。違者必不宥。[51]

明成祖的這些話是否由衷而發，當是另一回事，但一月之內瘐死九百三十餘人卻是事實。由此可以看出，酷吏們草菅人命達到了何等嚴重的程度。

明成祖用酷吏，但又不全信酷吏，還不時故意說一些寬大的話。例如那個誣鄉民賽神而得官的丁玨，沒得意幾年，就被貶謫戍邊。這時，明成祖對廷臣說：「朕素疑其奸邪，若悉行所言，廷臣豈有一人免耶？」[52]

對掌都察院的陳瑛，明成祖雖寵任他，「然亦知其殘刻，所奏讞不盡從。」後來，明成祖還對廷臣們說：「瑛刻薄，非助朕為善者。」[53]為了平息眾怒，後來即斷然將他下獄處死。即就這個陳瑛來說，他雖然刻於用法，但他大概也知道自己只是皇帝的鷹犬，也時時處在別人的掌握之中，不敢貪墨。明成祖曾讓解縉各書廷臣之短長，解縉對陳瑛的評語是：「陳瑛刻於用法，尚能

49《明通鑑》卷十五。
50 張萱，《西園聞見錄》卷十八。
51《太宗實錄》卷七十九。
52《明史》卷三百八，〈丁玨傳〉。
53《明史》卷三百八，〈陳瑛傳〉。

持廉。」對刑部尚書鄭賜的評語是：「鄭賜可謂君子，頗短於才。」[54]不管這類評價是否完全客觀，但大致可以看出，這些酷吏雖用法刻薄，但還不敢過分地胡作非為。當明成祖一發現這方面的問題後，即斷然予以處置。即使這些酷吏不敢過分貪墨，其下場也都很可悲。

明成祖即位之初，鼓勵告密，有不少人乘機挾私誣告，陷害好人。永樂二年，明成祖用禮部尚書李至剛言，榜示全國，嚴格禁止挾私誣告：

> 李至剛言：「……無知小人往往搜求細故，拑制諸司，或懷挾私仇，陷害良善；或妄稱奏訴，躲避差徭；或馳騁小才，希求進用。甚者無稽泛言，煩瀆聖聽，雖稱興利除害，其實假公濟私，宜治以重罪，榜示天下。」詔可之。[55]

這番話生動地表明，當時的告訐之風是何等之盛，這也正是產生酷吏的時代條件。為了制止誣告，明成祖還頒布了懲治誣告的辦法。

> 凡誣告三四人者，杖一百，徒三年；五六人者，杖一百，流三千里。所誣重者，從重論。誣告十人以上者，凌遲處死，梟首其鄉，家屬遷化外。[56]

有一次，錦衣衛官校誣某大臣誹謗時政，按律當斬。明成祖懷疑不實，命法司細查，果屬誣告。明成祖生氣地說：「小人敢誣君子，此風不可長。論校尉如律。」[57]豈不知，這種誣告之風正是明成祖自己提倡起來的。

明成祖為了防止酷吏們胡作非為，便讓他們互相牽制。例如錦衣衛頭子紀綱，作惡多端，被宦官揭發，被處死。後來，明成祖乾脆以宦官為頭目設立了另一個特務機構——東廠。

創設東廠

錦衣衛畢竟還是個外廷機構，既管偵緝，也負責侍衛皇帝。明成祖設立的東廠是個內廷機構，是個地地道道的特務組織。東廠由宦官掌管，刺探到什麼事直接向皇帝報告。由於宦官晝夜在皇帝身邊，報告這類事就特別方便。東廠和錦衣衛互相配合，又互相牽制，合稱為「廠衛」。東廠一經設立，終明不廢，成為明代政治生活中的一個極為重要的因素。至於後世皇帝設的西廠、內行廠等等，都是時設時廢，都趕不上東廠的影響大。設立東廠是明成祖加強專制主義中央集權的有力措施，也是一個特點。

重用宦官由來已久

從對待宦官的態度來看，明成祖與明太祖、建文帝截然不同。明太祖鑑前代之失，控制宦官極嚴。他認為唐代的宦官品級與廷臣相同最為失體，便降低宦官品級，最高不得過四品，並不許宦官兼任外臣文武官銜，不得服用外臣冠服；宦官不得干預政事，否則立斬。諸司不得與宦官文

54《明史》卷一百四十七，〈解縉傳〉。
55 余繼登，《典故紀聞》卷六。
56 同註55。
57 同註55。

移往來。按照《周禮》，宦官統於冢宰，明太祖則把管理宦官的事務交給吏部。有一個老宦官因供事已久，一天從容談及政事，被明太祖立即遣返回鄉。這樣，有些宦官「過諸大臣前一揖，不啟口而退」。[58] 明太祖對這樣的宦官最欣賞。建文帝即位後，「御內臣益嚴，詔出外稍不法，許有司械聞。」[59]

明成祖對待宦官則與他們大異其趣。當靖難之役還在進行之時，就有許多宦官偷偷地跑到明成祖那裡，向他報告朝廷虛實。明成祖之所以敢孤注一擲，長驅金陵，就是因為他從宦官那裡得到了確切的情報，知道南京空虛。有些宦官還拚殺疆場，多有戰功。例如那個被稱為「狗兒」的宦官，在靖難之役中是個頗有名氣的悍將，多次隨明成祖衝鋒陷陣，戰功累累，成為明成祖的得力幹將。明成祖感到這些宦官忠於自己，仇視建文帝，所以即位後便重用起他們來，在內政、外交、軍事等各個領域，都能看到宦官在起著重要作用。

明成祖即位後的第一年，就派宦官李興出使暹羅（今泰國）。自永樂三年（一四〇五年）始，連續派宦官鄭和大規模出使南洋和印度洋一帶，成為中外友好交往史上的盛事。與此同時，出使北邊蒙古諸部的主要是宦官海童，出使中亞等地的主要是宦官李達，出使尼八剌（今尼泊爾）、榜葛剌（今孟加拉國）等地的主要是宦官侯顯。明成祖還用宦官監軍、鎮守，例如，都督譚青營中就有宦官王安充任監軍。明軍征服安南後，用著名的宦官馬騏在那裡鎮守。

尤其值得注意的是，明太祖原來規定宦官不許讀書識字。但後來明代的宦官多通文墨，一般人便據《明史．宦官傳》的記載，認為宣德時設內書堂，教小宦官讀書，此後的宦官才開始通文墨。其實，明成祖雖然沒有正式設內書堂，但已開始派人教宦官們讀書識字。據《明通鑑》記載，永樂時「聽選教官入內教習之」。[60] 也就是說，明代的宦官在永樂時就已經通文墨了，這也正是他們在各個領域表演的資本。

明成祖感到僅用錦衣衛刺事還不放心，就讓宦官也幹起這類事來。實際上，用宦官出使、監軍，這本身就帶有刺事的色彩。清前期著名史學家趙翼寫道：

> （明成祖）以西北諸將多洪武舊人，不能無疑慮，乃設鎮守之官，以中人（宦官）參之。[61]

這些鎮守、監軍之類的宦官顯然都有刺事的任務。據記載，永樂十年（一四一二年），「內官奉諸差行。上（明成祖）曰：『朕恐在外諸司，行事或有不便，間往詢之。但不許干預有司事。』」[62] 這顯然負有刺事的使命。這表明，在永樂十八年（一四二〇年）設立東廠以前，明成祖早就在使用宦官刺事了。最典型的例子就是偵伺錦衣衛頭子紀綱了。當時，紀綱氣焰薰天，天下臣民似乎都在他的監視之下，沒想到還有人在監視著他。「內侍仇（紀）綱者發其罪」，[63] 明成祖隨即將紀綱磔殺。

明成祖還改變了洪武時由吏部管理宦官的舊制，讓宦官第一衙門司禮監來管理宦官事務。這種制度的變化在正史上看不到，在記載明代掌故的野史上卻有記載：「至永樂，始歸其事於其

---

58 《明史》卷三百四，〈宦官傳一〉。
59 同註58。
60 夏燮，《明通鑑》卷十九。
61 趙翼，《廿二史劄記》卷三十五，〈明代宦官〉。
62 查繼佐，《罪惟錄》卷二十七，〈定制內官〉。
63 《明史》卷三百七，〈紀綱傳〉。

內，而史諱之。」[64]也就是說，明成祖將宦官的管理權由吏部轉歸內廷。這樣，宦官的活動就更加方便了。到永樂十八年（一四二〇年），明成祖便正式設立了東廠。

設立東廠，層層監督

明代有都察院，又有六科給事中，是監察百官的外廷機構。都察院掌十三道監察御史，六科給事中分別監察六部，合稱「科道」。專制帝王對他們還不放心，朱元璋又設立了錦衣衛，除侍衛皇帝外，還有偵緝的職能。其實，在錦衣衛之前，朱元璋還設立過一個「察言司」，這是一般人所不知道的。據《明太祖實錄》記載，洪武三年七月，「革察言司。」[65]「察言」，顧名思義，當是偵察言論輿情的意思。但它成立於何時，機構設置和活動如何，人們均不得而知。但這短短的四個字卻告訴人們，明王朝一建立便使用特務刺事，後來只是名稱時有變化、機構越來越多罷了。這樣就可以互相牽制，層層監督，最後一統於皇帝。明成祖也是出自這一目的，便設置了由宦官統領的東廠。

在中國制度史上，尤其是特務制度史上，東廠的設立無疑是個重大事件。關於中國特務的產生，胡適曾依據《三國志》，考證出始於魏吳的「校事官」。其實，還有更早一點的紀錄。自春秋以後，作戰雙方使用特務刺探對方是常見的事。《孫子》兵法十三篇中，就有一篇是《用間篇》，實際上就是使用特務。漢代有「大誰何」，「主問非常之人」；[66]唐代的緝事番役被稱為「不良人」。[67]在明代以前，封建帝王使用特務刺事都是偶一為之，沒有形成一整套的機構和制度。明代則專門設置了特務機構，特務刺事開始制度化。

推薦序

陰暗人格，輝煌帝國：大明永樂帝的性情與文化

王鴻泰｜中央研究院歷史語言研究所研究員

朱棣，一個膽大包天的冒險家，罪惡滔天的犯罪份子。最大的竊盜者，大說謊家。父死未久，他就籌謀造反，以有限兵力，力抗王師五十萬。數年征戰，死傷無數，終得大位，卻殘殺前朝舊臣，手段殘酷，誅連甚廣。得位後，即大肆改寫歷史，甚至不認生母，篡改出身。他權力欲望強大無比，也在權力掌握上登峰造極。以一個人的角度來看，他的人生可說已發展至於極致——擁有極端的人格，極端的人生。

永樂帝，在中國歷代帝王中，亦屬出類拔萃，不遑多讓於歷代名君。他威加海內，遠及漠北海外，武功不輸秦皇漢武；政權操持，乾綱獨斷，多用能臣治世，可比唐宗宋祖。尤其，帝位穩固後，他還一再御駕親征，最終死於征戰途中。如此堅決勇毅，至以身相殉，除一代天驕成吉思汗外，古今帝王何人能及？武功之外，其文化建樹，更影響深遠，明人慣以「文皇帝」相稱，因其蓋棺論定之謚號為「體天弘道高明廣運聖武神功純仁至孝文皇帝」。

明成祖朱棣到底是個什麼樣的人，是個難解的謎。君心難測，當時近傍伴隨的親信，後世為之立傳的史家，乃至他本人，恐怕都難以掌握。朱棣可說是個性格極端的人，心機深不可測，又喜怒無常。臨事不懼，卻也有猶豫難決之時。惠帝初即位，有意削藩，對他深感忌憚，刻意提防，在北京城內外，佈下天羅地網，對他嚴密監控，而他竟然動心忍性，假裝瘋癲，瞞過所有戒慎恐懼的監視者，猝不及防地衝破網羅，迅速破除防軍，直奔東北。又以詭計擄得深悉兵法，又防之甚深的寧王，收編其精兵朵顏三衛，成為造反利器。此一代梟雄心計之深，令人防不勝防，可謂當世無敵。然則，他又難以自制暴怒，當其攻入南京時，謀師姚廣孝力勸不可殺望重士林之方孝孺，謂「殺孝孺，天下讀書種子絕矣。」蓋恐其斷絕文化命脈，離異法統，無法收拾人心。造反成功之朱棣，深知其中利害，卻終於忍無可忍，暴露殘酷本性，留下千古惡名。

殺方孝孺可謂一怒而壞大事，除此，成祖性情不穩，小事亦可觸使大怒。他曾因太子迎駕遲緩而將東宮大臣下詔獄，名臣三楊之一的楊溥，即因此坐牢十年。事實上，朱棣父子間的矛盾由來已久，其嫡長子朱高熾因身體肥胖，性情溫和，和他個性相異，自來不為所喜，日常即提心吊膽，惶惶揣測君意。此易怒之君父曾在宴會場合中，無故對之怒罵不已，甚至自白時有易儲之意。如此怒言實則已動搖國

本，斯非有心計者所應為。尤其，他深寵勇悍之二子朱高煦，以致在靖難過程中，感激其搏命救駕，而示意繼位有望，為之埋下不臣之心。九死一生得來的帝位，將傳予何人，竟成難測之謎，以至父子、諸子間勾心鬥角。專制皇帝本人難測的心意與失控的怒言，就在日常生活中，不斷為此權鬥之局添加柴火。朱棣，在激烈鬥爭中取得最高權位，又迅即將此權位推向激烈鬥爭中。這位凶狠的奪權者，到底在想什麼？難道他的不斷戰鬥的人生，也在心中自我交戰不已？

朱棣性喜冒險，終身爭逐戰場，戰鬥對他而言，大概是種享受。其身旁之人，有與之氣味相投者，可以情投意合，共進退，相支援：如其正妻，徐達之女，仁孝皇后，當燕王靖難時，她與長子留守，「親率諸將校妻擐甲登陴」，堅守王城。如其二子朱高煦，與之在戰場上，出生入死，打下江山，居功不讓，至有竊位之心。朱棣深知其野心，非但不加制止，且有縱容挑撥之意，以至促之步其後塵，終於起兵造反，卻成寇敗亡。愛之而害之，工於心計，深悉權力迷人之朱棣，對此愛子究竟存何居心，著實令人費解。其親人中，或許只有這兩個「強人」可與之莫逆相得，其他性格較為平易者，恐怕都有伴虎之感，特別是他的權位繼承人朱高熾。

朱高熾在君父之暴虐下，幾已至於精神崩潰。祝枝山所著《野記》有兩則記載：其一，朱高熾體胖不擅騎射，朱棣下令減其飲食，有官員不忍見其饑餓，私下供食。朱棣得知後，將此人剁成肉醬。父親如此殘酷對付善待自己的人，朱高熾的心理創傷恐怕非比尋常。其二，朱棣一再猶豫後，終於決意立儲長子，派人召之。朱高熾突然受召，竟驚恐至「頗欲自裁」。這些大概是在宮中傳述的流言，未必全然可信。不過，亦可想見永樂帝家居生活實甚緊張，乃至充滿恐怖氣氛。此種情勢且越演越烈。《明史．后妃傳》中敘及王貴妃時說：「帝晚年多急怒。妃曲為調護，自太子諸王公主以下皆倚賴焉。」顯然棣的急躁易怒，已讓周遭親人不時處於暴風圈，他已成親近家人的夢魘，人人畏之如鬼神。固然伴君如伴虎，然則永樂帝之多急怒，恐怕已非常態，或許另有特別的身心疾病——朱鴻教授即謂：「成祖患有癲癇症，是癲癇人格的政治人物。這種類型的政治人物，多有十分野蠻卑鄙，殘酷嗜殺之個性。」

朱棣個性頗為矛盾：他心計深沉，堅忍不拔，卻又不時暴怒，難以自制；他英明果斷，卻又蠻橫殘暴；他執迷權力，也迷失於權力，挑撥諸子權鬥，促使子孫相殘，愛子逐權敗亡。他是個充滿鬥爭性的人，善於挑起人的鬥志，能得人效死，他也讓自己及旁人的生活不時處於鬥爭中，充滿暴力、血腥與創傷、死亡。從個人角度來看，他，是個極度陰暗的人。

從歷史來看，明成祖堪稱千古名君，武功蓋世，超邁前人。清朝官修《明史》對之評論道：「雄武之略，同符高祖。六師屢出，漠北塵清。至其季年，威德遐被，四方賓服，受朝命而入貢者殆三十國。幅隕之廣，遠邁漢唐。成功駿烈，卓乎盛矣。」的確，明成祖本身能征善戰，以武力奪得帝位後，更好大喜功，動員大軍征戰南北，威及海外，他派八十萬大軍征服安南，五次御駕親征漠北，派遣鄭和六下西洋。這些都可說是震古鑠今的軍事行動，將大明帝國的威望推至頂峰。然則，凡此種種勞師動眾之舉，也可說只是出於皇帝的好大喜功，是舉全國之力以滿足其個人之權力虛榮，事實上，真正有經世之志與現實認知的大臣多反對此舉。專制獨裁的永樂帝，一意孤行，馬上得天下，又馬上治天下，刻意讓帝國統治一直處在軍國體制下，藉不斷的軍事行動讓皇帝之權威更得遂行，然文官團體的勸阻之力亦與日俱增，而帝國財力也越來越窮於應付如此窮兵黷武。因此，大明帝國的武功成就，大概也只能在永樂朝至於極盛，難以為繼，且留下諸多殘局，等待後人收拾。

永樂帝真正獲得文臣肯定，且影響深遠的非凡成就，主要還在於文化方面。他登極後，不斷下令編纂各種書籍，其中《四書大全》、《五經大全》、《性理大全》更總結儒學經典詮釋，成為天下士人科舉必讀教本，具有統一思想之作用。而《永樂大典》更是曠古未有之煌煌巨著。這些文化大工程的不斷進行，當然不是出於朱棣個人的特具文化修養或喜好，其背後實有不可告人之居心。《明史》在盛讚其「成功駿烈」之後，更結語道：「然而革除之際，倒行逆施，慙德亦曷可掩哉。」後世學者亦多論言其文化建樹實乃意在掩蓋其篡逆之道德汙點，藉儒學以文過飾非。甚至，此殘德之君，竟有意在文化建構中，一步又一步地為自己營造「聖王」形象。篡奪治統後，進而窺伺道統。如此文化野心，較諸其武功成就，毫無遜色，也堪稱「遠邁漢唐」了。陰暗的心靈，追求至上之光環，亦可謂駿烈矣。

朱棣篡位後進圖聖名，欲結合治統與道統，固可言其野心不止或掩飾慚德，然亦可謂乃情非得已，蓋此文化工程之推動有其不得不然之勢。「殺孝孺，天下讀書種子絕矣。」這是永樂朝必須面對處理的問題，文化工程之啟動與此密切相關。方孝孺是明初文宗宋濂之高徒，繼承其文學地位，且在道學方面，更勝乃師，《明儒學案》將之列為篇首，為明初道學第一人，天下士人皆馬首是瞻。而朱棣一怒而忘天下，誅其十族，禁絕其著作，此舉形同對當時學術思想界下達戒嚴令，而在全力禁錮方孝孺的文化影響力後，乃不得不另闢蹊徑展開政治文化的建構工作。

朱棣登極後，為強調其政權之正統性，除再三申明己為太祖皇帝之正統繼承人，將延續其統治政策外，同時對明太祖之統治政策不斷重新詮釋，積極塑造大明王朝乃德治政權，從而為永樂朝之統治屬性作定位。登極不到一年，先後向帝國外部大敵與國內整體官僚，宣示大明王朝將進入和平統治時期，而統治要道乃以禮樂為主，藉此積極建立其政權之正統性、合法性，乃至神聖性。他一方面極度尊崇太祖皇帝，強調其制禮作樂，治道昭明，得與古聖先王並列。另一方面，在頌揚太祖時，強調自己是其正統繼承人，進而由此表白自己積極講究禮樂之學，有意走向聖王之治。承先之外，他更在太子的教育上大作文章，以儒學為本，建立起結合聖賢學的帝王學，從而發展一套可以家傳的聖王傳統。永樂七年時，他親自編寫《聖學心法》，作為太子進學之用，意圖將帝王學與聖賢學合而為一，為大明帝國建立「聖王傳統」。清代四庫館臣對此頗加譏刺，謂：「成祖稱兵篡位，悖亂綱常，雖幸而成事，傳國子孫，而高煦、宸濠寘鐇之類接踵稱戈，咸思犯上，實身教有以致

武則天傳

作者｜雷家驥

定價｜ 700 元

以心理學的角度，從性格特徵、家庭關係、統治風格，解析武則天充滿傳奇色彩的人生。

唐玄宗傳

作者｜許道勛、趙克堯

定價｜ 700 元

運用史料，客觀真實地敘述唐玄宗的帝王生涯、歷史功績和過失，並翔實分析李楊愛情的千古課題。

成吉思汗傳

作者｜朱耀廷

定價｜ 650 元

以中外豐富的史料為基礎，真實反映成吉思汗的風采，肯定其締造蒙古民族、統一中國北方的偉大歷史功績。

忽必烈傳

作者｜李治安

定價｜ 800 元

全面性介紹忽必烈的一生，等同理解前半部元史，特別詳細描寫蒙古各部落乃至黃金家族的內戰，對蒙古帝國到元朝的歷史有清晰評析。

明成祖傳

作者｜晁中辰

定價｜ 690 元

資料詳實、語言流暢，全書以時為序，面面俱到地解讀明成祖的是非功過。

康熙傳

作者｜王日根、蔣兆成

定價｜ 600 元

生動體現康熙帝的求實精神和出色的謀略與膽識，如何在複雜的形勢下，穩定局勢，發展經濟，保衛邊疆，並實現多民族國家的統一，鞏固清朝統治地位。

雍正傳

作者｜馮爾康

定價｜ 650 元

大量採用過去不曾曝光的史料，抽絲剝繭還原真實的、有深度的雍正的功業與為人，以及系統性地評述雍正的生平政績。

乾隆傳

作者｜唐文基、羅慶泗

定價｜ 600 元

翔實剖析導致清帝國由盛而衰的關鍵人物乾隆帝，其登極初期心懷雄圖大略展開「文治武功」，後期轉為好大喜功，生活奢靡，致使政治腐敗。

光緒傳

作者｜丁琪、孫孝恩

定價｜ 600 元

運用珍貴豐富的史料為依據，真實反映光緒帝的政治活動、思想發展、宮闈生活及其精神風貌，評述他在晚清政治舞臺上的歷史功過。

朱棣並非學術人物，卻對學術發展有重大影響。從宏觀的學術史來看，甚至可以說，明代學術史上最具關鍵性的兩個人是：朱棣與王陽明。朱棣所欽定的正統儒學，決定明代前期學術議論的範圍與調式，王陽明對朱棣所定之正統儒學提出挑戰，開啟明代後期學術討論的不同空間，也造成往後學術議論的爭訟不已。

朱棣殺方孝孺，一時斬絕讀書種子，乃重新展開種種文化建構工作，逐步以治統整合道統，以至建立起一套正統儒學，以之統轄全國士子之學術思想，為時近百年，其文化意圖宏大，而影響極為深遠，更勝其武功成效。文皇帝之謚號，可謂實至名歸。

朱棣是個性格極端複雜，情感波動巨大，卻也充滿謎團的人；永樂帝是個雄才大略，極具權威，且擅用權威，而在武功文化都超卓前人，乃至意圖整合治統與道統的「聖王」。明成祖是個充滿戲劇性，極具爭議性的帝王，他有意仿傚唐太宗，而其實際表現，無論功過善惡，威權矯飾，都有過之而無不及。歷來史家對此一代帝王，多有爭議，聚訟不已，近代學者也有不少專書著作，如：朱鴻著《明成祖與永樂政治》（1988）、商傳著《永樂皇帝》（1989）、毛佩琦、李焯然合著《明成祖史論》（1989）、蔡石山著《永樂皇帝》……。晁中辰教授這本《明成祖傳》成書於 1992 年，不算早出，相較前述諸作，內容上更為全面，章節以時為序，自朱棣青少年時代，至於稱帝施治，涉及軍事、政治、經濟、文化各面，以至其家庭生活與思想才識，可謂面面俱到，立場上不偏不倚，內容上述多於論。整體而言，是部平允詳實的著作，可讀性很高。

之。而乃依附聖賢，侈談名教，欲附於逆取順守。……至於殺戮諸忠，蔓延十族，淫刑酷暴，桀紂之所不為者，夷然為之，可謂無復人理。……天下萬世豈受此欺乎？」將成祖視為殘酷更甚桀紂的暴君，如此批評頗為苛刻，卻也是事實。悖亂綱常的暴君，竟然自許為聖學傳人，更令人難堪，懷疑其意圖藉聖賢名教，以掩飾篡位罪過。不過，這也可見永樂帝推行文治的用心良苦與處心積慮，而如此用心經營下，其統治政權得到合理化，且進而提升大明帝國的統治境界，使之往「聖王」之路前進，以施行禮樂為目標，從而展開文化建設工作。

朱棣本人的文化素養究竟如何？大概也是個歷史之謎。楊士奇所修的《太宗實錄》說他：「勤學好問，書一覽輒記，終身弗忘。五經子史皆該貫，而旁通天文地志百家之書，得其要領，日從明儒講論無厭倦意。」這恐怕是溢美之辭。不過，他在登極以後，或出於愛好，或出於作態，相當積極地表現他追求知識的熱忱，這種知識熱情，也成為推動文化工作的動力。他在永樂元年，動亂方息之際，就下令翰林編書：「凡書契以來經史子集百家之書，至于天文地志陰陽醫卜僧道技藝之言，備輯為一書，毋厭浩繁。」一年後，編成《文獻大成》，他不滿意，下令重修。命禮部多方徵求人才，且選拔各級學校學生擔任繕寫工作。參與此編輯工作者達數千人，開館於文淵閣，這已遠非翰林院之一般編纂工作，而是一項全國性的龐大文化工程了。此文化工程，歷時約三年，至永樂五年完成，「書凡二萬二千二百一十一卷，一萬一千九百五本，更賜名《永樂大典》。」明人認為「其書為古今第一浩繁」。此書完成後，朱棣親自撰寫序文：「昔者聖王之治天下也，盡開物成務之道，極裁成輔相之宜。修禮樂而明教化，闡理至而宣人文。……朕深潛聖道，志在斯文。」在其序論下，《永樂大典》的編輯意義被無限上綱，成為具有「神聖性」的工作，是永樂朝禮樂之治的重要標誌，是他推行聖道的表徵。

永樂大典的編纂固然是龐大的文化工程，其意義也被永樂帝無限上綱。不過，真正對明代學術文化影響最深，且遍及一般士人的，還是三部《大全》的編纂。只是，這三部儒典的完成相當急促而粗糙，差不多就在一年內編好。顧炎武痛斥這個編輯工作「僅取已成之書，抄謄一過」，根本是個詐騙行為，毀壞儒學。四庫館臣更多所嘲諷：「大全龐雜萬狀，沙中金屑本自無多」。然則，無論其編纂水準或學術價值如何，這三部大全的編輯目的本來就是以政治權威來整合學術，從而建立起「正統儒學」，由此完成治統對道統的統合。大全編成後，朝廷下令「頒五經、四書、性理大全書于六部併與兩京國子監及天下郡縣學」，此後三部大全透過官方的儒學教育系統，傳遞至於統治教化所及之處，成為士人知識學習上最基本、最權威的讀本，可說是欽定的教科書。文皇之編修大全，可謂目標清楚而成果斐然，它完成帝國學術的「正統化」，而此正統儒學又透過科舉制度，植入全國士人腦中，統一其思想。誠如明中期大儒丘濬（1421-1495）所言：「太宗文皇帝又取聖經賢傳，訂正歸一，使天下學者說誦而持守之，不惑于異端駁雜之說，道德可謂一矣。」這種思想與道德的權威，直到王陽明成為一代教主時，才遭遇挑戰。

由於特務都是幹些見不得人的事，特務機構又大都是祕密建立起來的，所以正史對此都語焉不詳。要麼是根本不記，要麼是一筆帶過，外人又很少知道內情，因而給後人研究這個問題帶來很大的困難，有些問題至今仍撲朔迷離。例如東廠到底設立於什麼時間，就是一個至今仍爭論不休的問題。有的說設立於永樂七年（一四〇九年），有的說設立於永樂十八年（一四二〇年），有的說設於永樂十八年（一四二〇年）不確，但又說不出確切的時間。因此，這裡不妨多花點筆墨，把這個問題辨析清楚，順便也可以了解一些明成祖的思想和活動。

談遷《國榷》於永樂七年十二月條記：「始立東廠刺事，內官主之。」於是有人便據以說，東廠設立於永樂七年（一四〇九年）。但同書在永樂十八年十二月條還記道：「始立東廠，專內臣刺事。」前後自相矛盾，可姑置不論。從各方面的材料來看，東廠始於永樂十八年（一四二〇年）八月。

《明會典》據成化時大學士萬安奏罷東廠疏，推出東廠始設於永樂十八年（一四二〇年）。《明史》、《明大政纂要》、《資治通鑑綱目三編》和王世貞《中官考》都持此說。《明通鑑》還進一步記道，永樂十八年「八月丁酉朔，日有食之。是月置東廠於北京」。《明通鑑》雖然成書較晚，但作者廣收野史筆記，經過考訂得出此論，較為可信。另外，此說可信還可舉出以下四條理由：

64 沈德符，《萬曆野獲編》補遺卷一，〈內官定制〉。
65 《明太祖實錄》卷五十四。
66 《漢書．五行志》第七，下之上。
67 韋絢，《嘉話錄》載，李勉「為開封畿縣尉」時，即有「不良」偵伺之。

第一，唐賽兒起事是永樂年間最大的一次農民起事。起事發生在永樂十八年（一四二〇年）二月，後雖被鎮壓，但「自號佛母」的唐賽兒卻沒有抓到。七月間，「上（明成祖）以唐賽兒久不獲，慮削髮為尼，或混處女道士中，乃下詔大索，盡逮山東、北京尼。已，又盡逮天下出家婦女，先後凡幾萬人。」[68]但還是沒有逮到。七月「大索」不果，在八月設東廠，用內臣領著緝訪，是合乎情理的。

第二，「八月丁酉朔，日有食之。」日食在封建時代被認為是很大的災異之兆。更何況發生在初一，這就更不吉利了。因此，在這月設東廠，用內臣刺外廷事，正合乎專制帝王的恐懼心理。成化時，也是因為京師出現妖異，有「妖狐夜出」，而設立了西廠。

第三，永樂十八年（一四二〇年）九月，「上命行在禮部以北京為京師，不稱行在。」[69]改京師是一朝驚天動地的大事。因此，在前一個月設東廠，用內臣刺探輿情就顯得特別重要。

第四，仔細看一下《明實錄》就會發現，在永樂七年（一四〇九年）雖然就有使用宦官刺事的記載，但這類記載很少，而且也看不到他們的氣焰怎樣囂張。但在永樂十八年（一四二〇年）十月，卻有中官「氣勢不可近，六曹官往往被捶擊」的記載。這種氣焰是以前所看不到的，這應是中官已提督東廠、氣勢漸橫的結果。

因此，東廠設於永樂十八年（一四二〇年）八月是比較可信的。

東廠設於東安門北，即後來北京的「東倉胡同」。提督東廠的，最初「選各監中一人提督，後專用司禮秉筆第二人或第三人為之」，稱為「督王」。他們「各設私臣、掌家、掌班、司房等員」。[70]明代宦官有十二監、四司、八局，合稱二十四衙門。其中，司禮監為第一衙門。司禮監有掌印太監一員，因可以代替皇帝對章奏「批紅」，故權力甚大。在掌印太監以下是秉筆太監，掌東廠的就是秉筆太監第二號人物或第三號人物。據《明史・刑法志》載：「東廠之屬無專官，掌刑千戶一，理刑百戶一，亦謂之貼刑，皆衛官。」東廠和錦衣衛互相監督，互相牽制，又互相勾結。東廠的很多隸役就由錦衣衛撥充，役長稱「檔頭」。有關東廠內部組織的材料甚少，我們只能知道這些大概的情況。

水銀瀉地，無孔不入

在永樂年間，外有錦衣衛，內有東廠，天下臣民都處在嚴密的監視之下。除了這些特務機構人員以外，明成祖還經常使用自己的心腹四出偵事。例如胡濙就是很典型的一個，偵緝建文帝，還偵伺過太子朱高熾。被明成祖稱為「恩張」的張信也是一個，「凡察藩王動靜諸密事，皆命信。」[71] 監察御史鄭辰也曾充當偵事的角色，有人告谷王橞「謀不軌，復命（鄭）辰察之，盡得其蹤跡。帝語方賓曰：『是真國家耳目臣矣。』」[72] 公主和駙馬也時時處於被偵伺之中，「文皇嘗夜遣小官潛入（梅）殷第，察之。」[73] 有一個看城門的士卒有一天沒上班，便被一個宦官告發，

68 夏燮，《明通鑑》卷十七。
69 《太宗實錄》卷一百一十七。
70 《續文獻通考》卷五十六。
71 《明史》卷一百四十六，〈張信傳〉。
72 《明史》卷一百五十七，〈鄭辰傳〉。
73 谷應泰，《明史紀事本末》卷十八，〈壬午殉難〉。

說他「縱酒廢事」，後經查詢，是因他母親有病，請了假才回家的，這才沒有被治罪。[74]

東廠特務偵事的小頭目稱「檔頭」，下領番子數人，這些番子也稱為幹事。一些地痞流氓經常送情報給檔頭，稱「起數」；檔頭給他們賞錢，稱「買起數」。為了進一步落實，檔頭率領番子前去偵伺，稱「打樁」。有時對所謂犯人先毒打一頓，受賄滿足後再放開，稱「乾榨酒」。每月的月初，東廠的數百特務抽籤，「分瞰官府」，在各官府和城門訪緝稱「坐記」。當會審大獄或錦衣衛拷訊重犯時，他們就去旁聽，稱「聽記」。將情報報告給東廠頭目，稱「打事件」。打來事件後，即使是深夜，也能馬上直接報告皇帝。「事無大小，天子皆得聞之。」[75] 因為宦官更接近皇帝，不用像錦衣衛那樣具疏報告。但東廠特務打來事件後，一般還要「發司房刪潤奏之」。[76]

東廠自設有監獄。東廠外「稍南有獄一處，凡重犯皆繫之。輕犯干連則在署外之店也」，[77] 他們不經過法司就可以刑訊犯人。只是東廠的這種監獄是否始設於永樂時，則史無明文。永樂時東廠有囚繫犯人的地方，則是大體可信的。

由以上的敘述可以看出，當時上至太子親王、公主駙馬，下至普通官吏、一般百姓，都處於特務們的嚴密監視之下。就連這些監視別人的特務，也處在別的特務的監視之中。誰稍有越軌行為，馬上就會被最高統治者知道，真可謂水銀瀉地無孔不入了。

值得注意的是，儘管明成祖設立了東廠，恢復了在洪武末年被廢掉的錦衣衛獄，廣泛地使用特務刺事，但由於明成祖威柄自操，剛果有為，特務們還不敢作惡太甚。例如永樂四年（一四〇六年）五月，一個宦官「以私財寓外人」，明成祖隨即予以嚴懲，並敕各衙門衛士，宦官「出入之際，遵舊制嚴搜」。[78] 一個宦官私役工匠，明成祖訓斥應天府尹向寶，怪他不予制止：「為京尹，朝夕在朕左右，尚畏如此，若在遠外任小官職，當如何畏之？」遂命錦衣衛將這個宦官逮治。但從明成祖的這段話中也可以看出，臣下對宦官是何等害怕。

近代西方一個政論家說過，當首腦的首要條件是做一個好的屠夫。如果自己成不了好的屠夫，身邊就需要有能成為好屠夫的人。明成祖不僅身邊有這樣的屠夫，而且他本人就是一個好的屠夫，對不忠於自己、危害自己的人，隨時都會毫不留情地除掉。這樣，明成祖就大大地強化了他的統治機器，把專制主義中央集權推進到一個新階段。

74 王世貞，《弇山堂別集》卷九十九，〈中官考二〉。
75《明史》卷九十五，〈刑法志三〉。
76 劉若禺，《酌中志》卷十六。
77 同註76。
78《太宗實錄》卷四十三。

第七章 經營邊疆

今天，我們生活在統一的多民族的大家庭裡，這是中國人民千百萬年來共同努力的結果。其中，一些雄才大略的帝王發揮了不可替代的作用。「秦皇漢武」，卓有貢獻；「唐宗」也很突出，「宋祖」則遠遠趕不上明成祖。到了清代，則要數康熙皇帝了。明成祖在位期間，經濟持續發展，國力強盛，中央集權得到空前的鞏固和加強，在此條件下積極經營邊疆，光前耀後。明成祖在東北設奴兒干都司，對黑龍江和烏蘇里江流域實施有效的管轄。明成祖在西南少數民族地區實行「改土歸流」，進一步加強了當地和中原地區各方面的聯繫。另外，明成祖對西北地區、西藏和南海諸島積極經營，都取得了令人矚目的成果。

經營東北和設立奴兒干都司

在朱元璋經營東北的基礎上，明成祖進一步對東北地區進行經營和管理，設立了奴兒干都司，豎立了永寧寺碑，並不時派欽差大臣前往巡視。這件不朽的功業已和明成祖的名字緊密地聯繫在一起。

對東北邊陲的初期經營

滿族是黑龍江流域和松花江流域的古老民族。在古代，由於交通不便，人煙稀少，直到明初那裡仍是一派蠻荒景象。洪武八年（一三七五年），朱元璋設立了遼東都指揮使司，管轄開原以南的遼東諸地。洪武二十年（一三八七年），納哈出率部降明，元朝在東北的軍事力量被基本消滅，打通了往黑龍江流域的通路，招徠女真（滿族）內遷，將他們安置在東寧、三萬和遼海等衛。這種做法取得了一定的成績，但也算不上十分成功。終洪武一朝，由於各種原因，始終未能在女真地區設置軍政機構。

明成祖即位後，積極對東北邊陲進行全面經營。永樂元年（一四〇三年），明成祖「遣行人刑樞偕知縣張斌往諭奴兒干，至吉烈迷諸部招撫之」。[1] 這次招撫取得了很大成果，使女真諸部紛紛來附。當年十一月，明成祖在女真聚居地區設置建州衛（今綏芬河流域），於十二月又設置了兀者衛（今呼蘭河流域），這在《明實錄》中有明確記載：

忽剌溫等處女直（真）野人頭目西陽哈、鎖失哈等來朝，貢馬百三十匹，置兀者衛，以西陽哈為指揮使，鎖失哈為指揮同知，吉里納等六人為指揮僉事。[2]

這是明成祖在東北邊陲建置軍政機構的開始。

1　嚴從簡，《殊域周咨錄》卷二十四，〈女直〉。

2　《太宗實錄》卷二十五。

永樂二年（一四〇四年），奴兒干地區諸部首領相率來京，明成祖遂決定設置奴兒干衛，並任命把剌答哈、阿剌孫等四人為指揮同知，古驢寺等為千戶所鎮撫，賜予誥印、冠帶、襲衣。奴兒干衛的設立為奴兒干都司的設立奠定了基礎。

至永樂七年（一四〇九年），明成祖在黑龍江和烏蘇里江流域共設置了一百三十二個衛。[3]於是，在東北邊陲就出現了一個嶄新的局面：

> 東北至奴兒干，涉海有吉列迷諸種部落，東臨建州、海西、野人女直，……永樂初相率來歸入覲。太宗文皇帝嘉其嚮化之誠，乃因其地分設衛所若干，以其酋長統率之，聽其種牧、飛放、畋獵，俾各安其生，咸屬統內。[4]

在這種情況下，設置更高一級的管理機構就成為順理成章的客觀要求。

設立奴兒干都司

永樂七年（一四〇九年），奴兒干衛的頭目來朝，稱奴兒干地處衝要，宜設元帥府，明成祖遂決定設立奴兒干都司。《明實錄》記載此事甚詳：

> （永樂七年閏四月）設奴兒干都指揮使司。初，頭目忽剌冬奴等來朝，已立衛。至是，復奏其地衝要，宜立元帥府，故置都司。以東寧衛指揮康旺為都指揮同知，千戶王肇舟等為都指揮僉事，統屬其眾，歲貢海青等物，仍設狗站遞送。[5]

這是設立奴兒干都司最原始的資料。它表明，奴兒干衛的女真頭目要求設立更高級別的管理機構。東寧衛屬於遼東都司，康旺和王肇舟都來自東寧衛，他們的下屬兵士也基本上都來自遼東都司，可見奴兒干都司和遼東都司有著不尋常的密切關係。這裡所謂「狗站」，元代就曾設置，為驛站的一種，指用狗拉雪橇來傳遞公文等。

但是，奴兒干都司在永樂七年（一四〇九年）並沒有建立起來，這是蒙元勢力大舉內犯的結果。也就在永樂七年（一四〇九年）四月，蒙元可汗本雅失里囚殺了明廷的使臣郭驥，並舉兵東進。這令人自然想到，明成祖這時設立奴兒干都司，顯然帶有「藉女直制北虜」的用意。七月間，明成祖命大將丘福率師北伐，結果因輕敵而全軍覆沒。據《李朝實錄》記載，這時「達達軍盛行於開元、金山等處，官軍（明軍）遇之輒敗」。[6] 由此可以看出，當時蒙元軍隊已深入到遼東都司地面。這樣，設立奴兒干都司的計畫只好暫停。永樂八年（一四一〇年），明成祖率大軍親征漠北，擊退了蒙元勢力的東犯，使東北獲得了安定的局面，從而為奴兒干都司的設立創造了條件。於是，永樂九年（一四一一年）便正式設立了奴兒干都司：

> 永樂九年春，特遣內官亦失哈等，率官軍一千餘人，巨船二十五艘，復至其國，開設奴兒干都司。[7]

3《大明一統志》卷八十九。
4《遼東志書序》。
5《太宗實錄》卷六十二。
6《李朝實錄》太宗十年正月辛巳條。
7《敕修奴兒干永寧寺碑記》。

在邊遠的少數民族地區設立都司，又是流官體制，這是件很不容易的事。要存在和發展下去，就更加困難了，這需要許多條件的配合。明王朝經略北部邊疆，最主要的威脅來自蒙元勢力，其成敗也取決於雙方力量的消長。正是由於明成祖擊退了蒙元勢力的內犯，奴兒干都司才得以正式設立。除此之外，還有賴於明王朝國力的增強。經明太祖朱元璋三十餘年的經營，又經過永樂前期的發展，明王朝已進入了鼎盛時期。正是在這時，像鄭和下西洋、設立奴兒干都司這樣的重大事件才能夠出現。

另外，奴兒干都司的順利設立還和女真諸部的歸附和支持密切相關。洪武時就已在遼東設立數衛，專門安置內遷的女真人民。永樂時，明成祖除了在女真地區廣設羈縻衛所以外，還積極招徠女真內遷，並專設安樂州和自在州予以安置。明成祖還注意重用女真頭目，例如為設立奴兒干都司做出了很大貢獻的亦失哈、王肇舟，招徠女真諸部卓有貢獻的金聲等，都是女真人，他們為奴兒干都司的設立和發展都做出了很大的貢獻。

奴兒干都司建立後，明成祖為了進一步加強對這一地區的管理，因地制宜，又陸續增設了不少衛所。到「土木之變」發生前，奴兒干都司下轄一百八十四個衛、二十個所，[8] 絕大部分都是永樂年間設置的。到萬曆年間，「為衛者三百八十四，為千戶（所）者二十四」，[9] 合計共四百零八個衛所。這些衛所的頭目都由當地少數民族酋長和其他頭目充任，由明廷頒給敕書。由於這些衛所離京師數千里，交通不便，朝廷對這些衛所的情況並不十分清楚，史籍記載也多有缺略。因此，要確切地指出這些衛所的地址，現在已非常困難。經過學者們的多年努力，現在已可以指出近一半的衛所地址，[10] 憑藉這些已經考證出的衛所地址，就可以比較準確地勾畫出奴兒干都司的管轄範圍：西起斡難河（鄂嫩河），北至外興安嶺，東抵大海，東北越海而轄庫頁島。也就是說，這片廣大地區在明代就已正式納入了中國版圖，而明成祖設立的奴兒干都司就是管理這一地區的最高地方軍政機構。

從有關材料來看，其邊徼的衛所大都是明成祖設立的。例如，在烏蘇里江以東設有如下衛所：

永樂四年（一四〇六年）設亦兒古里衛。[11] 亦兒古里，清代稱作「宜爾庫祿」，也稱「伊勒枯魯噶山」，地址在今俄羅斯伯力的東北。

同年還設雙城衛於雙城子，[12] 在今俄羅斯烏蘇里斯克。

永樂八年（一四一〇年）設亦麻河衛。[13] 亦麻河也叫「伊瞞河」，或「尼瞞河」，往西流入烏蘇里江。今俄羅斯亦稱伊瞞河（伊曼河）。

明成祖在庫頁島（今俄羅斯薩哈林島）上設置了囊哈兒衛。永樂十年（一四一二年），明成祖命亦失哈巡視「自海西抵奴兒干及海外苦夷諸民」，[14]「苦夷」即「庫頁」的諧音，明代稱庫頁島

8《明一統志》卷八十九。
9 萬曆《明會典》卷一百八。
10 楊暘、袁閭琨、傅朗雲，《明代奴兒干都司及其衛所研究》一書，共考證出奴兒干都司下屬衛所一百八十八個，占四百零八個衛所的百分之四十六，是迄今考證此問題的最好成績。
11《太宗實錄》卷四十五。
12《大明一統志》卷八十九。
13《太宗實錄》卷六十八。
14〈敕修奴兒干永寧寺碑記〉。

為苦夷或苦兀。同年十月，明王朝在其北部的囊阿里設立了囊哈兒衛；[15]「囊阿里」，今俄羅斯稱郎格里。後來，在黑龍江依蘭縣發現了囊哈兒指揮使的官印。印正面刻八字：「囊哈兒衛指揮使印」；背面刻十五字：「神字七十三號永樂十年十月禮部造」。[16]

奴兒干都司設於黑龍江口附近的特林，這裡是元朝奴兒干東征元帥府的舊址。奴兒干又作「弩兒哥」或「耦兒干」，清代也稱作「尼嚕罕」，滿語是「圖畫」的意思，意即這裡的山川美麗如畫。奴兒干都司設立以後，明王朝便進一步加強了對這一地區的管理和經營。

奴兒干都司直屬明中央政府，是軍政合一的地方最高機構，設有都指揮使、都指揮同知、都指揮僉事等官員。明成祖在位期間，都指揮使一職一直懸缺，以都指揮同知康旺為最高長官，明宣宗時才將他提升為都指揮使，其下設有辦事機構經歷司。那裡經常駐有數百士兵，一般由遼東都司調撥，二年一輪換，遇有緊急情事，則增派官軍前往。都司下屬的各衛所官員既是明王朝命官，又是當地少數民族首領，有利於管理當地事務。

為了保證公文的傳遞，運送官軍和貢賦，明王朝在其境內設置了四條驛站線路。這四條驛站線路都和遼東都司境內的驛站相連，直通內地。為了保證航運的需要，永樂年間還在吉林市附近的松花江畔設立「船廠」，以建造船隻，當地遂以「船廠」為名。明朝水軍常常沿松花江出海，前往庫頁島等地，從而加強了對東北邊陲的經營和管理。在松花江邊的石崖上，至今仍保留著著名的阿什哈達摩崖石刻，上有在此督造船隻官員的詩詞刻字。

奴兒干都司的職權主要有以下幾個方面：

第一，招諭和撫恤當地少數民族諸部，以便「依土立興衛所，收集舊部人民，使之自相統屬」。[17]

第二，組織當地人民向明朝政府繳納賦稅。他們繳納的是當地土產，即所謂「土貢」，主要是海青、大鷹、白兔、黑狐、海豹皮、金錢豹皮和馬匹等。這正像《重修永寧寺碑記》中所說：「遂捕海青方物朝貢」。

第三，邊防有什麼緊急情事，聽從明中央政府調遣。明廷「有所徵調，聞命即從，無敢違期」。[18]

第四，進行貿易，以換取朝廷需用之物。這可以從下面這件事中看出：宣德二年（一四二七年）七月，朝鮮官員到夏店，見到指揮金聲，「（金）聲言：我與內官二人，入狗國，捕海青五十七，貿易明魚膠、豹皮、白黑狐皮、白黑皮而來。」[19]這裡所謂「狗國」，指黑龍江下游役使狗的民族地區，猶如清代的「使犬部」，是對奴兒干等處的另一種說法，並沒有侮辱的意思。

明王朝對奴兒干都司及其下屬衛所實行羈縻統治，體現了中央和地方機構的一般性關係。這表現在以下幾個方面：都司及衛所官員的任免、升降和承襲皆由明廷決定；他們須聽從明廷調發，戍守邊疆；衛所需向明廷繳納貢賦；衛所遷移及其人員徙居，需報明廷批准；衛所間發生糾紛，須聽從明廷裁決；各衛所都必須執行明廷政令。

可以清楚地看出，明成祖設立奴兒干都司以後，明中央政府已確立了對黑龍江和烏蘇里江流

15 《太宗實錄》卷八十四。
16 金岳巘，《東北古印鉤沉》。
17 《敕修奴兒干永寧寺碑記》。
18 嚴從簡，《殊域周咨錄》卷二十四，〈女直〉。
19 《李朝實錄》世宗九年九月癸巳條。

域的領土主權，加強了對這一地區的有效管轄。明廷在這裡設官置制，教民墾殖，整軍經武，設防實邊，有力地促進了當地經濟文化的發展，加快了各民族間的融合。

豎立永寧寺碑

明成祖設立奴兒干都司後，就在都司所在地特林地方的江邊上，修建了一座供奉觀音菩薩的永寧寺。在永寧寺旁邊，豎立著兩塊紀事的石碑，一塊是亦失哈於永樂十一年（一四一三年）所立，被稱為永寧寺碑，也習稱為永樂碑；另一塊是宣德年間重修永寧寺時所立，又稱宣德碑。永樂年間修建的永寧寺早已堙廢，但寺前所立的這兩塊石碑卻屹立在原址達五百年之久，中外文獻中都有不少記載。尤其是十九世紀前期，西方和日本的一些探險家不斷來到黑龍江流域，在他們的有關著述中可以多處看到關於這些古蹟的記述。

清朝末年，清廷官員曹廷傑奉命到黑龍江流域進行調查，在特林地方看到這兩塊碑巍然直立，遂親自將碑文拓了下來，現保存在中國第一歷史檔案館，是極其珍貴的文獻。它作為歷史的見證，表明永樂時已對黑龍江流域實施有效的管轄，而這正是以前人們不大熟知的重要史實。尤其是當國際上某些別有用心的人否認這一史實時，就更顯示出永寧寺碑難以估量的價值，也越加顯示出明成祖經營東北邊陲的重大貢獻。

永樂十一年（一四一三年）立的永寧寺碑高五．三六尺，闊二．五尺，刻文三十行，每行六十四字，額題《永寧寺記》，正書：《敕修奴兒干永寧寺碑記》。碑的背面刻有滿文和蒙文各十五行，碑的側面刻有漢、蒙、藏、滿四種文字。[20] 一九〇四年，沙皇俄國的一些人將這兩塊碑搬去，藏了起來，但碑文拓片早已為世人所知。

永寧寺碑記載了永樂年間設立奴兒干都司的經過，敘述了亦失哈和康旺等人宣諭招撫奴兒干一帶的大體情況。碑文還告訴人們，當時明王朝在奴兒干設官分職，屯兵戍守，還向黑龍江流域各族首領「賜爵給賞」，使「其民悅服」，當地向明廷貢獻海青等物，承擔起作為明王朝臣民所應負的義務。從碑記後面眾多的題名中可以看出，其中有官吏，也有平民；有漢族，也有各少數民族。這些都有力地表明，奴兒干都司是明王朝這個多民族國家的地方政權。這也是明成祖經營祖國邊疆歷史上的光輝一頁。

設哈密衛和改土歸流

明成祖對西北和西南地區也進行了積極的經營。永樂四年（一四〇六年）設立了哈密衛，成為西北地區最邊遠的軍事重鎮，促進了西北地區的安定和發展。人們大都知道清雍正時鄂爾泰在西南推行改土歸流，很少有人知道，正是明成祖開了改土歸流的先河。

20 鍾民岩，《歷史的見證——明代奴兒干永寧寺碑文考釋》，載《歷史研究》一九七四年第一期。

經營西北和設立哈密衛

明朝初年，蒙元勢力一直是北邊的主要威脅。在與蒙元勢力的鬥爭中，西北地區處於很重要的地位。明軍每次北征蒙古，西路軍的進攻方向就是西北地區。當時，天山南北分裂成許多封建割據政權，較大的是于闐（今和闐）和別失八里（今烏魯木齊一帶），其次是吐魯番和哈密，而小的割據政權方圓只有數里，它們相互間長期紛爭不已。洪武五年（一三七二年），明廷在大敗元軍後設甘肅衛（今甘肅張掖），遂積極向前伸展。在長城西端的嘉峪關外，明廷設有所謂「西北七衛」。其中，安定衛、阿端衛和罕東衛設立於洪武八年（一三七五年），曲先衛設而又廢。其餘三衛都是明成祖所設立，曲先衛也被明成祖恢復起來。這些衛都是軍事政治機構，從而有力地加強了對西北地區的管理。

曲先衛是永樂四年（一四〇六年）重新設立起來的，它始設於洪武初，但具體年代不詳。它位於今青海柴達木盆地西北，敦煌西南。永樂四年（一四〇六年），安定衛指揮哈三、散即思和三即等人來朝，奏請明成祖：「乞仍分為二，復先朝舊制。」明成祖答應了他們的要求，重設曲先衛，命三即為指揮使，掌衛事，「自是屢入貢」。[21]曲先和安定、阿端三衛都在柴達木盆地西北一帶，居民主要是畏兀兒（維吾爾）、藏族和蒙族，以遊牧為業，其衛所官員則多係蒙族人。

赤斤蒙古衛在今玉門西南，因地近明代九邊鎮之一的甘肅鎮（治所在今酒泉），與明廷的關係尤為密切。永樂二年（一四〇四年）九月，元故丞相苦朮之子塔力尼率男女五百餘人來歸，明成祖對此非常高興，遂下詔設立赤斤蒙古所，以塔力尼為千戶官，並賜予誥印、彩幣、襲衣（即明廷官員制服）。永樂八年（一四一〇年），因塔力尼協助明軍平叛有功，明成祖「聞之喜，詔改千戶所為衛，擢塔力尼指揮僉事，其部下授官者三人」。[22]第二年，塔力尼遣人來朝貢馬，後屢次平定叛亂，受到明成祖的嘉獎，並提升他為指揮同知。

沙州衛在今敦煌。「永樂二年，酋長困即來、買住率眾來歸。」明成祖遂命置沙州衛，授他們二人為指揮使。永樂八年（一四一〇年），提升困即來為都指揮僉事，「其僚屬進秩者二十人」。永樂二十二年（一四二四年），瓦剌某部來京貢獻，半路上為別部所困，「困即來遣人護送至京」。[23]明成祖對此十分高興，除賜以彩幣外，還將他提升為都督僉事。當地有蒙古族、畏兀兒族和其他一些少數民族，他們除遊牧外，還從事農業生產。明成祖用蒙古貴族治理沙州一帶，鞏固了邊防，也促進了當地的發展。

明成祖經營西北的最大成就是哈密衛的設立。哈密衛在今新疆哈密市，漢代為「伊吾盧」地，唐代為伊州。它是有明一代最靠西的一個衛，其境內「大小城凡十有二」，[24]當地居民主要有回回、畏兀兒和蒙族。明朝初年，這裡由蒙古貴族安克帖木兒統治。明成祖即位後，遣官招諭，並許其用馬匹來交易需用之物；安克帖木兒隨即遣使來貢。永樂元年（一四〇三年）十一月，又來貢馬四千七百四十匹，明成祖命付給馬值，對使者賜賚有加。

永樂二年（一四〇四年），安克帖木兒又遣使來貢，並請封。明成祖遂封他為忠順王，賜予金

21《明史》卷三百三十，〈曲先衛〉。
22《明史》卷三百三十，〈赤斤蒙古衛〉。
23《明史》卷三百三十，〈沙州衛〉。
24 顧祖禹，《讀史方輿紀要》卷六十五，〈哈密衛〉。

印。不久，蒙古可汗鬼力赤將他毒死。永樂三年（一四〇五年）二月，明成祖遣官致祭，並以他的侄子脫脫襲忠順王。

永樂四年（一四〇六年）三月，明成祖決定設立哈密衛，「以其頭目馬哈麻火者等為指揮、千百戶等官，又以周安為忠順王長史，劉行為紀善，輔導。」[25]讓他們共同管理當地軍政事務。

明成祖「眷脫脫特厚」，這一方面是因為脫脫自幼在明成祖身邊，是明成祖把他從俘人中提拔起來，「俾列宿衛」，明成祖對他比較了解，比較信任。另一方面，這時統治中亞撒馬爾罕一帶的帖木兒勢力大盛，一心要恢復蒙元帝國，於永樂二年（一四〇四年）率軍東征，打算一舉滅掉明王朝。後因帖木兒死於東征路上，這次東征只好作罷。但這件事不能不引起明成祖的極大重視，並一度命甘肅總兵宋晟訓兵提防。這時用脫脫鎮守哈密，無異於明軍的第一道防線。這自然也是明成祖待脫脫特別優厚的重要原因。

永樂八年（一四一〇年），脫脫以暴疾死。明成祖「遣官賜祭」，並提升都指揮同知哈剌哈納為都督僉事，鎮守哈密。同時，明成祖封脫脫的從弟兔力帖木兒為忠義王，賜予印誥、玉帶，命其在哈密世守。從此以後，忠義王不斷來貢馬匹和豹皮等物。明成祖對他的賞賜也十分豐厚。

哈密是明廷通往西域的孔道，在交通和軍事上有重要地位。這裡土地比較肥沃，宜耕宜牧，當地人民的生活和文化水平也較高。明成祖設哈密衛進行管理，其範圍西北達今新疆的巴爾庫山，連同其他六衛，轄地包括羅布泊和柴達木盆地。更西的國家和地區來明廷朝貢，都是先到哈密，由哈密衛「譯表以上」，[26]並派人護送至京。在當地，明廷主要用茶葉換取西域等地的馬匹。哈密衛的設立不僅具有軍事國防意義，而且也促進了當地經濟文化的發展。

經營西南和改土歸流

在雲貴、兩廣、四川和湖廣等地，聚居著苗、傜、彝、壯、傣等少數民族。為開發祖國的西南邊疆，他們都做出了自己的貢獻。由於居住地區和生產條件不同，他們的社會狀況呈現出明顯的差別。在明初，這裡大部分地區已基本進入封建社會，有的地方還停留在奴隸制時代，個別地方甚至還滯留在原始社會時期。這裡長期以來一直實行土司制度，即利用當地少數民族上層人物進行統治，長官世襲。

土司制度形成於元代，其目的是「以夷治夷」。因為土官世襲，所以割據性特別強，往往為爭奪土地和人口而互相攻殺，甚至起兵叛亂，反抗中央政府。明成祖即位後，隨著中央集權的加強和當地經濟的發展，土司制度的弊端越來越突出，明成祖便開始在條件成熟的地方實行改土歸流。

所謂改土歸流，就是按照內地實行的政治體制，委派有一定任期的流官擔任當地的長官，例如知府、知州、知縣等等，以取代世襲的土官，變間接統治為直接統治。明成祖最先在西南地區實行改土歸流，這無疑是中國歷史上的一件大事，歷經數百年，直到清代才最後完成。明成祖改土歸流的最大成績是貴州省的設立。

明初，貴州有所謂三大土司。其中，思州宣慰司設置較早。在朱元璋稱帝以前，設置於元代的思州宣慰司率先歸附，朱元璋「即令以故官世守之」。朱元璋稱帝後，將其一分為二，遂成思

25《明史》卷三百二十九，〈哈密衛〉。
26 嚴從簡，《殊域周咨錄》卷十二。

州和思南兩宣慰司；貴州宣慰司設置稍晚。洪武五年（一三七二年），當地土官先後歸附，明太祖命他們「以原官世襲……賦稅聽自輸納，未置郡縣」。[27] 明成祖即位後，對西南少數民族地區積極經營，基本上仍用土官對當地進行治理。但是，他對諸土司的管理比較嚴，土司必須定期入京朝貢，如要承襲，不論多麼遠，都必須親自到京師接受朝命。對土司的職責、義務等，都做了嚴明的規定，土司如有違犯，即視為有罪，要嚴加懲處。這樣，明代的土司就不能像唐宋時那樣「來者不拒、去者不追」了，也不像元代那樣放任了。可以說，這些措施就是改土歸流的前奏，一旦條件成熟，明成祖就要斷然改用流官來治理了。

永樂八年（一四一〇年），思南宣慰田大雅死去，其子田宗鼎承襲。田宗鼎性情凶暴，與他的副使黃禧構怨，長時間相互攻訐。明成祖遂改任黃禧為辰州知府，這種做法明顯地遷就了田宗鼎。不久，田宗鼎與思州宣慰田琛爭奪地盤，仇恨越結越深。黃禧看有機可乘，遂和田琛相勾結，共同對付田宗鼎，雙方由小型衝突發展成大規模叛亂。永樂十一年（一四一三年），明成祖用鎮遠侯顧成為將，率兵五萬前往鎮壓，將叛亂頭目逮送京師。這自然是一個好機會，明成祖遂「分其地為八府四州，設貴州布政使司，而以長官司七十五分隸焉，屬戶部。置貴州都指揮使，領十八衛，而以長官司七隸焉，屬兵部。府以下參用土官。其土官之朝貢符信屬禮部，承襲屬吏部，領土兵者屬兵部。」[28] 從此以後，貴州就成為明代十三布政司之一，成為省一級的行政單位。

明成祖設立貴州布政司（省），這在中國歷史上是一件值得肯定的大事，意義深遠。

首先，它開了中國歷史上對西南少數民族地區改土歸流的先河。由於種種原因，西南少數民族地區比內地開發較晚，社會發展階段比較落後，各地又很不平衡。因此，改土歸流是一項長期的也是勢在必行的措施，不可能一蹴而就。明成祖這次改土歸流也不徹底，府以下仍「參用土官」，後來也時有反覆。總的看來，明成祖設立貴州布政司的措施是成功的，並一直維持了下來，為後來更大規模的改土歸流提供了榜樣，也提供了經驗。

其次，貴州布政司的設立使中國的行政區畫進一步趨向合理。以前，貴州時而屬四川，時而屬湖廣或雲南。自此以後成為省一級行政單位，開始由「邊地」變為「內地」，結束了大小土司各自為政的局面，使中央政令可以直達貴州各地。這同時也意味著，當地過去那種互不統屬的土酋體制宣告解體。

最後，貴州布政司的設立促進了當地的開發和發展。它使當地老百姓成為封建國家的編戶齊民，解除了過去那種「世民」與「世官」之間的人身隸屬關係，使廣大勞動者的社會處境得到改善，促進了當地落後的生產關係的變革，因而有利於生產力的提高。同時，改土歸流使各族人民之間的經濟文化交流得到加強。內地人民大量遷入，先進的生產技術得到傳播，大量荒地得到墾殖，水利設施得到興修，各級學校陸續開辦。這一切都表明，明成祖首先推行改土歸流是順乎歷史潮流的進步之舉。

封贈烏斯藏和經營南海

明成祖在位期間，對西藏和南海諸島加強了經營和管理，使這些地方和內地的政治、經濟和

27《明史》卷三百一十六，〈貴州土司〉。
28 同註27。

文化聯繫進一步鞏固和加強。

封贈烏斯藏

明代稱西藏為烏斯藏。藏族人民主要從事畜牧業，只是在一些河谷地帶種些農作物，農產品主要是青稞、蕎麥等。當地的上層喇嘛和各部酋長組成各級封建領主，占有大量農奴和牲畜，剝削和壓迫廣大農奴。

西藏盛行喇嘛教，也就是帶有本地特色的佛教，喇嘛教內部有許多教派，互相爭奪統治權。明初的主要教派有紅教（寧瑪派）、白教（噶舉派）、花教（薩迦派）等。元朝初年，元世祖忽必烈封花教首領八思巴為「大寶法王」，並以他為西藏政治首領，在西藏實行政教合一的統治。八思巴死後，他的徒弟承襲大寶法王的，都稱為「帝師」。明王朝建立後的第二年，朱元璋即派使臣到西藏地區廣加招諭，宣布仍承認元朝對僧侶的封號，指出西藏是在明朝的「幅幀之內」，並要故官赴京授職。洪武六年（一三七三年），根據烏斯藏攝帝師所舉，授職六十人。從洪武四年（一三七一年）到六年（一三七三年），明廷陸續設置了烏斯藏、朵甘衛兩指揮使司以及各級行政機構。洪武七年（一三七四年）又將兩衛升級為都指揮使司。

明成祖即位後，對西藏進一步加強了經營和管理，其突出特點是對當地的宗教領袖多封法號，給予極高的禮遇，通過他們對西藏實施有效的管轄。

烏斯藏攝帝師喃加巴藏卜死後，哈立麻被尊為尚師。當地人民認為他有道術，對他特別尊崇。明成祖還是燕王的時候就知道他，即位後隨即遣司禮監少監侯顯和僧人智光一起前往烏斯藏，帶著敕書和禮物，請哈立麻進京。哈立麻先派下人來京貢納，自己隨後親自來朝。永樂四年（一四〇六年）冬季，明成祖聽說哈立麻將到京師，十分高興，立即派駙馬都尉沐昕親自前往迎接。到京後，明成祖與他會見於奉天殿，第二天於華蓋殿設盛宴予以款待。明成祖對哈立麻的賞賜十分優厚，從中可以看出明成祖對他是多麼敬重：

> 賜黃金百，白金千，鈔二萬，彩幣四十五表裡，法器、裀褥、鞍馬、香果、茶米諸物畢備。其從者亦有賞。明年春，賜儀仗、銀瓜、牙仗、骨朵、魫燈、紗燈、香合、拂子各二，手爐六，傘蓋一，銀交椅，銀足踏、銀杌、銀盆、銀罐、青圓扇、紅圓扇、拜褥、帳幄各一，幡幢四十有八，鞍馬二，散馬四。[29]

這種賞賜是一般人所不敢想望的。

第二年春天，明成祖命人在京師近郊的靈谷寺修建起「普度大齋」，讓哈立麻為明太祖和高后薦福。明成祖親自行香，禮儀十分隆重。其間，所謂「瑞應」紛紛出現：卿雲、甘露、青鳥、白象、白鶴，甚至「舍利祥光，連日畢見，又聞梵唄天樂自空而下」，[30]都似乎在顯示哈立麻活佛的法力。當時文壇上出現了一批臺閣派詩人，像楊士奇、楊榮、金幼孜等都是其代表人物。在沒有什麼瑞應的時候，他們還要千方百計地借題發揮，獻詩賦為明成祖歌功頌德。這時有了這麼多瑞應，他們的這種才能更有了用武之地，紛紛獻瑞應頌。大概是胡廣的《聖孝瑞應頌》最中明成祖

29《明史》卷三百三十一，〈烏斯藏大寶法王傳〉。
30《明史》卷三百四，〈侯顯傳〉。

的心意，明成祖讓人譜成佛曲，「令宮人歌舞之」。[31]

這樣鬧烘烘地搞了七天，明成祖覺得很成功，十分高興，又對哈立麻進行了豐厚的賞賜：「復賜黃金百，白金千，寶鈔二千，彩幣表裡百二十，馬九。」明成祖給哈立麻的封號更是前所未有的尊崇：「萬行具足十方最勝圓覺妙智慧善普應佑國演教如來大寶法王西天大善自在佛，領天下釋教。」頒封號後，又賜給印誥、金銀、彩幣之物甚多。隨哈立麻前來的徒弟有三人被封為「大國師」。[32]

不久，明成祖又命哈立麻赴五台山建大齋，再次為他的父母薦福。事後又給以豐厚的賞賜。永樂六年（一四〇八年）四月，哈立麻才起身返藏。明成祖除再次賜予金幣、佛像等物外，還派宦官為他護行，其禮遇之高簡直令人難以置信。

當時，確實有些大臣在私下議論，認為這樣做有些過分。例如，當哈立麻等人在靈谷寺為高帝和高后薦福時，因不通漢語，需要譯者跟隨。翰林侍讀李繼鼎就譏諷道：「若彼既有神通，當通中國語，何為待譯者而後知乎？且所謂『唵嘛呢叭彌吽』云者，乃云『俺把你哄』也，人不之悟耳。」[33]其實，他們並不真正了解明成祖的心意。明成祖並不是個虔誠的佛教徒，他對這些活佛只是利用而已。哈立麻被許多人尊為人世間的活佛，用他來為自己的父母薦福，可以迷惑很多人。中國人中正宗的佛教徒雖不很多，但多多少少信奉佛家學說的人卻不少。通過哈立麻的這些薦福活動，正可以表明自己是明太祖的合法繼承人，可以為自己的皇位帶來一些神聖的靈光。另外，通過對哈立麻這些優厚的禮遇，可以使他更誠心地效忠自己，以通過他來管理西藏事務，這是他很重要的政治目的。

另外，明成祖這樣大搞佛事還有深層次的心理因素。他即位的最初幾年，對不歸附自己的建文舊臣進行殘酷的屠戮，令人目不忍睹。這時他卻大搞佛事，藉以表明自己並不是嗜殺的殘暴之徒。因此，這樣的佛事活動似乎可以減輕他的一些負罪感。

哈立麻是白教領袖，他被封為「大寶法王」後，花教領袖也希望得到封贈。當時的花教領袖是昆澤思巴，他的徒弟們也都尊他為尚師。明成祖聽說他頗有道術，也有很大影響，便派宦官帶著璽書、銀幣前去徵召。昆澤思巴自然很高興，馬上派人隨使者入京，向明成祖貢舍利、佛像等物，他自己則隨後入朝。永樂十一年（一四一三年）二月，昆澤思巴到京。明成祖親自賜宴款待，並賜給他藏經、銀鈔、彩幣、鞍馬、茶果諸物，封他為「萬行圓融妙法最勝真如慧智弘慈廣濟護國演教正覺大乘法王、西天上善金剛普應大光明佛，領天下釋教」。[34] 明成祖還賜給他誥印、袈裟、鞍馬等物。其禮儀僅亞於被封為「大寶法王」的哈立麻。他於第二年辭歸，明成祖又賜予他許多銀幣和器物，並派中官為他護行。就像哈立麻被簡尊為「大寶法王」一樣，他被簡尊為「大乘法王」。他回藏後又數次遣人入貢，明成祖也先後派中官喬來喜、楊三保前往，賜予他佛像、法器、彩幣等物。

明成祖共封了兩個法王：大寶法王和大乘法王，他們更主要的是宗教精神領袖，沒有固定的封地，也不必定期來貢。另外，明成祖還冊封各地政權的領袖為闡化王、闡教王、輔教王、護教

31《明史》卷一百四十七，〈胡廣傳〉。
32《明史》卷三百三十一，〈烏斯藏大寶法王傳〉。
33 姚福，《清溪暇筆》。
34《明史》卷三百三十一，〈大乘法王傳〉。

王和贊善王。這五王有固定封地，要定期向中央政府朝貢，承襲時也要由明廷遣使冊封。

對後世影響更大的是對黃教首領的冊封。十四世紀末期，藏族僧侶宗喀巴（羅桑扎巴）創立了一個新教派——格魯派。由於這派要僧侶戴黃帽，所以被習稱為黃教。黃教主張嚴守戒律，學、行並重，不與世俗爭權，因而得到西藏上層人士的歡迎和支持，勢力擴大得很快。永樂七年（一四〇九年），宗喀巴在拉薩舉行法會，參加的僧眾達八千餘人。明成祖封了兩個法王以後，黃教徒也很想得到天子的恩寵，於是紛紛來京邀恩，明成祖都給以豐厚的賞賜。永樂十二年（一四一四年），宗喀巴派他的弟子釋迦也失來朝，明成祖盛情款待，儀禮低於大乘法王。第二年，明成祖封他為「妙學圓通慈慧普應輔國顯教灌頂弘善西天佛子大國師」，並賜予誥印。永樂十四年（一四一六年）辭歸時，明成祖又賜給他佛經、佛像、法杖、僧衣、綺帛、金銀器等物，尤其使他引以為榮的是，明成祖還親撰贊詞相送，這是其他教派領袖所沒有的。

自此以後，黃教首領不斷來貢。永樂十七年（一四一九年），明成祖特命中官楊三保往賜佛像、衣幣等。黃教的勢力迅速擴大，甚至在蒙古地區也流行開來。到宣德時，釋迦也失又被加封為「大慈法王」。[35]

宗喀巴死後，按照宗教說法，由他的兩大弟子世世轉生，傳其衣缽。這兩大弟子後來被追稱為一世達賴和一世班禪，黃教在西藏地區逐漸確立起統治地位，直到現在也沒有太大改變。由於黃教發源於今青海西寧市附近的湟中，那裡建起了一座金碧輝煌的寺院——塔爾寺，成為藏族人民的重要宗教聖地。

明成祖通過對各宗教領袖的封贈，有力地加強了對西藏各地的管理。為了方便西藏和內地的人員和物品交流，永樂十二年（一四一四年），明成祖命楊三保再次赴烏斯藏，命闡教、護教、贊善三王一起修建驛站，從而使雅州（今四川雅安）到烏斯藏的道路暢通無阻。明廷在雅州、打箭爐（今四川康定）等地設點交易，藏族人民用馬匹、犀角等物換取內地的茶、鹽、布匹等物，方便了西藏人民的生產和生活。

綜觀明成祖對烏斯藏的政策和做法，可以看出和明太祖有明顯的不同。明太祖「授國師、大國師者不過四五人」，主要通過茶馬互市維繫西藏和內地的關係。明成祖則主要通過封贈當地宗教領袖，通過他們加強對西藏的管理。「至成祖兼崇其教，自闡化等五王及二法王外，授西天佛子者二，灌頂大國師者九，灌頂國師者十有八，其他闡師、僧官不可悉數。」[36]在當時情況下，明成祖的這種做法取得了相當的成功。《明史》對此有段很好的總結：

> 初，太祖以西番地廣，人獷悍，欲分其勢而殺其力，使不為邊患，故來者輒授官。又以其地皆食肉，倚中國茶為命，故設茶課司於天全六番，令以馬市，而入貢者又優以茶布。諸番戀貢市之利，且欲保世官，不敢為變。迨成祖，益封法王及大國師、西天佛子等，俾轉相化導，以共尊中國。以故西陲晏然，終明世無番寇之患。[37]

明代烏斯藏一直和中央政府保持著密切的關係，明成祖的貢獻很大，而且對後世的影響十分深遠。

35《明史》卷三百三十一，〈大乘法王傳〉。
36 同註35。
37《明史》卷三百三十一，〈朵甘烏斯藏行都指揮使司傳〉。

經營南海諸島

中國廣東省南部海域稱作南海，國外也稱作南中國海，是中國四大海中最大的一個。因為南海經常漲潮，所以古代又稱之為「漲海」，有的史籍則寫作「張海」或「大漲海」。在南海水域分布著一些島嶼，大都由珊瑚礁構成，有的還時隱時顯，即有些島礁在漲潮時就被淹沒了，有的則是暗礁。它們大體組成四個島嶼群，分別稱作西沙群島、東沙群島、中沙群島和南沙群島，三國時山陰人謝承在《後漢書》中就記載道：「交趾七郡貢獻，皆從漲海出入。」以理推之，「漲海」之名最晚即已在漢代出現。後人詩詞中也不時出現「漲海」之名，例如唐朝詩人沈佺期就留有佳句：「北斗崇山掛，南風漲海牽。」由於這裡是中國與東南亞和南亞諸國海上交通樞紐，所以很早就對這裡的島嶼進行了勘察和經營。在這個漫長的歷史過程中，明成祖有著突出的貢獻。

明成祖對南海的經營和管理，突出地表現在他先後六次派鄭和出使西洋的過程中。從永樂三年（一四〇五年）開始，鄭和率領近三萬人的龐大船隊，前後七次下西洋，其中六次是受明成祖派遣出行的。鄭和每次出使，都要經過南海諸島，對所經之處，鄭和一行都要反覆勘察。為了紀念明成祖和鄭和一行，後人就用他們的名字對諸島命名。例如西沙群島，散布的各島礁又大體可分為東西兩群島嶼，西面的島嶼群就被命名為「永樂群島」，永樂群島包括八個較大的島嶼和一些暗礁。一九二〇年，西沙群島的漁民在那裡發現了許多中國古錢，其中以「永樂通寶」為最多。

南沙群島中還有個「景宏島」。「景宏」就是指王景宏，是鄭和下西洋時的副使，如鄭和不在，就由他統領這支龐大的船隊。他也被稱作王三保，東南亞一帶流傳著不少有關王三保的遺跡和傳說。景宏島是南沙群島中一個較大的島嶼，而南沙群島又是南海四大群島中島嶼最多、分布最廣的群島。

南沙群島中還有一個「馬歡島」，是以馬歡的名字命名的。馬歡通曉阿拉伯語，充任鄭和的譯員，自永樂十一年（一四一三年）第四次下西洋起，三次隨鄭和出使。他歷覽各國的風土人情，筆之於書，成《瀛涯勝覽》，一直流傳至今，成為研究鄭和下西洋及所經各國歷史風情的重要典籍。

費信也是隨鄭和出使並留下著述的人，南沙群島中也有一個以費信的名字命名的島——「費信島」，這也是南沙群島中的一個較大的島嶼。據《星槎勝覽》書後的《費信傳》所記，鄭和下西洋時，「簡文采論識之士，專一策書，備上清覽，（費）信首預選。」由此可見，費信是隨鄭和專事記錄的幕僚，大體相當於現在的祕書。他所寫的《星槎勝覽》一書就是他沿途所見所聞的記錄。

王景宏、馬歡、費信都是跟隨鄭和下西洋的人，用他們的名字來命名的都是單個的島，[39]而鄭和是下西洋的統帥，用他的名字來命名的是一群島礁，稱之為「鄭和群礁」，[40]也是南海群島的一部分。由在南海水下發現大量的「永樂通寶」錢可以看出，當時中國漁民已在那裡謀生和居住。明代的史籍稱南海諸島為「千里長沙，萬里石塘」，這在《鄭和航海圖》中都有所顯示。這一切都表明，明成祖時期對南海諸島的經營是卓有成效的。隨著近現代南海的戰略地位顯得日益重要，這就更使我們感受到明成祖經營祖國邊疆的歷史功績。

---

38 陳可畏、鄧自欣，〈南海諸島是我國的領土，絕不容許別國侵占〉，載一九八七年《中國邊疆史地研究報告》第一輯。

39 楊暘，〈永樂帝於中國北陲欽設奴兒干都司和經拓南海諸島〉，載《學習與探索》一九八九年四至五期。

40 洪煥春，〈明初對外政策和鄭和下西洋〉，載《南京大學學報》一九八四年第四期。

第八章　四方賓服

在中國歷史上，永樂年間是中外友好交往的盛期。明成祖雖未明令廢除朱元璋制定的海禁政策，但在具體執行上卻是大大地放鬆了。他一即位就遣使四出，對周邊諸國廣加招徠，並出現了鄭和下西洋的盛事，成為中國與亞非國家友好關係史上的佳話。也正是在永樂年間，各國來華貢使「絡繹於道」，並有四個國家和地區的國王先後來華，有的就死在了中國，成為中外友好的歷史見證。

開明友好的睦鄰政策

明成祖即位後，對周邊諸國執行了一條開明友好的睦鄰政策，從而使中外友好交往發展到一個新階段，達到前所未有的新水平。

遣使通好

明成祖即位之初，頗有點「門前冷落車馬稀」的景象。當時，只有真臘（柬埔寨）、暹羅（泰國）、琉球（今日本沖繩）和朝鮮等少數幾個國家來貢，這對好大喜功的明成祖來說，簡直是太不能令人滿意了，他決心要改變這種局面。

這種局面的形成是明太祖不務遠略的結果。明太祖朱元璋初即位時，也一度向周邊諸國遣使招徠，表明自己是新朝天子，元帝國已被推翻，要它們來中國朝貢。當時，也曾有十幾個國家和地區遣使來華，朱元璋也都給以很好的接待。洪武十三年（一三八〇年），丞相胡惟庸以謀反罪伏誅，朱元璋認為他勾結日本，反對自己，十分生氣，遂對外國來貢多方限制。到洪武末年，朱元璋以「海外諸夷多詐，絕其往來，唯琉球、真臘、暹羅許入貢」。[1]從《明實錄》和其他史籍來看，洪武末年來貢的還有朝鮮和安南。即使這樣，來貢的國家也顯然是太少了。尤其引人注目的是，明初設有專門負責接待外國貢使的市舶司，這時也被朱元璋全部廢除了。

明成祖即位後，這種局面頓時為之一變。他即位剛三個月，打了三年之久的靖難之役的硝煙還沒有散盡，就於九月「以即位詔諭安南、暹羅、爪吐、琉球、西洋、蘇門答剌、占城諸國。上（明成祖）諭禮部臣曰：『……今四海一家，正當廣示無外，諸國有輸誠來貢者聽。爾其諭之，使明知朕意。』」[2]這裡明確表明了明成祖對諸國的態度，不僅「廣示無外」，而且來者不拒，不再像他的父皇那樣對外國貢使多方限制了。這也是明成祖對他開明友好的睦鄰政策的表白。

其實，當時和中國關係最密切的還是朝鮮。這次廣泛出使，朝鮮不在其內，那是因為在此以

1《明太祖實錄》卷二百三十一。
2《太宗實錄》卷十二上。

前已遣人前往。明成祖六月十七日即皇帝位，八月一日就「遣使以即位詔諭朝鮮」。[3]當時遼東尚未歸附，明成祖可能擔心朝鮮仍忠於建文帝，所以最先遣使去朝，藉以孤立在遼東的建文勢力。

永樂元年（一四〇三年），國內的局勢漸漸安定下來，這時出使的人數更多、規模也更大了。今僅就《明實錄》所載，將永樂元年明成祖遣使情況簡列於下：

「二月甲寅（七日），遣使以金印、誥命賜朝鮮國王李芳遠……

遣使賚詔諭暹羅國王昭祿群膺哆羅諦剌，並賜之駝紐鍍金銀印。

遣左通政趙居任等使朝鮮。」

「四月辛酉（十五日），遣行人楊渤等賚敕往諭安南陪臣耆老等。」

「六月丁巳（十一日），分遣給事中楊春等十二人為正副使，頒詔安南、暹羅諸國，仍賜其王彩幣。」

「八月癸丑（八日），遣官往賜朝鮮、安南、占城、暹羅、琉球、真臘、爪哇、西洋、蘇門答剌諸番國王絨線、織金、文綺、紗羅有差。行人呂讓、丘智使安南；按察副使聞良輔、行人寧善使爪哇、西洋、蘇門答剌；給事中王哲、行人成務使暹羅；行人楊賓興、王樞使占城、真臘；行人邊信、劉元使琉球；翰林待詔王延齡、行人崔彬使朝鮮。」

「九月庚寅（十五日），遣中官馬彬等使爪哇，……復命（馬）彬等賚詔諭西洋、蘇門答剌諸番國王，並賜之文綺、紗羅。」

「九月己亥（二十四日），遣內官李興等賚敕勞暹羅國王昭祿群膺哆羅諦剌，並賜王文綺被四十四，及銅錢、麝香諸物，與其貢使偕行。」

「十月丁巳（十三日），遣內官尹慶等賫詔往諭滿剌加、柯枝諸國。賜其國王羅銷金帳幔及傘，並金織文綺、彩絹有差。」

「閏十一月丁卯（二十四日），遣禮部郎中夏止善等賫詔往安南，封胡奎為安南國王。」

從上面的記載可以看出，明成祖遣使四出幾無虛日，而且範圍很廣。像柯枝和「西洋」，都在印度半島的南端。「西洋」又稱「西洋瑣里」，號稱西洋大國。

就整個永樂年間遣使的情況來看，除了最著名的鄭和下西洋以外，出使西域一帶最著名的是陳誠和李達。出使西南諸國的主要是侯顯，他數次出使尼八剌（今尼泊爾）、榜葛剌（今孟加拉國）和沼納朴兒（今印度中部）。出使蒙古諸部的主要是宦官海童。等到鄭和大規模出使時，足跡已達阿拉伯半島和非洲東部。他們對促進中外友好都做出了很大的貢獻。

放鬆海禁

所謂「海禁」，也就是近人所說的閉關，其主要特徵是禁止私人之間的海外貿易，既不許中國海商私自出海，也不許外國商船來中國貿易，一切中外物品交換活動都必須通過「朝貢」和賞賚的方式進行，也就是歷史上所說的「朝貢貿易」，這是明太祖朱元璋的一個創造。以前，人們都把它簡單地說成是自給自足的自然經濟的反映，實際上，這只是一種理論上的推測。明太祖實行海禁政

3 《太宗實錄》卷十上。

策有著更主要、更直接的原因，那就是擔心「海疆不靖」。張士誠和方國珍都曾是朱元璋的勁敵，他們活動在江浙沿海一帶，方國珍還有一支頗有戰鬥力的水師。他們失敗後，其部下大都逃亡到東南海上，繼續與明王朝為敵。朱元璋害怕這些海上敵對勢力和國內相勾結，以共同反對自己，所以他便斷然地實行海禁政策。朱元璋曾說：「余以海道可通外邦，故嘗禁其往來。」[4]這真是一語道破天機。從本質上來說，海禁也是朱元璋極端的專制主義思想在對外經濟活動中的體現。[5]

海禁，不僅禁止人民私自出海貿易，而且連沿海人民下海捕魚的活動也都禁止，甚至禁止國內人民使用「番貨」，亦即外國物品。明廷還通過所謂「垛集」、「按籍抽兵」，徵沿海船戶為軍。明廷還在沿海廣築城堡，嚴行稽查。即使外國來朝貢，明太祖也對來貢的時間、路線、人數等進行了嚴格的規定，不許隨意來貢。後來，朱元璋還乾脆把負責接待外國貢使的市舶司也廢除了。這樣一來，中外交往自然就受到很大的限制。[6]

明成祖即位後，也未敢明令廢除海禁。這主要是因為，他指責建文帝「變亂祖制」，自己打的旗號是恢復祖制，所以對朱元璋制定的海禁政策他不敢輕易取消，這從他剛即位後發布的諭旨中就可以看出來。建文四年（一四〇二年）七月一日，這時他即位還不到半個月，就在頒布的諭旨中重申道：

沿海軍民人等，近年以來，往往私自下番，交通外國，今後不許。所司以遵洪武事例禁治。[7]

但紙面上的條文和實際執行的情況並不一致。這種情況在歷史上經常出現，明成祖對待海禁一事又是個典型。因為他雖然那樣說，但在具體執行中卻是大大地放鬆了。

朱元璋在位期間，有關海禁的詔令每過一兩年就要重申一次，還不時派軍政大員到沿海巡視。明成祖則只在即位之初宣布過「遵洪武事例禁治」，以後則再也沒有宣布過這類的詔令。恰恰相反，有關優待來使的詔諭卻不斷頒降。例如，建文四年（一四〇二年）九月七日，這時他即位還不到三個月，他就對禮部諸臣說：「諸番國遣使來朝，一皆遇之以誠，其以土物來市易者，悉聽其便。或有不知避忌而誤干憲條，皆寬宥之，以懷遠人。」[8] 這離宣布仍遵洪武舊制實行海禁的詔令才兩個月，調子就有了這麼大的變化。

明成祖放鬆海禁的一個直接措施就是重新設立市舶司。永樂元年（一四〇三年）八月，明成祖下令，「於浙江、福建、廣東設市舶提舉司，隸布政司，每司置提舉一員，從五品；副提舉二員，從六品；吏目一員，從九品。」[9] 永樂三年（一四〇五年）九月，「以諸番貢使益多」，明成祖遂命於三市舶司各設驛館，以供貢使及其隨行人員住宿。福建館叫「來遠」，浙江館叫「安遠」，廣東館叫「懷遠」。[10] 由這三個驛館的名稱也可以看出，明成祖對諸國來華人員採取了歡迎和友好的態度。

4《明太祖實錄》卷七十。
5 晁中辰，〈論明代實行海禁的原因——兼評西方殖民者東來說〉，載《海交史研究》一九八九年第一期。
6 晁中辰，〈論明代的海禁〉，載《山東大學學報》一九八七年第二期。
7《太宗實錄》卷十上。
8《太宗實錄》卷十二上。
9《太宗實錄》卷二十一。
10《太宗實錄》卷三十七。

優待來使

明成祖對來華人員一概採取歡迎的態度，並為他們提供很多方便條件，在禮遇上也給以很高的待遇。

由海路來華的貢使先到市舶司，由市舶司官員負責接待，安排住宿、飲食，然後由市舶司派人陪同貢使入京，沿途地方官員負責運送貢物。中亞諸國由陸路來華，他們一般先到哈密衛，由哈密衛派人護送至京，其貢品也由地方官安排老百姓代為運送。來華貢使獻上貢品，得到明成祖寬宏大度的賞賜，其價值都遠遠超過貢品的價值，這就是人們所常說的「厚往薄來」的政策。除此之外，貢使都附帶著一些私物，允許他們在市舶司和京師會同館進行交易，這都是大有利可圖的事，因此，許多國外私商便冒充貢使來華。明廷對海外諸國的情況知之不詳，來者不拒。僅僅為這些真假貢使運送貢物就成為沿途百姓很大的負擔。《明史》記道：

永樂時，成祖欲遠方萬國無不臣服，故西域之使歲歲不絕。諸蕃貪中國財帛，且利市易，絡繹道途。商人率偽稱貢使，多攜馬、駝、玉石，聲言進獻。既入關，則一切舟車水陸、晨昏飲饌之費，悉取之有司。郵傳困供億，軍民疲轉輸。比西歸，輒緣道遲留，多市貨物。東西數千里間，騷然繁費，公私上下罔不怨咨。廷臣莫為言，廷臣亦莫之恤也。[11]

這裡說的是西北陸路，由東南海路來華的貢使也是同樣。這種記載告訴人們，一是永樂年間貢使特別多，二是有一些商人冒充貢使，三是明廷對他們提供許多方便，持友好歡迎的態度。

明成祖對來華貢使都給以友好的接待，不管他們的國家是大是小、是強是弱，明成祖都要親自接待，並給以豐厚的賞賜。除此之外，遇有重大喜慶節日，例如元旦、郊祭、萬壽節（皇帝生日）、冬至時，明成祖都邀請各國貢使參加宴會和慶祝活動。有時，明成祖還單獨設宴款待外國貢使，藉以了解國外情況。

貢使們在中國做了些違法的事，明成祖一般不予懲治，表現出極大的寬容。

永樂元年（一四〇三年）九月，日本遣使入貢，先到達寧波。禮部尚書李至剛奏道，外國貢使不得私帶兵器，更不能私下賣給老百姓，應將日本貢使的刀槍之類「籍封送京師」。明成祖答覆道：「外夷向慕中國，來修朝貢，危蹈海波，跋涉萬里，道路既遠，貲費亦多，其各有賚以助給路費，亦人情也，豈當一切拘之禁令！」李至剛又奏道：「刀槊之類，在民間不許私有，則亦無所鬻，惟當籍封送官。」明成祖又回答道，刀槍沒地方賣，官府就出錢買下來，「勿拘法禁，以失朝廷寬大之意，且阻遠人歸慕之心，此要務也。」[12] 日本貢使違禁私帶刀槍，明廷不僅沒予「籍封」，反而由官府出錢買下。尤其引人注意的是，明成祖反覆重申，「豈當一切拘之禁令」，「勿拘法禁」，這顯然是指海禁而言。以前，官員們都是以嚴遵禁令為盡職，這時明成祖不讓臣下「拘之禁令」，這自然是對遠人的優待。

明成祖有關此類的話還可以找到許多。例如，永樂二年（一四〇四年）五月，琉球山南王遣使來貢，竟私自帶著銀子到景德鎮購買瓷器，「法當逮問」。明成祖卻說：「遠方之人，求利而

11《明史》卷三百三十二，〈西域傳四〉。
12《太宗實錄》卷二十二。

已，安知禁令？朝廷於遠人當懷之，此不足罪。」[13]

外國貢使以所帶私物在中國出售，明成祖也給以免稅優待。例如，西洋瑣里（今印度南端）於「永樂元年來朝，附載胡椒等物，皆免稅」。[14]

明成祖還制定了對外國貢使的賞賜條例。貢使們代表他們的國王向中國朝貢，明成祖頒賞時也首先賞賜他們的國王和王妃。為使這種賞賜與「天朝上國」的身分相符，賞賜自然都是十分優厚。除國王和王妃外，對貢使成員都按級行賞：「三品四品，人鈔百五十錠，錦一匹，紵絲三表裡；五品，鈔百二十錠，紵絲三表裡；六品七品，鈔九十錠，紵絲二裡裡；八品九品，鈔八十錠，紵絲一表裡；未入流，鈔六十錠，紵絲一表裡。」[15]

除此之外，遇有重大節日或慶典，外國貢使都可以和明廷大臣一起受到賞賜。這類不時賞賜「事例不一，或出一時特恩，不可勝計」。[16]明成祖對外國貢使的諸多優待，顯然是他睦鄰友好政策的一種表現。

通好西域

歷史上通常所說的西域，還包括今新疆地區。這裡所說的西域，僅指新疆以西的中亞一帶。明成祖即位之初，中亞的帖木兒帝國盛極一時，並準備東來攻打明朝。帖木兒死後，明成祖遣使通好，雙方的關係得到迅速的恢復和發展。從此以後，明王朝與中亞各國的使節往來不斷，終明之世一直保持著友好的關係。

與帖木兒帝國重歸於好

明成祖即位之初，在中亞興起了一個強大的帖木兒帝國，一度給明王朝造成很大的威脅。十四世紀初，四大汗國之一的察哈台分裂為東、西二部。東察哈台控制我國今新疆一帶，西察哈台占據阿姆河和錫爾河一帶，相互間不斷發生戰爭。一三七〇年（洪武三年），跛足的帖木兒奪得西察哈台的統治權，成為西察哈台的君主。他以成吉思汗的繼承人自居，力圖重新恢復蒙元大帝國的統治。他積極向外擴張，不久即占領了舊察哈台全境。接著，他又征服了波斯、花剌子模等地。後來，他又攻入伊拉克、俄羅斯等地，並打敗了欽察汗國，攻入印度，對德里大加焚掠，他還攻入土耳其，俘虜了土耳其的蘇丹。帖木兒以撒馬爾罕（今烏茲別克的撒馬爾罕州首府）為首都，建立起一個盛極一時的大帝國。

洪武前期，帖木兒向明廷「納貢稱臣」。隨著擴張戰爭的節節勝利，帖木兒漸漸驕橫起來。洪武二十八年（一三九五年），明太祖遣傅安出使撒馬爾罕，竟被帖木兒扣留。帖木兒派人領著傅安到處周遊，藉以誇耀他統治疆域的廣大。也就在明成祖即位的建文四年（一四〇二年），帖木兒征服了土耳其，感到已無後顧之憂，遂決意對中國用兵。

---

13 《太宗實錄》卷二十九。
14 萬曆《明會典》卷一百一十一，〈外夷上〉。
15 《太宗實錄》卷一百一十九。
16 弘治《明會典》卷一百，〈給賜一〉。

明成祖即位後，曾遣使往諭，並責備帖木兒數年不來朝貢之過。帖木兒聲稱，他要「親來見大汗（明朝皇帝），使之稱臣納貢於帖木兒」。[17]永樂二年（一四〇四年）冬季，帖木兒經過一番準備之後，統領數十萬大軍東來攻明。明成祖聞訊後，馬上敕諭甘肅總兵官左都督宋晟：

回回例兀言，撒馬爾罕回回與別失八里沙迷查千王，假道率兵東向。彼未必敢肆志如此，然邊備常不可怠。……宜練士馬，謹斥堠，計糧儲，預為之備。[18]

撒馬爾罕距中國內地路途遙遠，到處是高山和沙漠，水草缺乏，供給困難。帖木兒軍中戰馬死的很多，帖木兒本人也病死途中，因此，這次對中國的遠征只好作罷。明成祖對此事卻一直放心不下，永樂五年（一四〇七年），他再一次敕諭宋晟：「朝廷遣使為虜（指帖木兒）拘留未歸，未知其意如何」，並要他遣人「往察彼處動靜以聞」。[19]實際上，帖木兒死了以後，這場戰爭的威脅也就解除了。

帖木兒因長子早死，他死後便由其孫哈里繼承了大汗位。哈里不想和明朝構兵，便於永樂五年六月遣使虎歹達送傅安等回中國，順便貢獻方物，藉以恢復和明王朝的和平邦交關係。明成祖對來使盛情款待，賞賚甚厚，並「遣指揮白阿兒忻台等往祭故王（帖木兒），而賜新王及部落銀幣」。[20]明成祖這樣做顯然是很合乎邦交禮儀的。

傅安等人自洪武二十八年（一三九五年）出使撒馬爾罕，於永樂五年（一四〇七年）才回到中國，被扣十三年（一三九五—一四〇七年）。傅安在異國他鄉「艱苦備嘗，志節益勵」，不畏威逼利誘，始終拒絕投降，維護了大明帝國的尊嚴。傅安出使時「方壯齡，比歸，鬚眉盡白。同行御史姚臣、太監劉惟俱物故。官軍千五百人，生而還者十有七人而已」。[21]使團原有一千五百人，只剩十七人生還國內，僅此一點也可看出，這次出使是何等的艱險。其情景與漢武帝時的張騫通西域很相類，但傅安卻很少為人所知，他這種熱愛祖國的氣節是值得大書特書的。

明成祖對傅安很讚賞，認為他不辱使命，對他厚加賞賜，並要他偕同來使再次出使撒馬爾罕諸國。永樂七年（一四〇九年），哈里遣使隨傅安入貢。「自後，或比年，或間一歲，或三歲，輒入貢。」永樂十三年（一四一五年），哈里遣使隨中國著名的使節陳誠等入貢，辭歸時，明成祖又命陳誠和中官魯安偕同前往，賜其頭目白銀、彩幣等物。「其國復遣使隨（陳）誠等入貢。（永樂）十八年復命（陳）誠及中官郭敬賚敕及彩幣報之。」[22] 真可謂使節「不絕於道」。

尤其值得一提的是，當明王朝與帖木兒帝國的關係恢復以後，明成祖對當地諸部不是挑撥離間，分而治之，而是促使他們相互團結，幫助他們排解糾紛。

帖木兒生前曾命其第四子沙哈魯領有哈烈（今阿富汗西北部）。帖木兒死後，其孫哈里繼承汗位，與他的叔叔沙哈魯不諧，相互爭戰不休。明成祖命都指揮白阿兒忻台賚敕往諭沙哈魯：

> 天生民而立之君，俾各遂其生。朕統馭天下，一視同仁，無間遐邇，屢嘗遣使諭爾。爾能虔修職貢，撫輯人民，安於西徼，朕甚嘉之。比聞爾與從子哈里構兵相仇，朕為惻然。一家

---

17 （德）細爾脫白格，《遊記》。譯文見《中西交通史料匯編》第一冊第六章。
18 《太宗實錄》卷三十三。
19 《太宗實錄》卷五十。
20 《明史》卷三百三十二，〈撒馬兒罕傳〉。
21 陳繼儒，《見聞錄》。
22 《明史》卷三百三十二，〈撒馬兒罕傳〉。

之親，恩愛相厚，足制外侮。親者尚爾乖戾，疏者安得協和。自今宜休兵息民，保全骨肉，共享太平之福。[23]

明成祖還賜給沙哈魯「彩幣表裡」。接著，白阿兒忻台又前往撒馬爾罕，「敕諭哈里罷兵，亦賜彩幣。」[24]當時，雙方因長年交戰而筋疲力盡，經明成祖勸諭，遂停止戰爭，這顯示了明王朝對帖木兒帝國的友好態度。從此以後，哈烈和其他諸部不斷遣使來貢。終明之世，明王朝與這些國家和地區一直維繫著和平友好的關係。

陳誠和《使西域記》

明成祖遣使四出，次數多，規模大，範圍廣。其中，除了隨鄭和下西洋的幾個人留有著述以外，就只有陳誠留有著述了。當時，在出使西域的使臣中，以陳誠的次數最多，行跡也最廣。正像東南海路最出名的使節是鄭和那樣，在西北陸路最出名的使節就是陳誠了。

陳誠是江西吉水人，洪武二十七年（一三九四年）舉進士，授行人，猶如現在所說的外交官。洪武二十九年他即奉命出使「西域」，但未出今新疆境；第二年他又和呂讓一起出使過安南。永樂年間，明成祖命陳誠三次出使中亞一帶，功績卓著。

永樂十一年（一四一三年）十月，明成祖首次命他出使「西域」。陳誠於第二年春天出發，次年十一月回國，在西域諸國近兩年時間。這次出使的正使是宦官李達，陳誠為副使。陳誠一行訪問了撒馬爾罕、哈烈、達失干（今烏茲別克首都塔什干）等地。每到一地，他們都首先交上璽書（相當於現在的國書），接著獻給當地國王文綺、紗羅、布帛等物。陳誠一行回國時，撒馬爾罕遣使隨同來中國朝貢。永樂十四年（一四一六年），撒馬爾罕的使臣回國，明成祖命陳誠隨行，也就是永樂年間陳誠的第二次出使。這次陳誠由副使升為正使，其副手是宦官魯安。

陳誠一行到哈烈後，受到國王沙哈魯和他兒子的盛情款待。陳誠除交上璽書外，還交給沙哈魯一幅繪畫，上面畫著一匹白馬。沙哈魯一眼就看出，畫上的這匹馬正是他獻給明成祖的，他深受感動，遂遣使護送陳誠一行回國。從此以後，哈烈和中國的關係日益密切。贈畫雖然只是一件小事，但對加深雙方的信任和友好卻收到了意外的效果。明成祖在位期間中外友好關係發展迅速，除了其他因素以外，和明成祖的外交藝術也是有關的。因為陳誠的外交活動取得了圓滿的成功，陳誠被提升為廣東布政使參議。永樂十八年（一四二〇年），陳誠第三次奉明成祖之命出使西域，進一步促進了中亞各國同中國的和平友好關係。這次出使回國後，陳誠升為都轉運使。

陳誠在第一次出使時，將行程和所見所聞筆之於書，成《使西域記》一卷。回國後，他將此書獻給明成祖，實際上就是他和李達的這次出使報告。這件事在《明實錄》中有詳細記載。永樂十三年（一四一五年）十月記：

中官李達、吏部員外郎陳誠等使西域還。西域諸國哈烈、撒馬爾罕……等處各遣使，貢文

23《明史》卷三百三十二，〈哈烈傳〉。
24 同註23。

豹、西馬、方物。（陳）誠上《使西域記》，所歷凡十七國，山川、風俗、物產悉備焉。25

此書是研究中亞歷史地理的寶貴資料。「所歷凡十七國」，其中除了撒馬爾罕、哈烈、達失干等以外，其餘大都在我國今新疆境內，有些地名至今難以詳考。

改善對日關係

有明一代的中日關係一直不諧，只是在永樂年間得到較大程度的改善。明成祖一即位就遣使赴日通好，恢復了兩國正常的邦交關係。對那些來中國沿海劫掠的倭寇，明成祖則嚴加剿捕，使自元末以來的倭寇之患得以暫時平息。

明初倭寇問題

明成祖即位之初，除了沿海不時有倭寇的警報以外，中日間沒有任何官方往來。元世祖忽必烈曾對日本大舉征討，因遭暴風而全軍覆沒，故終元之世日本不通中國。明王朝建立後，朱元璋遣使赴日通好，日本國王遂遣使來華，奉表稱臣，兩國間的邦交關係遂得以恢復。朱元璋還以「祖訓」的形式，將日本列為十五個不征國之一。

日本海盜自元代起就不斷到中國沿海搶劫，明初亦然。中日邦交恢復後，日本不斷將這些海盜送到中國，聽中國懲治，中國稱這些日本海盜為倭寇。有時，日本還將被倭寇擄掠的中國人送回。例如，洪武四年（一三七一年）日本使臣第一次來華時，就「送還明、台二郡被掠人口七十餘」。[26]

但這種友好的關係沒維持多久。洪武十三年（一三八〇年），丞相胡惟庸以謀反罪伏誅。朱元璋了解到，胡惟庸曾「欲藉日本為助」，因此，「怒日本特甚，決意絕之，專以防海為務。」[27]明太祖朱元璋曾一度想發兵討伐日本，但鑑於元朝征日本失敗的教訓，才未對日本用兵。

明成祖即位時，中日間斷絕邦交已二十餘年，其間，倭寇不斷在中國沿海騷擾和搶劫，明成祖決心要改變這種狀況。

遣使通好，恢復邦交

明成祖於建文四年（一四〇二年）六月十七日即位，九月七日便遣使以即位詔諭日本。永樂元年（一四〇三年）九月，明成祖遣左通政趙居任、行人楊洪偕同僧人道成一起出使日本。還沒出發，日本貢使已到寧波，明成祖聽說很高興，知道上年的出使已收到成效。但是，在日本貢使附帶的私物中有刀槍之類的兵器，違犯了中國的禁令。禮部尚書李至剛奏請「籍封送京師」，明成祖為懷柔遠人，改善與日關係，未予治罪，反而命官府出錢將這些刀槍買下。日本貢使於十月到

25《太宗實錄》卷九十八。
26《明史》卷三百二十二，〈日本傳〉。
27 同註26。

京，獻上日本王源道義的「表及方物。帝（明成祖）厚禮之，遣官偕其使還，賚道義冠服、龜紐金章及錦綺、紗羅」。[28]日本貢使這次來華，標誌著中斷了二十餘年的中日邦交得到了恢復。從此以後，兩國使節往來不斷，關係日益密切。

永樂二年（一四〇四年），因明成祖冊立長子高熾為皇太子，日本特遣使臣來賀。當時，日本海寇在中國沿海經常搶劫財物，擄掠人口，明成祖藉此機會諭其國王，要日本逮捕這些海寇。日本感到倭寇的行為妨害了兩國關係的發展，遂「發兵盡殲其眾，繫其魁二十人，以（永樂）三年十一月獻於朝，且修貢」。[29]明成祖對日本這樣做十分讚賞，特遣鴻臚寺少卿潘賜和中官王進一起出使日本，對日本國王大加賞賜。對日本獻來的這二十個倭寇頭目，明成祖卻交還給日本使臣，讓他們自行處置。日本使臣回到寧波，將這二十個倭寇頭目置於大缸中，「烝殺之」。嘉靖年間胡宗憲在東南沿海負責剿倭，他還見到過這次「烝殺」倭寇頭目的舊址。胡宗憲在《籌海圖編》中記道：「今銅甑猶存，爐灶遺址在蘆頭堰。」

為這件事，明成祖特別頒詔，許日本十年一貢，人只二百，船隻兩艘，不得帶兵器，違者以寇論，為了方便日本來貢，特賞賜給日本船隻兩艘，專為入貢用。

永樂四年（一四〇六年）正月，明成祖又命侍郎俞士吉出使日本，對其國王「賜賚優渥，封其國之山為『壽安鎮國之山』，御制碑文，立其上」。[30]《萬曆野獲編》中錄有這篇碑文的原文：

日本有國鉅海東，舟航密邇華夏通。
衣冠禮樂昭華風，服御綺繡考鼓鐘。
食有鼎俎居有宮，語言文字皆順從。

善俗殊異羯與戎，萬年景運當時雍。
皇考在天靈感通，監觀海宇罔不恭。
爾源道義能迪功，遠島微寇敢鞠凶。
鼠竊蠅嘬潛其蹤，爾奉朕命搜捕窮。
如雷如電飛蒙沖，絕港餘孽以火攻。
焦流水上橫復縱，什什伍伍擒奸凶。
荷校屈肘銜以從，獻俘來庭口喁喁。
彤庭左右誇精忠，顧咨太史疇勳庸。
有國鎮山宜錫封，惟爾善與山增崇。
寵以銘詩貞石盤，萬世照耀扶桑紅。[31]

在明成祖在位二十餘年間，只有日本、滿剌加等少數幾個國家享受到封山的待遇。日本國王對此十分感激，當年六月就遣使來謝，以後則頻頻來貢，並獻上所捕獲的倭寇。日本使臣請求得到徐皇后所編的《勸善》、《內訓》二書，明成祖遂命各賜一百本。

永樂六年（一四〇八年）十二月，因日本國王源道義死，其子遣使來明廷告訃。明成祖「命

28《明史》卷三百二十二，〈日本傳〉。
29 同註28。
30 同註28。
31 沈德符，《萬曆野獲編》卷一，〈賜外國詩〉。

中官周全往祭，賜諡『恭獻』，賻絹布各五百匹。復遣使賚詔封（源義）持嗣日本國王，賜錦綺紗羅六十匹」。[32]由此可以看出，當時中日雙方的關係已很密切，故王的諡號要由明成祖賜予，新王繼位要由明成祖冊封，這與其他朝貢國已完全一致。

因當時倭寇不斷在中國沿海擄掠，明成祖遣使諭日本新國王源義持，要他嚴加剿捕。永樂八年（一四一〇年）四月，源義持遣使謝恩，並獻上所獲海寇。明成祖十分高興，於第二年遣王進前往褒賞，並在日本購買一些宮廷需用之物。當時日本內部有紛爭，有些人打算扣留王進，王進聞訊後，偷偷地從另一條路逃回。從此以後，日本數年未來中國朝貢。

由於日本對倭寇的約束放鬆，倭寇為害日益嚴重。也就在永樂八年，倭寇大掠盤石（今浙江樂清縣西南）。永樂十五年（一四一七年），倭寇先後擄掠松門（今浙江溫嶺縣東南）、金鄉（今浙江平陽縣南）、平陽（今屬浙江）等地。明成祖命沿海守軍嚴行剿捕，靖遠伯王友募民嚴寶等人協助剿倭，「嚴寶等殺賊數百人，並得其所掠貨物。成祖諭（王）友曰：『下人成功者，未必皆出其能，皆由主將能導之方略，作其志氣。今嚴寶等有獲，亦爾之功。但所獲貨物，宜悉與之，爾勿干與毫末。蓋人冒險成功，而不推利與之，後來不復樂為用矣。』」[33]當時剿倭，官軍不足，求之於民兵，足見倭寇為患已有相當規模。為此，明成祖命刑部員外郎呂淵前去日本，責備日本方面約束不嚴，「令悔過自新」，凡是被掠往日本的中國人，要日本全部送回。第二年（永樂十六年），日本國王遣使隨呂淵來貢，說：「海寇旁午，故貢使不能上達。其無賴鼠竊者，實非臣所知。願貸罪，容其朝貢。」[34]明成祖覺得日使說的有理，禮遇如故，並許其照常來貢，但倭寇仍不斷在沿海一帶搶劫，有時，一次即捕獲倭寇數十人。有的大臣建議將這些倭寇立即殺掉，但明成祖認為：「威之以刑，不若懷之以德，宜還之。」[35]將他們送回日本處置。

隨著中日官方關係的恢復和發展，雙方的經濟文化交流得到擴大。中國輸入日本的主要是綢緞、布帛、瓷器等，日本輸入中國的主要是漆器、硫磺、摺扇、刀等物品。尤其是日本的漆器和摺扇，工藝精細，深受中國人民喜愛。日本摺扇又稱聚頭扇、蝙蝠扇或撒扇，因從日本傳來，故中國人又稱之為「倭扇」。當時，中國也開始仿製，摺扇遂在中國流行開來。對此，有文獻記載道：

> 中國宋前惟用團扇。元初，東南使者使聚頭扇，人皆譏笑之。我朝永樂初始有持者。及倭充貢，遍賜群臣，內府又仿其制，天下遂通用之。[36]

這表明，正是永樂年間雙方的關係得到恢復和發展以後，日本的一些手工業品才在中國得到廣泛的流行。

望海堝之戰

明成祖一方面加強中日間官方的友好往來，要日本國王對倭寇嚴加約束，另一方面則加強沿

32《太宗實錄》卷六十。
33 余繼登，《典故紀聞》卷六。
34《明史》卷三百二十二，〈日本傳〉。
35 同註34。
36 張燮，《東西洋考》卷六。

海防務，對來犯的倭寇嚴加剿捕。永樂年間，沿海各地對倭寇不斷有所斬獲。其中，最大的一次勝利就是望海堝之戰了。

自永樂八年（一四一〇年）始，劉江即以左都督鎮守遼東，除防禦蒙元殘餘勢力外，另一個重要任務就是備倭。

劉江在巡視各海島時，來到金州衛（今遼東半島南端）金線島西北的望海堝上，看到這裡地勢高廣，可駐兵千餘人。當地土人告訴他，洪武初年都督耿忠就曾在這裡築堡備倭。這裡離金州約七十里，凡倭寇來掠，一定要經過這裡，實濱海咽喉之地。劉江在奏請明成祖後，便在這裡用石頭築堡，置烽火台，嚴兵以待。

永樂十七年（一四一九年）六月的一天，哨兵來報，謂東南方向夜裡舉火有光。劉江估計倭寇將至，遂增派馬、步兵赴望海堝上防備。第二天，倭寇乘三十餘艘海船趕來，停泊在馬雄島，登岸後朝望海堝奔來，共約二千餘人，魚貫而前。這支倭寇的頭目相貌醜陋，揮兵率眾，兵勢頗銳。劉江泰然自若，略不為意，只秣馬厲兵以待，他命都指揮徐剛伏兵山下，命百戶江隆率小隊壯士繞至敵後，斷其歸路。劉江與他們約定，見旗舉而伏起，聞炮鳴而奮擊，不用命者軍法從事。沒過多久，倭寇來到望海堝下，進入埋伏圈中。劉江披髮舉旗鳴炮，伏兵四起，繼以兩翼並進，從早晨一直鏖戰到天黑，倭寇大敗，死者狼藉。倭寇餘眾逃到櫻桃園空堡中，劉江率軍將此堡團團圍住。明軍將士人人奮勇，請求入堡剿殺，劉江不許，反而在西邊網開一面，讓倭寇從那裡外逃，然後分兩翼夾擊，盡殲倭寇，「斬首千餘級，生擒百三十人。」[37]偶有少數走脫的倭寇，到海邊準備上船逃跑時，又被等候在那裡的江隆俘獲。因此，這次倭寇的大規模來犯竟沒有一人逃掉。

明成祖聞報後，非常高興，遂封劉江為廣寧伯，子孫世襲；有功將士都受到不同的封賞。劉江原來冒用他父親的名字，這時才恢復真名劉榮。

自望海堝之戰後，倭寇元氣大傷，多年不敢到遼東為害。在此後的百餘年間，小股倭寇雖不時有聞，但未見大批倭寇來犯。這正如有的史書所說，原來，「濱海之區，無歲不被其害。至是，為（劉）江所挫，斂跡不敢大為寇。然沿海稍稍侵盜，亦不能竟絕。」[38]

鄭和下西洋

在永樂年間的對外交往中，規模最大、影響最深遠的莫過於鄭和下西洋了。自永樂三年（一四〇五年）至宣德八年（一四三三年），鄭和在二十八年間前後七下西洋，前六次都是在永樂年間進行的，只有最後一次是在宣德年間。

所謂「下西洋」，是指出使今南洋和印度洋一帶的國家和地區。通過鄭和出使，明王朝和三十多個國家和地區建立起友好的關係，在中國和亞非國家關係史上寫下了光輝的一頁。

37 《明史》卷一百五十五，〈劉榮傳〉。
38 谷應泰，《明史紀事本末》卷五十五，〈沿海倭亂〉。

用人得當，動因複雜

據《明實錄》載：

> 永樂三年（一四〇五年）六月己卯（十五日，公曆七月十一日），遣中官鄭和等賚敕往諭西洋諸國，並賜諸國王金織文綺、彩絹各有差。[39]

《明史．鄭和傳》則說得比較詳細：「永樂三年六月，命（鄭）和及其儕王景弘等通使西洋。將士卒二萬七千八百餘人，多賚金幣。造大舶，修四十四丈、廣十八丈者六十二。自蘇州劉家河泛海至福建，復自福建五虎門揚帆……」也就是說，這就拉開了鄭和大規模出使的序幕。

明成祖選擇鄭和來統率這支龐大的船隊，是經過慎重考慮的，也是很得當的。

鄭和是雲南昆陽人，原姓馬，所以有的書就稱他為「馬三保」。他們家世奉伊斯蘭教，其祖父和父親都曾去天方朝聖，因而被稱為「哈只」，意即巡禮人。洪武十五年（一三八二年），明軍攻滅了雲南的梁王政權，鄭和被俘入宮，閹割為宦官，後被朱元璋撥給燕王朱棣聽用。鄭和在明成祖身邊長大，在靖難之役中親臨戰陣，「多立奇功」，[40]深受明成祖的賞識和信任。明成祖即位後，命他為內官監太監，並賜姓為「鄭」，從此以後便改名為「鄭和」。由這種經歷可以看出，鄭和是深受明成祖信任的人。

明成祖對鄭和的才能也很了解，知道他堪此重任。據記載，「（鄭）和自幼有材智」，「才負經緯，文通孔孟」。[41]有的史書上說，「（鄭）和有智略，知兵習戰，帝（明成祖）甚倚信之。」[42]《明書．鄭和傳》則說他「豐軀偉貌，博辨機敏」。從這些記載可以看出，鄭和身材高大，儀表堂堂，既通文墨，又知兵習戰，是具有這種統帥才能的。

明成祖選中鄭和，還有信仰上的原因。鄭和出生於伊斯蘭世家，他本人也是回教徒。鄭和在第五次下西洋時，曾親自到泉州回教先賢墓行香。在南洋一帶，有許多國家和地區的人民信奉伊斯蘭教，阿拉伯諸國更是伊斯蘭教的世界。由信仰相同的鄭和出使這些國家和地區，自然是很適宜的。

另外，鄭和還信奉佛教，是個佛教徒。明代宦官「最信因果，好佛者眾，其墳必僧寺也」[43]，鄭和也自不能例外。在姚廣孝題記《佛說摩利支天經》中說：「今菩薩戒弟子鄭和，法名佛善，施財命工刊印流通……」鄭和施財刊印佛經，還有個「佛善」的法名，足證鄭和是個佛教徒無疑。這對鄭和出使也是個有利條件，因為眾所周知，在東南亞和南亞一帶佛教有很大的勢力。

明成祖在用鄭和出使前，曾問術士袁忠徹，看用鄭和是否適當。袁忠徹也極力稱讚鄭和，進一步堅定了明成祖的決心。袁忠徹曾記載此事說：「永樂初，欲通東南夷。上（明成祖）問以三保（鄭和）領兵如何……對曰：『三保姿貌才智，內侍中無與比者。臣察其氣色，誠可任。』遂令統督以往，所至畏服焉。」[44]明成祖雖然是個雄才大略的帝王，但也不可否認他有迷信心理。

---

39 《太宗實錄》卷三十五。

40 朱國楨，《皇明大政記》。

41 李士厚，《鄭和家譜考釋》。

42 《古今圖書集成．明倫匯編．宮闈典》卷一百三十二，引《明外史》。

43 劉若愚，《酌中志》卷二十三。

44 袁忠徹，《合今識鑑》卷八。

他在發動靖難之役時就徵求過袁忠徹的意見，對他頗為信任。這種以長相氣色來判斷人的術家之言，在今天看來似為荒誕不經，但剝去其迷信色彩，也有其合理的成分。例如，鄭和身體好，有才智，可擔此重任。事實表明，這都是很對的，尤其是充任使臣，更需要儀表堂堂。

為了鄭和能順利出使，明成祖十分關心建造海船。永樂二年（一四〇四年），明成祖即命福建建造五艘海船，以備下西洋之用。永樂五年（一四〇七年），明成祖又命改造海運船二百四十九艘。據《明史．鄭和傳》記載，這些船隻很大，長四十四丈，寬十八丈，可乘千餘人。當時，大概只有中國才能建造出這麼大的船隻，這些大船是鄭和安全運航的可靠保證。

明成祖還為鄭和組織起人才齊全的出使隊伍。鄭和這支隊伍有二萬七千八百人，除軍士外，還有各種行政和後勤人員，像醫官、文書、通事（翻譯）、火長（船長），凡所需人員，可說是應有盡有。

那麼，明成祖到底為什麼這樣興師動眾，這樣一而再、再而三地命鄭和大規模出使呢？這樣一個重大歷史事件，應該說是由多種因素促成的。除了前邊所說的有蹤跡建文帝的用意之外，至少還有以下兩方面的原因。

第一，明成祖朱棣通過靖難之役奪得皇位後，急需收拾民心。從傳統上來看，明成祖奪取皇位屬於「篡逆」，有悖於封建正統觀念，其合法性受到廣泛的攻擊和懷疑，方孝孺被殺「十族」也不為他起草登極詔就是明證。因此，明成祖在大肆誅殺建文舊臣後，迫切需要提高個人聲望。在封建專制時代，封建帝王為提高個人聲望是不惜任何代價的。明成祖派鄭和出使，「頒正朔」，廣施賞賚，以使「太宗文皇帝德澤洋溢天下，施及蠻夷。舟車所至，人力所通，莫不尊親，執圭捧帛而來朝，梯山航海而進貢。」[45]這種「萬邦臣服」、「禎祥畢集」的盛況，可以大大提高皇帝的聲望，樹立自己「代天行命」的天子形象。這對明成祖收拾民心是大有益處的，也是十分必要的。

第二，有明一代，始終存在著所謂「北虜南倭」的壓力，這種壓力深刻地影響了明王朝的內外政策。在明初，南邊的倭患尚不甚嚴重，主要威脅是北邊的蒙元殘餘勢力。蒙元勢力雖北走沙漠，但仍保留有一支相當強的軍事力量，明太祖朱元璋雖屢次遣將北征，但始終未能根本解決問題。明成祖當燕王時，即與蒙元勢力進行過多次交鋒，對這種威脅有著十分清楚的認識。他即位不久就長駐北京，擺出與蒙元戰鬥的姿態。綜觀明成祖一生，除靖難之役外，他的軍事生涯差不多都是和蒙元勢力周旋，他曾親自五征漠北，反擊蒙元勢力的侵擾。北邊的這種形勢，使明成祖迫切需要一個安定的南方。通過鄭和下西洋，發展和南邊諸國的友好關係，正是為了貫徹他的這種戰略意圖。於是，永樂年間就呈現出這樣的局面——在北邊是進行一次又一次的大規模遠征，在南邊則是鄭和的一次又一次的大規模遠航。明成祖用兵於北疆，施德於南方，正是一種威德並舉的戰略。鄭和果不辱使命，在「下西洋」的過程中「施恩布德」，使雙方的友好關係建立和增強起來。終永樂一世，除安南外，南方基本沒發生什麼戰事。明成祖晚年，「威德遐被，四方賓服，受朝命而入貢者殆三十國。」[46]這大部分的功勞應歸於鄭和的出使。

鄭和船隊有二三萬軍士，除了可以「耀兵異域，示中國富強」以外，對南洋一帶的海寇還可以就地剿捕，例如剽掠商旅的舊港頭目陳祖義即被鄭和擒獲殺掉。這就進一步保證了南方的安寧。

明成祖是一代英主，漢唐是他心目中的盛世。在他看來，「萬邦無不歸順者，聖人之統

45 費信，《星槎勝覽》序。
46 《明史》卷五，〈成祖本紀〉。

也。」[47]正如漢有「張騫鑿空」一樣，他派鄭和數使西洋，正是為了實現他「帝王居中，撫馭萬國」的雄心。他命鄭和「往東南諸國，賞賜宣諭」，藉以達到「敦睦邦交」的目的。

另外，明成祖派鄭和下西洋，可能還有牽制帖木兒帝國的用意。[48]這一點雖沒有直接材料可以證明，但從當時的歷史背景上看，並不是毫無根據。從時間上看，帖木兒於永樂二年（一四〇四年）舉兵東進，準備來攻打明帝國，鄭和於永樂三年（一四〇五年）出使，時間相合。從出使的行程來看，鄭和前三次下西洋都是以印度南端為終點站，而沒有繼續西使。當時帖木兒帝國一度攻占了印度北部，鄭和到印度南部牽制它，也是合乎情理。再者，從牽制帖木兒帝國這個角度來考慮，鄭和率領近三萬人的軍士出使也就不奇怪了。

總之，明成祖派鄭和大規模出使，這是由多種因素促成的。

力排眾議，連續出使

從永樂三年（一四〇五年）開始，鄭和在永樂年間連續六次大規模出使。鄭和的船隊一般都是從蘇州劉家港出發，先到福建五虎門，由五虎門南下占城（今越南南部），再由占城到滿剌加（今馬來亞）、爪哇等，穿過馬六甲海峽繼續往西行駛。當時的船隻都是帆船，需借助風力，所以鄭和出使時都是在冬季或早春，以便借助於東北季風；鄭和回國時都是在夏季，以便借助於西南季風。鄭和前三次出使的終點都是印度半島南端的古里（今印度卡利卡特）。自第四次以後，才越過印度半島南端，到達波斯灣沿岸，並與阿拉伯半島諸國和非洲東岸的一些國家發生了交往。起初，鄭和船隊是沿海岸線航行，後來，鄭和的船隊便由印度半島南端橫渡印度洋，直達紅海口和非洲東岸諸國。今將鄭和六次出使的時間和所經國家和地區列表於下。

鄭和出使時間和所經主要國家、地區一覽表

序次	出國時間	回國時間	所經主要國家、地區
一	永樂三年冬（一四〇五年冬）	永樂五年九月（一四〇七年十月）	占城、暹羅、蘇門答剌、舊港、滿剌加、錫蘭、古里
二	永樂五年冬（一四〇七年冬）	永樂七年夏末（一四〇九年夏末）	占城、爪哇、滿剌加、暹羅、浡泥、錫蘭、加異勒、柯枝、古里
三	永樂七年九月（一四〇九年十月）	永樂九年六月（一四一一年七月）	占城、爪哇、暹羅、滿剌加、蘇門答剌、阿魯、錫蘭、柯枝、古里、溜山、阿撥把丹、小葛蘭、甘把里
四	永樂十一年冬（一四一三年冬）	永樂十三年七月（一四一五年八月）	占城、爪哇、滿剌加、錫蘭、柯枝、古里、阿魯、彭亨、急蘭丹、忽魯謨斯、溜山、木骨都束、卜喇哇
五	永樂十五年冬（一四一七年冬）	永樂十七年七月（一四一九年八月）	占城、爪哇、滿剌加、錫蘭、柯枝、古里、阿魯、彭亨、急蘭丹、忽魯謨斯、溜山、木骨都束、麻林
六	永樂十九年冬（一四二一年冬）	永樂二十年八月（一四二二年九月）	占城、暹羅、滿剌加、榜葛剌、錫蘭、古里、阿丹、祖法兒、剌撒、溜山、柯枝、木骨都束、卜喇哇

47 鞏珍，《西洋番國志》。

48 尚鉞，《中國歷史綱要》；向達，〈三保太監下西洋〉（見《旅行家》一九五五年第十二期）皆持是說。

鄭和每到一地，首先是開讀明成祖對各國王和當地頭目的詔諭，以宣揚中國皇帝皇恩浩蕩，邀其到中國朝貢。《鄭和家譜．敕海外諸番》條載有這種詔諭的原文：

皇帝敕諭四方海外諸番王及頭目人等：朕奉天命君主天下，一體上帝之心，施恩布德。凡覆載之內，日月所照，霜露所濡之處，其人民老少，皆欲使之遂其生業，不致失所。今遣鄭和賚敕普諭朕意。爾等祗順天道，恪守朕言，循理安分，勿得違越。不可欺寡，不可凌弱，庶幾共享太平之福。若有攄誠來朝，咸錫皆賞。故茲敕諭，悉使聞知。

開讀詔諭後，接著對國王進行一番賞賜，賜物主要是金銀和文綺、彩絹等物，且賜及王妃和大臣。諸國君長自然也要有一番奉獻。這些官方活動結束後，再與當地進行一些貨物交易，換回一些宮廷需用之物。

鄭和在海外也使用過兩次武力。一次是在舊港（即三佛齊，今蘇門答臘島上的巨港），當地頭目陳祖義「剽掠商旅」，甚至打算邀劫鄭和的船隊，鄭和將他擒獲帶回中國。另一次是在錫蘭（今斯里蘭卡），其國王亞烈苦奈兒「發兵劫（鄭）和舟」，鄭和將他擒獲，也帶回國內。明成祖對這兩個人的處置方法截然不同。陳祖義是個海寇，本來就是個中國人，明成祖斷然將其殺掉；亞烈苦奈兒是錫蘭國王，明成祖對他「赦不誅，釋歸國」。[49] 明成祖對錫蘭國王的這種寬宏，顯然有利於發展雙方的友好關係。事實也證明，明成祖這樣做效果良好。從此以後，錫蘭使者不斷到中國朝貢，那裡再也沒發生過邀劫鄭和船隊的事，雙方建立起十分友好的關係。

明成祖還讓鄭和在海外排解鄰國糾紛。鄭和第二次出使時，明成祖特意讓鄭和賚敕去暹羅，要暹羅與占城、滿剌加等鄰國搞好睦鄰關係，不可恃強凌弱。原來，占城的貢使回國時，因遇大風而漂至彭亨（今馬來西亞彭亨），被暹羅扣留。明成祖賜給滿刺加和蘇門答刺的印誥也被暹羅強行搶去，兩個國家都來向明成祖控告暹羅強橫無理。鄭和到暹羅開讀了明成祖給國王的敕諭：

> 占城、蘇門答剌、滿剌加與爾俱受朝命，安能逞威拘其貢使，奪其誥印！天有顯道，福善禍淫，安南黎賊可為鑑戒。其即返占城使者，還蘇門答剌、滿剌加印誥。自今奉法循理，保境睦鄰，庶永享太平之福。[50]

暹羅馬上遣使來中國，「貢方物，謝前罪」，遣還占城貢使，送還滿剌加和蘇門答剌的印誥，使這一帶恢復了和平和安寧。像這種為鄰國排解糾紛的事，明成祖還讓鄭和幹過多次。

鄭和還不時代表明成祖對當地國王進行冊封。例如，永樂三年（一四〇五年）明成祖封古里的土酋沙米的喜為國王，永樂五年鄭和「賚詔敕，賜其國王誥命、銀印、給賜、升賞各頭目品級、冠帶」。這些代表國王身分的誥命、銀印，由鄭和親手賜予國王。為了紀念這件盛事，鄭和還在古里立碑勒銘，上書：

> 其國去中國十萬餘里，民物咸若，熙皞同風。刻石於茲，永示萬世。[51]

這裡所說「十萬餘里」，是極言其遠的意思，並非確指。所謂「民物咸若，熙皞同風」，是說這裡

49《明史》卷三百四，〈鄭和傳〉。
50《明史》卷三百二十四，〈暹羅傳〉。
51 馬歡，《瀛涯勝覽》，〈古里國〉。

的人民安居樂業，世道昌明，和中國很相類。

永樂年間，鄭和除了六次大規模出使以外，還有一次小規模出使，時間是永樂二十二年（一四二四年）春天，任務是冊封施進卿之子襲舊港宣慰使之職。原來，鄭和在第一次下西洋時，因得到舊港另一個頭目施進卿的協助，所以順利地將海盜頭目陳祖義捕獲。明成祖遂「設舊港宣慰使司，命（施）進卿為宣慰使，賜印誥、冠帶、文綺紗羅」。[52]宣慰使司是明王朝在邊遠少數民族地區設置的地方行政機構。舊港在今蘇門答臘島東南端的巨港一帶，中國封建王朝只有明成祖在這裡設置過這類機構。永樂二十二年（一四二四年）春天，施進卿之子濟孫遣使來見明成祖，謂其父施進卿已死，請讓他襲宣慰使之職，並說原賜舊印已毀於火，請另給新印。明成祖遂「命濟孫襲宣慰使，賜紗帽……銀印，令中官鄭和賚往給之。」[53]鄭和這次出使的任務很簡單，只是去舊港冊封濟孫承襲父職，並賜予銀印等物。這次出使不在通常所說的「七次下西洋」之內，大概是因為這次行程不遠，根本沒進入印度洋。鄭和這次出使還沒回到國內，明成祖就已死在北征回師的路上。

隨鄭和大規模連續出使，許多國家和地區紛紛遣使來中國，貢獻奇珍異寶、珍禽異獸，其盛況為歷朝所不曾見。一些大臣寫詩作賦，歌舞昇平，明成祖對這種情景自然也是滿心高興。尤其是一些國家隨鄭和來中國貢獻麒麟，更使滿朝大臣歡欣鼓舞，認為這是難得一見的瑞兆。畫家沈度還特地為麒麟作畫並題詩，成《榜葛剌進麒麟圖》，現在原物及摹本尚存，藏於中國歷史博物館。著名的文臣楊士奇也作詩歌頌這件事：

天香神引玉爐薰，日照龍墀彩仗分。

閶闔九重通御風，蓬萊五色護祥雲。
班朕文武齊鵷鷺，慶合華夷致鳳麟。
聖主臨軒萬年壽，敬陳明德贊堯勳。[54]

鄭和出使幾乎和永樂一朝相始終，由於耗費巨大，不斷遭到一些大臣的反對，像楊士奇、楊榮、夏原吉這些著名大臣，都從不同角度勸阻過這件事。永樂十九年（一四二一年）初，明成祖剛遷都到北京，三大殿即遭了火災。明成祖下詔求直言，這時一些大臣便藉機力陳下西洋之弊，話也說得更直接了。例如，翰林院侍讀李時勉和侍講鄒輯便上書說：「連年四方蠻夷朝貢之使相望於道，實罷（疲）中國，宣明詔海外諸國，近者三年，遠者五年一來朝貢，庶幾官民兩便。」明成祖遂下令，「往諸番國寶船及迤西、迤北等處買馬等項，暫行停止。」[55]這只是在那種特定的情況下，認為有大災異，又有那麼多人反對，明成祖才「暫行停止」了下西洋。但是，到這年冬天，明成祖又命鄭和進行了第六次大規模出使。正是由於明成祖力排眾議，大力支持，才使鄭和完成了波瀾壯闊的大規模遠航。

52《太宗實錄》卷七十一。
53《太宗實錄》卷二百六十七。
54 嚴從簡，《殊域周咨錄》卷十一，〈榜葛剌〉。
55《太宗實錄》卷二百二十。

成就巨大，耗費驚人

鄭和下西洋無疑是世界航海史上空前的壯舉，這突出地表現在它的規模大、時間早、技術先進。他比西方「地理大發現」時期的哥倫布、麥哲倫、達伽馬等人的航海要早半個多世紀。在當時，這種大規模的遠航只能發生在中國，也只有像明成祖這樣氣魄浩大的帝王才能組織起這樣的遠航。

鄭和下西洋的成就是巨大的，這首先表現在亞非友好關係的進一步加強上。人們看到，受鄭和下西洋的推動，亞非國家來華使節往來不斷，其頻繁程度為中國數千年封建社會所僅見。洪武末年，只有周圍少數幾個國家來中國「朝貢」，這種冷落景象在建文時沒有什麼改變。鄭和第一次下西洋於永樂五年（一四〇七年）回國，「是年，琉球、中山、安南、暹羅、日本、別失八里、阿魯、撒馬爾罕、蘇門答剌、滿剌加、小葛蘭入貢。」[56]其中，除少數幾個國家外，大都與鄭和出使有關，許多國家的使節就是搭乘鄭和的船隻來中國的。例如，永樂十七年（一四一九年）鄭和第五次下西洋回國時，就帶回了十七個國家和地區的貢使。永樂二十一年（一四二三年）鄭和第六次下西洋回國，第二年來中國朝貢的共「十六國，遣使千二百人貢方物至京」。[57]這種盛況在中外關係史上即使不說絕後，至少是空前的。

據統計，洪武年間自洪武二年（一三六九年）二月起始有貢使來華，到朱元璋死的二十九年間，共有來華使節一百八十三次。在永樂年間，自永樂元年（一四〇三年）二月至明成祖死的二十一年間，共有來華使節三百一十八次。[58]洪武年間平均每年六次多一點，永樂年間則平均每年十五次多，這種情況不能不使明成祖「威制萬邦」的虛榮心得到極大的滿足。這正像《明史·

成祖本紀》的贊語所說，到明成祖晚年，「威德遐被，四方賓服，受朝命而入貢者殆三十國。幅隕之廣，遠近漢、唐。成功駿烈，卓乎盛矣！」

鄭和的船隊龐大，在出訪諸國時有主船隊，有分船隊，所以一次能訪問許多國家。在連續多次遠航中，開闢了亞非國家之間縱橫交錯的交通網，所繪製的《鄭和航海圖》流傳至今，極大地方便了亞非國家間的往來和交流。尤其引人注意的是，從第四次下西洋開始，鄭和的船隊由印度南端經溜山（今馬爾地夫），橫渡印度洋，直達紅海口，訪問非洲東岸諸國，從而打通了一條亞非國家間友好交往的新通道。也就是在第四次下西洋時，鄭和親自到了伊斯蘭教聖地麥加，當時稱作天方，[59]這無疑是中國和阿拉伯世界關係史上的一件盛事。

在鄭和所到諸國，留下了許多紀念鄭和的文物和古蹟。例如，在爪哇島上有三寶壠、三寶洞、三寶公廟等，在泰國有三寶寺，在錫蘭等地還留有鄭和所立的石碑。這些都是中國和亞非國家傳統友誼的歷史見證。

鄭和下西洋還有力地促進了亞非國家間的經濟文化交流。鄭和在海外對當地國王進行賞賜，這都是代表明成祖進行的，賞賜豐厚，物品精美。除此之外，鄭和還在當地進行了一些交易活動。這種交易都是在公平友好的氣氛中進行的，用中國的傳統手工業品換回當地的一些土特產。

56《明史》卷六，〈成祖本紀〉。
57《太宗實錄》卷一百二十七。
58 鄭鶴聲、鄭一鈞，《鄭和下西洋資料匯編》中冊（下），第一一五九頁。
59 晁中辰，〈鄭和赴麥加考〉，載《阿拉伯世界》一九九〇年第三期。

有的國家擔心鄭和的船隊不再來，便要求留下鄭和船隊中的幾個人作為人質。受鄭和下西洋的影響，各國貢使紛紛來華，除通過朝貢和賞賚所進行的交換外，他們也在中國與民間進行了一些交易活動。這樣，不僅中國較高的文明對當地產生了廣泛的影響，而且中國也從國外學到了一些先進的東西。例如，鄭和就從海外帶回了一些燒製玻璃的技術工人。

受鄭和下西洋的帶動，在一定程度上使海禁變得較為鬆弛。沿海人民「往往私造海舟，假朝廷干辦為名，擅自下番」。[60] 其他國家的一些商人也冒充貢使，來中國進行商品交換活動。在這期間，中國人前往南洋一帶定居的越來越多，他們都起到了先進文明和技術傳播者的作用。這些巨大的成就和鄭和的名字聯繫在一起，自然也和明成祖的名字聯繫在一起。

應該承認，明成祖一而再、再而三地命鄭和大規模出使，主要出自政治目的，而不是經濟目的，因而人力、物力、財力上的耗費是十分驚人的。那麼多的人，那麼多的船隻，船隻又那麼大，所帶的賞賜和交易物品又那麼多，從船隻的建造到人員、物品的組織和集中，都是牽動全國的大事。

鄭和在海外對當地國王賞賜，也與明成祖在國內對貢使賞賜一樣，都是遵循「厚往薄來」的原則。鄭和從內庫提取絲綢動輒幾十萬匹，向景德鎮派造瓷器一次即達數十萬件。為顯示天朝富強，以達到「以重利誘諸番」的目的，賞賜都極力從豐。由於鄭和一行航海勞苦，明成祖除對他們「宴勞」外，還按級逐人賞賜。僅永樂九年（一四一一年）六月一次即賜鈔「凡二十萬錠」，另外還有彩幣、絹布之賜，且賞賜恩及家屬。同時，鄭和在海外也不惜以巨資採辦一些宮廷奢侈用品。這正如《瀛涯勝覽．紀行詩》所寫：「歸到京華覲紫宸，龍墀獻納皆奇珍。」據明人王士性記載：「國初，府庫充溢，三寶鄭太監下西洋，賚銀七百餘萬，費十載，尚剩百餘萬歸。」[61] 永樂十年（一四一二年），明成祖用這百餘萬兩白銀去修建南京大報恩寺。由此可以看出，僅在永樂十年以前的三次下西洋中，鄭和的船隊就花費了六百萬兩左右的白銀。這在當時是一筆巨大的開支。這正如《明史．鄭和傳》中所說：「雖所取無名寶物不可勝計，而中國耗費亦不貲。」正因如此，不少大臣一再反對鄭和下西洋。這也正是鄭和航海事業不能長期為繼的重要原因之一。但是，相對於鄭和下西洋的巨大成就而言，這畢竟是次要的。由明成祖推動的鄭和下西洋是個重大歷史性事件，貢獻卓著，將永遠彪炳史冊。

國王來訪傳佳話

永樂年間，各國貢使「絡繹於道」，除了一般的使節和王子、王妃以外，還有四個國家的國王七次來華，這是歷代封建王朝所不曾見過的。他們都受到明成祖的熱情款待，其中有三個國王死在了中國，留下了許多友誼的佳話。

滿剌加王來訪

滿剌加即馬來亞，今屬馬來西亞，洪武和建文時一直未通中國。永樂元年（一四〇三年），明

60《明宣宗實錄》卷一百三。
61 王士性，《廣志繹》卷一。

成祖遣尹慶出使滿剌加，當時其地尚未稱國，也沒有國王，臣屬於暹羅。尹慶賜其酋長拜里迷蘇剌織金文綺等，宣示明成祖威德和招徠之意。拜里迷蘇剌大喜，永樂三年遣使中國，貢方物。明成祖很高興，遂封拜里迷蘇剌為滿剌加國王，並賜予誥印、彩幣、襲衣等物。其使者表示，其王願每年來貢，請求明成祖「封其山為一國之鎮」。明成祖答應了他的請求，並親制碑文勒於山上，從此以後，兩國的關係甚是密切。永樂七年（一四〇九年），鄭和「賚詔敕，賜頭目雙台銀印、冠帶袍服，建碑封城，遂命滿剌加國」。[62]鄭和還在滿剌加建了一個像小城一樣的官倉，一應錢糧都儲存在這裡，各分支船隊都在這裡取齊，等風順時一起回國。滿剌加王對明成祖十分感激，便決定親自率領一個龐大的使團來中國朝貢：

（永樂九年七月二十五日）滿剌加國王拜里迷蘇剌率其妻子及陪臣五百四十餘人入朝。初，上（明成祖）聞之，念其輕去鄉土，跋涉海道以來，即遣官往勞，復命有司供張會同館。是日，奉表入見，並獻方物。上御奉天門宴勞之，別宴王妃及陪臣等。仍命光祿寺日給牲牢上尊，命禮部賜王金繡龍衣二襲，麒麟衣一襲，及金銀器皿、帷帳裀褥。賜王妃及其子侄、陪臣、傔從文綺紗羅、襲衣有差。[63]

滿剌加這個使團有五百四十餘人，這是很少見的，由此足可看出滿剌加王對這次出使的重視。明成祖給他的禮遇也很高，沒到京以前就「遣官往勞」，來京朝見的當天就親自設宴款待，而且賞賜極豐。三天後，明成祖又在會同館設宴款待滿剌加王及王妃。九月一日，明成祖又於午門設宴，款待滿剌加王及各國使臣。十五日，拜里迷蘇剌辭歸，明成祖又於奉天門設宴餞行，並熱情洋溢地慰勞說：

王涉數萬里至京師，坦然無虞，蓋王之忠誠，神明所佑。朕與王相見甚歡，固當自留，但國人在望，宜往慰之……王途中強飲食，善調護，以副朕眷念之懷。64

接著，明成祖又賜予他金銀、絹帛和一應用物。

第二年，拜里迷蘇剌派他的侄子來中國，向明成祖致謝。從此以後，貢使往來不斷。永樂十二年（一四一四年），拜里迷蘇剌死，其子叫母干撒於的兒沙，親自來向明成祖告訃。明成祖遂命他襲滿剌加王，並賜予金幣。永樂十七年（一四一九年），新王率妻子、陪臣等人親自來中國謝恩。永樂二十二年（一四二四年），新王又死去，其子西里麻哈剌嗣位，又一次率妻子、陪臣來中國謝恩。

自明成祖封滿剌加王以後，滿剌加王不時親自來中國。至於一般的貢使，或一年一次，或隔年一次，一直不斷。直到明中期葡萄牙人占領滿剌加以後，這種朝貢活動才停止。僅在永樂年間，祖孫三代國王都親自來中國訪問，這不能不說是中外關係史上的一件盛事。

---

62 馬歡，《瀛涯勝覽》，〈滿剌加國〉。
63 《太宗實錄》卷七十七。
64 《太宗實錄》卷七十八。

蘇祿王來訪

蘇祿，指今菲律賓的蘇祿群島。在隨鄭和出使的人員留下的三本書中，只有《星槎勝覽》一書記有「蘇祿國」。我們不能肯定鄭和是否親自去過蘇祿，但至少他的分支船隊到過此地。蘇祿王的來訪當與鄭和的出使有關。當時蘇祿有三個王——東王、西王和峒王。永樂十五年（一四一七年）八月，三王一起率領一個三百四十餘人的龐大使團來訪。這在《明實錄》上有明確記載：

> （八月一日）權蘇祿東國巴都葛叭答剌、權蘇祿西國麻哈剌吒葛剌馬丁、故權蘇祿峒者之妻巴都葛叭剌卜，各率其屬及隨從頭目凡三百四十餘人，奉金縷表來朝貢，且獻珍珠、寶石、玳瑁等物，賜予視滿剌加國王。[65]

八日，明成祖正式冊封三王同為蘇祿國王，並賜予誥命、印章、冠服等物，對隨從人員也都給予了不同的賞賜。

也就是說，對蘇祿三王的禮遇和賞賜與滿剌加王相同，即同樣優厚。

八月二十七日，三王辭歸，明成祖又賜予金銀、玉帶、文綺、絹帛諸物甚豐。九月十三日，東王於德州病死。明成祖聞訃後十分悲傷，馬上遣官往祭，命地方官為其營建墳墓，葬以王禮，賜諡號為「恭定」。明成祖命其長子回國襲封，留王妃及東王次子和十名隨從守墓，待三年喪滿後回國，並令德州地方官每人每月支給糧食一石，布鈔若干，另在德州找三戶回民供役使，全免其差役。

明成祖還命為東王立碑勒銘，並親自撰寫了碑文。蘇祿東王墓和所立石碑至今尚在，地址在今德州市北門外，已被列為國家重點保護文物。王妃於永樂二十一年（一四二二年）回國，共守墓六年。其次子和一些隨從則長期在中國住了下來，一直都享受很多優待。現在德州北門外的安、溫二姓都是其後裔。

東王的長子名字叫都馬含，明成祖在冊封他承襲東王的敕諭中說：

爾父知尊中國，躬率家屬陪臣，遠涉海道，萬里來朝。眷其誠悃，已賜王封，優加賜賚，遣人護送還國。舟次德州，以疾殞。朕聞之，良用憫悼，已葬祭如禮。爾以嫡長，為國人所屬，宜即繼承，以綏番服。今特命爾為蘇祿國東王，爾尚益懋忠貞，敬承天道，以副眷懷，以承爾父之志，欽哉！[66]

永樂十九年（一四二一年），東王的叔叔來貢，獻給明成祖一顆大珍珠，重七兩多，得到明成祖的大量賞賜。永樂二十二年（一四二四年）蘇祿又來貢一次，以後一直到明朝滅亡，就再也沒看到蘇祿的貢使。這表明，只有在明成祖大力發展中外友好關係的時候，蘇祿才和中國有了友好的交往。這種交往已成為中國和菲律賓友好關係史上的佳話。後世人不斷到蘇祿王墓憑弔，並留下了許多膾炙人口的詩篇。例如顧炎武即於清初到過這裡，並賦詩道：

豐碑遙見炳奎題，尚憶先朝寵日殫。

65《太宗實錄》卷一百七。

66《太宗實錄》卷一百七。

世有國人供灑掃，每勤詞客駐輪蹄。
九河水壯龍狐出，十二城荒向鶴樓。
下馬一為郯子問，中原雲鳥正淒迷。67

顧炎武對東王的悼念之情溢於言表。

浡泥王和古麻剌朗王來訪

浡泥即今加里曼丹島，北宋時即已通中國，洪武時曾遣使往諭，浡泥亦遣使來貢。明成祖即位後，雙方的關係更加密切。永樂五年（一四〇七年），鄭和第二次下西洋期間到了浡泥。第二年八月，浡泥王麻那惹加那親自來朝。他們一行先到了福建，地方官馬上報告了明成祖，明成祖遂派中官杜興前往迎接，並「宴勞之」。奉明成祖之命，凡浡泥王所經各地，地方官都要設宴款待。浡泥王到京獻上方物，對明成祖說了一番頌揚的話：

陛下膺天寶命，統一華夷。臣國遠在海島，荷蒙大恩，錫以封爵。自是國中雨暘時順，歲屢豐稔，民無災厲；山川之間，珍寶畢露；草木鳥獸，悉皆蕃育；國之老長，咸謂此陛下覆冒大恩所致。臣願睹天日之光，少輸微誠，故不憚險遠，躬率家屬國人詣闕朝謝。68

明成祖十分高興，對浡泥王嘉勞再三，對王和王妃、隨從都給予豐厚的賞賜。當天，明成祖親自設宴於奉天門，款待浡泥國王，王妃及其隨從另宴於舊三公府。

永樂六年（一四〇八年）十月一日，浡泥王因病死於會同館。明成祖很悲傷，為此「輟朝三日」，遣官致祭，賜以繒帛，太子和各親王也都遣人往祭。明成祖特命工部為浡泥王備棺槨、明器，將浡泥王安葬於南京安德門外的石子崗，立碑勒銘，並於墓旁建祠，謚號「恭順」。浡泥王有一子，名字叫遐旺，剛四歲。明成祖命遐旺襲王爵，賜予冠服、玉帶等物，讓他的叔叔盡心輔佐。明成祖還讓找了三戶人家充當墳戶，專事守墓，免除其徭役。

明成祖還按照遐旺和他叔叔的請求，敕諭爪哇，不准再向浡泥王每年徵收四千斤片腦。在遐旺回國時，明成祖派中官張謙和行人周航護行，且按照浡泥舊王的請求，封浡泥後山為「長寧鎮國之山」，並親制碑文，讓張謙勒於石上。

永樂十年（一四一二年）九月，浡泥王遐旺和他的母親一起來中國。明成祖命禮部官員先宴勞於會同館，第二天，明成祖親自於奉天門設宴款待，對遐旺的母親另設有宴席。兩天後，明成祖再次設宴，並賜給遐旺冠帶、襲衣等物，對遐旺的母親和叔父等人都各有賞賜。第二年春天，遐旺一行回國，明成祖又賜給他黃金百兩、白銀五百兩、鈔三千錠、錢一千五百緡，另有錦綺紗羅諸物，十分豐厚。這不僅顯示了明成祖的慷慨和大度，而且表現了對遠方客人的友好情誼。

永樂年間，古麻剌朗國王也曾來中國訪問。古麻剌朗也稱作麻剌，今屬菲律賓。永樂十五年（一四一七年），明成祖曾遣太監張謙出使該國，並贈送給國王干剌義亦敦奔絨錦、紵絲、紗羅諸物。永樂十八年（一四二〇年）十月，國王干剌義亦敦奔率妻子、陪臣隨張謙來朝，貢方物。明

67 鄭鶴聲、鄭一鈞，《鄭和下西洋資料匯編》中冊（下），第一一三九頁。

68 《太宗實錄》卷五十八。

成祖命禮部以禮遇滿剌加王的規格來接待。古麻剌朗王對明成祖說：「雖為國中所推，然未受朝命，幸賜之。」明成祖答應了他的請求，便仍用舊王號對他進行了冊封，並給予誥印、冠帶、金織襲衣等，對王妃和陪臣都給予豐厚的賞賜。[69]

永樂十九年（一四二一年）正月間，古麻剌朗國王辭歸，明成祖又贈予金銀、銅錢、文綺、紗羅等物。他們一行四月間到達福建，國王干剌義亦敦奔竟病死當地。明成祖聞訃後很悲傷，遣禮部主事楊善前往諭祭，謚號「康靖」，命地方官治墳墓，以王禮安葬於福州。明成祖命其子剌苾嗣古麻剌朗王位，率眾回國。

這樣，僅永樂一朝就有四個國家的國王先後七次來訪，並有三個國王死在中國，在中國安葬，其陵墓至今猶存，成為中外友好的歷史見證，這種情況是歷朝歷代都不曾見過的。這從一個側面表明，永樂年間的中外友好交往達到了前所未有的高度。這正像明代人嚴從簡所說：「當時之夷，沒葬於中國者，如浡泥、蘇祿、麻剌共三人焉。非我朝德威遠被，烏能使海外遐酋，傾心殞身如此哉！」[70]這的確與明王朝「德威遠被」有關，但還有一條更直接的原因，那就是明成祖推行了一條積極友好的外交政策。

69 《太宗實錄》卷二百一十八。
70 嚴從簡，《殊域周咨錄》卷九，〈麻剌〉。

第九章　下安南和征漠北

明成祖在廣泛發展對外友好關係的同時，對敵對國家則斷然進行武力征討。永樂四年（一四〇六年），他命令八十萬大軍下安南，郡縣其地；永樂七年（一四〇九年）大將軍丘福在漠北失敗後，他先後五次親征漠北，使蒙元殘餘勢力在一個相當長的時間裡不敢內犯。

八十萬大軍下安南

在明代，越南分北、南兩部分，北部稱安南，也稱交阯，南部稱占城。自秦漢至唐末，中國封建王朝一直在今越南北部設置郡縣，如同內地。唐朝末年，安南脫離中國獨立，但直到十九世紀下半葉淪為法國的殖民地以前，安南一直和中國保持著密切的藩屬關係。朱元璋即位的第一年，遣使通好的國家只有安南和朝鮮。明成祖即位只兩個多月，即遣使赴安南宣諭，使節往來不斷。永樂四年，以安南王位繼承問題為導火線，雙方發生了一場大規模戰爭。

安南王位繼承問題

明初，安南國王為陳氏。洪武末年，安南國相黎季犛擅權，擅自廢立國王，但國王仍為陳氏。朱元璋曾為此而拒絕安南的朝貢，後來因「不欲勞師遠征，乃納之」。[1]建文元年（一三九九年），黎季犛大殺陳氏宗族而自立，自己改姓名為胡一元，名其子黎蒼為胡䓪，自謂虞舜之後，立胡䓪為安南國王，自己稱太上皇，改國號為大虞。當時中國開始了靖難之役，無暇遠顧，黎氏篡位成功。

明成祖即位後遣使往諭。永樂元年（一四〇三年）四月，胡䓪遣使來貢，並對明成祖即位表示祝賀，自署「權理安南國事」，未敢稱王。貢使向明成祖奏道，前安南王陳日煃早死，其宗族無人，自己是他的外孫，「為眾所推，權理國事，主其祠祭，於今四年。微蒙聖德，境內粗安。然名分未正，難以率下，拜表陳詞無所稱謂。伏望天恩錫臣封爵，使廢國更興，荒夷有統，臣奉命效貢，有死無二。」[2]明成祖對是否封胡䓪為安南國王一事，一時難以確定，便命禮部細議。禮部諸臣懷疑其中有詐，便決定遣官察訪。明成祖命行人楊渤賫敕赴安南，詢問陪臣父老，看胡䓪所說的是否屬實，陳氏是否真的沒有後嗣。不久，楊渤和胡䓪派的使臣一起來朝，並獻上安南陪臣父老所獻的表文，情況與胡䓪的使節所說的完全一樣，並懇切要求封胡䓪為安南國王。表文中稱：「胡䓪實其外孫，少依王所，亦能恭順小心，勤於事上，是以眾人誠心推䓪權理國事，以主陳氏宗廟。今已四年，小大咸安。天使下臨詢及，微賤臣等愚昧，敢以實奏。」[3]明成祖見此情況，遂命禮部郎中夏止善赴安南，冊封胡䓪為安南國王。明成祖在給胡䓪的詔諭中說：

覆載之中，皆朕赤子，立之司牧惟順民情。……朕嗣大寶，爾胡𡗨輸誠效職，奏謂前國王陳氏嗣絕，爾以外孫主祀，於今四年。詢之於眾，所言亦同。今特命爾為安南國王。於戲！作善降祥，厥有顯道，事大恤下，往罄乃誠。欽哉！[4]

但好景不長，永樂二年（一四〇四年）八月，原安南國王陳日烇的舊臣裴伯耆逃來中國，向明成祖陳說黎氏篡位的真實情況。他的母親是陳氏近族，自己為裨將，五品官，在外防備海寇。黎氏篡位後，「屠害忠臣，滅族者以百十數」，他的兄弟妻子也被殺掉。他懇請明成祖，「願廣一視之仁，哀無辜之眾，興弔伐之師，隆繼絕之義。臣得負弩矢前進，導揚天威……臣不才，竊效申包胥為人，敢以死罪請。伏望陛下哀矜。」[5]明成祖聽了頗受感動，命有司供給裴伯耆衣食。

沒過幾天，老撾軍民宣慰使將陳日烇的弟弟陳天平送來京師，懇請明成祖「迅發六師，用章天討」。[6]至此已真相大白，明成祖更加感動，命禮部官員好生招待陳天平。

永樂三年（一四〇五年）元旦時，安南國王胡𡗨遣使來賀，明成祖讓陳天平突然出來見他們。這些安南使臣一見到陳天平，「皆愕下拜，有泣者」。裴伯耆也在場，向安南使臣責以君臣大義，他們都「惶恐不能答」。明成祖見此情狀，更加確信無疑，對胡𡗨父子的悖逆行為十分憤怒，稱這

1 《明史》卷三百二十一，〈安南傳〉。
2 《太宗實錄》卷十八。
3 《太宗實錄》卷二十四。
4 同註3。
5 《太宗實錄》卷三十。
6 《明史》卷三百二十一，〈安南傳〉。

種行為為「鬼神所不容」。[7]

明成祖遂命御史李琦等人前往安南，責胡奃篡逆之罪，並要胡奃說出實情。胡奃立即遣使來向明成祖謝罪，承認陳天平是陳氏宗族，不知道還活著。對屠戮陳氏宗族一事則百般抵賴，表示願迎接陳天平回安南即王位，「以君事之」。最後懇切地表示：「伏望皇上天地父母，恕臣狂愚，赦臣無罪，臣不勝悚懼瞻望之至。」[8]

明成祖看言辭誠懇，便答應了胡奃的請求，並派聶聰去安南，敕諭胡奃，如真能迎接陳天平回安南即王位，就封胡奃為上公。胡奃遂派人隨聶聰來中國，請迎陳天平回安南。明成祖對胡奃的誠意本來有些懷疑，但聶聰極言胡奃的話可信，明成祖遂命陳天平回國。為了安全起見，明成祖命廣西左、右副將軍黃中、呂毅率兵五千前往護送。

永樂四年（一四〇六年）正月間，陳天平向明成祖告辭回國，明成祖贈以綺羅、紗衣各二襲，鈔一萬貫，並命廣西參政王麟陪送。明成祖還封胡奃為順化郡公，其所屬州縣的賦稅盡歸他享用。三月間，黃中等人護送陳天平入安南境，胡奃派陪臣黃晦卿等人以牛酒犒師，見陳天平皆迎拜，只是不見胡奃前來。黃中問及此事，黃晦卿詭言胡奃「有微疾」，不能遠出，將在前邊迎接。黃中派人到前邊偵察，也沒發現什麼異常，便信以為真，繼續前行。過了雞陵關，將到芹站時，山路險峻，林木茂密，又遇上大雨，兵士不能成列。忽然伏兵大起，鼓譟之聲震撼山谷，安南兵士約十餘萬，將陳天平邀劫而去。黃中倉促整軍迎擊，安南兵已將橋梁毀掉，無法前進。安南兵統帥在遠處遙拜說：「遠夷不敢抗大國，犯王師，緣（陳）天平實疏遠小人，非陳氏親屬，而敢肆其巧偽，以惑聖德，勞師旅，死有餘責。今幸得而殺之，以謝天子，吾王即當上表待罪。天兵遠臨，小國貧乏，不足以久淹從者。」[9]黃中無奈，只得引兵回國。

明成祖聽說陳天平被邀殺，十分惱怒，遂決心對安南大舉用兵。

大舉征討

明成祖決計對安南大舉用兵，直接導火線是安南王位繼承問題。在今天看來，明成祖發動的這場戰爭無疑帶有侵略的性質，但在當時，卻是為了行使宗主國的權力，所興的是「仁義之師」，就連安南王胡奃也自感理屈。除了這個直接原因之外，造成這場戰爭的還有以下兩個原因：

第一，安南數次侵犯我國廣西、雲南邊境地區。洪武中期，安南即數次侵犯思明府（今廣西寧明），朱元璋為此曾拒絕安南朝貢。洪武末年，「交人（安南）侵迫益急」。[10] 朱元璋不願勞師遠征，僅予敕責，未予征討。永樂二年（一四〇四年）四月，思明府知府黃廣成奏言：「邇歲安南屢興兵侵奪」，[11] 並占領了邊境不少村寨。明成祖諭令安南歸還所侵占地，但安南未聽從，明成祖派兵護送陳天平回國，其中也有索還被侵土地的用意。結果明軍被邀擊敗還，這就更加堅定了明成祖對安南用兵的決心。

第二，安南數次侵犯鄰國，這些國家常來中國控說安南橫暴，這也是促成這次用兵的原因

7《明史》卷三百二十一，〈安南傳〉。
8《太宗實錄》卷三十五。
9《太宗實錄》卷四十一。
10《明太祖實錄》卷二百四十八。
11《太宗實錄》卷二十八。

之一。洪武初年，安南數次恃強侵犯占城。朱元璋遣使諭令兩國罷兵，兩國皆奉詔。洪武十年（一三七七年），安南對占城大舉用兵，遭到占城的頑強抵抗，致使安南王戰死。明成祖即位後，安南仍不斷侵犯占城，占城不斷遣使來中國，「訴安南侵掠」。明成祖諭令二國罷兵修好，安南「陽言奉命，侵掠如故」，並奪取了明成祖賜予占城的賜物。明成祖對安南「遣官切責」，[12]但屢不見效。安南和占城在當時都是中國的藩屬國，明成祖自以為有維護這地區安定的權力和義務。當他的勸諭屢不奏效時，他便決心要對安南進行武力征討了。

明成祖召成國公朱能和新城侯張輔商議，對他們說：「安南黎賊罪大惡極，天地所不容，今命爾等將兵討之，爾等由廣西入，西平侯（沐晟）由雲南入，度用師幾何？」朱能和張輔回答說：「……仁義之師天下無敵，陛下以至仁伐至不仁，臣等奉揚天威，當一鼓掃滅。師之多寡，惟上所命。」[13]明成祖聽了十分高興。

接著，明成祖敕諭鎮守雲南的西平侯沐晟，告訴他將對安南用兵，從四川調兵七萬，從蜀王三護衛中選卒五千，交沐晟調遣。大軍所需糧草要他提前準備，及早運送，不可誤事，並賜給沐晟白銀五百兩。七月一日，明成祖遣使祭告山海之神，實際上就是討伐安南的檄文：

安南賊臣黎季犛及子（黎）蒼，屢弒國主，殲夷其宗，篡奪其國，改易姓名，僭稱位號，暴征橫斂，淫刑酷法，一方嗷嗷無所控訴。又縱兵劫掠，侵奪鄰封。累諭弗悛，而騁詐逆命，肆其凶毒，今命將出師，救民伐罪，以是月十六日兵行，特用致告，惟神相之。[14]

七月四日，明成祖命成國公朱能為征夷將軍，已在雲南的沐晟為左副將軍，新城侯張輔為右副將軍，「帥豐城侯李彬等十八將軍，兵八十萬，……分道進討。」[15]明成祖在給朱能等人的敕諭中，再次說到黎氏父子「篡奪其位」的罪惡。這是討伐安南最直接、也是最主要的原因。為此出兵八十萬，勞師遠征，這是很耐人深思的。對這次出兵，有不少大臣表示反對，例如內閣學士解縉就是其中的一個，但明成祖不為所動。從《明實錄》中一系列的記載可以看出，明成祖一再斥責黎氏父子的這種「篡逆」行為，對此表現得深惡痛絕。明眼人不難看出，這有著心理上的原因，即：明成祖一再斥責黎氏父子「篡逆」，正表明自己奪取皇位不屬於「篡逆」。理直氣壯地討伐安南，似乎有利於洗刷一些建文舊臣加在自己頭上的「篡逆」惡名。

明成祖在敕諭中一再申明自己是正義之師，「安南之子皆朕赤子，今其勢如在倒懸」，要朱能等前往拯救，「如救焚拯溺，不可緩也。」黎氏父子一定要抓獲，對脅從者和無辜之人務從寬大。明成祖還要朱能等「毋毀廬墓，毋害稼穡，毋恣取貨財，毋掠人妻女，毋戮降附者，有一於此，雖有功不宥」。在戰略戰術上，明成祖對朱能等也進行了諄諄告誡：「毋冒險肆行，毋貪利輕進。其愛恤士卒，堅利甲兵，本之以敬慎，載之以智勇。……罪人既得，即擇陳氏子孫之賢者立之。」[16] 從敕諭中可以看出，明成祖起初並沒有把安南納為中國郡縣的意思。

自明成祖即位以來，這是第一次大規模用兵，所以明成祖分外重視，對各方面都進行了周密的安排。

---

12 《明史》卷三百二十一，〈安南傳〉。
13 《太宗實錄》卷四十二。
14 《太宗實錄》卷四十四。
15 《明史》卷一百五十四，〈張輔傳〉。
16 《太宗實錄》卷四十四。

沐晟是這次遠征的左副將軍，地位僅次於朱能。沐晟是朱元璋的養子沐英的次子，世守雲南。朱能由廣西進兵，而沐晟則由雲南進兵，實際上是獨當一面。再加上沐晟是功臣之後，明成祖怕他不服朱能調度，特頒敕告諭沐晟：

古人有言：「師克在和。」故軍門謂之「和門」。爾為副將總兵官，有所調遣相機審勢，如無妨礙即須應調。或總兵官遙度，與爾處事有所妨，或正與賊相拒，或道路梗塞勢難赴之，即明白具報，不可故違以傷和氣。將帥不和，取敗之道，爾宜慎之。[17]

在戰略戰術上應注意的一些事，明成祖對朱能等也盡可能地進行了告誡。明成祖說，兩軍分道由廣西和雲南進兵，「須兩軍合勢，和以輯事」，如敵人乘兩軍未合，用計阻止，或集中力量對付某一軍，誘以小利，「官軍恃勇而貪，此危道也」。還要防備敵人偽裝納款，而別行奸謀；或「據險設伏，伺我不虞」；或趁官軍飢渴，在飲食中放置毒藥等等。敵人的詭計「千狀萬端，不可不慎」。明成祖還反覆告誡，不可仿效宋襄公那種蠢豬式的仁義，而要「相機而動，擇利而行」，自己則不予牽制。[18]

明成祖對行軍紀律也做了周密的安排。官軍經過之處，應該秋毫無犯。入安南後，應該區分善惡，絕不可玉石俱焚，如「妄戮一人，雖建奇功不得贖罪」。攻下郡邑後，其文書圖籍不要毀掉，而要妥善保存。

明成祖對一些細節也考慮得十分周到。例如，在出師前明成祖對朱能等說，雖說安南天氣熱，但夜裡很涼，如缺少蓋的就容易生病。更何況到冬天時安南也冷，有的人家還生火取暖。因此軍中都要帶棉衣。另外，蠻俗好下毒藥，所以要提防敵人投毒，官軍要鑿井而飲，自己做飯吃。

明成祖估計，明軍由北邊進攻，安南敵軍將會向占城撤退。因此，在朱能率軍出師的同時，明成祖還敕諭廣東都指揮司，選精兵六百人，由能幹的千戶官二員率領，由海道前往占城，和占城的兵馬會合一處，共同截住安南敵人的退路。八月間，占城遣使來貢，「且言安南黎賊數侵掠其境土、人民，請兵討之」。明成祖遂遣中官馬彬前往占城，敕諭占城國王：「爾宜嚴兵境上，防遏要衝。其安南人先居占城者不問，自今有逃至者，皆勿容隱。但得黎賊父子及其黨惡，即械送京師，厚加賞賚。」[19]

七月十六日，朱能等率師起行，車駕臨祭大江諸神之後，犒勞軍士。明成祖親至江邊送行。當日天氣晴朗，順風揚帆，軍勢雄壯。明成祖見此情景，心裡十分高興。一切又是安排得那麼周詳，他自信這次出兵一定能獲得大勝利。

十月間，朱能率兵至龍州（今屬廣西，靠近中越邊境），染疾而死。右副將軍張輔遂代將其軍，並遣人奏報明成祖。張輔也是個十分能幹的將領，他率軍剛進入安南境，就傳檄各地，列舉黎氏父子二十條大罪狀，並向安南人民表達了立陳氏之後為安南王的宗旨。黎氏父子進行拚死的抵抗，力圖打持久戰。明軍遠出，利在速決。張輔激勵士氣，連戰皆捷。永樂五年（一四〇七年）正月，明軍大敗安南兵於木丸江，遂宣詔訪求陳氏子孫。這時，有一千多安南耆老到張輔軍門，

17《太宗實錄》卷四十四。
18 同註17。
19《太宗實錄》卷四十五。

說道：「陳氏為黎賊殺盡，無可繼者。安南本中國地，乞仍入職方，同內郡。」[20]張輔馬上遣人將此情況報告了明成祖。

五月間，張輔擒獲了黎季犛及偽太子，安南盡平。捷報傳至京師，群臣致賀道：「黎賊父子違天逆命，今悉就擒，皆由聖德合天、神、人助順。」明成祖對這次用兵的勝利自然是滿心高興，但面對群臣的恭賀，他並沒有昏昏然，而是謙虛地說：「此誠天地、宗社之靈，將士用命所致，朕何有焉！」[21]因陳氏已無子孫可立，群臣請開設郡縣，明成祖遂降詔施行。

六月一日，明成祖正式頒降「平安南詔」，改安南為交阯，設布政司，如同內地，命工部尚書黃福掌布政、按察二司事，為當地最高行政長官。安南自唐末獨立以來，至此約四百年，這時又復入中國版圖。

永樂六年（一四〇八年）六月，張輔率得勝之師，振旅還京。明成祖親自賜宴奉天殿，在高興之餘，作賦為《平安南歌》。進封張輔為英國公，歲祿三千石，給予世券。張輔從率兵進入安南算起，只用了半年多的時間就將安南平定。此後他又在那裡駐守了一年，但他回京不久，安南便又發生了叛亂。

安南叛服

安南被納入中國版圖後，掌當地布政司事的黃福奏言，當地初附，賦稅徵斂各地輕重不一，請求制定一個統一的章程。明成祖要他在安南為政務從寬簡，不可重賦徵斂，重賦是驅民造反之途。因此，明成祖命戶部官議定當地賦稅時，「務從輕省」。[22]儘管如此，張輔回京才一個多月，明成祖就接到了陳氏舊臣簡定發動叛亂的報告。

在張輔討伐安南時，簡定本來已投降。將他遣送京師的途中，趁遣送人員疏忽，他祕密逃去，聚眾為亂。在張輔還未離開安南時，他只在暗中活動，未敢公開反叛。張輔於六月回京師，他八月間就舉兵反叛。他僭稱王號，紀元「興慶」。造兵器，招徒黨，四出攻掠，其勢日盛。留守安南的明軍極力鎮壓，但屢出無功。明成祖聞報後，以安南初入版圖，人心未穩，如不及時將反叛撲滅，以後越發難制。於是，明成祖命沐晟為征夷將軍，由雲南出兵征討，並命兵部尚書劉儁前往贊助軍事。

與此同時，明成祖還遣使赴安南，敕諭簡定，告誡他行事須順天道，極力對他招撫。只要罷兵，反叛的罪過也可以不予追究：「人孰無過？過而能改，善莫大焉！爾等宜及時明順逆之理，察禍福之機……誠能革心來歸，既往之愆，赦不問，仍各授官，俾還本土，統治其眾，子孫世襲。朕言出於心，通於天地。爾若執迷不悛，禍及身家，悔將無及。」[23]

但簡定根本不聽明成祖的這種勸告，叛亂的規模越來越大。這年十二月，沐成率明軍與簡定大戰於生厥江，遭到慘敗。都督僉事呂毅、兵部尚書劉儁、布政司參政劉昱都死於這場戰事。呂毅是靖難功臣，數立奇功，平安南後，明成祖讓他掌當地都指揮使司事。在這次大戰中，呂毅因

20《明史》卷三百二十一，〈安南傳〉。
21《太宗實錄》卷四十九。
22《太宗實錄》卷五十五。
23《太宗實錄》卷五十八。

陷入敵人的埋伏而戰死。劉儁在張輔征安南時就贊軍務，多有裨益。這次為沐晟贊軍務，陷入敵圍，自經而死；劉昱看突圍無望，也和劉儁一起自殺。

永樂七年（一四〇九年）正月，沐晟奏報出師敗績，請增派大軍征討。御史李慶上疏彈劾沐晟，說他不能奮勇制勝，喪師辱國，「法當治罪」。明成祖念沐晟世守雲南有功，未予治罪，為他開脫說：「為將喪師，安得無罪！姑曲容之，令勉圖後效。」[24]遂命張輔為總兵官，以王友為副總兵，再次率軍往征安南，與沐晟等人協力行事。明成祖還一再叮囑張輔，聽說簡定虛張聲勢，說有大象五萬頭，明軍無法與大象對陣。這是前線將領缺少智謀，使敵人起輕視之心的結果。簡定未必有五萬頭大象，即使有，也並不可怕，只要多用智謀，一樣能將其攻破。

張輔進入安南時，簡定已自稱「越上皇」，另立陳季擴為王，勢力更加強大。張輔果然不負明成祖的期望，長驅直入，節節勝利。大約半年時間，簡定的主力基本上被擊潰。永樂七年（一四〇九年）十月，陳季擴遣人致書張輔，自稱自己是前王的孫子，請給予封爵。張輔則回答說：「陳氏子孫往者為黎賊所戮，嘗遍求國中，無有存者。今奉命討賊，不知其他。」[25]張輔殺掉來人，繼續追剿簡定餘眾。到這年年底，張輔將簡定俘獲，遣人械送京師。永樂八年（一四一〇年）初，張輔繼續追剿餘黨，斬敵甚眾，但始終未能俘獲陳季擴。

這時，因大將軍丘福征蒙古全軍覆沒，明成祖決定親自率兵征討，要張輔馬上回京，隨他北征。張輔上疏奏稱，如將原調官軍全部調回，就會使剿敵之事功敗垂成。因此，他建議留下一些隨自己來征的將士，交沐晟指揮，以繼續剿滅餘寇。明成祖答應了張輔的請求，以沐晟佩征夷將軍印，充總兵官，以徹底平息叛亂。

陳季擴趁張輔回京，遂大舉攻掠。許多安南人不願受中國約束，再加上駐安南的一些明廷官吏騷擾百姓，所以很多人便依附陳季擴，大有「野火燒不盡」之勢。沐晟極力鎮壓，但總不見效，叛亂的規模反而越來越大。

永樂九年（一四一〇年）正月，張輔隨明成祖北征回京才一個月，明成祖又命他佩征虜將軍印，充總兵官，第三次赴安南平叛。

這時，陳季擴已遣人上表請降。明成祖也想藉此平息叛亂，遂封陳季擴為交阯布政使。但這樣做並未能使叛亂平息，所以命張輔第三次前往。臨行前，明成祖特地告諭張輔：

陳季擴表奏伏罪，朕推誠待之，已可其奏，遣人賚敕撫諭。如能至誠歸順，即赦其罪。若懷詐不誠，爾等務在協謀平賊，庶不負朕之委託。[26]

由這些話可以看出，明成祖對陳季擴所實行的是恩威並施的戰略。為了瓦解敵眾，明成祖還特地詔諭安南各地：

憫茲困敝之後，特敷寬恤之恩；自永樂九年二月二十四日以前，交阯但有嘯聚山林者，咸赦其罪，軍復原伍，民復原業。其官員軍民有犯，已發覺，咸赦除之。稅糧之外，金銀、鹽鐵、魚課等項，停徵三年。[27]

24《太宗實錄》卷六十一。
25《太宗實錄》卷六十七。
26《太宗實錄》卷七十四。
27 同註26。

但這些措施都沒收到明顯的效果，叛亂仍然在擴大。張輔到安南後，整飭軍紀，全力進擊，一連取得了幾個大勝利。尤其值得一提的是，永樂十一年（一四一三年）冬天，陳季擴果然用象軍與戰，用成千上萬的大象在前面衝鋒，氣勢洶洶。張輔命士兵用箭射，先射象奴，再射象的鼻子，致使這些大象紛紛往回跑，反而把叛軍踩死很多。明軍取得這次大勝利後，乘勝前進，第二年便俘獲了陳季擴及其兒子，安南遂大體平定。

張輔於永樂十三年（一四一五年）二月班師回京，明成祖四月間就又命他為征夷將軍，往安南鎮守。第二年，明成祖又將張輔召回，用李彬代為鎮守。

因安南自唐末獨立以來已四百餘年，這時又被明軍征服，所以對明廷的統治有一種強烈的敵對情緒。雖經張輔屢次征討，但禍根未除。對此，掌安南布政、按察二司事的黃福心裡很清楚。他在致張輔的書信中有一段很精采的話：

惡本未盡除，守兵不足用。馭之有道，可以漸安；守之無法，不免再變。[28]

事情的確是這樣。張輔剛撤軍，安南便又爆發了以黎利為首的大規模反明鬥爭。黎利原是陳季擴的金吾將軍，後投降明軍，命他任巡檢官。這時宦官馬騏赴安南採辦，大索安南境內的珍寶，人情騷動。黎利乘機鼓動反明，遂舉兵反叛。儘管李彬東征西討，「日不暇給」，但叛亂卻此起彼伏，規模越來越大。永樂十八年（一四二〇年），明成祖看安南久不得平定，便命榮昌伯陳智為左參將，赴安南助李彬平叛。與此同時，明成祖降敕責備李彬說，黎利等人至今未獲，「兵何時得息？民何時得安？宜廣為方略，速奏蕩平。」[29]

李彬見明成祖降敕責備，心裡很害怕，遂全力追剿。雖接連打了幾個大勝仗，但黎利始終未被俘獲。在李彬的追剿下，黎利逃到老撾。明成祖聞報後，向老撾的使臣責問藏匿黎利之過，老撾遂將黎利驅逐出境。但黎利仍反明不止，明軍雖百般剿捕，但都未能奏效。

明成祖發大兵征安南，在軍事上雖取得了很大的勝利，但對安南的治理卻不算成功，致使安南的反叛一直不得平息。宣德二年（一四二七年），黎利謊稱找到了陳氏的後人陳暠，明宣宗明知是詐，但想藉此息兵，遂棄安南，將明軍撤回。後來，黎利的兒子還正式當了安南國王，也得到了明廷的冊封。從此以後，兩國又恢復了正常的友好關係。

首次親征漠北

明成祖即位時，蒙古已分裂為三部——韃靼部、瓦剌部和兀良哈部。兀良哈部活動在西遼河、老哈河一帶，靠近中原，力量也較弱，在洪武時即已內附。朱元璋在兀良哈部設立朵顏三衛，歸寧王朱權統轄。明成祖通過靖難之役奪得皇位，朵顏三衛立了大功。因此，明成祖便授予朵顏三衛的大小頭目以軍職，每年還給兀良哈部耕牛、農具、種子等，以幫助他們從事農業生產。兀良哈部一直和明廷保持著較友好的關係。

韃靼部活動在鄂嫩河、克魯倫河和貝加爾湖以南地區，勢力最強，是明廷的主要威脅。瓦剌部活動在科布多河、額爾濟斯河流域及其以南的準噶爾盆地，韃靼和瓦剌之間經常發生爭戰，因

28《明史》卷一百五十四，卷末贊語。
29《明史》卷三百二十一，〈安南傳〉。

此，儘管不時南下侵擾，但在洪武末至永樂初並未構成很大的威脅。這也正是明成祖打了三年靖難之役而北部邊境卻仍平靜的原因。

對明王朝來說，最主要的威脅就來自蒙古諸部，這是時時刻刻掛在明成祖心頭的一件大事。明成祖對蒙古諸部總的政策是：分化瓦解，抑強扶弱，恩威並施，維護均勢。

抑強扶弱，和平爭取

永樂元年（一四〇三年）九月，鎮守貴州的總兵官顧誠在給明成祖的奏疏中，精闢地分析周邊大勢，建議對北邊進行重點防禦：

> 竊以為雲南、兩廣，遠在邊陲，蠻賊間嘗竊發，譬猶蜂蠆之毒，不足繫心。東南海道，雖倭寇時復出沒，然止一時剽掠，但令緣海兵衛嚴加提防，亦無足慮。惟北虜遺孽，其眾強悍，其心狡黠，睢盱偵伺，侵擾邊疆。經國遠謀，當為深慮。[30]

顧誠還在奏疏中建議，在北邊關隘要「高其城垣，深其壕塹，屯田儲積，操兵養馬，以備不虞」。明成祖對顧誠的上書深為嘉許。當時靖難之役結束不久，天下初定，明成祖希望邊疆不要多事，因此，他也不主張輕易對漠北蒙古諸部用兵。他曾對身邊的侍臣說：「至於外夷，但思有以備之，必不肯自我擾之。」[31]因此，他除了在北邊加強防備以外，自己還經常駐守北京，稱行在，並設立了一整套行政機構，這也就是後人所常說的「天子守邊」。另外，明成祖對韃靼、瓦剌諸部不失時機地抑強扶弱，在它們中間維持一種均勢狀態，使其難以對明廷構成威脅。對願意和明王朝保持友好關係的蒙古諸部，明成祖都一律抱歡迎的態度，並極力對諸部進行和平爭取，以維護邊疆的安寧。只有當蒙古諸部之間的均勢被打破，明王朝面臨嚴重的威脅時，明成祖才參以大規模的軍事遠征。

從永樂初年韃靼和瓦剌的情況來看，韃靼的勢力較強。當時韃靼的可汗是鬼力赤，他不是元順帝的後裔，而是通過篡權當了可汗的。原來他們仍稱元朝，史稱「北元」，鬼力赤廢除了元朝的稱號，改國號為韃靼。永樂四年（一四〇六年），韃靼發生內訌，大將阿魯台殺掉鬼力赤，迎立元宗室本雅失里為可汗，自任太師。儘管明成祖一即位就遣使通好，但韃靼一直沒有積極的表示。阿魯台掌權後，幾乎與明王朝斷絕了一切往來。

韃靼和瓦剌不斷相互仇殺。明成祖看韃靼勢力較強，就著意支持瓦剌，藉以牽制韃靼。瓦剌在與韃靼的爭戰中處於劣勢，也迫切希望得到明王朝的支持，所以明成祖即位不久即來京朝貢，以後貢使往來不絕。永樂元年十月，韃靼進攻瓦剌，被瓦剌部的馬哈木打敗。於是，雙方都來入貢，這表明雙方的勢力已大體趨於平衡。明成祖心裡很高興，對雙方的使臣都優禮有加。

但韃靼的實力比瓦剌強大，很快又處於明顯的優勢，並打算南下攻掠，對明王朝的態度也漸漸不恭起來。永樂三年（一四〇五年），明成祖聽說韃靼準備南下，他也沒準備大規模出兵，只是命邊關將士嚴加防備。他頗為自信地說：「狡虜情況固亦如是，謹吾邊備，虜何能為！」[32]果如

30《太宗實錄》卷二十二。
31《太宗實錄》卷二十三。
32《太宗實錄》卷三十三。

明成祖所料，韃靼見邊境防守嚴密，沒敢大舉內犯。

經過幾年的發展，韃靼的勢力益見強大，對瓦剌表現出越來越大的優勢，並不時南下侵擾。明成祖遣使責問，使臣反而被殺。於是，明成祖在丘福北征失敗後，自己親自率兵進行了第一次北征，大獲全勝。韃靼的勢力從此大衰，與瓦剌又維持了幾年的均勢，瓦剌勢力漸強，想完全控制漠北，均勢顯然被打破。於是，明成祖於永樂十二年（一四一四年）又進行了第二次親征，使瓦剌受到嚴重打擊。這種均勢一直維持到永樂末年，明成祖看到韃靼的勢力又強大起來，便又連續三年進行了三次親征，從而使韃靼的勢力一蹶不振。

在提到明成祖與蒙古的關係時，人們常常說到明成祖的五次親征。其實，明成祖對蒙古更經常、更大量的工作是和平爭取。尤其是在永樂七年（一四〇九年）丘福北征以前，明成祖主要是實行和平爭取的政策。這主要表現在以下幾個方面：

第一、遣使通好

明成祖即位才一個多月，即建文四年（一四〇二年）八月間，「以即位，遣使賚詔諭和林、瓦剌等處諸部酋長。」[33]「和林」在今蒙古首都烏蘭巴托附近，當時是韃靼部的統治中心。由此可見，這次遣使詔諭顯然包括韃靼。從明成祖的意思來看，一是告知他們自己已即帝位，二是希望維持和平友好的關係。

永樂元年（一四〇三年）正月，明成祖又遣使往諭韃靼可汗鬼力赤，並賜予「金綺」等物。同時，對鬼力赤手下的幾個大臣，例如阿魯台，也都分別給予賞賜。鑑於上次遣使沒得到鬼力赤的任何反應，這次便特地表示，希望鬼力赤「能遣使往來通好，同為一家，使邊城萬里烽堠無警，

彼此熙然，共享太平之福」。[34] 看來，明成祖的這些話不能僅僅看作是外交辭令，因為他剛剛奪得

帝位，真心希望北部邊境能夠安定。

這年七月，明成祖又遣指揮芈來等前往招諭鬼力赤，並表達了「講好修睦」的願望。永樂四年（一四〇六年）三月，明成祖又遣使招鬼力赤來歸，都沒得到鬼力赤的積極反應，甚至還拘留明廷的使臣。五月間，明成祖聽說鬼力赤手下的強臣阿魯台有「歸誠之心」，遂遣人前往詔諭，希望阿魯台學習「王陵、陳平去楚歸漢，尉遲、李靖捨隋歸唐」的美事，「或遣爾子來見，或率部屬同來」，來歸後，「聽擇善地以處，榮膺王爵，世守其地，傳之子孫，永世無窮。」這顯然有對韃靼分化瓦解的意思。阿魯台雖未來歸，但他卻殺掉了鬼力赤，另立元宗室本雅失里。明成祖不知道韃靼內部發生了這種變故，永樂五年（一四〇七年）十月又遣使諭鬼力赤說：「前遣使致書可汗，本期通好，共享太平，乃拘留信使不報，今再遣百戶早花等審求其故。禍福之機，天有顯道，惟可汗省之。」[35] 這次的語氣已頗強硬，不僅責備韃靼拘留明廷使臣的過錯，而且隱露殺機。

永樂七年（一四〇九年）三月，明成祖知道鬼力赤已被阿魯台殺掉，由本雅失里即汗位，於是遣給事中郭驥等出使韃靼，以表達彼此永遠相安的願望。為表達自己的誠意，明成祖對以前俘獲的本雅失里的部屬共二十二人，都給予賞賚，然後由使臣送回。但不幸的是，這次出使不僅沒有成功，使臣郭驥反而被殺。由此引發了明軍的第一次北征。

33《太宗實錄》卷十上。
34《太宗實錄》卷十六。
35《太宗實錄》卷五十三。

明成祖在發動靖難之役時，就已經與瓦剌部通好。瓦剌部首領猛可帖木兒死後，其部眾分裂為三部，分別由馬哈木、太平、把禿孛羅統領，其中以馬哈木部的勢力較強。明成祖不僅一即位就遣使通好，而且以後也經常遣使前往。永樂六年（一四〇八年）五月，明成祖擔心瓦剌與韃靼新立的可汗本雅失里聯合，便遣使前去爭取。馬哈木不願臣服本雅失里，為了得到明廷的支持，遂於這年冬天遣使來明廷貢馬，並請求封爵。明成祖自然很高興，便封馬哈木為順寧王，太平為賢義王，把禿孛羅為安樂王。永樂十二年（一四一四年）明成祖親征瓦剌以後，馬哈木於第二年死去，明成祖還遣使往祭。

第二、發展貿易

蒙族以畜牧業為主，一些日常用品需仰賴中原地區。一旦雙方斷絕了貿易關係，蒙族人民的生活馬上就陷入困境。通過貿易供應蒙族人民生活必需品，成為明成祖懷柔蒙古的重要手段。

永樂三年（一四〇五年），明成祖下詔在開原和廣寧設立馬市，專門接待與明廷關係密切的兀良哈部。永樂六年，明成祖又在西北數地設立不定期的馬市，除接待西域各部外，也接待韃靼和瓦剌。之所以稱作馬市，是因為蒙古各部賣給明廷的基本上都是馬匹，買回去的則是茶葉、布匹、糧食、鐵鍋等物。

除了馬市這種官市以外，明成祖還允許在一定時期進行民間貿易。在和平時期，明成祖允許邊境地區的蒙古人民入境貿易，守邊士卒不得打擾。除了火藥、武器等一些違禁物品外，蒙古人民一般的生活必需品都可以通過這種私市買到。

第三、優待降附

對自願歸附和在戰爭中投降的蒙古人，明成祖都盡可能地給予優待。

由於明成祖的招撫和籠絡，蒙古中上層人物不斷有人率領部眾由漠北來中原定居。綜觀永樂一朝，幾乎每年都有一些蒙古人內附，多的時候一個月達數起。這類記載在《明實錄》中可說俯拾皆是。凡來歸附者，明成祖都劃給他們土地，讓他們在那裡耕牧，有的還給予畜產、糧種，其頭目還封以各級官職，仍領其部眾。如地方官未按規定賞賜和給予，明成祖還下詔責備，督促如數給予。例如，永樂三年（一四〇五年）六月，明成祖敕諭甘肅總兵官宋晟，以前韃靼首領阿卜都罕等八人，民眾十九人來附：

> 令爾給畜產。官：牛十，羊五十；民：牛六，羊二十。比聞其中有未給受者，皆有愧恨之辭，夫歸附同，而朝廷待之不同，便懷愧恨，亦非撫納降附之道。可便如例悉給。[36]

沒過幾天，明成祖又命歸附的韃靼首領「察罕達魯花為都督，其弟哈達為千戶。……使之安居本土，善撫其眾。」[37]察罕還向明成祖說到幾個「同心歸附」的人，明成祖命禮部分別賜以彩幣。

永樂七年（一四〇九年）六月，韃靼國公阿灘卜花等人率部來歸，明成祖特命寧夏總兵官陳懋善加撫恤，並「厚宴勞之」。七月間，韃靼丞相昝卜等率眾三萬來寧夏歸附，明成祖特地遣使前往慰勞，並要陳懋妥善安置，還要對他們設宴招待。

36《太宗實錄》卷三十五。

37 同註36。

對來歸附的蒙古人，允許他們在軍中服役，按照明成祖「待遠人當厚」的諭旨，給他們的待遇都比漢人優厚。從對他們的安置來看，除大部分安置在邊疆宜於耕牧的地方之外，還允許他們在兩京或內地其他地方居住，有的還賜予住宅和日用器物，以幫助他們安家。對此，顧炎武曾記道：「明永樂、宣德間，韃靼來降，多乞留居京師。」[38]習稱他們為「降人」。

對於歸降後又逃走的蒙古人，明成祖也表現得十分寬宏，一律不予追究。他即位的當年年底，歸降後安置在寧夏的蒙古人又叛去，寧夏總兵官何福請求舉兵討伐，被明成祖制止。他告諭何福道：「朝廷大體，當以誠心待之。……來者不拒，去者不追。……其同類頗眾，其間必有相與為親戚者。今若以兵討叛，其未叛者亦將置疑，不若姑聽之去。」[39]有的叛逃後又想歸附，徘徊塞外，猶豫不決。明成祖知道後，派人前去招撫，使他們解除了顧慮，再次內附。有的歸附蒙古人惑於流言，發起小規模叛亂，在明軍打擊下遠逃。明成祖後來了解到，他們是由於「惑於流言，非其本心」，便遣人前去招撫，赦免他們的罪過，讓他們回來仍復舊業。永樂八年（一四一〇年），虎保等人所率領的一部約一萬二千人，又重新歸附，回到甘肅定居。

對在戰爭中俘虜的蒙古官兵，明成祖也給予諸多優待。只要真心投降，都予以釋放，願意回去的，都發給一定的口糧。願意留下的，即安置他們在邊疆諸地從事耕牧，並發給口糧、羊馬和其他生活用品，有的還在軍中服役，甚至在明成祖的侍衛中也有一些降附的蒙古人。

為了表示親密無間，明成祖還對不少蒙古人賜姓賜名。例如永樂三年（一四〇五年）十月，山西的蒙族指揮、千百戶等官一百九十人，明成祖都賜予姓名。[40]在明廷與蒙古諸部的關係中，有些人經常見之於史書，發揮了頗為重要的作用，看名字是漢人，實際上是蒙古人。例如吳允誠，原蒙古名是把都帖木兒，金忠的蒙古原名是也先土干。

由以上可以看出，明成祖對蒙古並不是一味地進行武力征討，而是還有著和平爭取的頗為開明的一面。以前，人們一提到明成祖，馬上就聯想到五征漠北，再加上一些戲曲對這種戰事的渲染，就更使人們產生了一種片面的認識，以為明成祖對蒙古諸部一味地窮兵黷武。實際上，只有當這種和平爭取的政策失敗後，邊防安全受到嚴重威脅，明成祖才會斷然進行武力征討。

丘福北征，全軍覆沒

永樂七年（一四〇九年）四月，明成祖遣都指揮金塔卜歹和給事中郭驥前往韃靼，一則對本雅失里即可汗位表示祝賀，二則送還俘虜，並賜予本雅失里和阿魯台等人彩幣等物，表達通好的誠意。

六月，百戶李咬住等人從韃靼逃回，說郭驥已被本雅失里所殺。本雅失里和阿魯台正準備南下，以掩襲兀良哈諸部。明成祖聞訊大怒，遂決定整軍討伐。

在大軍出征之前，明成祖預先做了一系列的安排。他馬上敕諭朵顏三衛，要他們做好迎擊韃靼的準備。與此同時，明成祖還遣使偕同瓦剌的使臣前往瓦剌，賜以印誥、彩幣、襲衣等，要瓦剌配合明軍，牽制韃靼。明成祖還敕諭甘肅總兵官何福，告知他將對韃靼用兵，要他「整飭士馬

38 顧炎武，《日知錄》卷二十九。
39 《太宗實錄》卷十五。
40 《太宗實錄》卷三十八。

以待，如虜來寇掠，則不必馳報，即率將士擊之。不來則謹守邊備」。[41]

七月，明成祖命淇國公丘福為大將軍，充任總兵官，武城侯王聰為左副將軍，同安侯火真為右副將軍，王忠和李遠為左、右參將，率大軍十萬，往征韃靼 。在陛辭時，明成祖對丘福等密授方略，尤其怕他輕敵冒進，諄諄告誡道：

> 慎則勝，不慎則敗。……聞軍中有言虜易取者，慎勿信之。信之必敗事。夫縛兔與縛虎，其勢不同。縛虎用全力，而縛兔亦必用縛虎之力，乃保萬全。蓋此虜狡黠，況今征之於數千里外，豈可不慎！[42]

丘福是藩邸舊人，出身於卒伍，勇猛敢鬥，在靖難之役中立有大功。自張玉、朱能相繼死後，丘福在武臣中地位最高，正因如此，明成祖才命他為大將軍北征。從明成祖對他的告誡中可以看出，明成祖對他的弱點很清楚，所以一再強調要謹慎，要他縛兔如縛虎一樣。如果丘福能把明成祖的這些話記在心裡，再發揮勇猛敢鬥的特長，取勝本應是沒什麼問題的。可惜的是，一到戰場上，丘福就把明成祖的這些告誡忘在了腦後。

八月，丘福率大軍至塞外，他率領千餘騎首先到臚朐河（今克魯倫河）南岸，遇到韃靼的一支小股騎兵，很快將之擊敗。丘福乘勝渡過河去，又俘獲了一個故意誘丘福孤軍深入的韃靼尚書，丘福與他飲酒交談，問他本雅失里在什麼地方。這個尚書謊稱，本雅失里聽說大軍來討伐，嚇得慌忙北逃，離這裡大約有三十里。丘福聽了十分高興，決定疾速前往，將其擒獲。

當時丘福身邊只有千餘人，大軍尚未趕到，諸將擔心中計，紛紛勸丘福不可輕進。丘福不聽，令尚書為嚮導，率眾直逼敵營。連續兩天，每戰皆勝，敵人一再敗退。丘福頗得意，要乘勝直追。李遠看出敵人有詐，勸丘福道：

將軍輕信諜者，徑渡河，懸孤軍至此。虜故示弱，使我深入，進必不利。今退，則為虜所乘。莫如結營自固，晝則揚旗代鼓，時出奇兵舉挑戰，夜則多燃炬鳴炮，以張軍勢，使虜莫測。二日內我軍畢至，併力攻之，必利。不然，亦可全師而還。[43]

王聰等將領也極言不可輕進，丘福皆不聽，反厲聲喝道：「不從命者斬！」他自己麾士卒馳馬先行。一些將士明知將誤中敵計，以致流下淚來。他們見丘福已上馬出發，無可奈何，也只得隨從前往。

丘福一行走出不遠，馬上被敵人團團圍住。李遠和王聰率五百騎突圍，殺敵數百人，王聰戰死。李遠馬蹶被俘，罵不絕口，當場被殺。丘福、火真和王忠都被敵人俘獲殺掉。韃靼乘勝反擊，明軍全軍覆沒，只有少數人逃回。

明成祖聞訊後十分懊惱，尤其對丘福不聽告誡令人憤怒，遂奪丘福世爵，並將其全家徙往海南。李遠曾流著淚向丘福勸諫，死得冤枉，遂追封為莒國公，謚號「忠壯」。明成祖感到用別人北征難以奏效，便決定親自率軍北征。

41 《太宗實錄》卷六十四。
42 《太宗實錄》卷六十五。
43 同註42。

御駕親征，大獲全勝

明成祖親自北征的決心已定，便從各方面積極準備。當時已是深秋，天氣漸冷，不宜出師，遂決定來年春天北征。這時瓦剌與明廷保持著友好的往來，明成祖一來為了牽制韃靼，二來擔心韃靼乘勝進攻瓦剌，便於永樂七年（一四〇九年）九月遣使赴瓦剌，諭順寧王馬哈木，告訴他丘福戰敗之事，防備韃靼用明軍的旗幟、衣甲去進攻他，來春自己將親自率兵征討韃靼。

就在丘福失敗以後，韃靼也不斷有人內附。其中有人告訴明成祖，本雅失里和阿魯台打敗明軍後，「志驕氣盈，謂我師新挫，不能再出，漸移營東南過冬。」如這樣的話，明軍可晚一些時間出師。如果韃靼往攻瓦剌，其部眾西行，越往西越遠，追之不及，太晚了就要貽誤戰機。明成祖遂決定明年二月起行，徵求部下意見，廷臣都認為這個時間比較適宜。

丘福上次率軍十萬北征，結果全軍覆沒，明成祖這次決定率軍五十萬出塞。這樣大規模的遠征，糧餉的供給和運輸就成為頭等重要的大事，明成祖找來戶部尚書夏原吉商議。夏原吉提出，用金剛車三萬輛，可運糧約二十萬石，隨大軍前行。每十天的路程築一小城，斟酌儲糧。明成祖感到此法很妥當，遂命夏原吉加緊準備。

永樂八年（一四一〇年）正月，明成祖下詔親征，因皇太子在南京留守，便命皇長孫朱瞻基留守北京。張輔已從安南調回隨行，學士胡廣、楊榮和金幼孜也隨同出征。為了提高戰鬥力，明成祖還特地敕諭刑部和都察院，凡是武職人員充軍的、監問未決的，都讓他們赴北京自陳，只要不是死罪，都予寬宥，讓他們上前線立功。

永樂八年二月十日，明成祖率大軍浩浩蕩蕩走出德勝門，踏上了北征之路。這正像金幼孜所記載的那樣：「兵甲之雄，車馬之盛，旌旗之眾，耀於川陸。風清日和，埃塵不興，鐃鼓之聲，訇震山谷。」[44]明成祖更是氣宇軒昂，對這次出征的勝利充滿信心。他認為自己「必勝之道有五：以大擊小，以順收逆，以治攻亂，以逸待勞，以悅弔怨。鮮不殄滅蕩除有罪，掃清沙漠，撫綏顛連，將疆埸乂安，人民無轉輸之苦，將士無戰鬥之虞，可以解甲而高枕矣！」[45]

二月十三日大軍出居庸關，忽然紛紛揚揚地下起大雪來，沒過多久天氣轉晴，天宇澄淨，雲霞五彩，燦然照耀於山谷，山岩積雪如銀台。明成祖於帳前放眼四顧，雪後景觀奇麗，令人頓生浩氣。他喊出金幼孜等人出來觀賞雪景，並說道：「雪後看山此景最佳。雖有善畫者，莫能圖其彷彿也。」[46]這種樂趣是宮廷中所沒有的。

第二天一早醒來，衣服上都是霜，帳房旁邊積雪盈尺。天氣雖然寒冷，但明成祖的興致卻特別高，一邊前行，一邊狩獵。金幼孜看明成祖騎著馬追趕一隻兔子，忽然走到自己跟前。明成祖笑著對這位內閣學士說：「到此看山又是一種奇特也。」[47]明成祖一邊前行，一邊與身邊的人講述沿途山川的歷史傳說，得名的由來，居然將雪後的寒冷忘諸腦後，君臣之間似乎頓時產生了一種從未有過的隨和。

三月到達塞外。明成祖登上凌霄峯絕頂，眺望漠北，萬里蕭條。他回頭對胡廣等人說，元朝盛時，這裡都是老百姓居住的地方，今天卻變得如此荒涼。清水原的水又鹹又苦，無法飲用，人

44 金幼孜，《前北征錄》。見《金聲玉振集》第九冊。
45 《太宗實錄》卷六十八。
46 金幼孜，《前北征錄》。
47 金幼孜，《前北征錄》。

馬甚渴。第二天，在清水原西北二里處忽然發現一處泉水，清洌甘甜，人馬賴以不困。明成祖親自嘗了嘗，賜名此泉為「神應泉」。

四月，明成祖率大軍到達廣武鎮，將當地一泉賜名「清流」。明成祖還親自制銘文，刻於石上：「於鑠六師，用殲醜虜。高山水清，水彰我武。」[48]接著到達長清塞，將當地一泉賜名「玉華」。五月一日，明成祖的車駕由順安鎮出發，營外四山雲氣潔白，望之如白雲。明成祖一時高興，賜其名為「白雲山」。將到臚朐河時，明成祖登山四望，俯視河流，遂賜臚朐河為「飲馬河」。明成祖一路行來，也不知為多少山川、泉水改賜了名稱，大都勒銘於石，有時還刻上御制的銘文。這對久居宮中的明成祖來說，這裡是另一種天地，有著另一種情趣。

本雅失里聽說明成祖親率五十萬大軍北征，十分害怕，想與阿魯台一起往西逃跑。阿魯台不從，二人遂各自為部，本雅失里率一部往西逃去，阿魯台率一部往東逃去。五月，指揮款台在玉華峯擒獲了一個韃靼的翻譯，知道本雅失里在兀古兒札河，明成祖遂率大軍渡過飲馬河。接著，明成祖命清遠侯王友駐兵河上，留金幼孜於王友營中，自己率輕騎前進，每人帶二十日的糧食，讓方賓和胡廣跟隨。當明成祖趕到兀古兒札河時，本雅失里已提前逃跑。明成祖馬不停蹄，連夜追擊，在斡難河與本雅失里相遇。斡難河是成吉思汗的發跡之地，本雅失里在這裡率眾與戰。明成祖麾前鋒迎擊，一鼓作氣，銳不可擋。本雅失里抵擋不住，只得丟下輜重，帶領七騎倉皇逃去。

明成祖在當燕王時，雖也曾數次與蒙元勢力交鋒，但都沒有深入這麼遠。這是明成祖稱帝後的第一次親征，又是第一次親征中的第一次大勝利，他心裡自然十分高興。諸將把俘虜來的百餘人帶來，明成祖命令將他們全部釋放，並給予口糧、羊馬。明成祖說：「朕所討者，凶渠耳。彼亦吾赤子，為賊所困久矣。」下令官軍不得對這些普通百姓有所擾害，「自是，降附者益眾」。[49]

明成祖將兀古兒札河改名為「清塵河」，遂率軍返回。

明成祖率軍回到飲馬河，稍事休整。明成祖遣中官海壽賚捷書告諭皇太子，隨後下詔班師。詔書的內容實際上就是對出師以來戰事的小結：

> 朕承大統，撫治寰區……獨此殘胡騁凶梗化，屢使撫循，輒見拘殺。……遂親率六軍征討之，用拯顛連，綏寧降附。五月十三日，師至斡難河，遇胡寇本雅失里來戰，即摧敗之，追奔逐北，電掃霆驅。本雅失里奔命不暇，以七騎潛遁，獲馬駝牛羊生口無算。其餘款附者相繼而至，咸撫安之，給粟、羊馬，令復生業……乃封其山川，即日班師。於乎！包舉無外，用施一視之仁；撫輯有方，茂衍萬年之治。[50]

在回師途中，上次隨丘福來征潰散的軍士紛紛來歸。明成祖除對來歸的軍士善加撫恤外，又派都督梁福在定邊鎮祭奠上年的陣亡將士。

大軍一路行來，紀律嚴明。明成祖一再向將士申諭，不得妄行殺戮，不得掠人口、輜重以及馬駝牛羊，否則就要被殺頭。

六月八日，大軍到達飛雲壑。第二天黎明時，哨騎來報，阿魯台就在前面的山谷中。明成祖遂命諸將列陣，自己親自率數十騎登高考察地勢。接著麾諸軍渡山，結陣而行。阿魯台的部下出

48《太宗實錄》卷六十九。
49《太宗實錄》卷七十。
50 同註49。

沒於山谷間，且戰且退。沒過多久，阿魯台遣人到軍門請降。明成祖說，這是緩兵之計，阿魯台想藉以逃脫，遂敕諭阿魯台說：

上天棄元久矣！縱爾有志，天之所廢，豈能違天！……當此時誠能順天所興，天必福之而富貴，可保功名不隳矣。……朕今駐師於此，爾能來朝，則名爵之榮不替有加，且俾爾子孫承襲世世，所部之眾仍令統領……[51]

阿魯台見到敕書後，有歸順之意。左右的人卻勸阻道：

爾忘殺天朝使臣耶？天朝皇帝何負爾？爾既背之，今復歸之，縱天地大量能容爾，爾何顏面立於其朝乎？[52]

阿魯台猶豫不決，又派他的外甥朵兒只來輸誠。明成祖賜之酒，並再次遣人隨朵兒只一起去見阿魯台。這時，阿魯台的部下主降者半，主戰者半。明成祖的使者知道阿魯台猶豫，遂馳歸。諸將請求馬上進擊，明成祖未許，只令諸將嚴陣以待；阿魯台也遲疑未敢進攻。這樣僵持了兩三天，明成祖派出數百騎去試探敵人動向，阿魯台的部下馬上出來迎戰。接著，雙方主力便馬上投入了戰鬥。阿魯台率數千騎當中堅，明成祖率數千騎徑衝敵陣。明軍大呼奮擊，矢下如雨，阿魯台大驚失色，竟墮下馬來。阿魯台罵反對投降的人說：「不聽吾言至此，今無及矣！」遂上馬逃去。明軍乘勝追擊，追奔百餘里，阿魯台的部下大都潰散。當時天氣炎熱，軍士飢渴，明成祖遂令收兵。忽然下起大雨來，解決了軍中缺水的問題。

六月十二日，明軍追上了阿魯台部將于回曲津所率領的一部。明成祖命柳升用神機銃當先，眾銃齊發，聲震數十里，每矢可斃二人。敵人十分驚恐，慌忙逃跑。明軍乘勢奮擊，斬名王以下百餘人。第二天又追上一支小股敵人，約數十人。他們一起遙拜請降，明成祖遂遣人告知他們：「罪在首惡，不在爾曹。」讓他們自行離去，他們都叩頭而去。

明成祖估計到，敵人雖潰散山谷，但一定還有人窺伺明軍輜重，在撤軍時會有敵人乘機劫掠。於是，他命數百騎兵設下埋伏，另派數十步卒持神機銃殿後，並在一些囊中裝上草，以誘惑敵人。明成祖親自率數千精兵最後出發，果不出明成祖所料，敵人貪圖財物，尾隨來襲。明軍伏起銃發，他們回頭逃跑，明成祖從後面率兵趕到。這些人倉皇不知該向何處逃跑，有數十人被俘。經訊問，這些人屬兀良哈部，原已歸降明廷，後又叛去依附阿魯台。明成祖對這些叛來叛去的人十分痛恨，遂命全部殺掉。自此以後，沒人再敢搶劫明軍輜重。明成祖可以放心地回師了。

明成祖以得勝之師，凱旋回京，一路刻石紀功，君臣一起觀賞山川古蹟，豪氣滿懷。正在高興之時，傳來了清遠侯王友軍中乏食的消息，有的軍士甚至因幾日未食而死。明成祖聽說後非常難過，馬上命令把所儲的御糧分散給士卒，並按照楊榮的建議，許軍中相互借貸，回京後加倍償還。這個辦法果然奏效，解決了軍中缺糧的危機。有一天，天已經黑了，明成祖還沒吃晚飯。中官送上飯來，明成祖說：「士兵們還沒吃飯，我怎麼忍心先飽呢！」[53]由這個小插曲可以看出，當時軍中缺糧的情況確實已相當嚴重，明成祖的心情很沉重。它同時也表明，儘管這次北征取得

51《太宗實錄》卷七十。
52《太宗實錄》卷七十。
53 谷應泰，《明史紀事本末》卷二十，〈親征漠北〉。

了很大的勝利，但勝利的得來是很艱難的。

七月三日大軍回到開平，明成祖在這裡宴勞將士。明成祖對諸將領說：「朕自出塞，久素食，非乏肉也。念士卒艱食，朕食肉豈能甘味？故寧已之。」[54]這應該說是真心話。就是供給再困難，也不會缺明成祖的肉吃。明成祖之所以長期不吃肉，是為了表示與將士患難與共。

明成祖率大軍於七月十五日入居庸關，兩天後回到北京。這次北征歷時五個多月，連戰皆捷，勝利而歸。丘福上次打了敗仗，明成祖這次總算為明廷挽回了面子。本雅失里和阿魯台雖然沒有被俘獲，但韃靼的實力無疑受到了重大打擊。正因如此，韃靼在一個相當長的時間裡未敢為害明廷。

韃靼的勢力被削弱了，但瓦剌的勢力卻相對地增強了。明成祖本來想在北邊建立一種新的均勢，但這種均勢不久就被打破，瓦剌又成了明廷的主要威脅。於是，就又出現了明成祖的第二次北征。

第二次親征漠北

韃靼的勢力受到重創後，漠北的均勢馬上出現傾斜。瓦剌的勢力顯得越來越強，日益驕橫，對明廷的邊防構成了威脅。明成祖為了解除邊患，維持北邊的均勢，便又親自率軍進行了第二次北征。

漠北形勢的新變化

阿魯台於永樂八年（一四一〇年）六月被擊敗後，當年十二月便遣使來朝，向明廷貢獻馬匹。明成祖接受了他的納款，並命禮部官宴勞來使，賜予襲衣、彩幣。來使向明成祖提出阿魯台的一個請求，請允許他管轄女真和吐蕃諸部。明成祖要廷臣發表意見，大都說那是蠻荒之地，可以答應阿魯台的請求。只有黃淮認為不能答應：「彼勢分則易制，一則難圖矣。」這話正中明成祖的下懷。明成祖環視左右的大臣們以後說：「黃淮論事，如立高崗，無遠不見。」[55]他還說別人只是站在平地上，只能看到眼前，於是就拒絕了阿魯台的這個請求。從明成祖接受阿魯台的納款可以看出，明成祖不想北邊多事，只要歸順，則不咎既往。同時，明成祖也希望通過阿魯台來牽制瓦剌。

阿魯台的的使者返回時，明成祖遣人偕同前往。明成祖在給阿魯台的敕諭中說，自己「惟欲萬方之人咸得其所，凡有來者，皆厚撫之，初無遠近、彼此之間」。[56]阿魯台還說瓦剌不是誠心歸附，如誠心歸附的話，就應該把傳國玉璽獻出來。明成祖對此表示，自己並不重此寶，「帝王之寶在德不在此」。阿魯台想藉以離間明廷和瓦剌的關係，明成祖識破了這種用意，沒有中這個圈套。

瓦剌看到明成祖接受了阿魯台的貢納，也千方百計地離間明成祖與阿魯台的關係。永樂九年（一四一一年）二月，瓦剌順寧王馬哈木遣使馬哈麻來朝，貢方物，並對明成祖說：「本雅失里、

54 谷應泰，《明史紀事本末》卷二十，《親征漠北》。
55 《明史》卷一百四十七，《黃淮傳》。
56 《太宗實錄》卷七十三。

阿魯台敗走，此天亡之也。然此寇桀驁，使復得志，則為害邊境，而西北諸國之使不敢南向，願早圖之。」[57]明成祖心裡也明白瓦剌的用意，自然也不會上瓦剌的圈套。從當時雙方的力量來看，瓦剌較強，阿魯台較弱。在這種情況下，明成祖對阿魯台反而格外友好。

永樂九年（一四一一年）六月，阿魯台遣國公忽魯禿等來貢馬，明成祖賜宴犒勞，並賜予白銀、文綺等物。來使辭歸時，明成祖又遣人偕行，另賜予阿魯台彩幣二十表裡，還賜其母親彩幣八表裡。

十二月間，阿魯台又遣使貢馬千匹。明成祖命禮部給其馬值，並賜來使彩幣等物。來使辭歸時，明成祖又遣中官雲祥和指揮岳山偕來使同往，除賜阿魯台文綺等物外，還把阿魯台的哥哥和妹妹送回。原來，洪武年間明軍遠征至捕魚兒海（今貝爾湖），將其兄妹俘獲。明成祖後來聽說他們是阿魯台的同母兄妹，便給予特別優厚的待遇。這時，明成祖對他們又厚加賞賜，讓他們兄妹二人隨來使一起北歸。阿魯台對明成祖自然十分感激。

本雅失里被明成祖擊敗後，投奔瓦剌。永樂十年（一四一二年），馬哈木將本雅失里殺掉，立同族人答里巴為主，大權都掌握在馬哈木手中。

永樂十年五月，馬哈木遣其知院海答兒等來朝，向明成祖說：「既滅本雅失里，得其傳國璽，欲遣使進獻，慮為阿魯台所要，請天兵除之。」還說到其部下多人，為自己效力有功，請予封賞。尤其令明成祖反感的是，「又言瓦剌士馬整肅，請軍器。」明成祖對廷臣說：「此虜驕矣！狐鼠輩不足與較。」仍命禮部宴勞其使者。[58]明成祖雖未與馬哈木認真計較，但心裡已對他提高了警惕。

永樂十一年（一四一三年）正月，馬哈木又遣使貢馬，並說歸附到甘肅、寧夏的韃靼人多是他的近人，請歸還給他為部屬。「又多所請索，而表詞悖慢」。尤其令明成祖不能容忍的是，明廷所遣往的使臣舍黑撒答等被馬哈木拘留不還。明成祖命中官海童與來使一同前往，賚敕歷數馬哈木的過錯，並說：「能悔過謝罪，待爾如初。不然，必舉兵討罪。」[59]明成祖的這封敕諭語氣已很強硬，並明白無誤地露出了殺機。

與此同時，也是在永樂十一年正月，阿魯台的使臣把禿等辭歸，明成祖遣指揮徐晟與他們偕行，並敕諭阿魯台說：

> 把禿來貢馬，禮意之勤可嘉。然察爾心，尚未釋然，豈非有歉於丘福之事乎？人各為其主，朕於爾何責？爾所處去京師甚邇，如能自來，或遣子來，庶見朕誠意。昔呼韓邪入朝，漢與之高官；突厥阿史那杜爾歸唐，亦授顯爵。二人皆福及子孫，名光史冊。爾聰明特達，豈下古人哉？朕待爾，蓋將有過於漢唐之君者。今遣指揮徐晟等諭意，並賜爾及爾母彩幣，至可領也。[60]

從敕諭中可以看出，語氣與給馬哈木的大相逕庭。這裡極力解除阿魯台的疑慮，應自己來或遣其子來，不必為丘福之事而不安。只要來朝，自己將比漢唐之君優待遠人更有過之。明成祖的用意

57《太宗實錄》卷七十四。
58《太宗實錄》卷八十三。
59《太宗實錄》卷八十七。
60 同註59。

也很清楚，為了集中力量對付瓦剌，需要阿魯台對瓦剌進行牽制。

從此以後，阿魯台遣使來貢更加頻繁。僅就永樂十一年來看，二月、五月、六月、十一月、十二月共五次遣使貢馬，表明雙方的關係已達到很親密的程度。不僅如此，阿魯台還慫恿明成祖討伐瓦剌。例如五月間，阿魯台遣來的使者說：「馬哈木等弒其主，收傳國璽，又擅立答里巴為主，請發兵討之，願率所部為前鋒。」[61]明成祖感到時機還不成熟，理由尚不充足，未為所動。

六月間，韃靼部的卜顏不花等來朝，也極力慫恿明成祖對瓦剌用兵。他說：「瓦剌馬哈木自弒立之後，驕傲無禮，欲與中國抗衡。其遣人來朝，皆非實意，蓋所利金帛財物耳。比屢率兵往來塞下，邀遏貢使，致漠北道阻。宜以兵除之。」明成祖說：「伐之固宜，但勤兵於遠，非可易言，姑待之。如今秋不遣使謝罪，來春以兵討之未晚。」[62]

七月初，明成祖為了使阿魯台徹底解除疑慮，對瓦剌進行更有力的牽制，便冊封阿魯台為和寧王，讓他統率本處軍民，並賜予金印、鞍馬和文綺等物。同時，還封其母為和寧王太夫人，其妻為和寧王夫人，俱賜誥命、冠服。對阿魯台手下的將領，也分別授以都督、都指揮、千百戶、鎮撫之職。

馬哈木看到阿魯台如此受寵，心懷怨望，從此不再向明廷朝貢。這意味著瓦剌與明廷的關係已全面惡化。

十一月間，備禦開平的成安侯郭亮遣人來報，說抓獲到一個瓦剌的間諜，稱「馬哈木等兵至飲馬河，聲言襲阿魯台，實欲寇邊」。如馬哈木消滅了阿魯台，統一了漠北，對明王朝的威脅自然就更大了。於是，明成祖「決意討之」。[63]

沒過幾天，阿魯台又遣人來報，說瓦剌兵已渡過飲馬河，「揚言襲己，因而欲窺開平、興和、大同。」明成祖馬上申諭守邊將領，「嚴兵守備，如哨騎及守瞭有失，皆處死。」[64]面對北邊日益嚴峻的形勢，明成祖開始加緊準備。但礙於已到冬季，不宜對漠北用兵，所以明成祖不得不等到明年春天了。

率師親征

永樂十一年（一四一三年）底，明成祖命各衙門做好北征的準備，詔諭中說：「瓦剌殘虜既弒其主，又拘殺朝使，侵掠邊境，違天虐人，義所當伐。爾等其秣馬厲兵，以俟大舉，作爾志，奮爾勇，共成大功。」[65]第二年三月十三日，明成祖命留守南京的皇太子以北征事祭告天地、宗廟、社稷。兩天後，分別賜予從征將士錢鈔，並告諭他們要同心協力，奮勇殺敵，凡有功者，將不吝高爵厚賞。三月十七日，明成祖率將士離開北京，踏上征途。這次北征也和上次一樣，共有兵士五十萬。上次出征剛出居庸關就遇上了大雪，這次出師比上次晚了一個多月。

這次北征，明成祖特地讓皇太孫朱瞻基隨行，其用意對侍臣說得很清楚：

61《太宗實錄》卷八十八。
62 同註61。
63《太宗實錄》卷九十。
64 同註63。
65 同註63。

朕長孫聰明英睿，勇智過人。今肅清沙漠，使躬歷行陣，見將士勞苦，征伐不易。66

皇太孫自小生長在宮廷，不知道征戰的勞苦，讓他跟著見習一下，鍛鍊鍛鍊，無疑是英明的有遠見之舉。明成祖還特地對胡廣、楊榮、金幼孜等學士們說，閒暇時，他們可在營中為皇太孫講說經史，使其文事武備皆不偏廢。

五月初，大軍到達擒狐山。這裡對明成祖來說可謂舊地重遊，這不僅因為他上次北征就到過此地，而更主要的是他當燕王時，曾率軍出擊，在這裡擒獲了乃兒不花，使他的軍事才能得到初次展現。因此，他對這裡有著特殊的情感，便命禮部尚書呂震去祭這裡的山川之神。這裡已是漠北腹地，他對前鋒劉江說，如遇到敵寇東走，那就是瓦剌的人往阿魯台那裡去的；如遇到敵寇西走，那就是阿魯台的人到瓦剌那裡去的，都不要放過，須全部擒獲。由此看來，儘管阿魯台表現得很恭順，明成祖對他並不完全放心。

五月七日，明成祖命劉江率輕騎先往飲馬河偵察敵人動靜，自己率主力駐速兒溫都兒。這裡有所謂海子，即小湖泊，明成祖遂賜名為「蒙山海」。其水清洌，兩天來軍中一直缺水，到這裡才有了充足的飲水。

五月二十二日，明成祖到達通泉泊。都督朱榮來報，發現有數千人由西往東進發。明成祖判斷，這一定是瓦剌的人，遂命朱榮進一步偵察敵人的行動路線。二十七日，前鋒都督劉江來報，已偵察到了敵人往東行的確切路線。明成祖遂命劉江率千餘騎急追，自己率六師隨後趕上，要他和朱榮在前方相機行事。

六月一日，大軍馬上就要投入戰鬥，明成祖在戰前再次申明軍紀：

今深入虜地，一二日必破虜。臨陣之際齊力奮勇，所誅者唯首虜。毋奪財物，毋掠婦女，毋虐老稚，毋殺降附，違者斬。[67]

六月三日，前鋒都督劉江遇敵於三峽口，在交戰中斬敵數十人。明成祖聞報後，估計大股敵人將很快趕來，遂命劉江嚴加警戒，並傳諭各營，防止敵人劫營。第二天，俘獲了一個瓦剌的諜者，說馬哈木距此百餘里。明成祖聞知大喜，命諸營秣馬厲兵，做好準備，明日一早出發。明成祖率大軍兼程前進，皇太孫和寶纛同行，專以五百鐵騎護衛。

六月七日，在忽蘭忽失溫遇到瓦剌主力，答里巴、馬哈木率三萬人來戰。他們見明軍行陣整齊，旗甲鮮明，未敢馬上發起攻擊，而是屯兵於山崗。明成祖登高眺望，發現敵人已分為三部。明成祖命騎兵前去挑戰，瓦剌兵遂奮勇來戰。這是一場十分激烈而殘酷的廝殺，瓦剌士兵表現出不可輕視的戰鬥力。明軍的神機銃發揮很大的威力，安遠侯柳升用神機銃轟擊敵人，斃敵數百人。明成祖親率鐵騎發起攻擊，敵人稍卻。武安侯鄭亨率眾追擊，被敵人的流矢擊中，只得退回。寧陽侯陳懋等攻擊敵人的右翼，敵人奮起反擊，陳懋無功而退。都督朱崇等率神機營上前，連發神機銃，敵人被擊死擊傷者無數。豐城侯李彬等人攻擊敵人的左翼，敵人拚死鬥，都督譚青受重傷，都指揮滿都力戰死，明軍損失十分慘重。明成祖見此情形，親率鐵騎奮擊，大軍的吶喊聲震撼山谷，馬哈木抵擋不住，遂大敗。明軍斬王子十餘人，斬敵數千級，餘眾敗走。大軍乘勝追

66 谷應泰，《明史紀事本末》卷二十一，〈親征漠北〉。
67 《太宗實錄》卷九十二。

擊，翻過兩座山，馬哈木勒餘眾迎戰，又被擊敗。明軍追擊到土剌河，生擒數十人。這時已到傍晚，天色漸暗，明成祖遂命收兵。

這次大戰，馬哈木雖戰敗北逃，明軍獲得了勝利，但雙方殺傷大致相當。晚上二鼓時分，明成祖回到帳中，皇太孫入見。明成祖向他分析取勝的原因，並說敵人去此不遠，夜裡尤須提防，明天追擊，一定可將敵人盡數殲滅。皇太孫卻說：「天威所加，虜眾破膽矣。今既敗走，假息無所，寧敗返顧乎？請不須窮追，宜及時班師。」這話頗合於古代「窮寇勿追」的傳統，明成祖認為說得有理。第二天，諸將請追擊敵人，明成祖說：「寇窮矣，何用遠追！」[68]遂下令班師。

在班師的同時，明成祖又遣使赴韃靼，將擊潰馬哈木之事告知阿魯台。阿魯台遂遣使來軍中祝賀，並說自己因有病，不能親自前來，請明成祖恕罪。至於阿魯台是否真的有病，今已無法詳考，更大的可能是外交辭令。正像明成祖對他不完全相信一樣，他對明成祖也不十分相信。明成祖曾讓他親自來，或遣兒子來朝，他都沒照辦，即是明證。明成祖對此都未予計較。

六月七日，大軍發黑山峪，明成祖遣人敕諭皇太子，要他以班師詔告天地、宗廟、社稷。「班師詔」中說：

> （瓦剌）辜德負恩，背違信義，擅殺其主，執我使臣，侵擾邊境……朕不得已，躬率六師以討之。……賊首答里巴、馬哈木……不度智能，掃境而來。兵刃才交，如摧枯朽。追奔逐北，獸獮禽戮，殺其名王以下數千人，餘虜宵遁。……用靖邊陲，佚我黎庶。故茲昭示，咸使聞知。[69]

詔中對明軍的戰績不免有所粉飾，實際上這一仗打得並不輕鬆，而是相當艱苦。不要說明軍將領有的受傷，有的戰死，甚至皇太孫也差一點被敵人俘去。宦官李謙恃自己驍勇，竟領著皇太孫在九龍江臨戰，被敵人包圍，形勢十分危急。明成祖聞訊大驚，急回大營。李謙為此惶懼不安，自殺而死。

不論這次北征如何艱苦，總算是大勝而歸，瓦剌的勢力受到了一次沉重的打擊。大軍班師時正是盛夏，不時有大雨，道路泥濘，有時因無乾柴可燒，致兵士無法燒飯。這種情況在金幼孜寫的《後北征錄》中有詳細記載。大軍於七月二十八日入居庸關，八月一日文武百官迎駕，由安定門入京。明成祖升殿，「群臣稱賀，上《平胡表》，呼噪而退」。[70]勝利回師的景象歷來都是熱烈的。

晚年三次出塞

第二次北征後，漠北的均勢大體得到了恢復。在此後的七八年間，北部邊境沒有大的戰爭，基本上保持著和平局面。永樂十八年（一四二〇年），明成祖將京師由南京遷至北京，統治重心轉移到北方。自永樂二十年（一四二二年）開始，明成祖連續三年三次親自北征，並死在第五次北征回師的路上。

68 《太宗實錄》卷九十二。
69 《太宗實錄》卷九十二。
70 金幼孜，《後北征錄》。

第三次北征

瓦剌在永樂十二年（一四一四年）被明成祖擊敗後，於第二年正月即遣使來謝罪，並獻上良馬五十四。明成祖接受了瓦剌的貢獻，讓禮部款待來使。從此以後，以馬哈木為首的瓦剌部和以阿魯台為首的韃靼部爭相來貢。兩部為了爭奪漠北的統治權，時有戰爭，因瓦剌受到明成祖的打擊，力量有所削弱，在與韃靼的對抗中處於劣勢。永樂十四年（一四一六年），「瓦剌歸附之人言，馬哈木已死」。[71]明成祖遂命馬哈木之子脫歡承襲了順寧王。馬哈木是瓦剌部強有力的首領，他的死無疑使瓦剌的勢力進一步削弱，阿魯台的勢力日益明顯地居於優勢，對明廷的態度也日益不恭起來。永樂十七年（一四一九年）十一月，阿魯台遣來的貢使橫暴無賴，在京師居然強奪人財物，被兵馬司擒獲一人，請求明成祖對他治以重法。但明成祖表現得很冷靜，未予處置，只是命人械送給阿魯台，要阿魯台自行處理。明成祖還敕諭阿魯台，讓他嚴格約束部下，遵守明廷法度。

永樂十七年底，明成祖預先得到消息，聽說阿魯台要大舉進攻瓦剌，便遣人告知瓦剌賢義王太平等人，要他們早做防備。畢竟雙方的力量有了明顯的懸殊，結果還是被阿魯台打得大敗。從此以後，阿魯台的態度就更加驕橫起來。

永樂十九年（一四二一年）正月，阿魯台遣脫脫木兒等來貢，「至邊境要劫行旅」。邊將上奏，請予禁止。明成祖遂遣使敕諭阿魯台，要他嚴加約束部下。但阿魯台「自是驕蹇，朝貢不至」。[72]阿魯台不來朝貢，這意味著與明廷的關係已基本破裂。

六月間，明成祖聽說阿魯台將寇邊，馬上命居庸關等處守將嚴加戒備。七月間，明成祖親自到北部邊境巡視。阿魯台聞知此事後，以為明成祖又要大舉征討他，遂馬上逃往北邊。

阿魯台不來朝貢，又時有寇邊的打算，明成祖對此難以容忍，還是決心要對阿魯台大舉征討。

永樂十九年十一月十七日，明成祖打算明年春天對韃靼用兵，命大臣集議。戶部尚書夏原吉、兵部尚書方賓、禮部尚書呂震、工部尚書吳中等人都一致認為，因連年對漠北和安南用兵，國內又屢興大工，應該休養兵民，嚴敕邊將備禦，不必對韃靼勞師遠征。他們尚未回奏，明成祖召兵部尚書方賓入見。方賓說：「今糧儲不足，未可興師。」接著召見夏原吉，問他北邊的糧儲有多少。夏原吉說：「頻年師出無功，戎馬資儲，十喪八九。災眚間作，內外俱疲。況聖躬少安，尚須調護，勿煩六師。」明成祖聽到這些話，心裡很不高興，立命夏原吉赴開平察看糧儲情況。夏原吉剛離去，刑部尚書吳中入對，所說和方賓相同。明成祖十分惱怒，方賓非常害怕，竟自縊而死。夏原吉正在開平察看糧儲情況，明成祖命錦衣衛官員將夏原吉取回，錦衣衛官催促夏原吉趕快上道。夏原吉請他們稍等，讓自己察看完畢，以免別人侵盜，「死，吾安之，不以累公。」回來後所對與上次一樣。明成祖越發惱怒，命將夏原吉和吳中逮繫於獄，方賓雖死不饒，命戮其屍。[73]大理寺丞鄒師顏因曾在戶部任職，也一起被繫於獄。明成祖懷疑夏原吉侵盜官糧，命籍沒其家產。結果發現，夏原吉家中「自錫鈔外，惟布衣瓦器」。[74]這證明，夏原吉是一個清廉的大臣。

71《太宗實錄》卷一百一。《明史紀事本末》卷二十一載，永樂「十五年秋八月，瓦剌順寧王馬哈木死」。誤。
72《太宗實錄》卷一百一十九。
73谷應泰，《明史紀事本末》卷二十一，〈親征漠北〉。
74《明史》卷一百四十九，〈夏原吉傳〉。

在遇到大事的時候，明成祖也徵求大臣們的意見，但決斷皆出自他個人。他一旦下決心要幹哪一件事，即使有很多人反對，他也要堅持到底。有時他堅持得對，表現出他的見識確實高出眾人一籌；有時則顯得剛愎自用，越到晚年這種現象表現得越突出。這次出征遭到那麼多大臣反對，但還是改變不了他的初衷。

十一月二十五日，明成祖便下令為北征做準備，命人分頭赴山西、山東，河南等地，督造車輛，調發壯丁，挽運糧餉，限於明年二月赴宣府饋運。

永樂二十年（一四二二年）二月，明成祖命英國公張輔會同六部官商議運餉事宜。按照張輔等人商議的辦法，運餉分前運和後運，「前運隨大軍行，後運稍後」，由官員分頭帶領，派軍士護送。「前後運共用驢三十四萬頭，車十一萬七千五百七十三輛，挽車民丁二十三萬五千一百四十六人，運糧凡三十七萬石。」[75]從《明實錄》中記載的這些具體數字可以看出，運餉所耗費的人力、物力是何等之巨。也難怪夏原吉等人反對輕易用兵了。

三月二十日，明成祖以親征祭告天地、宗廟、社稷，命皇太子監國，並告諭他說：「軍國之務重，當明、恕、勤、慎以處之。明則能照物，恕則能體物，勤則無怠事，慎則無敗事。」[76]永樂十八年（一四二〇年）以前以南京為京師，即使在平時，明成祖也很少在南京，而是經常駐北京，皇太子一直在京師監國。經過這二十年的考察，皇太子監國沒出過大的差錯。看來，皇太子處理國家政務已經很成熟了，況且皇太子年齡已長，明成祖可以放心地北征了。只是他作為一國之主，臨別時不得不再對皇太子叮嚀一番。這已是司空見慣的事。

二十一日，明成祖率大軍出承天門，踏上了第三次北征之途。大軍剛出居庸關，攻擾興和（今河北張北）的阿魯台部眾聽到了消息，連夜北逃。將領們請求急速追擊，明成祖認為追之徒勞，要出其不意，直抵巢穴，可一舉擊潰。

四月初，明成祖敕諭皇太子，凡是繫在獄中的軍官，全部予以寬宥，讓他們赴軍中，以立功贖罪。大軍到龍門時，戍卒奏言，阿魯台已倉促逃去，在洗馬嶺一帶留下了兩千多匹馬，明成祖命宣府指揮王禮將這些馬匹全部收入城內。

五月初，大軍到獨石。端午節那天，明成祖親賜隨征文武大臣宴，在宴席上興高采烈地談論用兵之道。因為一直遇不到敵人，無仗可打，明成祖便命將士在山下打獵，完全改變了嚴陣以待的狀況。明成祖有時來了興致，便在地勢開闊處檢閱軍隊，觀士卒騎射。有一次，有個士卒三發皆中，明成祖心裡很高興，馬上賜予牛羊銀幣，並親制《平戎曲》，讓士卒歌唱。有時看到某個歷史古蹟，便和身邊的文武大臣發一番思古之幽情。例如，五月十五日到達隰寧的西涼亭，這裡是元代君主往來巡遊之所。這時，這裡僅留頹壁殘垣，只有樹木依然鬱鬱蔥蔥。明成祖對侍臣們說：「元氏創此，將遺子孫為不朽之圖，豈計有今日？《書》云：『常厥德，保厥位，厥德靡常，九有以亡。』況一亭乎！」[77]遂下令，禁止軍士砍伐這裡的樹木。

六月，大軍到達威遠川。這時，開平已遠在後方，是明軍的重要儲糧基地，其守將遣人來報，說阿魯台的一支部眾將進攻萬全。明成祖對左右的人說，這是一種詐術，怕明軍直搗巢穴，故意佯攻萬全，以牽制明軍主力。但明成祖還是分出一支人馬，前去救援。果不出所料，敵人確

75《太宗實錄》卷一百二十二。
76 同註75。
77 谷應泰，《明史紀事本末》卷二十一，〈親征漠北〉。

已逃去。

大軍出師三個多月以來，一直無仗可打，閒來無事，明成祖就和身邊的人談論用兵之道。有一次，明成祖問諸將驅虜之策，諸將不敢妄語，自稱淺陋，「惟成算是命」。明成祖真的大談起來，倒也頭頭是道：「兵法云，多算勝，少算不勝。蓋用兵之際，智在勇先，不可忽也。馭眾之道，固須部伍整肅，進退以律。然必將帥撫士卒，如父兄於子弟，則卒附將帥，亦如手足之捍頭目。上下一心，乃克有濟。至於同列，尤須和協。一隊當敵，則各隊策應，左右前後莫不皆然。譬如舟行遇風，同方之人齊力以奮，波濤雖險，靡不獲濟。」[78]這些話，應該說反映了明成祖一貫的用兵思想。但在數十萬大軍遠征之時，和將領悠閒地談論這些，其中隱含著幾分尷尬。那麼多大臣反對出師，自己不聽勸阻，動用那麼多的人力、物力，結果卻無仗可打，明成祖的尷尬心情是可以想見的。

七月間，前鋒都督朱榮俘獲了幾個阿魯台的部屬。他們說，阿魯台聽說大軍來討，部下憂懼，有不少人逃散。「其母及妻皆罵曰：『大明皇帝何負爾，而必欲為逆？』阿魯台盡棄其馬駝牛羊、輜重於闊欒海，與其家屬北走矣。」[79]明成祖不完全相信他們的話，以為故意示弱，迷惑明軍。不幾天，前哨又俘獲了幾個阿魯台的部下，所說與那幾個人相同。明成祖這才相信，阿魯台是真的遠逃了，遂命部下盡收阿魯台所棄下的牛羊，盡焚其輜重，傳令班師。

在回師的路上，明成祖乘勢對兀良哈三衛進行了圍剿。兀良哈部本來早已歸附，後來為本雅失里和阿魯台所脅迫，也曾助韃靼擾邊。明成祖遣使往諭，兀良哈部急忙獻馬贖罪。但是，兀良哈部仍不時依附阿魯台出沒於塞下。趁回師之機，明成祖選騎兵和步兵各數萬人，分五路前往，自己親自率領鄭亨、薛祿等從西邊邀擊。大軍到達屈裂兒河，兀良哈部有數萬人往西逃，不少人陷於沼澤中。明成祖麾騎兵衝擊，斬首數百級。他們自相踐踏，死者無數。明成祖在高處瞭望，見其餘眾又聚在一起，遂分左右翼進行夾擊，並命軍士持神機銃埋伏於叢林中，等敵人到近前時再發。兀良哈部往左逃，左翼明軍馬上追擊。敵人到叢林處，又遭到神機銃的轟擊，死傷甚眾。明成祖又親自率騎兵追奔三十餘里，斬其頭目數十人。第二天，明成祖又命部下搜索餘寇，捕獲甚多，各路將領紛紛前來報捷。這時，兀良哈部的人大都逃往山谷。一些老弱「皆詣軍門，俯仰待罪」，明成祖命令盡予釋放。[80]

這是一場突如其來的襲擊，兀良哈部沒有任何應戰的準備。明軍以雷霆萬鈞之勢，突然予以打擊，自然是大獲全勝了。諸將對這次大勝都頓首稱賀，明成祖只輕描淡寫地說：「用兵豈吾所得已哉！」[81]這樣，第三次北征也總算打了這麼一仗。

八月十七日，明成祖以班師詔諭皇太子。詔中又一次說到：「聲罪致討，不得已而攘夷。」[82]這話顯然是說給那些反對這次北征的人聽的。明成祖於九月回到京師，結束了這次半年的遠征。

78《太宗實錄》卷一百二十二。
79 谷應泰，《明史紀事本末》卷二十一，〈親征漠北〉。
80《太宗實錄》卷一百二十三。
81 同註80。
82 同註80。

第四次北征

永樂二十一年（一四二三年），明成祖對韃靼進行了第四次親征。

這年七月二十日，來自韃靼的歸附者稱，阿魯台將要犯邊。這個消息是否屬實，明成祖並未深究。從當時阿魯台的情況來看，四月裡剛被瓦剌的順寧王脫歡擊敗，似乎不具備大舉南下的實力。但明成祖卻認為，去年親征阿魯台後，阿魯台一定認為明軍不可能馬上再出兵，所以又萌發邪念。「朕當率兵先駐塞外以待之。虜不虞吾兵已出，而輕肆妄動，我因其勞以擊之，可以成功。」[83]臣下只有點頭稱善的份，沒人敢提出異議。上次北征，像夏原吉那樣的元老重臣尚且因反對而被逮治，別的人就更不敢了。於是，命將點兵，令戶部備軍餉，準備馬上出兵。

這次行動分外迅速，七月二十四日即從北京出發，兩天後到達土木堡，隨征將士在這裡全部聚齊。這時，有邊卒原陷於韃靼，現逃脫來歸，說阿魯台聚眾飲馬河北，聲稱要進犯大同、寧夏。明成祖遂敕諭兩地守將，要他們嚴加備禦，讓散處的邊民都進入屯堡。

九月十五日，韃靼部偽知院阿失帖木兒、古納台等率妻子來降，說阿魯台在今夏剛為瓦剌所敗，馬駝牛羊損失殆盡，部眾大都潰散。「彼若聞天兵復出，疾走遠避之不暇，豈復敢萌南向之意？」[84]明成祖賜之酒饌，並給予衣服、鞋襪，授二人皆為正千戶。

阿失帖木兒等人所說的情況大體是屬實的。這意味著，這次遠征又將無仗可打。明成祖遂召集諸將說，阿魯台正失勢，大軍可不必繼續深入。但阿魯台詭詐，邊備不可不謹。於是命鄭亨、李安諸將領分巡沿邊諸關隘，修築務求堅固。守備務求嚴密。這時，沿邊戍卒和百姓被蒙古諸部所掠去者紛紛脫歸，明成祖命有司給予衣糧，厚加存恤。

這次出征看來是真的無仗可打了。於是，明成祖便率領將士在天城東南山麓打獵，一連打了三四天。這時正是九月深秋，天高氣爽，風和日麗，在塞外打獵，自然別有一番情趣。但畢竟是大軍在外，無仗可打而打獵，多少有幾分難堪，明成祖對侍臣們說：

朕豈以畋獵為樂？顧見將士馳驟便捷，皆適於用，有可樂者耳。又曰：古人春蒐、夏苗、秋獮、冬狩，皆順時為民去害，且講武事，然亦存愛物之仁。聖人著於經，正欲垂法後世耳。[85]

明眼人不難看出，這話帶有幾分自我解嘲的用意。通過打獵「順時為民去害」，顯然不能成為大軍遠出的目的。

十月間，明成祖總算找到了一個下台的台階。這時，韃靼王子也先土干率領妻子部屬來歸。在表文中，他說自己為阿魯台所忌，幾為所害，危不自保。「今四海萬邦皆蒙覆載生育之恩，豈獨微臣不沾洪化。謹率妻子部屬來歸，譬諸草木之微，得依日月之下，沾被光華，死且無憾。」[86]這話說得是何等感人！明成祖自然滿心高興，對其部屬厚加撫恤，並封也先土干為忠勇王，賜名金忠。他的外甥把台罕在其歸降一事上發揮了很大的推動作用，明成祖遂封把台罕為都督，俱賜

83《太宗實錄》卷一百二十六。
84《太宗實錄》卷一百二十七。
85 同註84。
86 同註84。

以冠帶和襲衣等物。明成祖還賜宴金忠等人，在宴席上也表現得十分熱烈而友好；明成祖還把宴席上的御用金杯也賜給了金忠。諸將領都讚頌明成祖的功德之盛。明成祖還對金忠說：

昔唐突厥頡利入朝，太宗言胡、越一家，有矜大自得之意，朕所不取。惟天下之人皆遂其生，邊境無虞，甲兵不用，斯朕志也。[87]

看來，明成祖在得意之時還沒有失去冷靜，而且不贊成唐太宗那「矜大自得」一類的話。在對待少數民族的問題上，明成祖在觀念上顯得高出唐太宗一籌。

十月十三日，明成祖以金忠來降，遂下「班師詔」，並遣人諭皇太子。詔中把金忠來降看作是這次遠征的主要收穫，「茂敷懷遠之仁，光協止戈之武」。[88]二十八日，車駕發萬全，明成祖乘馬，金忠隨行，明成祖邊走邊詢問韃靼的情況。金忠說，想來歸降的人很多，只是因受制於阿魯台，難以自拔。明成祖以漢、唐時事相類比，稱讚金忠「明達天道，卓然超越於一方」，一定會身家富貴，垂名青史。

十一月四日大軍入居庸關。這時京師各衙門官員都來迎駕，各個國家和地區的貢使也都前來迎接。這一天天氣晴朗，明成祖身著衮龍金繡袍，乘玉花龍馬，入關後按轡徐行，軍容甚盛。這時金鼓齊鳴，旌旗輝映，連亙數十里。中外文武群臣和百姓耆老百餘萬夾道兩旁，見到明成祖齊喊萬歲，聲震天地，響遏行雲。金忠在後面看到這種景象，激動不已，對身邊的人說：「今日真隨從天上行也。」[89]明成祖處於這眾星拱月的中心位置，面容上神色泰然，威嚴鎮定，內心自然充滿喜悅。明成祖特別滿意的是，通過這盛大的凱旋式，可讓外國貢使和蒙古降附之人看到，大明帝國的軍容是何等之盛！

十一月七日，明成祖回到京師，結束了這次歷時近四個月的遠征。

第五次北征

金忠歸降後，一再慫恿明成祖對阿魯台用兵。他說阿魯台弒主，虐待下人，「違天逆命，數為邊患。請發兵討之，願為前鋒自效。」明成祖起初很冷靜，說：「兵豈堪數動？朕固厭之矣，何況下人！」但金忠也自有他的道理：「雖天地大德，無物不容，其如邊人荼毒，何時可已？」明成祖說：「卿言甚善，但事須有名，文帝嘗言，漢過不先，姑待之。」永樂二十二年(一四二四年)正月，大同、開平守將來報，說阿魯台侵擾邊境，明成祖遂召廷臣商議，並告以金忠所言。廷臣們已明白了明成祖的心意，遂奏道：「(金)忠言不可拒，逆賊不可縱，邊患不可坐視，用兵之名不得避也，惟上決之。」明成祖遂命整頓兵馬，準備親征。[90]

三月一日大閱，內閣學士楊榮和金幼孜隨行，張輔和柳升等人分領諸軍，陳懋和金忠為前鋒。明成祖向諸將講了一通這次出兵的緣由，最後說：「朕非好勞惡逸，蓋志在保民，有非得已。」[91]

87 《太宗實錄》卷一百二十七。
88 同註87。
89 同註87。
90 《太宗實錄》卷一百二十八。
91 楊榮，《後北征記》。

四月三日，命皇太子祭告天地、宗廟、社稷，第二天車駕發北京，明成祖第五次踏上了北征之路。十七日，大軍到達赤城。這一天是明成祖的生日，呂震要百官行禮，賀萬壽聖節。明成祖不同意：「今親率將士問罪漠北，夙夜勞心軍務，不遑自寧，尚以生日為慶耶？其止勿賀。」[92]明成祖五征漠北，有四次是在軍中過的生日。這是明成祖生前的最後一個生日，竟也是在軍中度過，未令臣下致賀。僅此一點，也可以看出他是一個多麼忙碌的皇帝。

四月二十五日，大軍到達隰寧。金忠的部下把里禿俘獲了一個阿魯台的諜者，從他口中得知，去年秋天聞聽明成祖親征，率領部下倉皇北逃。正趕上冬天大雪，牲畜大都凍死，許多部下離散而去。近來聽說大軍又來征討，慌忙遠逃，現已渡過答蘭納木兒河向北逃去。明成祖以阿魯台逃得尚不甚遠，命諸將速進。

五月五日端午節這一天，大軍到達開平。這天正趕上下雨，士兵有後到的，衣服都淋得透濕。這時塞外尚寒，這些淋濕了衣服的士兵都凍得瑟瑟發抖，明成祖心裡很不安。明成祖指著這些士兵對諸將說：「士卒者，將帥所資以成功名，撫之至，則報之至。古人有言，視卒如嬰兒，可與赴深谷；視卒如愛子，可與之俱死。今方用此輩，為國家除殘去暴，其可不恤！」[93]明成祖久經戰陣，幾乎是攻無不克，往往能以少勝多，他深知體恤士卒的重要。

自從把里禿報告敵情後，諸將又快速前進了半個月，仍不見敵人蹤影。五月十日，明成祖召楊榮和金幼孜到軍帳中，說自己半夜裡做了一個夢，有神人來告：「上帝好生。」並一連說了數遍。不知是什麼預兆。他們二人的回答很藝術：「陛下好生惡殺，誠格於天。此舉固在除暴安民，然火炎崑岡，玉石俱焚，惟陛下留意。」這樣，就委婉地表達出了盡早撤軍的意思。明成祖的這個夢是真是假，人們無法詳考。但有一點人們是知道的，即在某一特定時期，明成祖曾數次做類似的夢，這些夢對下一步如何行動都產生過明顯的影響。這個夢實際上是個台階，即使遇不上敵人，明成祖也可以撤軍。於是，明成祖馬上命楊榮等擬敕，遣中官伯力哥和俘獲的韃靼人前往韃靼諸部申諭，歷數一通阿魯台忘恩負義的罪過，表示：「今王師之來，罪止阿魯台一人」，凡真誠來附者，都將妥善安置，「仍授官職，聽擇善地，安生樂業」。[94]

五月十三日，大軍從開平出發，繼續前進。一路上，明成祖和諸將談論用兵之道，「謂武有七德，禁暴誅亂為首。」再一次告誡諸將：「自今凡有歸降者，宜悉意撫安，無令失所。非持兵器以向我師者，悉縱勿殺。」[95]

五月二十二日，大軍到達清平鎮。這天因下雨，載輜重的車輛都在後面。明成祖借題發揮，說官渡之戰中曹操之所以打敗袁紹，就是因為曹操先燒了袁紹的輜重糧草。不嚴加保護輜重，是用兵的「危道」。於是，立命諸將分兵去迎護。

第二天，明成祖在清平鎮宴勞隨征的文武大臣，命內侍歌明太祖御制詞五章。內侍在那邊歌，明成祖這邊舉杯諭諸臣說：

此先帝垂諭創業守成之難，而示戒荒淫酗酒之失也。朕嗣先帝鴻業兢兢焉，唯恐失墜。雖

92《太宗實錄》卷一百二十九。
93 楊榮，《後北征記》。
94《太宗實錄》卷一百二十九。
95 楊榮，《後北征記》。

今軍旅之中，君臣杯酒之歡，不敢忘也。尚相與共勉之。[96]

這段話在一定程度上反映了明成祖的真實心態，自己才是明太祖所創天下的真正合格的繼承人，並對先帝所創鴻業還要光而大之。他現在戎馬倥傯，遠征在外，正是為了要光大先帝的鴻業。明成祖趁高興之際，又自制詞五章，大都是「奉天法祖，勤政恤民」的內容，也讓內侍歌之。群臣聽罷，都叩首稱頌，說明成祖「深思遠慮，前古帝王之所不及」。明成祖聽了十分高興，酒醉而罷。

六月十五日，大軍到達玉沙泉。這裡離答蘭納木兒河已近，明成祖令諸軍嚴兵以待。第二天，大軍到達龍武岡，明成祖命前鋒陳懋和金忠率師前進。兩天後，陳懋和金忠遣人來奏，說他們已到答蘭納木兒河，極目望去，都是荒塵野草，根本見不到敵人的蹤影。車轍和牛馬的蹤跡也都堙沒，看來阿魯台逃跑已久。明成祖一面命他們二人繼續率軍前進，同時命張輔等人分頭搜索各山谷，車駕也繼續往前進發，但他們都沒發現敵一人一騎的蹤跡。明成祖到了答蘭納木兒河，又往前趕了兩程，仍看不到一個敵人。看來這一次遠征又要空手而歸了。張輔等人奏道：「願假臣等一月糧，率騎深入，罪人必得。」明成祖說道：「今出塞已久，人馬俱勞，虜地早寒，一旦有風雪之變，歸途尚遠，不可不慮。」第二天，明成祖又對張輔等人說：「古王者制夷狄之道，驅之而已，不窮追也。且今孽虜所有無幾，茫茫廣漠之地，譬如求一粟於滄海，可必得耶？吾寧失有罪，不欲重勞將士。」[97] 遂下詔班師。

說北地早寒是對的，但這是在六月，正值盛夏，天變寒還早，去年北征，這時尚未出師，所以這不是班師的主要原因。明成祖認識到，即使再深入，也不會有什麼收穫，這才是班師的真正原因。好在明成祖能當機立斷，才未使明軍進一步遭受無謂的損失。

大軍分東、西兩路南歸，明成祖率騎兵走東路，鄭亨等人率步兵走西路，約定於開平會齊。六月二十三日，兩路大軍啟程回師。因這次出征根本沒遇上敵人，明成祖擔心諸將產生怠心，告誡他們敵人狡詐，不可輕忽，要嚴兵殿後，軍中仍要晝夜警備，就像敵人要馬上來進攻一樣。

七月七日，明成祖一行到達清水原。道旁的岩石高數十丈，他命楊榮和金幼孜刻石紀行，「使萬世後知朕親征過此也。」[98]在路上，明成祖對楊榮和金幼孜說，皇太子「歷涉年久，政務已熟，還京後，軍國事悉付之。朕惟優游暮年，享安和之福」。[99]看來，明成祖這時已感到身體不適，這話隱約帶有託付後事的意思。

七月十七日，明成祖率大軍到達榆木川（在今內蒙古多倫），突然病故，享年六十五歲，在位二十二年又一個月。八月十日，金幼孜等扶靈車回到京師，第五次北征至此結束。

五征漠北有得有失

明成祖五征漠北是中國歷史上的一件大事，在當時轟轟烈烈，對後世影響深遠。正因如此，它經常為人們所提起，文學創作和戲劇也常以此為題材。即使目不識丁的鄉間老農，也大都知道「燕王掃北」的一些事。五征漠北有得有失，在考察其得失之前，需要先了解它的性質和原因。

---

96 楊榮，《後北征記》。
97 《太宗實錄》卷一百三十。
98 楊榮，《後北征記》。
99 同註98。

中原漢族人民和北邊蒙古人民的經濟生活存在著很大的差異。中原漢族人民世代從事農耕，北邊蒙古人民則以遊牧為主。世界史和民族學的知識告訴人們，遊牧民族經常對農業社會造成威脅，而農業社會卻無法制約遊牧民族，而大都對遊牧民族採取防禦的政策。無論在中國歷史上還是世界歷史上，這種情況都帶有普遍性。對中國歷代封建王朝來說，主要的威脅都是來自北邊，而不是南邊。因此，如何抵禦北邊遊牧民族的侵擾，這歷來是關係到中原王朝生死存亡的大事。對於明王朝來說，這種形勢尤其嚴峻。蒙元殘餘勢力雖北走沙漠，但「引弓之士，不下百萬眾也」。[100]時刻想捲土重來，恢復元朝的統治。從這種意義上來說，明成祖的親征無疑帶有自衛的性質。

同時也應該看到，明王朝的封建專制發展到登峯造極的程度，具有腐朽性的一面。明成祖作為封建統治階級的代表人物，他對少數民族的政策自然也有壓迫和掠奪的色彩，只是這種色彩有時輕一點、有時重一點而已。明成祖對蒙古諸部抑強扶弱、維護均勢，對維護邊境安全不失為一種有效的辦法，它也反映了封建統治者的階級本性。明成祖的五次北征也可以看作是這種政策的繼續，它除了有自衛的一面以外，也具有民族壓迫和掠奪的性質。

在中國歷史上，封建帝王率兵親征的時有所見，但沒有哪個帝王像明成祖那樣接二連三地大規模親征。尤其是後三次，幾乎是馬不停蹄地連續親征。那麼，到底是哪些因素促使明成祖連續出師呢？

首先，這是北邊防務的需要。從洪武時起，主要的威脅一直是在北方。明成祖想徹底解除蒙古勢力對明王朝的威脅，為子孫後世留下一個穩固的江山，所以他不惜身臨矢石，連續親征。這在前兩次親征中體現得最鮮明。

其次，後三次親征基本上都是無功而返。當時，經過上兩次親征的打擊，韃靼和瓦剌都已無力大舉進犯，並不存在對明王朝的現實威脅。正因如此，所以有那麼多名臣反對出兵。特別是安南戰事尚未完全平息，國內又屢興大工，財力緊張，但明成祖仍堅持親征，這不能不使人想到，其中當有更深層的原因。明成祖從青年時起就與蒙古勢力周旋，幾乎是無往而不勝。頭兩次親征更是凱歌高奏。這種經歷使他對金戈鐵馬的戎馬生涯有了一種特殊感情。這種揮師拚殺的有聲有色生活，比宮廷生活更充實、更有趣。實際上，即使在平時，他也很少在京師住，而是大都住在稱作行在的北京。永樂十八年（一四二〇年）底北京成京師後，他卻又經常率師在外。這自然使人想到，他並不喜歡那索然乏味的宮廷生活。更何況，這時的太子朱高熾已到成年，政事已熟練，由皇太子監國完全可以放心，所以他就可盡情地到蒙古大草原上去馳騁了。

再其次，這也與明成祖的生理缺陷有微妙的關係。據朝鮮《李朝實錄》載，一個宮人和宦官私通，被明成祖處死，這個宮人罵明成祖道：「自家陽衰，故私年少寺人，何咎之有！」[101]這種內容在《明實錄》中是絕對見不到的。《李朝實錄》的這條記載告訴人們，明成祖晚年有陽痿病，雖難以斷言性能力完全消失，但至少是極大的衰弱。這一點，聯繫到明成祖子女的情況就可以看得更清楚。明成祖有四個兒子（其中一子早死）、五個女兒，都是在他當燕王時生的。他即位後，儘管後宮嬪妃成群，卻沒有再生子女。由此可以看出，朝鮮《李朝實錄》中的上述記載是可信的。這種生理的缺陷對人的心理會產生影響，鑑於這種生理缺陷，所以他不願意生活在嬪妃包圍的宮廷中，而寧願率兵在外，如此情況是不難理解的。

---

100 谷應泰，《明史紀事本末》卷十，〈故元遺兵〉。

101 見吳晗，《朝鮮李朝實錄中的中國史料》上編卷四。

最後，明成祖連年北征，也和他想得到傳國玉璽的心理有一定的關係。明太祖朱元璋在世時，即接連對蒙古諸部用兵，除了防邊的用意外，也有想得到傳國玉璽的動機。洪武二十一年（一三八八年），解縉上萬言書，即有「何必興師以取寶為名」的話。[102]如無此事，解縉絕不敢妄加評說。洪武二十五年（一三九二年）十月，太學生周敬心上書，對此說得更清楚：

臣又聞陛下連年遠征，北出沙漠，臣民萬口一詞，為恥不得傳國璽，欲取之耳。[103]

實際上，秦始皇時用和氏璧琢的玉璽在五代初即已焚毀，後唐皇帝石敬瑭入洛陽後又另製一璽。後晉滅亡，此璽落入遼主之手，遼王延禧將其遺於桑乾河上。元世祖時，有人漁而得之，獻給元世祖。還有記載說，北宋末年，咸陽的一個農民掘出一方玉璽，上面刻著「受命於天，既壽永昌」八個字，一時轟動朝野。經蔡京鑑定，謂確屬秦璽。實際上，這是蔡京為迎合皇帝的心理，故意胡編，但許多人便信以為真，以致矇騙了後人。朱元璋因恥於未得到傳國玉璽而數度對蒙古用兵，明成祖子承父業，得到傳國玉璽的心理更為急切。這是因為，明成祖的皇位是從侄兒建文帝手中奪來的，被正統的封建士大夫視為「篡逆」，這一直是他的一塊大心病。明成祖的許多重大舉措都是為了改變這一形象。如果他能通過北征而得到這方傳國玉璽的話，這無疑會提高他天命所歸的天子形象。儘管明成祖口頭上說：「帝王之寶在德不在此。」[104]但他內心是十分想得到的。這與他連續北征有著隱祕的聯繫。

搞清了明成祖五征漠北的性質和動因，其得失也就清楚了。從「得」的方面看，主要有兩點：

第一，有力地抵禦了蒙古諸部的侵擾，在一定時期內維護了北部邊境的安寧，這在頭兩次親征中表現得最為突出。經這兩次打擊，北邊韃靼和瓦剌的均勢基本得到恢復，兩部在一個相當長的時期內都無力對中原大舉進犯。

第二，在五征漠北的同時，明成祖對降附人員採取開明的優撫政策，致使蒙古諸部不斷有人內伏，從而加快了蒙漢人民間的融合和交流。這在中華民族的歷史上無疑是個重要的貢獻。

從「失」的方面來看，也大體可以歸結為以下兩點：

第一，連續大規模勞師遠征，耗費驚人，對人力、物力造成極大損失。從征將士動輒五十餘萬，再加上運糧餉的民夫、車輛和牲畜，每次北征都要牽動全國。不算從征將士，僅後勤供給就需要花費巨大的人力和物力。例如第三次北征時，僅用驢即達三十四萬頭，車一七七、五七三輛，運輸民夫二三五、一四六人，運糧三十七萬石。當時全國約有人口五千萬左右。將士加上運輸民夫，總數不下七八十萬，全國每六七十人就有一人加入到北征的行列。這對全國人民是一種何等繁重的負擔，更何況北征又是那麼頻繁，再加上征安南和其他大工，這對全國人民來說實在是個難以承受的重負。它給全國的經濟生活造成了混亂，加深了人民的苦難。

第二，由於這種遠征帶有壓迫和掠奪的一面，它只能使雙方的矛盾暫時得到掩蓋，而不能從根本上解決問題。尤其是後三次北征，顯得過於草率，目的不夠明確。這時韃靼的勢力已受到很大的削弱，並未給明王朝造成現實的威脅，而明成祖卻動不動就大舉征討。這種征討從表面上看使矛盾得到了緩解，實際上加深了雙方的敵對情緒。這種矛盾在重兵彈壓下可能暫時不爆發，

104103102《明史》卷一百四十七，〈解縉傳〉。
談遷，《國榷》卷九，洪武二十五年十月。
《太宗實錄》卷七十三。

但一遇到適當的氣候就會爆發起來。以明成祖這樣雄才大略的皇帝，他本應把對蒙古的關係處理得更好，但他卻並沒處理得很好，致使明王朝與蒙古諸部的關係終明之世一直不諧。正統十四年（一四四九年）瓦剌大舉南下，發生了著名的「土木之變」，使英宗被俘，這個事件成為明王朝由盛轉衰的分水嶺。此後，蒙古諸部南下擾邊之事時有發生，尤其是嘉靖二十九年（一五五〇年），韃靼部大舉南下，直逼京師，飽掠而去，此即歷史上著名的「庚戌之變」。這一切都可以在明成祖的對蒙政策中找到禍根。當人們聯想到後世的康熙皇帝把蒙古作為北邊的長城時，就更顯得明成祖的對蒙政策略遜一籌了。

第十章　文治有成

以前，一提到明成祖，人們便津津樂道於他顯赫的武功，而對他的「文治」多有忽略。其實，明成祖在文治上亦有所成。就大處來說，他尊儒納士，組織文人編纂圖書，其中最有名的就是《永樂大典》了。僅此一項，就可以為明成祖豎立一塊文治的豐碑。人們還看到，永樂年間出現的所謂「臺閣派」，在中國文學史上也占有一定的地位。

尊儒納士

明成祖在大肆誅戮建文舊臣的同時，對不反對自己的文人則顯得特別寬宏，多方優容。他尊崇儒學，廣泛地延攬文士，讓他們大規模地編纂圖書典籍，儼然是個儒家皇帝。這對明成祖收拾民心起到了良好的作用。

「儒道光榮多矣」

明成祖自幼就接受儒家教育，無論稱帝前還是稱帝後，他都保持著一副尊儒的面孔。當靖難之役還在激烈進行的時候，他率師經過曲阜、鄒縣等地，戒諭部下，不得騷擾孔孟之鄉，這種做法對於獲得民眾的支持是很有用的。

明代宮廷的宦官大都信佛，生前為閹人，求來生能得個正果。明成祖對這種「嚴於事佛而簡於事其先」頗為感慨，認為這是「教化不明之過。……世人於佛老竭力崇奉，而於奉先之禮簡略者，蓋溺於禍福之說，而昧其本也。率而正之，正當自朕始耳」。[1]看來，明成祖要躬身力行，大力提倡儒家學說。

永樂四年（一四〇六年）三月一日，明成祖親自前往太學。他對禮部官員說：「孔子，帝王之師。帝王為生民之主，孔子立生民之道。三綱五常之理，治天下之大經、大法，皆孔子明之，以教萬世。……今當躬詣太學，釋奠先師，以稱朕崇儒重道之意。」[2]明成祖尊崇儒學的思想在這裡得到了淋漓盡致的體現。明成祖讓禮部官員議祭孔之禮，禮部尚書鄭賜按照宋制，「服靴袍再拜」。明成祖認為此禮太輕，「必服皮弁，行四拜禮」。祭拜孔子過後，明成祖讓祭酒、司業、博士、助教四人依次講授儒家經典，明成祖親自恭恭敬敬地坐在那裡聽講，諸大臣和太學生們都洗耳恭聽，祭酒等人講過之後，明成祖還像一般的學生那樣，不斷提一些經義中的問題。這一天，外國的一些貢使也到了現場。他這種尊崇儒學的舉動不僅對全國起了示範作用，而且還影響到國外。

正因如此，內閣學士胡廣虔誠地對明成祖說：「陛下待儒臣，進退之際恩禮俱至，儒道光榮多矣！」明成祖聽了很得意，說道：

朕用儒道治天下，安得不禮儒者？致遠必重良馬，粒食必重良農，亦各資其用耳。[3]

明成祖「用儒道治天下」，儒家學說自然「光榮多矣」。

按照禮部的奏請，還為明成祖到太學祭孔視學立了一塊碑，明成祖親製碑文，以紀其事。碑文中說：

朕惟帝王之興，必首舉學校之政，以崇道德，弘教化，正人心，成天下之才，致天下之治。……世之極其尊崇之禮者，非於孔子有所增益，特以著明其道之至大，天下不可一日而無也。[4]

明成祖認為，一世之振興，「必首舉學校之政」，這種近六百年前的見解，在今天看來也是那麼親切。如果拋開所學內容不談，僅就重視學校教育這一點來看，這又是何等正確，何等有先見之明！正是在朱元璋和明成祖父子的倡導下，明代各級學校普遍建立，印刷書籍還享受免稅優待，使學校教育的發展超過了以往任何朝代。

非議儒家學說的人則要受到懲處。永樂二年（一四〇四年）七月，饒州人朱季友上書，對儒家聖賢多有不恭。明成祖說，對這類的人若不加懲治，將「有誤後學」，遂遣人將朱季友押還鄉里，杖一百，將他所著的文字全部搜出燒毀，並不許他「稱儒講學」。[5]

1《太宗實錄》卷四十九。
2《太宗實錄》卷四十一。
3《太宗實錄》卷四十四。
4《太宗實錄》卷四十一。
5《太宗實錄》卷三十。

很明顯，明成祖之所以極力尊崇儒學，其目的在於鞏固封建統治秩序。這在他的《御製重修孔廟碑文》中說得很清楚：「孔子參天地，贊化育，明王道，正彝倫，使君君、臣臣、父父、子子、夫夫、婦婦，各得以盡其分。」[6]儒家學說的確就有這樣的功能，這就難怪儒學在中國封建時代長盛不衰了。

延攬文士

明成祖也像唐太宗那樣，非常重視開科取士，以招攬天下有才能的人。永樂元年（一四〇三年），天下粗安，明成祖即下令在全國各地舉鄉試，第二年進行會試。在會試時，禮部尚書李至剛奏請選士數目。明成祖問洪武時選士多少，李至剛答道，各科不同，多的時候達四百七十餘人，少的時候只三十人。明成祖說：「朕初即位，取士姑准其多者。」於是，這年一次就錄取新進士四百七十二人。經廷試，一甲三名為翰林修撰、編修，二甲五十一人俱為翰林院庶吉士。庶吉士乃明太祖朱元璋所設，但不專屬翰林院。自永樂初開始，庶吉士就成了翰林院專官，實際上意味著身分的提高。

第二年，明成祖命解縉等人在新進士中選「才資英敏者」就學文淵閣，進行特殊培養，以備日後大用。解縉等挑選了曾棨等二十八人，號稱「二十八宿」。身為庶吉士的周忱「自陳年少願學」，明成祖「嘉其有志」，便答應了他的請求。[7]這樣，在「二十八宿」之外又多了一個周忱，於是周忱就被稱為「挨宿」。周忱後來成為著名的清官能臣，為蘇州一帶的百姓一直所稱頌。

這科的狀元是曾棨。明成祖在他的卷子上批道：「貫通經史，識達天下，有講習之學，有忠愛之誠。擢魁天下，昭我文明。」在廷試時，明成祖還親自賜予他寶帶。此人好酒，有一次因酒醉遺下火種，竟失火燒毀數家民房。明成祖知道後也未予治罪。還有一次，蒙古使臣號稱善飲，明成祖命找伴飲的人，得一武將。明成祖還擔心不敵，命廷推，曾棨毛遂自薦。三人一直飲了一天酒，蒙古使臣已爛醉如泥，武將也已醉倒，只有曾棨毫無醉意。明成祖很高興，笑著說：「無論文字，此酒量，豈非大明狀元耶！」[8]明代出現了許多狂放的士人，後世傳為佳話，曾棨也有這樣的色彩。

永樂年間，會試每三年舉行一次，從未間斷，只是錄取數目不像這次多。例如永樂四年（一四〇六年）會試，取二百一十九人，較這次減少了一半多。但在科舉時代，錄取二百一十九人也算是較多的。洪武十八年（一三八五年）曾錄取過四百七十二人，那是因為科舉已被停了十五年。而明成祖時第一次開科即達此數，其盛況如同開國，這對消弭士大夫的敵視情緒是很有用的。

明成祖用人並不限於科舉一途，而兼用方伎雜流，對一般文士，只要知道確有才能，便往往破格提用。例如，建文四年（一四〇二年）十二月，這時他稱帝才半年，得知江西普通儒士軒伯昂為「懷才抱德之士」，便破格任他為山東布政司左參議。[9]明成祖在稱帝前就用了一些方伎之士，例如姚廣孝、袁忠徹、金忠等。稱帝後仍是如此，例如御醫趙友同，本是方伎雜流，但很有

---

6 葉盛，《水東日記》卷十九。

7 《明史》卷一百五十三，〈周忱傳〉。

8 呂毖，《明朝小史》卷四，〈酒量狀元〉。

9 《太宗實錄》卷十五。

文學才能，明成祖便用他為《永樂大典》副總裁，後又參與編修諸「大全」。他還懂水利，曾隨夏原吉治水江南。[10]

對於反對自己的文人，明成祖殘酷地進行屠戮；對於不反對自己的文人，明成祖則又表現得特別寬容。例如，元末的翰林學士李徵臣以倔強聞名，朱元璋曾徵他為官，他拒不與新朝合作，致使其家屬全部被殺光，他自己也被謫戍到寧夏。明成祖派人把他接到京師，要他做官。他說，自己在洪武時就不受官，今天義不可再受。明成祖問他想到哪裡去，他說還願回戍所。明成祖對他這種倔強的回答毫不在意，下令免去他的戍籍，讓他回故里。李徵臣聽到後淒苦萬分，因為家人在洪武時都已被殺，他已無家可歸。按照他的意願，明成祖讓他到故友家館中執教去了。[11]

洪堪是洪武時進士，因為太年輕，明太祖讓他回去，等二十五歲時再來京聽用。這時的皇帝已是明成祖，但還是照常使用了他。[12]

明成祖對會試落第的舉人也很優容，他讓翰林院擇其較優者，送入國子監（即太學）繼續研讀，以俟下科再試，並給予教諭的俸祿。所以《明史．選舉志》載：「舉人入監，始於永樂中。」永樂時會試有「副榜」，這些人就是入國子監繼續讀書的落第舉人。

編纂圖書

永樂年間，明成祖組織文人編纂了不少圖書，有些刊出後頒授給各級官員，這實際上也是明成祖籠絡文人的一個有力手段。

明成祖除了讓臣下兩次改修《明太祖實錄》以外，還組織了一系列的大型編書活動。

明成祖命黃淮、解縉等主持編纂《歷代名臣奏議》，於永樂十四年（一四一六年）完成。當時只刊印數百本，頒於學宮。全書三百五十卷，歷代典制沿革、政治得失，都可從中看出大概。漢代以前的搜羅比較蕪雜，漢代以後較完備，選擇也較恰當，此書至今仍是歷史工作者的經常參考書。

永樂十三年（一四一五年），花費了大量的人力、物力，編成了《五經四書大全》和《性理大全》，並予刊行。這件事受到臣下的交口稱頌，例如楊士奇就說道：「文皇帝（明成祖）之心，孔子之心也。固欲天下皆純質之俗，斯民皆誠篤之行，而況左右供奉之臣哉！」[13] 明成祖在屠戮了大量抗節不屈的建文舊臣後，這時又受到這樣的頌揚，他覺得自己的目的達到了，自然喜不自勝。

永樂十六年（一四一八年），明成祖下詔編纂《天下郡縣志》，命夏原吉、楊榮和金幼孜領其事，以紀天下形勢、各地沿革、物產等。[14]

明成祖還命侍臣輯錄自古以來的「格言善行」，有益於太子者，編纂成書，名為《文華寶鑑》，頒授給皇太子。[15]

另外，永樂時還編纂刊頒了許多其他書籍，例如《禮儀定式》、《勸善書》等等，其中最著名

---

10 沈德符，《萬曆野獲編》卷十，〈醫官再領著作〉。
11 王鏊，《守溪筆記》。
12 《太宗實錄》卷十六。
13 楊士奇，《東里文集》卷二，〈朴齋記〉。
14 鄭曉，《今言》卷一。
15 呂毖，《明朝小史》卷五，〈文華寶鑑〉。

的自然就是《永樂大典》了。

三千文士修大典

明成祖以他宏大的氣魄，組織編成了我國歷史上最早最大的一部百科全書——《永樂大典》。前後參與其事的有三千餘人，人們便習稱這件盛事為「三千文士修大典」。

《永樂大典》的編纂經過

《永樂大典》開始編纂於永樂元年（一四〇三年）七月。當時，明成祖一面加緊懲治建文遺臣，一面組織文人編纂這部大型類書。他命翰林侍讀學士解縉負責此事，在給他的詔諭中說明了編書的宗旨：

> 天下古今事物，散載諸書，篇帙浩穰，不易檢閱。朕欲悉采各書所載事物類聚之，而統之以韻，庶幾考索之便，如探囊取物爾。嘗觀《韻府》、《回溪》二書，事雖有統，而採摘不廣，紀載太略。爾等其如朕意，凡書契以來，經、史、子、集百家之書，至於天文、地志、陰陽、醫卜、僧道、技藝之言，備輯為一書，毋厭浩繁。[16]

從這裡可以看出，這次編書指導思想的核心就是「毋厭浩繁」，凡是能搜羅到的中國古代典籍，則盡量收入。

明成祖之所以命解縉總其事，可能是因為解縉在洪武時就有過這類的建議。原來，明太祖朱元璋非常喜愛《韻府群玉》這部書。有一次，解縉在《大庖西上封事》中對朱元璋說，這部書很簡陋，應該編一部像樣的書。朱元璋也知道解縉才高，但認為他「冗散自恣」，便以大器晚成為由，讓解縉的父親將解縉領回，十年後來朝聽用。解縉回家才八年，朱元璋就死了，編書的事自然也就無從提起了。明成祖看解縉才高可用，以前有過這種建議和打算，便命他著手編這部大型類書。

這次編書就是把過去的典籍分門別類地編在一起，搜羅過去的典籍自然就成了頭等大事。明成祖問解縉，文淵閣藏書情況如何，解縉說：「經史粗備，子集尚多缺。」明成祖說道：「士人家稍有餘資，皆欲積書，況於朝廷可缺乎？」於是召來禮部尚書鄭賜，命他找一批通曉典籍的人，四出購求遺書，並指示說：「書籍不可較價值，惟其所欲與之，庶奇書可得。」[17]這樣，就為《永樂大典》的編纂提供了極大的方便。

第二年十一月，解縉等將所編成的圖書進上，明成祖很高興，特賜名為《文獻大成》。解縉等一百四十七人因編書有功，都受到明成祖的賞賜。但過了不久，明成祖仔細一翻檢，發現「尚多未備」，遂命重修。這次重修的陣容就很大了。明成祖命靖難第一功臣姚廣孝和劉季篪、解縉總其事，王景和陳濟等五人為總裁，鄒緝等二十人為副總裁，另命禮部挑選中外官員和宿學老儒充任

16《太宗實錄》卷二十。
17 余繼登，《典故紀聞》卷六。

纂修，讓國子監和各府、州、縣學中善書的生員任繕寫，開館於文淵閣，由光祿寺供飲食，開始了第二次的大規模編書活動。[18]

為了編得更好，這次徵用了一些民間的博學之士，例如充任總裁的陳濟就是其中之一：

朝廷修《永樂大典》，大臣有言陳先生濟者，以布衣召至都，為總裁。時合內外詞臣，暨太學儒生，眾數千人，翻閱中祕四庫書，浩翰填委。先生至，……詳定凡例，區別去取，莫不允愜。而六館執筆之士，凡有疑難，輒從質問。先生隨問響答，未嘗觝滯，疏決剖析，咸有源委，非口耳涉獵者可比。故一時之人，無不服其賅博。[19]

參與編修「大典」的王恭也是一介寒儒。他「家故貧」，經常在山中採樵，自稱「皆山樵者」。他受人推薦參與此事。竣工後授翰林典籍，但不久即辭官回鄉，著詩數卷。解縉稱讚他「布衣蕭然，不慕名利，比之朝陽鳳鳴」。[20]

當時正是因為集中了一大批這樣的文士，所以才使《永樂大典》能編得宏富、詳備。明成祖對這些文士的才能也不時稱讚。例如，他見陳濟知識廣博，曾稱他為「兩腳書櫥」。[21]

《永樂大典》採用了按韻收字、用字繫事的體例。它以《洪武正韻》為韻目次序，以下則以字為綱，將十三經、二十一史、諸子百家分類相屬，完全據原書照抄，一律不改片語隻字。舉凡天文、地理、人事、名物、詩文詞曲等無不收錄。書名和作者名都用紅字寫出，顯得格外醒目。

經過近三千文士三年的努力，編纂工作於永樂五年（一四〇七年）竣工。全書共二二、二一一卷，一一、〇九五本，總字數達三．七億多，是中國最大的一部類書。

在《永樂大典》以前，中國已有不少的類書。例如，魏時繆襲等人的《皇覽》共六百八十卷，梁代劉孝標等人的《類苑》共一百二十卷，北齊祖珽等人的《修文殿御覽》三百六十卷，唐代魏徵等人的《文思博要》共一千二百卷，歐陽詢的《藝文類聚》一百卷，宋代李昉的《太平御覽》一千卷，王欽若的《冊府元龜》一千卷。由此可以看出，以前的類書最多也就是一千餘卷。《永樂大典》竟達二二、二一一卷，實在是煌煌巨製，以前的類書是無法相比的。

價值巨大，歷經劫難

書編成後，明成祖賜名為《永樂大典》，並親製序文，其中說道：

朕嗣承鴻基，緬想纘述，尚惟有大一統之時，必有大一統之著作，所以齊政事、同風俗、序百王之傳，綜歷代之典。[22]

看來，明成祖所重視的是「齊政事、同風俗」，主要是政治方面的意義。但在後世人看來，《永樂大典》的主要價值在於對祖國文化典籍的總結和保護，有著不可估量的學術價值。

《永樂大典》輯書，不像清代修《四庫全書》那樣對原書任意刪改，而是一字不改地原書、原

18 《太宗實錄》卷三十二。
19 周應賓，《識小編》卷一。
20 同註19。
21 焦竑，《玉堂叢話》卷一。
22 轉自陳登原，《國史舊聞》卷五十八，〈永樂大典〉。

篇照錄，這就保存了原書的真面目。由於它收羅宏富，所以使宋元以前的佚文祕典多賴以流傳和保存。清代乾隆年間修《四庫全書》，從《永樂大典》中輯出佚書達五百餘種。清嘉慶時，又從中輯出一部《宋會要》，也是一部學術價值很高的書，至今為歷史工作者所常用。《水經注》被收在「水」字韻下，這是目前流行最古老的本子。清前期的考據學者戴震、趙一清為《水經注》的版本問題爭論多年，《大典》本一出，此問題迎刃而解。過去，人們對工技、農藝之類的書多不重視，而《大典》則廣加收錄。例如，元人薛景石的《梓人遺制》即是其中之一，被錄在「匠」字韻下，後人據此找到了半部《梓人遺制》，是一份十分珍貴的建築學文獻。

《永樂大典》編成後，只有正本一部。明成祖曾想付印，但因這工作實在太浩大了，所以終未如願。這部書被藏於南京文淵閣，永樂十九年（一四二一年）運至北京。嘉靖四十一年（一五六二年），皇宮三大殿遭受火災，幸賴大力搶救，《大典》才未被毀。這件事提醒了明世宗，如《大典》萬一被燒，這部大書也就徹底完了。於是，他命大學士徐階、高拱等召集抄書生一百零八人，日抄三頁，歷時六年，至隆慶元年（一五六七年）才抄完了一部副本。這部副本藏於北京的皇史宬，正本在明末已完全不知去向，大多數學者估計毀於明清之際的戰火。

副本也歷經劫難，明末時即已不完整，清雍正時，將這部副本移至東交民巷翰林院。乾隆時清點過一次，只存九千餘冊，散失了近三千冊。乾隆以後，《大典》被儒臣們陸續私攜出去的不少。一九〇一年八國聯軍進入北京，有許多被燒為灰燼，沒有被燒的也大都被侵略者盜運回國。因此，在國外的拍賣行時有《大典》的本子出現。現在，在國外的一些公私圖書館裡保存著若干《大典》的本子，據有關部門統計，散藏於世界各地的《永樂大典》約八百卷，只相當於原書的百分之三略多一點。僅就現在能看到的《大典》本子來說，裡面也保存著許多珍貴的資料。這不能不使人想到，明成祖組織編纂《永樂大典》，這是對中國文化事業的一大貢獻。

臺閣派歌舞昇平

永樂年間，在中國文學史上出現了一個新流派——臺閣派，其代表人物是「三楊」。實際上，明成祖的內閣七學士都起到了推波助瀾的作用。就連不是內閣成員的名臣姚廣孝、夏原吉等人，也都捲入了這個潮流。他們以詩賦歌頌國勢之盛，歌頌明成祖的文治武功。這實際上是一種宮廷文學，但由於它的代表人物都是治國名臣，影響人，故成為一時的文學主流。

臺閣派的興起

永樂年間出現臺閣派不是偶然的。首先，臺閣派是這個時代的產物，帶有這個時代的特點。明王朝開國到這時已四五十年之久，像元末出現的那種戰亂早已不見，社會經濟得到全面的恢復和發展，社會呈現出一派富足和太平景象。明成祖以他少有的雄才大略，內外經營，不僅武功卓著，而且文治也頗有成績。正是在永樂年間，明王朝進入了它的極盛時期，國力強盛，外國朝貢之使不絕於道，政事清平，於是在文壇上就出現了由內閣大臣所領導的「臺閣派」。他們為文雍容安閒，一片太平之音，正與這個時代特點相合。

其次，這種文體與明成祖或明或暗地提倡有關。明成祖的文治武功椿椿可述，四夷來朝「禎祥畢集」，國勢強盛祥瑞紛呈，每逢此類喜慶盛事，明成祖自己也著文抒懷，君臣之間時有應答，他也樂於臣下對此歌詠稱頌。明成祖被忠於建文的文臣譏為「篡逆」，但在國勢日盛、文臣一片歌舞昇平的歡慶之中，他內心便得到一種補償和滿足。這種盛大喜慶的場面等於向世人宣告，他才是名副其實的真龍天子，才是明太祖合格的皇位繼承人。楊士奇等人投其所好，爭獻頌辭，一時蔚為風氣，致有文學史上「臺閣體」的出現。但研究文學史的人對這種歷史背景探究不深，這種因素在各種文學史著作中都被忽略了。

再其次，臺閣體的出現與元末明初文風的演進有關。綜觀中國文學史，文風的演進有它特有的軌跡。例如，南北朝末期和五代末期的文學大都流於浮艷，只要看一下當時陳後主和李後主的詩詞，這種現象便一清二楚了。唐初和宋初的文學，雖對前期有所沿襲，但新興王朝畢竟有一番新氣象，所以這時的文學多流麗大方，一片太平之音。這種文學主要的缺點是膚淺，時間稍久，便起變化，唐代的韓愈和北宋的歐陽修更應運而生。元王朝以一個少數民族入主中國，艷麗的東西本來就少，戲曲最發達，這實際上是一種平民文學。元末戰亂不已，天下洶洶，這時的文學多有激昂悲壯的氣概。朱元璋驅逐蒙元，建立明朝，頗有一種物歸本主的意味。天下由戰亂進入太平，文學也一變而為平正通雅，其間仍保留著雄邁氣象。這種文風在劉基、宋濂等人的著述中表現得較突出。但時過不久，朱元璋便一批接一批地屠戮大臣，明成祖即位之初也對建文舊臣進行大規模屠殺。這種政治上的摧殘表現在文學上，那種悲壯雄邁的文學不得不悄然斂跡，而日益流於平淡，這就促成了臺閣體的出現。

臺閣派的作品平正典雅，詞氣安閒，雍容曉暢，充滿著富貴福澤氣象。臺閣派的主要代表人物是「三楊」，即楊士奇、楊榮和楊溥，其中又以楊士奇影響最大。他們以太平閣臣的身分，除了撰寫詔令、奏議以外，還寫了大量的應制、頌聖和題贈的詩賦。由於追隨他們的人很多，成了一時的文學主流，前後延續了大約一個世紀。

臺閣派對文學的見解，楊士奇說得很清楚：

> 詩以理性情而約諸正，而推之可以考見王政之得失，治道之盛衰。……嗟嘆詠歌之間，而安樂哀思之音，各因其時，蓋古今無異焉。若天下無事，生民乂安，以其和平易直之心，發而為治世之音，則未有加於唐貞觀、開元之際也。……諸君子清粹典則，天趣自然。讀其詩者，有以見唐之治盛。……余竊有志斯事。[23]

唐詩之盛反映了「唐之治盛」，楊士奇也要用自己的文章反映明之「治盛」。就文風上來說，「清粹典則」是他希望達到的理想境界，可視為臺閣派的四字門楣。在內閣七學士當中，楊士奇極受明成祖器重，詔敕誥諭，一時多出其手。楊士奇為文平正紆餘，遣詞措意，切近得當，意盡而止，無艱難勞苦之態。楊士奇留有《東里全集》九十七卷，另有別集四卷。《四庫全書總目》對《東里全集》的評價頗為恰切：「其文雖乏新裁，而不失古格。前輩典型，遂主持數十年之風氣，非偶然也。」

楊榮是臺閣派的另一個代表人物，其影響僅次於楊士奇。他留有《楊文敏集》二十五卷，其文「具有富貴福澤之氣。應制諸作，渢渢雅音。其他詩文，亦皆雍容平易，肖其為人。雖無深湛

23 楊士奇，《東里文集》卷五，〈玉雪齋詩集序〉。

幽渺之思，縱橫馳騁之才，足以震耀一世，而逶迤有度，醇實無疵」。[24] 楊榮深受明成祖信任，一生官運亨通，他的文章也有「富貴福澤之氣」。對於楊榮的文章，這段評述是很恰切的，故不少的文學史著作加以引用。

「三楊」中的楊溥沒有獨自的文集傳世，他的文章只是在別的書中偶有保留。楊溥有弘識雅操，為文力摹韓愈，有意矜練。文章雖不多，但也被後世認為是臺閣派的代表人物之一。

另外，黃淮有《省衍集》傳世，這是他被明成祖下到獄中時所作。雖身繫囹圄，但他毫無怨尤，故以「省衍」名其文集。其文平和典雅，文風與三楊略同，也是臺閣派的主力之一。金幼孜有《金文靖集》傳世，其文雖無楊士奇等人的博大，但也頗具氣象。再加上其他一些文人的附會，致使臺閣體一時成為文學的主流。

歌舞昇平

明成祖時期國勢強盛，其文治武功多可稱述。這一切，在臺閣派大臣的一片歌頌聲中更增添了許多太平氣象。這些大臣能詩善文，用來歌頌明成祖的武功，歌頌明成祖的功德和祥瑞，歌頌國勢之盛，留下了大量的詩文。

明成祖戎馬一生，武功卓著，歌頌明成祖的武功成為一個重要內容。不僅楊士奇、楊榮等人寫有大量這類的頌辭，而且像姚廣孝、夏原吉等人也有不少這類的詩賦。例如，當明成祖派兵討平安南後，姚廣孝和夏原吉都寫有《平安南頌》。當明成祖親征漠北凱旋回京後，姚廣孝還獻上了一首《平胡頌》。自然，寫這類頌辭最多、最合明成祖心意的還是楊士奇。明成祖出兵討伐安南，楊士奇有《出師頌》；平定安南後，楊士奇又獻上了一首《平安南詩》；明成祖親征漠北，楊士奇又寫了《平胡詩》。例如，永樂四年（一四〇六年）明成祖命朱能率兵八十萬討伐安南，並親自送行至江邊。這一天晴空萬里，戈申耀日，巨艦蔽江，「浩浩乎已氣吞趺鳶之壤於萬里之外」，楊士奇遂獻《出師頌》以致賀。頌辭的末尾道：

惟帝之聖，舜禹為君；
惟能之賢，方召為臣。
南交氛墱，不日澄鮮。
王師勞勳，不日凱旋。
八表一統，皇明御天。
小臣作頌，豫歌太平。[25]

討平安南以後，諸大臣紛紛獻詩賦歌頌。楊榮在《平安南頌》的末尾寫道：

將士撫循，以寬以勤。
征夫鼓舞，行旅歡欣。
歸牛休馬，喜動風雲。

24 《四庫全書總目》卷一百七十，〈楊文敏集〉。
25 《明經世文編》卷十五，楊士奇，〈出師頌〉。

萬姓咸曰，吾皇至仁。
捷書入奏，大賚勳庸。
功逾銅柱，勒碑崇崇。
凡在戎行，咸預顯融。
莫不稽首，惟皇之功。
惟皇之功，克紹太祖；
惟皇之基，超軼前古；
惟皇之德，上侔堯禹。
於萬斯年，作民父母。[26]

永樂八年（一四一〇年），明成祖親征漠北，大獲全勝。楊榮遂獻上《平胡頌》一首，其中寫道：

乃誓六師，大舉北狩。
龍旗央央，旄鉞左右，
戎馬萬乘，桓桓天兵。
金鼓一震，陰山為傾。
瑞雪時降，甘泉屢湧。
士無渴飢，悉奮驍勇。
直擣巢穴，萬里長驅。
醜虜大駭，敢逃天誅。

……
赫赫天威，震動朔庭。
奏凱龍沙，班師振旅。
士卒歌呼，萬姓蹈舞。
……
億萬斯年，罔有遺患。
黄河載清，海不揚波。
億萬斯年，播之頌歌。[27]

臣下歌頌明成祖武功的頌辭甚多，大都類此。明成祖用兵之餘，聽著大臣們的頌揚之聲，自然要龍心大悅了。

歌頌明成祖的功德和祥瑞是另一個重要內容。永樂年間，所謂「祥瑞」事物在各地不斷出現。例如，各地不時發現白鵲、白鳥，白兔、騶虞等奇異鳥獸，檜樹、柏樹也時而奇異地開起花來，各地不時送嘉禾，報豐稔，甘露也降於孝陵，這都被認為是國運昌盛的徵兆。大臣們都歸結於明成祖的功德弘大，這也就成了臺閣派歌詠的對象。

當時，廷中大臣幾乎都有歌頌這類祥瑞的詩賦。例如，姚廣孝有〈神龜頌〉；夏原吉有〈河

26《明經世文編》卷十七，楊榮，〈平安南頌〉。
27《明經世文編》卷十七，楊榮，〈平胡頌〉。

清頌〉、〈瑞應白鳥頌〉等；金幼孜有〈麒麟贊〉、〈瑞應騶虞頌〉等。楊士奇這類的頌詩更多，他有〈白象賦〉、〈河清賦〉、〈甘露賦〉等。永樂十二年（一四一四年），榜葛剌（今孟加拉國）獻麒麟至京。今天人們已經知道，當時所謂的麒麟就是長頸鹿，長期以來一直被認為是非同尋常的瑞物，是太平吉祥和幸福如意的象徵。楊士奇寫了一首〈西夷貢麒麟早朝應制詩〉，以歌詠此事：

天香神引玉爐燻，日照龍墀彩仗分。
閶闔九重通御氣，蓬萊五色護祥雲。
班聯文武齊鵷鷺，慶合華夷致鳳麟。
聖主臨軒萬年壽，敬陳明德贊堯勳。[28]

這裡祝福明成祖有「萬年壽」，讚頌他功德高，有「堯勳」，他怎麼能不高興呢！這種盛況不是正表明他是個「代天行命」的合格天子嗎！

當時，許多賀表都出自楊士奇之手。有一次，明成祖在北京行在，見到白色的喜鵲，古人也都認為白鵲是種瑞鳥。明成祖遂命南京禮部慶賀。當時太子（即後來的仁宗）在南京監國，命五府六部各進賀表，皆不滿意。這時楊士奇因有病在家，未參與此事。太子遂命蹇義拿著這些賀表去見楊士奇，讓他閱改。楊士奇改了一對：「望金門而送喜，馴彤陛以有儀。」後邊又添了一對：「與鳳同類，蹌蹌於帝舜之廷；如玉有輝，翯翯在文王之囿。」太子看了後，高興地說道：「此方是帝王家白鵲也。」[29]

永樂年間，數十個國家和地區的貢使絡繹來朝，他們貢來許多奇珍異寶，珍禽異獸。這固然是國勢強盛的標誌，同時也就成了臺閣派歌詠的另一個重要內容。

永樂十二年（一四一四年）榜葛剌貢來麒麟，成為舉朝慶賀的一件大事。宮廷文人沈度專為此畫了一幅〈榜葛剌進麒麟圖〉，在畫上題了一首〈瑞應麒麟頌〉，他在「序」中寫道：

（明成祖）德化流行，協和萬邦。三光順序，百靈效職。由是騶虞至，嘉禾生，甘露降，黃河清，醴泉溢，諸福之物，莫不畢生至。……臣聞聖人有至仁之德，通乎幽明，則麒麟出。斯皆皇帝陛下，與天同德，恩澤廣被，草木昆蟲飛潛動植，皆得遂生。故和氣融結，降生麒麟，以為國家萬萬年太平之徵。[30]

這幅畫的原本尚存，現藏中國歷史博物館，成為中國和孟加拉國友好的歷史見證。因頌詩原文較長，此不贅錄。僅從序文中即可看出其大意。當時朝中大臣紛紛爭獻頌詩，今天尚可見到的不下十餘首。至於當時到底有多少歌頌麒麟的詩，今天已不得其詳。據明《內閣藏書目錄》卷八所載，當時匯編這些詩歌而成〈瑞應麒麟詩〉，達十六冊之多。這足見當時歌頌此事之盛。

古代以麟、鳳、龜、龍為「四靈」，其中又以麒麟為首。永樂年間國外三次進獻麒麟，這自然成了舉朝慶賀的盛事，幾乎所有的廷臣都有詩獻上。例如，臺閣派的首領之一楊榮在《瑞應麒麟詩》中歌頌道：

於惟聖皇，受命自天。

28 嚴從簡，《殊域周咨錄》卷十一，〈榜葛剌〉。
29 焦竑，《玉堂叢話》卷一。
30 常任俠，〈十五世紀初一幅中印友好的繪畫〉，見《南洋學報》一九四八年五卷二輯。

仁及庶類，恩周八埏。

……

天錫多福，集於聖躬。

維皇萬壽，百祿是崇。

雨順風調，民安國泰。

海晏河清，萬世永賴。

臣拜稽首，寶祚綿綿。

聖子神孫，傳序萬年。31

當時，廷臣對外國貢來的大象、獅子、駝雞、福鹿獸、馬哈獸等都有歌頌。駝雞即今天所說的駝鳥，福鹿也作「福祿」，即斑馬。馬哈獸在有些頌詩中又被寫作「長角獸」，今天難以確指是哪種動物。這些珍禽異獸大都來自中亞和西亞一帶的國家，它們喚起了臺閣派的極大詩興。金幼孜在〈長角獸歌（原注：其名馬哈獸）〉中歌道：

聖人端拱御八方，車書混一超虞唐。

仁恩義澤霈洋溢，雨暘時序民物康。

蠻夷戎狄悉稽顙，犛琛奉贄來梯航。

維時天心眷皇德，紛紛總總來奇祥。

……

太平幸際千載會，願紀鴻績鏘琳琅。

陳詞稽首歌聖德，天子萬壽地久同天長。[32]

面對四夷來朝，祥瑞紛呈，臣下一片頌揚之聲，明成祖自然是滿心高興。這種盛況正是他所夢寐以求的。高興儘管高興，但明成祖並沒有忘乎所以，頭腦仍很清醒，這也正是明成祖的傑出之處。例如，永樂十七年（一四一九年）九月，禮部率群臣賀卿雲之瑞，明成祖即對群臣說道：

昔帝舜之世，萬邦協和，故百工有卿雲相和之歌。朕寢食之間，慮政事有缺，民生未安，安能持此為祥！縱是上天禿貺，朕與卿等正當憂勤惕厲，以答天眷。[33]

這段話雖然並不艱深，但卻不是一般的平庸帝王所能說出來的。這是因為，他們一遇到這種盛況，早就飄飄然起來了。明成祖不同於這類平庸的帝王，這正是永樂年間國勢能持續強盛的重要原因。

臺閣派是永樂盛世的產物，反過來又為永樂盛世增添了許多絢麗的色彩。因為臺閣派有許多歌舞昇平之作，有濃重的貴族氣息，所以後世的文學史諸書對臺閣派多有貶詞，評價甚低。明中期以後，先後出現了前七子和後七子，他們以復古為名，極力貶低臺閣體，更使臺閣體文章身價大降。但平心而論，臺閣體主持文壇近百年，自有它的可取之處。臺閣派的文章「其文典則，無

31 楊榮，《楊文敏公集》卷一。
32 金幼孜，《金文靖公集》卷二。
33 《太宗實錄》卷一百一十四。

浮泛之病」，「雖乏新裁，而不失古格」，[34]這種評價是很公允的。人們今天讀明代的文章，平易流暢，無艱澀之苦，清代的文章甚至比明代的文章還艱澀難讀，這中間不能說沒有臺閣派的一份功勞。至於三楊以後，其他人爭相摹仿，「餘波所衍，漸流為膚廓冗長，千篇一律，物窮則變……而士奇、榮等遂為藝林之口實。」[35]臺閣體的末流的確日趨衰敗沒落，但楊士奇、楊榮等人確實自成一家。歷史上任何一個文學流派都有一個由盛而衰的過程，臺閣派自然也不例外。楊士奇等人頌揚明成祖的詩作確有空泛庸俗之嫌，但其散文頗有可稱道之處。人們不宜用末流的敗落來否定楊士奇等人初始的貢獻。

34 《四庫全書總目》卷一百七十，《東里全集》條。
35 《四庫全書總目》卷一百七十，《楊文敏集》條。

第十一章　屢興大工

明成祖依仗國力強盛，下安南，征漠北，命鄭和大規模出使西洋，都耗費了大量的人力和物力。除此之外，明成祖在國內還屢興大工，例如浚通大運河和大規模營建北京，可算是犖犖大者。另外，修建大報恩寺、築長陵，也都動輒役使數萬人。即就永樂大鐘而言，也是當今世界上最大的鐘。這些，都已成為中國歷史文化的一部分。

營建北京

京師是一個國家的根本重地，建都或遷都都是一代的大事。明太祖朱元璋猶豫再三，後終於決定以南京為京師。明成祖即位後，對北京進行了大規模營建，然後正式遷都到北京。從此以後，直到現今，北京一直是中國的首都。除了近幾十年來的一些大型建築外，北京的基本格局和主要建築都是在永樂年間奠定的。

建都問題

明成祖營建和遷都北京有深刻的歷史背景，這就是明初的建都問題。

朱元璋的勢力是以南京（時稱「應天」）為基地發展起來的。他也是在南京即的皇帝位。但是否就建都南京，朱元璋卻長期猶豫未決。論地理條件，南京背靠鍾山，面臨長江，虎踞龍盤，形勢險要。論經濟條件，江南已成為全國的經濟重心，農業和手工業都很發達。從這兩方面來看，南京的條件很優越。但從軍事的角度考慮，當時的主要威脅是北邊的蒙元殘餘勢力，而南京距北方前線太遠，不宜調度。另外，歷史上在南京建都的六朝——東吳、東晉和南朝的宋、齊、梁、陳，都是短命王朝，這無疑也給朱元璋投下了不吉利的陰影。

這時，有的大臣提出定都汴梁（今河南開封）。朱元璋於洪武元年（一三六八年）三月親赴汴梁考察，覺得這裡地處中原，位置適中，遂決心在此建都。但又感到這裡無險可守，又決心把南京也作為都城，實行古已有之的兩京制。這年八月，朱元璋頒詔，以汴梁為北京，以應天為南京，天子春秋往來巡狩。但北伐軍很快攻下大都（今北京），全國的政治、軍事形勢發生了重大變化，有的大臣提出不必在汴梁建都。這時，廷臣們提出長安、洛陽、北平等幾種選擇，各有道理，而朱元璋卻主張在他的老家臨濠建都，作為中都，以補救定都南京的不足。著名的謀臣劉基對朱元璋說：「鳳陽雖帝鄉，非建都地。」[1]但朱元璋手下的大臣多江淮子弟，極力擁護這個方案。自洪武二年（一三六九年）九月起，朱元璋便在臨濠大興土木，營建中都。這項營建工程持續了六年，勞費太甚，民不堪命，不得不半途停建。洪武十一年（一三七八年），朱元璋正式頒詔，改南京為京師，長期未決的定都問題才告一段落。

因南京偏安江左，對北部邊防有鞭長莫及之虞，所以朱元璋仍沒有完全打消遷都的念頭。內閣學士胡廣的父親建議都關中，朱元璋於洪武二十四年（一三九一年）命太子朱標前往巡視。朱標繪製了關中一帶的形勢圖，獻給他的父皇。朱元璋正要有所行動，朱標卻於第二年死去了。這使朱元璋很傷心，便打消了遷都的念頭。[1]

明成祖即位後，仍以南京為京師。禮部尚書李至剛善於揣度人意，知道明成祖對北平感情深，遂於永樂元年（一四〇三年）向明成祖建議，說北平「為皇上承運興王之地，宜遵太祖中都之制，立為北京」。[2]明成祖很高興，遂改北平為北京，稱行在，自己也長期住在那裡，而很少住在作為京師的南京。這就出現了歷史上常說的所謂「天子守邊」的狀況。因天下初定，明成祖沒有正式遷都北京，但他遷都的打算卻一直存在，這從許多方面都可以看出這種跡象。

永樂元年二月，明成祖命舟師重開海運，往北京運糧，以後歲以為常。八月，發流罪以下的犯人墾北京荒田，接著又徙直隸、蘇州等十郡，浙江等九省的富民實北京。永樂二年（一四〇四年）九月又徙太原等地民人萬戶實北京。因海運風險較大，明成祖又下令浚通大運河，通過漕運以保證北京的供應，這些措施在經濟上為遷都北京做了準備。

永樂五年（一四〇七年），徐皇后死去。明成祖沒有把她安葬在作為京師的南京，而是在北京附近的昌平為她建造壽陵，這就是今天北京十三陵中的長陵。永樂十一年（一四一三年）將徐皇后安葬在這裡後，長陵仍在繼續營建，永樂十四年（一四一六年）才告竣工。後來明成祖駕崩後

1 《明史》卷一百二十八，〈劉基傳〉。
2 朱彝尊，《日下舊聞》卷一。

也安葬在這裡，此事清楚表明了明成祖遷都北京的打算。

永樂六年（一四〇八年）八月，明成祖由南京去北京行在，沿途大規模祭祀名山大川，聲勢浩大，禮儀隆重，完全不是離京師赴行在的景象，似乎這正是要回京師。[3]

永樂四年（一四〇六年）閏七月，明成祖頒詔：「以明年五月建北京宮殿，分遣大臣採木於四川、湖廣、江西、浙江、山西。」[4]當時也的確採取了一些措施，除派大員到各地督採木料外，還遣人燒造磚瓦、徵發工匠、調遣民丁等，但大規模營建北京宮殿的工作並未真正進行。這是因為永樂四年開始征安南，已耗費大量的人力和物力。永樂五年（一四〇七年）徐皇后死去，又開始在天壽山營建長陵。永樂七年（一四〇九年）和永樂八年（一四一〇年），明成祖又兩次對蒙古大規模用兵，營建北京宮殿的事實際上停了下來。正式營建是在永樂十五年（一四一七年），於永樂十八年（一四二〇年）完工，這在《明實錄》中有明確記載。但永樂四年營建北京的詔令告訴人們，明成祖一直有遷都的打算。

那麼，明成祖為什麼不惜耗費巨大的人力和物力，一定要把首都遷移到北京去呢？這是由多方面的因素決定的。

首先，這是出自抵禦蒙古的軍事需要。明成祖在當燕王時即多次與蒙古周旋，稱帝以後，又接連數次對蒙古大規模用兵。蒙元勢力對明王朝的威脅一直沒有解除，這也正是朱元璋建都南京無法解決的一塊心病，加強北邊防務是遷都的一個最直接原因。

其次，這是中華民族長期融合和發展的政治需要。在歷史上，宋遼金元是中華民族大融合的一個重要時期，且金和元都在北京建都。明成祖即位後，成功地招撫了黑龍江流域的女真諸部，設立奴兒干都司，使黑龍江下游一帶盡入中國版圖。明成祖又積極經營西北，陸續在嘉峪關外設立哈密等七衛。為了有效地控制和管理東北和西北的大片疆土，建都北京比建都南京顯然更為有利。

再其次，北京有優越的自然地理條件。這正如明末人孫承澤所說：

> 幽燕自昔稱雄，左環滄海，右擁太行，南襟河濟，北枕居庸……真定以北至於永平，關口不下百十，而居庸、紫荊、山海、喜峯、古北、黃花鎮險阨尤著。會通漕運便利，天津又通海運，誠萬古帝王之都。[5]

北京地理位置適中，又有險可守，這也是建都的重要條件。

最後，北京是明成祖的「龍興之地」，他已對那裡進行了多年的經營，熟悉那裡的一草一木，對北京有較深的感情。對南京則不同，他在那裡大肆誅殺建文舊臣，不少人死得頗為悲壯。對一個封建帝王來說，儘管殺人是常事，但對建文舊臣屠殺得那樣慘烈，這使明成祖終不能沒有一點負罪感。據《罪惟錄》記載，他即位後曾「微語尚書茹常：『朕毋得罪於天地祖宗乎？』常叩頭大言曰：『陛下應天順人，克成先志，可罪！』上悅」。儘管有臣下的這類逢迎，明成祖總是難以消除這種不安的心理。正因如此，起初他雖仍建都南京，但自己卻大部分時間住在北京，這種心理因素也是他遷都北京的原因之一。

3 《太宗實錄》卷五十八。
4 《明史》卷六，〈成祖本紀二〉。
5 孫承澤，《天府廣記》卷一，〈形勝〉。

營建和遷都

據《明實錄》記載，明成祖於永樂十四年（一四一六年）十一月召集廷臣議營建宮殿事，但在此之前已做了一些準備工作。例如，永樂十一年（一四一三年）八月，明成祖下詔，「天下軍民預北京營造者，分番赴工，所在有司人給鈔五錠，為道里費。」[6]也就是在這月，開始建造「西宮」。「初，上（明成祖）至北京，仍御舊宮。及是，將撤而新之，乃命工部作西宮，為視朝之所。」[7]這可以看作是大規模營建北京的序幕。

十一月，明成祖從北京到達南京，工部奏請擇日興工。明成祖因此事關係重大，便命在京群臣集議。大臣們都清楚明成祖的心意，於是各衙門紛紛上疏，請求立即動工。有的奏疏說：「營建北京為子孫帝王萬世之業。……揆之天時，察之人事，誠所當為，而不可緩。」有的奏疏極稱北京為形勝之地，「足以控四夷，制天下，誠帝王萬世之都也。」[8]當時，大臣們都異口同聲地請求立即動工，幾乎聽不到任何不同的聲音。這令明成祖十分高興，遂決定馬上開工營建。

永樂十五年（一四一七年）四月，「西宮成，其制：中為奉天殿，殿之側為左右二殿。奉天殿之南為奉天門，左右為東西角門。奉天門之南為午門，之南為承天門。殿之北有後殿、涼殿、暖殿及仁壽、景福、仁和、萬春、永春、長春等宮，凡為室千六百三十餘楹。」[9]這裡所說的奉天殿不是作為今天太和殿前身的奉天殿，而是燕王府裡的奉天殿。這是因為永樂十五年六月才開始正式動工營建紫禁城和城中宮殿，那時還沒有紫禁城，更沒有紫禁城裡的奉天殿。燕王府裡的那座奉天殿，在新宮殿建成之前一直是明成祖在北京處理政事的場所。

關於營建北京宮殿的起訖時間，《明實錄》中有明確記載。據永樂十八年（一四二〇年）十二月「癸亥」條載：「自永樂十五年六月興工，自是成。」[10]歷時大約三年半的時間。

北京的宮殿基本上是按照南京的規制來建的。南京的宮殿是朱元璋的時候建造的，明成祖不敢越制。因此，「凡廟社、郊祀、壇場、宮殿、（門）闕，規制悉如南京」。[11]這只是就大處而言，實際上，北京新建的宮殿比南京的更加壯麗。

營建北京是牽動全國的大工程。當時，明廷從全國各地徵調數十萬能工巧匠，上百萬民工，還有大批駐守北京的軍士都參與其事。如果再加上在全國各地採集物料的官員和民工，其牽動面就更大了。例如，僅採集木料一項就給各地帶來很大的負擔。這些大木主要來自四川、湖南和江西等地，古代交通不便，又要到深山老林中去採伐，瘴癘橫行，許多民工為此染病而死。這種採集大木的工作從永樂四年（一四〇六年）開始，一直未停，有的地方還因為採集大木而激起農民起事。例如，兵部侍郎師逵赴湖南採木，「以十萬人入山闢道路，召商賈，軍役得貿易，事以辦。然頗嚴刻，民不堪，多從李法良為亂。」[12]為此，師逵還受到別人的彈劾。

有的大臣知道恤民，使老百姓減少了許多的痛苦。例如戶部侍郎古樸，「採工江西，以恤民見

6 《太宗實錄》卷一百二。
7 《太宗實錄》卷一百二。
8 《太宗實錄》卷一百三。
9 《太宗實錄》卷一百五。
10 《太宗實錄》卷一百一十八。黃瑜《雙槐歲抄》載，永樂「十五年十一月癸丑建立奉天殿、乾清宮」，這是指建此兩處宮殿的時間。「實錄」所記乃整個北京的營建時間。
11 徐學聚，《國朝典彙》，〈工部．都邑城池〉。
12 《明史》卷一百五十，〈師逵傳〉。

民工在採木時遇上瘟疫是常有的事。「右副都御史虞謙嘗督運大木，役者大疫。（虞）謙令散處之，疫遂息」。[14]此事也表明，褒」。[13]

因為宮殿規制宏敞，所以一些大木要將整個樹幹運往北京，運輸也是一件極其費力的事。當時，在四川採伐的楩、楠、杉、檜樹等大木，「出三峽，道江漢，涉淮泗，以輸於北。嘗得大木於馬湖，一夕自行若干步，不假人力。事聞，詔封其山為神木山。」[15]稍有點常識的人都知道，這些大木除了能順河而下以外，不論什麼樣的「神木」，是絕不會自行移動到京師去的，所以轉運大木也要花費大量的人力。

明成祖對北京的營建主要分三部分：皇城、宮殿和廟壇，在元代舊都城的基礎上，進行了全面的改建或重建。

洪武二年（一三六九年），即把元大都北邊的城牆南移五里路，縮至現在的德勝門和安定門所在處。明成祖營建北京，重新設計，將元大都南邊的城牆往南移。元大都南邊的城牆在今天東西長安街所在處，明成祖將它南移至今前門所在的東西一條線上，這就是北京的外城。在外城上開城門九處，南牆有正陽門、崇文門、宣武門，東牆有朝陽門、東直門，西牆有阜城門、西直門，北牆有德勝門、安定門，九門的名稱一直沿用至今。因為嘉靖時在外城南郊修了一個外羅城，所以原外城南邊的城牆又被稱為內城。

在內城裡邊有皇城，在皇城裡邊有紫禁城，即今天的故宮。由於大城的南牆往南推移，所以也相應地使得皇城南部的空間擴大，即皇城和它內圍的紫禁城之間的距離加大，出現了一片空曠地。皇城的正南門是承天門（即今天的天安門），因為那裡有了空曠地，於是就在承天門的東側修建太廟（即今天的勞動人民文化宮），以作為皇帝祭祖的廟堂；在西側建起社稷壇（即今天的中山公園），以作為皇帝祭祀土神和穀神的地方。這樣一改建，使承天門更加雄偉，大大增加了皇家的氣勢。

紫禁城的重建是營建北京的核心工程。紫禁城四周有城牆，城牆外有護城河環繞，即今天的筒子河。城為長方形，占地約七十二公頃。紫禁城的正南門稱午門，氣勢雄偉。進入午門，跨過金水橋，便到奉天門（清代改稱為太和門）。這是紫禁城內最高大的一座門，是皇帝「御門聽政」的所在。登上奉天門，巍峨壯觀的奉天殿就呈現在眼前。

奉天殿（清代改稱為太和殿）即老百姓所說的金鑾殿，是紫禁城中最雄偉、最主要的建築，為習稱的「三大殿」之首。一些重大典禮，例如登極、冊立皇后等都在這裡舉行；一些重大節日，例如元旦、冬至、萬壽聖節（皇帝的生日），皇帝都在這裡接受百官朝賀。奉天殿的正中央擺著「御座」，雕刻著精美的龍形花紋，只有皇帝才能在那裡落座，是皇權的象徵。

華蓋殿（清朝改稱為中和殿）在奉天殿後邊，規制較小。這是一座方形的殿堂，裡邊也有寶座、薰爐等。皇帝在去奉天殿舉行大典禮前，在這裡稍事休息。

謹身殿（清朝改稱為保和殿）在華蓋殿後邊，也非常華麗。皇帝經常在這裡設宴，以招待外國貢使和外藩王公。

奉天殿、華蓋殿和謹身殿並稱為「三大殿」，是紫禁城的核心部分。三大殿和奉天門左右兩側

13 《明史》卷一百五十，〈古樸傳〉。
14 《明史》卷一百五十，〈虞謙傳〉。
15 呂毖，《明朝小史》卷四，〈神木山〉。

的建築群同屬紫禁城的外朝，為皇帝處理政務的場所。

謹身殿後面是乾清門，進入乾清門就進入了內廷，是皇帝和他眾多嬪妃的生活區，有所謂「三宮六院」、御花園等。御花園北邊有神武門，為紫禁城的北門。

另外，天壇、山川壇（即今先農壇）都是這時新建的。明成祖還把元代的齊政樓改為鼓樓，在北邊新建鐘樓（元代鐘樓在舊鼓樓東），這顯然是有意拉長自南至北的中軸線。在東安門外又建起了王府十五邸，為屋八千三百五十楹。這就是今天「王府大街」、「王府井大街」名稱的來源。

明成祖營建北京，使城內建築的布局更加勻稱整齊，設計更加科學合理，許多建築巍峨壯觀，顯示了中國古代獨特的建築藝術和風格。有些建築，例如天壇的「回音壁」，就利用了聲學原理，充分顯示了中國勞動人民的聰明才智，至今為世界人民所稱道。

營建北京的工程十分浩大，耗費的人力物力難以數計，這正如侍講鄒緝後來在一封奏疏中所說：「民以百萬之眾，終歲在官供役……不能躬親田畝，以時力作，耕種不時，農桑廢業，猶且徵求益深，所取無極。」疏中還舉出買辦青綠顏料一事，因所科派不是出產之所，老百姓在當地弄不到，「則相率斂鈔，遍行各處收買。每大青一斤，至萬六千貫。及至進納，又多以不中不肯受收。往復輾轉，當須二萬貫鈔，方得進收一斤，而所用不足以供一柱一椽之費。」尤其是工匠在計算用料多少時，不知體恤民情，「惟務多派以為濫取之利，而不顧民之艱苦難辦」。用事之人「假託威勢」，嚴加追逼，「橫害下民」，給老百姓造成極大的痛苦。[16] 鄒緝這是在向明成祖上疏，他絕不敢說得太離譜。稍有點歷史知識的人都不難想像，在古代進行這樣的大工程，一些官員藉以盤剝百姓，中飽私囊，這是肯定少不了的。這些雄偉華麗的宮殿既是勞動人民聰明才智的碩果，也是他們血汗的結晶。

永樂十八年（一四二〇年）十一月四日，因北京的宮殿已成，明成祖遂頒遷都詔：

開基創業，興王之本為先；繼體守成，經國之宜尤重。昔朕皇考太祖高皇帝，受天明命，君主華夷，建都江左，以肇邦基。朕纘成大統，恢弘鴻業，惟懷永圖。眷茲北京，實為都會，惟天意之所屬，實卜筮之攸同。乃仿古制，徇輿清，立兩京，置郊社、宗廟，創建宮室，上以紹皇考太祖高皇帝之先志，下以貽子孫萬世之弘規。爰自營建以來，天下軍民樂於趨事，天人協贊，景貺駢臻，今已告成。選永樂十九年正月朔旦，御奉天殿，朝百官，誕新治理，用致雍熙。於戲！天地清寧，衍宗社萬年之福；華夷綏靖，隆古今全盛之基。故茲昭示，咸使聞知。[17]

這就是向全國宣告，自永樂十九年（一四二一年）一月一日起，北京就是明王朝的新都。

頒布遷都詔幾天以後，明成祖遣官召皇太子和皇太孫，要他們父子在年底以前趕赴北京，以參加明年元旦御新殿的大典。

明成祖在永樂十九年元旦御新殿時，舉行了各種祭祀，儀式十分隆重。接著，他又下詔，宣布大赦天下，以圖吉祥。但是，遷都不久就發生了一件很不吉利的事：永樂十九年四月八日，皇宮三大殿起火，被燒成一片灰燼。在迷信盛行的古代，這被認為是重大災異。明成祖也不免為此憂心忡忡，遂馬上敕諭群臣道：「朕心惶懼，莫知所措。」還自責說：「朕之冥昧，未究新

16《皇明文衡》卷六。
17《太宗實錄》卷一百一十八。

由。……朕所行果有不當，宜條陳無隱，庶圖悛改，以回天意。」[18]有些話大臣們平時不敢說，藉此機會說了出來，其中說得最激切的就是侍讀李時勉和侍講鄒緝。他們在奏疏中也說到營建北京之事，極言「工大費繁」、「冗官蠶食」之弊。明成祖接著下詔，實行惠政，「凡有不便於民及諸不急之務者，悉皆停止，用蘇困弊，仰答天心」。[19]其實，明清時期宮中起火的事時有發生，談不上什麼天意。起火大都是宦官所為，他們偷宮中物件，弄得無法交代了，怕事情敗露，便放一把火了事。皇帝不知其中底細，便誤以為是天意示警。

從中國歷史發展的歷程來看，明成祖遷都北京無疑是一個正確舉動。它適應了中國多民族國家政治經濟發展的客觀需要，有利於鞏固和加強祖國的統一。遷都北京加強了北邊的防務，基本上解除了北邊的威脅，正統年間發生了「土木之變」，英宗親征被俘，但北京仍巍然屹立，終使南侵的也先北歸。嘉靖年間發生了「庚戌之變」，俺答直逼北京城下，但終未能將北京攻陷，只得退回。毫無疑義，這都是和明成祖營建北京分不開的。正因如此，不僅從明迄清，而且直到今天，北京一直是中國的首都。尤其值得一提的是，直到中共建國初期，北京的基本格局和宮殿、社壇等主要建築，大體都是明成祖時奠定的。僅僅從這一點來看，明成祖營建北京的歷史功績也是不可磨滅的。明中期的大學士丘濬曾經說過：「文皇帝遷都金台，天下萬世之大勢也。蓋天下財賦出於東南，而金陵為其會；戎馬盛於西北，而金台為其樞。並建兩京，所以宅中圖治，足食足兵，據形勢之需要，而為四方之極者也。用東南之財賦，統西北之戎馬，無敵於天下矣。」[20]對明成祖營建和遷都北京，丘濬的這段評述是頗有見地的。

浚通大運河

在中國大地上，最浩大的工程大概莫過於長城和京杭大運河了。大運河的開鑿有兩個重要歷史時期，一是在隋代，一是在元代。隋代開鑿的大運河以洛陽為中心，由餘杭（杭州）至涿郡（北京）繞了一個很大的彎子。元代開通了濟州河、會通河、通惠河三段河道，使南北大體取直，不必再繞經洛陽了。在元代因運河水量不能很好調節，所以運河並未能發揮很大的作用。只是到永樂年間，才使大運河真正暢通無阻，幾乎完全承擔起南糧北運的任務。因此，明成祖浚通大運河，這不僅在運河史上，而且在整個中國歷史上都是一個重大事件。

漕運問題

由水路運糧稱之為漕。漕運在中國起源甚早。秦始皇即曾將山東糧運往北邊做軍糧。漢、唐時都曾將東南糧食經黃河、渭水等水道運往京師。北宋建都汴京（今開封），東南和西北的糧食大都從水道運入。元代的軍糧、官俸和宮廷耗費大都仰賴於江南，故再次大力開鑿運河，使大運河南北貫通，但運輸量仍然很有限，不得不照舊依靠海運。元末時，新開鑿的會通河已廢而不用。

18《太宗實錄》卷一百二十。
19 同註18。
20 丘濬，《大學衍義補》卷八十五。

明代的大運河仍是元代的河道，全長三千餘里。其中，由瓜州至淮安的一段稱南河，由清河至徐州的黃河運道為中河（當時的黃河不是像今天的水道那樣流入渤海，而是奪淮流入黃海），由山東至天津的一段為北河。會通河由濟寧至臨清，是大運河北段的主體。元代開鑿這段河道時，岸狹水淺，不任重載，所以沿運河輸往大都的糧食每年不過三十萬石，遠遠滿足不了京師的需要，不得不主要依靠海運。明朝初年，遼東、北平的糧餉也主要由海運供應。洪武二十四年（一三九一年），黃河於原武決口，會通河遂基本淤塞。明成祖即位後，國家的政治和軍事重心轉移到北京，需要由南方運送大量的糧餉。永樂初年仍用河海兼運，但是，河運和海運都很艱難：

海運險遠多亡失，而河運則由江、淮達陽武，發山西、河南丁夫，陸輓百七十里入衛河，歷八遞運所，民苦其勞。[21]

這裡所說的「衛河」，又稱御河，即永濟渠，原為隋煬帝時所開，由臨清至天津入海。

當時，每年需要運往北京的漕糧約四五百萬石，數額巨大。南方是全國的經濟重心，全國三分之二的漕糧來自江南各省。為了把江南財賦集中到北京，陸運、海運和河運三途並用。在古代，由陸運長途轉輸十分困難，勞民傷財，且常有車夫逃亡的事發生，難於管理。海運風險大，還是以河運最適宜。但因河道不能貫通，所以不得不水陸兼運。永樂初年，掌管戶部的能臣郁新向明成祖建議，因南段運河多淺灘，建議使用載糧三百石的淺船，由淮河、沙河先運到陳州潁溪口跌坡下，再用載二百石的淺船運到跌坡上，接著用大船運入黃河道。到八柳樹等處後，「令河南車夫陸運入衛河，轉輸北京。」[22]明成祖採納了他的建議。但由此可以看出，當時將漕糧由南方運往北京是多麼繁瑣和艱難。

永樂元年（一四〇三年），明成祖命陳瑄為總兵官，總督海運，每年運糧四十九萬石濟北京和遼東。在海上大規模運糧，風大浪急，常有沉船的事發生。再加上當時有倭寇不時在海上騷擾，這就更增加了海運的困難。陳瑄在督海運期間，就曾數次與倭寇遭遇。因此，為了保證京師的供應，把京師和南方經濟中心有力地連接起來，浚通大運河就提上了日程。

宋禮浚會通河

永樂九年（一四一一年）二月，明成祖命工部尚書宋禮掌浚通會通河一事。這是接受了濟寧州同知潘叔正的建議。他曾上書明成祖：「舊會通河四百五十餘里，淤者乃三之一，浚之便。」於是，「發山東及徐州、應天、鎮江民三十萬，蠲租一百一十萬石有奇」，開始了浚通會通河的工程。[23]

會通河開鑿於元朝初年。原來，由濟寧至張秋的一段稱濟州河，由張秋到臨清的一段稱會通河。後來，由濟寧至臨清的整段運河通稱為會通河，這段河道靠汶、沂、泗、洸諸水濟運。元代治理會通河的關鍵工程是「遏汶入洸」，即於寧陽的堽城屯築壩，稱作「斗門」，也就是閘門。於是，汶水在這裡便一分為二，一部分南流為洸水，注入會通河；一部分西流，入大清河，由東阿

21《明史》卷一百五十三，〈宋禮傳〉。
22《明史》卷一百五十，〈郁新傳〉。
23《明史》卷一百五十三，〈宋禮傳〉。

而北，到利津入海。濟寧的天井閘將洸水分成南北兩股，北注臨清，南注徐、邳。元代遏汶濟運的指導思想是正確的，但地勢沒有選擇好。由天井閘往北注的水所經地區的中間地勢高，以汶上南旺一帶為最高點，南旺南邊和北邊的地勢都漸漸變低。因此，冬春兩季水量少的時候，南旺一帶經常淺阻，使漕運無法進行。這也正是元代河運的運輸量一直不大的主要原因。洪武二十四年（一三九一年）黃河決口後，會通河淤塞一百五十餘里，會通河於是不再通航。

永樂九年（一四一一年）二月，宋禮帶領三十萬民工開始了治理會通河的工程。宋禮首先疏浚了淤塞地段，並針對原來「岸狹水淺，不負重載」的情況，對全河普遍拓寬，對原來的河床又加深三尺。但這並不是問題的關鍵，關鍵是要解決南旺一段淺阻的問題。為此，宋禮進行了廣泛的調查，尋求良策。這時，汶上老人白英向他獻上了「南旺導汶」的建議：「南旺地聳，盍分水？於南旺導汶，趨之毋令南注洸，北傾坎。其南九十里使流於天井，其北百八十里使流於張秋，樓船可濟也。」[24]白英的建議是長期實踐經驗的總結，宋禮採納了他的建議。於是，宋禮就封閉了元代所修的堽城壩的斗門，切斷汶水入洸的通路，另在東平州的戴村修築了橫亙五里的長壩，使汶水沿新開的九十里新河盡入會通河。水流至南旺後，中分為二道，十之六往北流，經臨清入衛河；十之四往南流，接徐、沛入淮河。因南旺地勢高，故有「水脊」之稱，可以南北皆注。這時又出現一個問題，即隨季節性變化而引起漕河水位大幅度升降，會影響漕運。為解決這一問題，宋禮又在南旺的南北兩方向上相勢築閘，以及時蓄水和瀉水。水少時，閉閘蓄水以保漕運；水多時，開閘放水以利行舟。由南旺水脊到臨清，地勢下降九十尺，設閘十七處；由南旺水脊到南邊的沽頭（魚台縣南），地勢下降一百一十六尺，設閘二十一處，以解決從南旺到徐州的「七十二淺」問題。

這個工程完工後，會通河的面貌大為改觀。「從徐州至臨清幾九百里，過淺船約萬艘，載約四百石，糧約四百萬石，若涉虛然。」[25]由於運河的漕運能力大為提高，所以明成祖於永樂十三年（一四一五年）完全罷除了海運。浚通會通河的工程於八月竣工，歷時約半年。宋禮「論功第一，受上賞」。[26]

汶、泗諸水是會通河的水源，但夏秋水量大，春冬水量小，如不設法調節，也不能保證漕運的通暢。當時，運河沿岸有些低窪地，有季節性放水。例如今天山東的南四湖，那時還是個季節湖。因此，當地老百姓還時而墾種湖中的土地。宋禮向明成祖建議，把這些窪地收歸國有，專門用來儲水保運。於是，宋禮就沿運河設置了四大「水櫃」，即今天所習稱的水庫，水櫃修有閘門和堤壩。夏秋水量大時，將運河水放入湖中儲存起來；春冬水量小時，則開閘瀉湖水入運河。這樣，就有效地調節和控制了運河水量，從根本上解決了河水淺阻問題。自永樂以後，明清兩代的會通河一直保持暢通，這與水櫃的作用是分不開的。

治黃河和開鑿清江浦

在治理運河的同時，如不解決黃河決口氾濫的問題，會通河仍有隨時被黃河水沖淤的危險。

24 何喬遠，《名山藏・河漕記》。
25 同註24。
26 《明史》卷一百五十三，〈宋禮傳〉。

黃河一旦有大的決口，整個會通河的疏浚工程就會毀於一旦。

當時，黃河仍保持著洪武二十四年（一三九一年）改道後的狀況：黃河主流由開封北往東南流，經陳州、太和等地於壽州的正陽鎮入淮，一支主要的支流經東平入海，會通河橫穿這條支流而過。黃河水大時，可裹挾會通河的水入海，也會倒灌運河，淤塞河道，這對運河的漕運是個嚴重威脅。為此，工部侍郎張信等人向明成祖建議，治理黃河，以使黃河不危害漕運。因當時宋禮正督治會通河，明成祖便「命禮兼董之」。當時，發河南丁夫十萬人，開始對黃河進行大規模治理。

宋禮治黃的方針以保運為主。他一方面疏浚了河南封邱至山東魚台的黃河故道，使黃河水安穩地流入運河中段。這樣既分殺了黃河水勢，又解決了運河中段的缺水問題。另一方面，宋禮在荊隆口築壩設閘，以節制流經東平的河水。冬季會通河水小，則開閘引黃河水入會通河濟運；夏秋黃河水大，泥沙多，則閉閘斷水。這樣，既殺了黃河水勢，減少了黃河決堤的危險，也保證了會通河的安全，收到了黃、運兼治的效果。

經宋禮對會通河治理後，使運河每年的漕運能力提高到四百萬石。但是，淮南的河道上仍存在著不少問題。當時，陳瑄督掌漕運，熟悉運河全線情況。明成祖按照陳瑄的建議，命建造淺船二千餘艘，由初運二百萬石增至五百萬石，「國用以饒」。但是，江南運河到淮安後，不能直接通淮河，要改用陸運，經過仁、義、禮、智、信五壩後，才能入淮達清河，「勞費甚巨」。陳瑄訪求當地故老後得知：

> 淮城西管家湖西北，距淮河鴨陳口僅二十里，與清江口相值。宜鑿為河，引湖水通漕，宋喬維岳所開沙河舊渠也。[27]

陳瑄經實地勘察後，認為確實可行。於是，於永樂十三年（一四一五年）春天就開始了開鑿清江浦的工程。沿宋代喬維岳所開舊沙河，鑿清江浦河道，由淮安城的管家湖導水，到鴨陳口入淮。陳瑄還築閘四處，分別叫移風、清江、福興、新莊。清江閘位於淮水與運河的交會口上，當黃河水漲時，就關閉清江閘。永樂十三年五月，鑿清江浦的工程竣工。從此以後，江南來的漕船可以直接到淮安，既免除了陸運過壩之苦，又減少了許多風險。

除此之外，因呂梁洪險惡，陳瑄於西邊另鑿一渠，置閘兩處，蓄水通漕。又在沛縣的刁陽湖和濟寧的南旺湖築長堤，在泰州開白塔河通大江，在高郵築湖堤，在堤內鑿渠四十里，以「避風濤之險」。自淮安至臨清，陳瑄又相水勢置閘四十七處，沿運河置倉，以便轉輸。陳瑄又考慮到漕船有時擱淺的問題，自淮安至通州置舍五百六十八處，每舍安置一定數量的士卒，負責導航，避免擱淺。陳瑄又沿運河植樹鑿井，以方便行人。其規畫十分縝密，所以運河大暢，海運和陸運皆罷而不用。[28] 後人在說到永樂年間浚通大運河一事時，謂「宋禮之功在會通，陳瑄之功在淮南」。[29] 這只是就大處而言，實際上陳瑄對北邊的運河也有不少貢獻。

永樂年間對大運河各段進行治理，先後有數十萬民工參與了這項工程，貢獻了他們的智慧和力量，付出了巨大的代價。從此以後，南北大運河才真正暢通無阻，而且能經常保持一定的水位和安全。於是，通過這條大運河，就把作為政台中心的北京和作為經濟中心的江南緊密地聯繫在一起。南方的糧食沿著大運河絡繹不絕地運往北方，解決了當時國家急迫的漕運問題。漕船由長

27 《明史》卷八十五，〈河渠志三〉。
28 《明史》卷一百五十三，〈陳瑄傳〉。
29 何喬遠，《名山藏．河漕記》。

江北岸的瓜州可直達通州，使漕運的運輸量越來越大，「初運二百萬石，浸至五百萬石，國用以饒。」[30]因此，大運河幾乎成了明王朝的生命線，受到明王朝高度的重視和嚴密的保護。

同時，大運河暢通有力地促進了南北經濟文化交流，在政治上加強了全國的鞏固和統一。人們看到，隨著商品經濟的日益發展，在運河沿岸陸續興起了一些繁榮的工商業城鎮，像濟寧、臨清，明中期以後成為全國著名的工商業城市，一些學者從這些城市的發展中找到不少有關資本主義萌芽的材料。有的學者經考證後甚至認為，明中期出現的中國著名的文學作品《金瓶梅》寫的就是臨清的生活。明清兩代，大運河一直是我國南北交通的大動脈，對繁榮全國的經濟、鞏固國家的統一、豐富人民的生活，都發揮了巨大的無法替代的作用。明代治理大運河首先是勞動人民的巨大貢獻，但和明成祖的作用也是分不開的。

修建大報恩寺等

明成祖在位期間大工迭興，除營建北京和治理大運河以外，像修建大報恩寺、武當山宮觀、長陵，都是不小的工程。當時鑄造的永樂大鐘，被稱為世界的「鐘王」，至今仍經常為人們所提及。這些，在中國文化寶庫中都占有相當的位置。

大報恩寺

大報恩寺號稱金陵第一大剎，位於今南京中華門外，雨花路東側。這裡原來就有佛寺，據傳，東吳時天竺（今印度）僧人遊至建業，說阿育王役使鬼神建塔，禮請三十七日得舍利。吳王孫權為建阿育王塔，稱建初塔，為江南建塔之始。南朝時又稱阿育王寺，宋代改稱天禧寺，這也就是大報恩寺的前身。永樂十年（一四一二年）八月，明成祖下令「重建天禧寺」，名義上為紀念明太祖和馬皇后，藉以讓世人知道，他是明太祖和馬皇后的嫡子，是他們的正統繼承人，實際上是為他的生母碽妃祈福。整個工程分兩部分，一是寺，二是塔。永樂十年開始動工，直到宣德六年（一四三一年）才全部完成，歷時十九年，費銀約二百五十萬兩，徵調軍匠工役十餘萬人，在當時是一項十分浩大的工程。

大報恩寺占地開闊，周長九里零十三步。施工要求十分嚴格，地基上先釘滿粗大的木樁，然後縱火焚燒，使之變成木炭，再用鐵輪石磙碾壓夯實，以保證地基的抗壓力。木炭上加鋪一層硃砂，以防潮和殺蟲。寺內的大雄寶殿實際上就是碽妃殿，它和天王殿是寺內最雄偉的建築。寺內共有殿閣二十餘座，畫廊一百一十八處，經房三十八間。[31]整個建築群殿閣重重，不僅氣勢雄偉，而且精妙絕倫。

大雄寶殿後邊有九級琉璃寶塔，高三十二丈九尺四寸九分，有八個稜面，全部用白石和五色

30《明史》卷一百五十三，〈陳瑄傳〉。

31 張惠衣，《大報恩寺全圖說明》。

琉璃磚砌成。據傳，燒製琉璃磚時一式三份，依序編號，一份建塔，另兩份埋在地下以備用。塔上的琉璃磚瓦都有精美的圖案和花紋，正所謂「文石雕瓦，千奇萬麗，金輪聳雲，華燈耀月，為南都巨觀」。[32]

永樂九年（一四一一年）夏天，鄭和第三次下西洋回國，將所剩白銀百餘萬兩交給工部侍郎黃立恭，用來建造大報恩寺。鄭和第六次下西洋回國後，曾一度任南京守備，親自督察施工。在修建大報恩寺的過程中，還曾經用一萬多囚犯參與施工，當時一度有流言，謂「役夫謗訕」，明成祖擔心有變，命監察御史鄭辰往驗，「無實，無一得罪者。」[33]工程浩大，工期又長，施工艱苦，「役夫謗訕」是情理中事。只因鄭辰是個較能體恤民情的人，不願因此懲治匠役，使此事不了了之。

永樂二十二年（一四二四年）三月，寺將落成，明成祖特賜名為「大報恩寺」，並親製碑文。其中說道：

（高皇帝和高后）德合天地，功在生民，至盛極大，無以復加也。朕以匪德，統承大寶，負荷不易，夙夜惟勤，惕惕兢兢，恆循成憲。重惟大恩罔極，未由報稱……重造浮圖，高壯堅麗，度越前代，更名曰大報恩寺。所以祇迎靈貺，上資福於皇考、皇妣，且祈普佑海宇生靈，及九幽夾滯，咸沾濟利。因仰承我皇考妣之聖志，而表朕之孝誠。……我皇考、皇妣之功德，配天地之廣大，同日月之光明，而相為永久於萬萬年。[34]

這話是寫給世人看的，他的真實心意是為他的生母碽妃祈福。永樂初年，因高后忌辰，禮部尚書李至剛請仿宋制，於佛殿修齋誦經，但卻被明成祖制止。明成祖的理由是，「人君之孝與庶人不同」，人君之孝主要是使「宗社奠安，萬民樂業」，而修齋誦經則是末務。[35]表面上看，這話也頗有道理，實際上它反映了明成祖內心深處的思想，即對高皇后的感情並不太深，最使他懷念的還是他的生母碽妃。清前期的詩人陳文述對此也多有猜測，他在《登報恩寺浮圖》一詩中寫道：

靖難師來孰閉門，孝陵雲樹黯銷魂。
忠臣已盡神孫死，卻建浮圖說報恩。
兒女英雄各有人，舊都遺事說紛紛。
六朝只在斜陽裡，半是青山半白雲。[36]

詩中隱約透出，明成祖修建大報恩寺另有用意。

大報恩寺建成後，成為南京的一大景觀。外國貢使來中國，也一定到大報恩寺瞻仰一番。他們「見報恩寺，必頂禮讚嘆而去，謂四大部洲所無也」。[37]至於中國的文人墨客，有關大報恩寺的詩篇和記述更是多不勝舉。例如，明中期的大文士王世貞在〈遊牛首諸山記〉中，就記述了他登大報恩寺的觀感：

32 朱偰，《金陵古蹟圖考》。
33 《明史》卷一百五十七，〈鄭辰傳〉。
34 《太宗實錄》卷一百二十八。
35 余繼登，《典故紀聞》卷六。
36 甘熙，《白下瑣言》卷四。
37 同註36。

塔，故文皇（明成祖）下京師，簒大寶，傾天下之財力，為高帝及后營福者也。其雄麗冠於浮圖，金輪聳出雲表，與日競麗。……甫三級，則已下視萬雉矣。級益高，階益峻，兩股蹀躞者久之。強自奮，盡九級，宮殿樛郁，萬棟櫛歷，與平疇相映，長江如白龍蜿蜒而來。惟鍾山紫氣，與天闕、方山不相伏，餘無所不靡。塔四周鑄四天王金剛護法神，中鑄如來像，俱用白石，精細巧致若鬼工。38

王世貞的這段話既有自己的感受，也描繪了寺塔的壯麗。嘉靖時，報恩寺大殿毀於雷火，後又修復。太平天國時，大報恩寺徹底被燒毀。今天，人們只能在南京博物院裡看到少許大報恩寺的殘磚剩瓦，即使這僅存的殘磚剩瓦，也可以使人們聯想到，當時的大報恩寺是何等的輝煌和壯麗！

武當山宮觀

武當山在湖北均縣南，為大巴山的東段分支。武當山又名太和山、紫霄峰，山勢峻拔，為道教名山，也是著名的武當派拳術發源地。隨著有關武當拳術的武打片不斷出現，知道武當山的人越來越多，但很少有人知道，武當山在歷史上曾有過比「五嶽」名山更為顯赫的名號和地位，這與明成祖對武當山宮觀的大規模營建是分不開的。

武當山是道家的福地，這裡是道家所尊奉的北方之神「真武帝君」的道場。據道家傳說，在神農氏末年，古淨樂國王的太子越東海來遊，天神授給他降魔寶劍，在武當山修練四十二年後成功，能白日飛升，威震北方，名為「玄武君」。宋代為避諱，改稱「真武帝君」，於是，在武當山各處就留下了許多靈蹟。唐代曾在武當山修建了第一所道觀，幾經興廢，並未大盛。只是到了明朝永樂年間，武當山才開始進入鼎盛期。

明成祖通過靖難之役奪取皇位，不合封建正統觀念，被視為「篡逆」。明成祖心裡很明白這一點，遂假託天命，大肆宣揚自己得到了真武帝君的庇佑，所以才登上皇位。明成祖大規模營建武當山宮觀，也正是為了向世人宣揚這一點。這也就等於說，自己的皇位來自於天命。

永樂十一年（一四一三年）六月，明成祖下令大規模營建武當山道教宮觀。當時，隆平侯張信奏言，武當山大頂上出現了五色彩雲，並「繪圖以進」。明成祖出示百官，相互傳看。禮部尚書呂震率群臣致賀，明成祖遂敕諭群臣：

> 武當創建宮觀，上資皇考、皇妣之福，下祈福天下生靈，如歲豐人康，災沴不作，此朕素願。今茲禎應，蓋皇考、皇妣之福，而山川效靈所致。[39]

於是，命隆平侯張信、駙馬都尉沐昕和工部侍郎郭璡等，徵軍匠和民夫三十餘萬，大規模營建武當山道教宮觀。大頂上原來由元代鑄的銅殿，不惜花巨資將其拆遷至小蓮峰，而重新鑄造鎏金銅殿三間，稱之為「金殿」。在金殿中供奉著真武帝君鎏金銅像，披髮跣足，形象逼真。據傳，真武帝君銅像就是按照明成祖的相貌和體態鑄造的。

這項營建工程於永樂十六年（一四一八年）十二月竣工，施工近六年，花費白銀百餘萬兩。

---

38 朱偰，《金陵古蹟圖考》第十二章。

39 《太宗實錄》卷八十八。

宮觀建成時，明成祖賜名為「太嶽太和山」。山有七十二峰、三十六岩、二十四澗，峰最高者稱為「天柱」，而以紫霄峰景觀最壯麗。明成祖還選道士二百人供灑掃，賜田二百七十七頃，連同田上耕戶一起賜予宮觀，以供食需。另外又挑選道士任自垣等九十人為提點，秩正六品，「分主宮觀，嚴祀事」。經這次營建，「凡為殿觀、門廡、享堂、廚庫千五百餘楹」，明成祖還親製碑文以紀其事。[40]

經明成祖這次對武當山大規模營建之後，武當山的名聲大噪。每到春天二三月間，江南許多地方都組織大規模的武當進香旅行。人們沿運河、長江行進，長途跋涉，不遠數千里，前往武當山致祭。[41]自明成祖以後，凡新皇帝即位，都要派使臣去武當山祭拜真武帝君。由於明成祖帶了頭，各地藩王爭相仿效，紛紛在均州設立道觀，供奉真武帝君香火。明成祖還在均州設置官守和千戶所，以管理宮觀事務和守護山場。後來改由太監司香，並頒予關防。於是，號稱「太嶽」的武當山的地位便一度凌駕於「五嶽」之上。

後來的嘉靖皇帝也崇信道教，他曾再次對武當山宮觀進行大規模修繕，從而奠定了武當山八宮、二觀、十祠、三十二庵的規模，共有殿宇達二萬餘間，道士、道童人數一度超過萬人。這是五嶽所難以比擬的。

長陵和永樂大鐘

現在，北京的「十三陵」已成為重要的旅遊景觀。其中，只有定陵已被發掘，地宮可供遊覽，其餘的十二個陵墓還都保持原狀。在十三陵中，長陵是明成祖的陵墓，對葬於十三陵的其他皇帝來說，明成祖是始祖，所以他的陵墓最高大壯麗。

永樂五年（一四〇七年）七月，明成祖的皇后徐皇后病死，但沒有立即安葬。明成祖一直有遷都北京的念頭，便命禮部找精通風水的人，在北京郊區尋找陵地。禮部尚書趙羾找來風水先生廖均卿等人，經過仔細勘察，選擇昌平縣東的黃土山為陵地。明成祖對選擇陵地一事十分重視，親自前往察看，感到這裡氣勢不凡，遂決定作為朱明皇室的新陵地，並改黃土山為天壽山。

永樂七年（一四〇九年）五月八日，明成祖命武安侯鄭亨前往祭告天壽山山川，破土動工，並命武儀伯王通具體掌營建事。於是，就開始了大規模營建長陵的工程。[42]

這項工程主要有兩部分：地宮和陵園。關於長陵地宮的情況，人們至今無所知，只有等日後考古工作者發掘以後，才能看到它的真面目。但人們今天可以看到定陵地宮的情況，參觀者無不為其工程浩大而驚奇。葬在定陵的萬曆皇帝是明成祖的後世子孫，他的陵寢絕不會比明成祖的規模大。由定陵地宮的規模可以想像，當時建造長陵地宮一定花費了巨量的錢財。

長陵的地宮修建了四年時間，隨後便將徐皇后安葬於此。地面上的長陵陵園仍在繼續建造，一直到永樂十四年（一四一六年）三月，「長陵殿成」，[43] 地上建築基本完工。今天人們所看到的長陵陵園是經後來數次重修而成的，但也大體保持了最初的格局。陵園由陵門、祾恩門、祾恩

40《太宗實錄》卷一百一十二。
41 參見顧文璧，〈明代武當山的興盛和蘇州人的大規模武當進香旅行〉，載《江漢考古》一九八九年第一期。
42《太宗實錄》卷六十三。
43《太宗實錄》卷一百。

殿、明樓和寶城組成，排列於南北縱軸線上。這組建築群是中國現存的最大的木結構建築群之一，僅此一點也可以看出當時的工程是多麼浩大。

今天，在北京西郊的大鐘寺保存著一口巨大的銅鐘——永樂大鐘。這是中國的一件國寶，吸引著國內外人士不斷前去觀賞。大鐘寺原名覺生寺，建於清代雍正年間，遂將永樂大鐘由西郊的萬壽寺移放在此處。永樂十八年（一四二〇年），在明成祖正式頒詔遷都北京的同時，下令鑄造了這口巨大的銅鐘。這口銅鐘高六．七五公尺，鐘口直徑三．三公尺，重達四．六萬多公斤。大鐘上鑄有御制佛經和其他重要的佛經七部，漢文咒語一百多項，全由楷書寫成，至今清晰可辨。但大鐘上到底鑄有多少字，以前人們從來沒有數清過，只知道大約有二十三萬多字。一九八八年初，大鐘寺的幾位文物工作者經過一個多月的苦戰，終於揭開了銘文數字之謎。經精確計數後得知，永樂大鐘上共鑄有漢文佛教銘文二二五、九三九字，梵文佛經銘文四、二四五字，總共二三〇、一八四字，是世界上銘文最多的大鐘。[44]

永樂大鐘還有良好的聲學特性。經有關專家鑑定，在沒有障礙物的情況下，鐘聲可達四五十里之遙，為舉世所罕見。由於永樂大鐘鑄造的年代久遠，鐘上銘文最多，鑄造精美，結構科學，所以號稱世界「鐘王」。

關於明成祖鑄造這口大鐘的用意，後人多有猜測。清代的乾隆皇帝認為，明成祖誅殺建文舊臣過於慘毒，鑄這口布滿佛教經文的大鐘是為了懺悔。他在〈覺生寺大鐘歌〉中寫道：

朝謀弗善野戰龍，金川門開烈焰紅。
都城百尺燕飛入，齊黃群榜為奸凶。

……

瓜蔓連抄何慘毒，龍江左右京觀封。

謹嚴難逃南史筆，懺悔詎賴佛氏鐘！

……

欲藉撞杵散噴氣，安知天道憐孤忠。

榆木川邊想遺恨，梟氏徒添公案重。[45]

應該說，乾隆皇帝的這種看法是有某種代表性的。

永樂年間還有一些頗大的工程，難以縷述。僅從以上的一些工程也可以看出，如果沒有強大的國力做後盾，這是難以想像的。這同時也使人想到，當時人民群眾的勞役負擔是何等沉重。

44 見一九八八年三月十八日《北京晚報》。

45 《日下舊聞考》卷九十九，〈郊坰·西九〉。

第十二章　治國得失

明成祖在位二十二年，以他的雄才大略使明王朝進入了鼎盛時期。他知人善任，恩威並濟，勤於政事，使政無壅蔽，故永樂年間政治較為清明，人民生活較為安定，社會經濟得到較快的恢復和發展。但是，明成祖南征北討，大工迭興，勞民過甚，故不斷引起人民群眾的反抗。歷史上著名的唐賽兒起事就發生在永樂年間。

知人善任

永樂年間臣僚勤於職守，出現了許多能臣和名臣，這與明成祖知人善任是分不開的。明成祖用人賞罰分明，量才適用，不拘品級，且能推誠待人。他鼓勵臣下直言，但大事皆由個人決斷，這是他事業取得成功的一個極為重要的因素。

恩威並濟，賞罰分明

明成祖馭臣下威嚴，無論是藩邸舊人，還是建文降臣，都在各自的職位上盡心盡職，不敢稍有懈怠。有功者賞，有罪者罰，毫不含糊。

明成祖即位後，重用了一批藩邸舊人。這些人隨明成祖起兵靖難，出生入死，勝利後身居高位，但仍不敢驕橫。明成祖即位不久，就誡諭這些舊臣「當思自保。凡人致富貴難，保富貴尤難。爾等從朕數年，萬死一生，今皆身有封爵，祿及子孫，可謂難矣，但當思保之。夫有功則賞，有罪則罰……朕不敢曲宥。」[1]後來，明成祖在授予薛祿等靖難功臣鐵券時，又誡諭他們說：「位高易驕，祿厚易侈，宜思得之不易，保之惟艱。則安榮始終，傳及後嗣，勉之勉之！」[2]仔細翻檢一下《明實錄》就會發現，明成祖經常教導這些舊日功臣，要他們善自保全，不要重蹈歷史上經常見到的驕橫致禍的覆轍。

明成祖執法嚴厲，對那些失職造成惡果的，輕則降級或免職，重則下獄或處死。例如，監察御史王愈和刑部、錦衣衛官四人，會決死囚，卻誤殺無罪者四人。明成祖聞知後，立命刑部將王愈等四人逮繫，即日「四人皆棄市」。[3]三法司是執法機關，明成祖一再告諭三法司要「潔己愛民」，執法公平，不得收受賄賂。否則，「犯贓必論如法」。[4]

明成祖威柄獨操，大臣們常懷敬畏之心，在職上不敢稍有懈怠，甚至有些提心吊膽。例如，永樂十九年（一四二一年）冬，明成祖準備第三次親征漠北，戶部尚書夏原吉和兵部尚書方賓都表示反對，夏原吉被下獄，方賓自殺，明成祖命禮部尚書呂震兼戶、兵二部尚書事。呂震十分害

1 《太宗實錄》卷十三。
2 《太宗實錄》卷一百二十。
3 《太宗實錄》卷一百二十五。
4 《明史》卷七，〈成祖本紀三〉。

怕，明成祖便命十名官校形影不離呂震左右，對他們說：「若（呂）震自盡，爾十人皆死。」[5]一個禮部尚書尚且如此，就更不用說其他臣僚了。

明成祖對臣下不只是有威嚴的一面，還有頗具人情味的一面，這也就是所謂「恩威並施」吧。例如，解縉和胡廣是同鄉，又是同學，在朝又同為內閣學士，明成祖居然為他們二家的子女作起媒來。後來，解縉雖下獄致死，但他的兒子仍娶了胡廣的女兒。

永樂七年（一四〇九年）正月，明成祖下令，自正月十一日至二十日放假十天，讓臣民一起歡度元宵佳節。在這十天當中，「百官朝參不奏事，聽軍民張燈飲酒為樂，弛夜禁。」[6]明清時期元宵節放假就從這時開始，這也是明成祖關心臣民生活細事的一個舉動。

永樂七年十月，明成祖因北京寒冷，怕群臣早朝奏事時久立不堪，便於常朝後御便殿，諸臣有事依次入奏，無事回衙治事，免得久立受凍。

明成祖即位之初，對所謂變更祖制者處置甚嚴。大理寺少卿虞謙自陳道，他在建文時曾建議，天下僧道每人只准有田五畝，餘者歸官，不足者官府補足。他自請「當坐改舊制之罪」。明成祖笑著說：「此秀才闢老佛也。」[7]並未對虞謙治罪。對所謂變亂祖制者，明成祖也是區別對待的。

賞罰分明是吏治清明的重要保證，明成祖對此十分留意。有時明成祖處罰臣下很嚴厲，幾乎近於殘酷，但對有功之臣的封賞也是很慷慨的。

明成祖對內外臣僚嚴加考察，有一套完整的制度。有人被彈劾，但罪行較輕，則以「致仕」的名義命其歸里。唐宋時的大臣以致仕為榮，明代以致仕為恥，原因即在於此。所以明代臣僚有致仕的，其墓志銘多不寫致仕字樣。

明成祖執法嚴厲，即使是靖難功臣，也不得因功掩過，有罪仍按刑律懲治。以前，歷朝功臣多有驕橫不法者，永樂年間則幾乎看不到這類事，這與明成祖馭臣下有術是分不開的。有一次，刑部在給幾個靖難功臣定罪時，請求念其舊功，從輕處罰，受到明成祖的訓斥，而堅持從公論處。明成祖說道：

朝廷大公至正之道，有功則賞，有過則刑。刑賞者，治天下之大法，不以功掩過，不以私廢公。此輩征討之功，既酬之以爵賞矣，今有犯而不罪，是縱惡也。縱惡何以治天下？其論如律。[8]

這段話很能代表明成祖的賞罰觀，這也是他一生的事業能取得極大成功的重要原因。

對有功的人，明成祖不吝升賞。例如在靖難之役中立功的人，即使已死去，仍按功追封。張玉死於東昌之役，明成祖仍追封他為榮國公。他擔心對靖難功臣封賞不當，又命丘福等人再議，又封賞了一批遺漏功臣。對建文舊臣，只要不堅持敵對態度，歸降後都一律予以任用，且論功行賞。永樂年間的許多治國名臣都是歸降的建文舊臣，例如楊士奇、楊榮、解縉、蹇義、夏原吉等都是，他們在永樂年間及以後的幾朝，都卓有建樹，屢次受到明成祖的升賞。楊榮在軍事上多有

5《明史》卷一百五十一，〈呂震傳〉。

6 余繼登，《典故紀聞》卷七。

7《太宗實錄》卷十二下。《捫蝨新語》中有「退之（韓愈）原道闢佛老」語，此處「闢老佛」當從此處轉來。〈原道〉是韓愈倡導儒家學說的一篇文章。

8 余繼登，《典故紀聞》卷六。

功績，他回鄉時，明成祖特地命宦官隨侍，以示榮寵。「內臣隨侍，則唯永樂間楊榮。」[9]宦官是專門侍候皇帝的人，明成祖卻讓宦官去隨侍一個建文舊臣，且在有明一代獨一無二，這種恩遇令滿朝吃驚。

永樂十年（一四一二年）二月，明成祖給蹇義、夏原吉、楊士奇、楊榮等人誥命，「並封贈其祖父母、父母及妻如制，蓋特恩云。」[10]這既是對他們忠於新朝的報償，又激勵他們繼續為新朝立功。得到這種「特恩」的在藩邸舊臣中極其少見。也就在這年元宵節，夏原吉陪著母親觀燈，明成祖聞知後，馬上命宦官帶鈔二百錠，前去賜予夏原吉的母親。[11]這雖說是件小事，但反映了明成祖和有功於國家的大臣之間的親密關係。

明成祖對臣下的升降十分慎重，他曾對身邊的大臣說：

> 人君進一人退一人，皆不可苟，必須厭服眾心。若進一人而天下皆知其善，則誰不為善？退一人而天下皆知其惡，則誰敢為惡？無善而進，是出私愛；無惡而退，是出私惡。徇私而行，將何以服天下？[12]

明成祖的這段話並不深奧，但真正能做到這一點的人並不很多。即使在今天看來，這段話也仍然閃耀著磨滅不掉的光輝。明成祖懂得這一點，並這樣去做了，這使他成為中國歷史上較為成功的一個帝王。

明成祖還有個高明之處，即升賞臣下不拘舊章，而是從實際情況出發，盡量地「錄功而略過」，以鼓勵臣下爭相立功。永樂四年（一四〇六年）六月，總督海運的陳瑄奏稱，通過海運前往天津衛的海船應同日啟航，但有三十艘船晚了五天才啟航，雖同時到達，亦無所損，但應治未同日啟航之罪。明成祖卻未予治罪，還對身邊大臣說了一段很耐人尋味的話：

> 始慮海寇為患，故敕令同發。今已濟而無損，雖違約當懲，然海運甚艱，其功可以贖過矣。凡用人者，錄功而略過，則人奮於功；若計過而略功，則救過之不暇，何暇懋功哉！[13]

這種鼓勵臣下奮勇立功的做法是很高明的。

人有長短，量才適用

明成祖在選才時務求其精，但他清楚地知道，人無完人，故用人時要取其所長，量才適用。永樂二年（一四〇四年）初，明成祖第一次開科取進士達四百七十二人。永樂十年（一四一二年）二月，明成祖決定改變這種取士過多的做法，敕諭禮部臣說：「數科取士頗多，不免玉石雜進。今取毋過百人，其務精擇。收散木累百，不若良材一株也。」[14]從此以後，永樂年間每科取士都在百人以內。選才務求其精，但人各有長短，應各用其所長。明成祖曾對吏部臣說：

9 沈德符，《萬曆野獲編》卷六，〈內臣隨行〉。
10 《太宗實錄》卷八十一。
11 余繼登，《典故紀聞》卷七。
12 余繼登，《典故紀聞》卷六。
13 《太宗實錄》卷四十三。
14 《太宗實錄》卷八十一。

用人之道，各隨所長。才優者使治事，德厚者令牧民。蓋有才者未必皆君子，有德者必不同小人，不可不察。[15]

明成祖還曾對吏部臣說：

用人當量其才高下而任之。譬若器焉，能容數石者投以數石，能容數斗者投以數斗，過則不可。若以小才任大職則敗事，以大才任小事則枉人，其精審之。[16]

在明代的典籍中，明成祖有關這類的言論可謂俯拾皆是。特別值得一提的是，對那些有功而才智不足的人，明成祖照常封賞，但不實授。正因如此，所以有些有功的靖難官校，雖已升至都指揮，但仍在京衛更番宿衛。

明成祖用人還有一個特點，即不因小過廢大才。永樂四年（一四〇六年）五月，都督程達守邊有過，按常律應正典刑。明成祖念其偶然失事，且「其才足當一面」，故予寬宥，讓他到雲南西平侯沐晟那裡立功自贖。明成祖為此事而對左右大臣說：

人孰無過？論小過而廢大善，則為善者怠；亦孰無才，若錄小才而免大惡，則為惡者肆。故惡之難容者，乃不論其才；才有可用者，乃可略其過。如此，則善善惡惡，皆不失矣。[17]

永樂年間，各級官員基本上都能恪盡職守，爭相立功，政事不荒，這與明成祖的這種用人技巧是有密切關係的。

不拘品級，不計舊嫌

明成祖用人不拘品級，往往能破格用人。永樂初年，有個叫金實的人，是浙江金華的普通生員，上書言王道，深受明成祖賞識。明成祖遂召他入京，試策三道，俱稱旨。明成祖便用他參與改修《明太祖實錄》，後來又參與修《永樂大典》。當時，像楊士奇、解縉等名臣都參與其事。級別最低的也是翰林院官員，都是從歷次進士中選拔出來的優秀人才。一個地方生員，沒有任何官職，卻能破格參與其事，被稱為明代一異。從後來的表現來看，此人確能勝任，為此而被明成祖提拔為司直郎。[18]

永樂二年（一四〇四年）十二月，明成祖賜六部尚書金織文綺衣各一襲。他們都是二品大員，而解縉等六個翰林學士都是五品官，但也和六部尚書一樣，各得一襲金織文綺衣。明成祖對解縉等人說，他們的貢獻「不在尚書下，故予賜賚，必求稱其事功，何拘品級？」[19]正是基於這一思想，明成祖破格提拔了一些能臣。像楊士奇、楊榮等人，原來品級都很低，都受到明成祖的重用，並很快提拔到顯赫的位置。

明成祖用人還不計舊嫌，這突出地表現在他對待建文降臣的態度上。以前，人們對明成祖誅

15 佘繼登，《典故紀聞》卷六。
16 佘繼登，《典故紀聞》卷七。
17 《太宗實錄》卷四十三。
18 沈德符，《萬曆野獲編》卷十四，〈金實〉。
19 佘繼登，《典故紀聞》卷六。

殺建文舊臣的事說得比較多，而對任用建文降臣卻說得比較少。實際上，明成祖在任用建文降臣這一點上是很高明的。像名臣「蹇夏」、「三楊」都是建文降臣，他們在永樂時都有非常傑出的表現，為永樂朝的強盛做出了很大的貢獻，這種情況在整個中國歷史上都是極其少見的。

湯宗也是建文舊臣，以黃淮推薦，召為大理寺丞。有人向明成祖密奏，說湯宗「曾發潛邸事」，即對明成祖準備起兵靖難的事曾向建文帝告過密。明成祖卻對此不以為然，說：「帝王惟才是使，何論舊嫌！」後來湯宗在職任上多有建樹。[20]明成祖曾公開對臣下說，建文舊臣當時「食其祿，任其事」，無可非議，只要能歸順新朝，則一體任用。編修李貫自稱在建文時沒什麼建言，沒上過章奏，反而受到明成祖的訓斥。

永樂元年（一四〇三年）四月，明成祖看到一些舊臣仍心懷疑慮，便特地申諭群臣：

> 帝王圖治，必審於用人。或取諸亡國，或舉於仇怨，惟其賢而已。若唐太宗用王珪、魏徵、房玄齡、杜如晦、李靖、尉遲敬德，宋太祖用范質、王審琦輩……昭然可鑑也。……文武群臣皆皇考舊人，推誠用之，纖悉無間。比聞群臣猶有心懷危疑、不安於職者，此蓋不達天命、不明朕心故也。……其各盡乃心，共乃職，攄誠共事，可以永保富貴。[21]

這一番話，簡直可以看作明成祖對建文舊臣的一篇政策聲明。後來的實踐證明，他大體是這樣做的。藩邸舊臣雖在事實上仍享有一些優遇，這也是難免之事，但對建文降臣也基本能做到推誠任用。例如，宋晟就是一個建文舊臣，他鎮守涼州，前後二十餘年，「威信著絕域」。明成祖知道宋晟「有大將材，專任以邊事，所奏請輒報可」。有御史彈劾宋晟自專，受到明成祖的訓斥，並特許宋晟可「便宜從事」，[22]將西北邊務盡付予宋晟。宋晟果不負所託，盡心職守，使西北長期得到安寧。宋晟也因此被明成祖封為西寧侯，世襲指揮使之職。

敢言比敢為更可貴

明成祖極力鼓勵臣下直言敢諫，認為敢言比敢為更可貴。他曾對內閣學士解縉說：

敢為之臣易求，敢言之臣難得。敢為者強於己，敢言者強於君，所以王、魏之風世不多見。若使進言者無所畏，聽言者無所忤，天下何患不治？[23]

作為一個封建帝王，能有這種認識是非同一般的。且不管他是否完全做到了這一點，僅就他有這種認識即可看出，他有著超越一般帝王的高明之處。

明成祖即位不久，甘州的一個普通軍士張真上書言事，受到明成祖的重視。明成祖對身邊的大臣說，這個士卒所說的雖然不皆可採，「然為國之意則善」。於是，賜予張真衣一襲，鈔千貫。明成祖藉此事對禮部臣說：「居其位，無其言，君子恥之。卿等亦毋嘿嘿守位而已。」[24]這件事至少起到了一種提倡的作用，對那些所謂「嘿嘿守位」者則是一種警告。

20《明史》卷一百五十，〈湯宗傳〉。
21《太宗實錄》卷十八。
22《明史》卷一百五十五，〈宋晟傳〉。
23 余繼登，《典故紀聞》卷六。這裡「王、魏」指唐太宗的大臣王珪和魏徵，二人都以敢言聞名。
24《太宗實錄》卷十三。

明成祖一方面鼓勵臣下敢言直言，另一方面又主張善於明辨是非，擇善而從。這在他給皇太子的敕諭中說得很清楚：

宜悉心以求益，虛己以納言……然聽言之際，宜加審擇。言果當理，雖芻蕘之賤必從之；言苟不當，雖王公之貴不可聽。惟明與斷乃克有成。[25]

作為一個封建帝王，是否高明，其區別也就在這裡，即一要從諫如流，二要明加審擇，擇其善者而從之。

為了鼓勵臣下直言，對那些言辭激切的人也不予治罪，有些人還因此而得了官。例如永樂四年（一四〇六年）十一月，平民高文雅上書言時政，先說到建文時實行的一些事不應盡廢，又說到救荒恤民不夠及時，「言辭率直，無所忌諱」。明成祖命禮部議行。都御史陳瑛劾高文雅「其言狂妄，請置之法」。明成祖則說：「草野之人不知忌諱，可恕，其中言有可採，勿以直而廢之。」明成祖後又對刑部尚書鄭賜說：「不罪直言，則忠言進，諛言退。自古拒諫之事，明主不為。」明成祖還告諭他，以後不可對言辭有違礙的人加罪，並將高文雅送吏部，「量才授官」，[26]這實際上是對直言敢諫的一種提倡。正因如此，儘管明成祖馭臣下威嚴，但臣下仍敢於直言朝政，這也正是永樂年間政無壅蔽的一個重要原因。

政無壅蔽

有一次，明成祖正在專心看臣下的奏牘，御案上的一個鎮紙金獅被碰至案邊，差點兒掉在地下。站在旁邊的一個侍臣連忙將金獅往裡移了移，明成祖這才發覺。他把這件事和治理國家聯繫了起來，於是感嘆道：「一器之微，置於危處則危，置於安處則安。」而天下為「大器」，「尤須安之」，而且要安不忘危，否則，「小不改而積之，將至大壞。」[27]明成祖正是為了使來之不易的天下這個「大器」得安，他必須要辛勤經營，不敢有絲毫懈怠，而且要臣下盡心輔佐，各司其職，使這台國家機器能夠高效正常地運轉。史實表明，永樂年間百業俱興，這台封建國家機器運轉得還是很不錯。

求臣下直言

明成祖很清楚，治理這麼一個偌大的國家至為不易，他不可能什麼事都知道，必須依靠臣下隨時進言；他做出的決定也不可能百分之百正確，必須靠臣下隨時匡救。因此，明成祖極力鼓勵臣下直言，以使國家大事不出大的偏差。

明成祖擔心下情不能及時上聞，便挑選了一批優秀的地方官充任科道言官，以使及時進言。過了一段時間後，這些人卻沒有什麼進言，明成祖很生氣，就對身邊的大臣說：

25《太宗實錄》卷六十一。
26《太宗實錄》卷四十七。
27 婁性，《明政》卷九。

夫郡邑之間，豈都無一事利害可言？今在朕左右，尚猶默默，況遠千里尚肯言乎？爾等退以朕意申諭之，其所治何利當興，何弊當去，皆直言勿隱。於今不言，將有他人言之，則不能逃罪矣。[28]

這是永樂元年（一四〇三年）十一月的事，那時屠殺建文舊臣的腥風血雨還未散去，臣下自然是噤若寒蟬了。明成祖這時責怪他們不進言，簡直有點惡人先告狀的味道，但明成祖鼓勵臣下直言，這無疑是一種明智之舉。在有關明代的史籍中，可以不斷看到明成祖鼓勵臣下直言的記載。例如，永樂四年（一四〇六年）五月的一天，明成祖偶然忘了一件什麼事，怎麼想也想不起來，問身邊的大臣，他們也不知道。後沉思半天，才忽然想了出來。這件事使明成祖受到很大啟發，他藉此對臣下說道：

朕以一人之智，處萬機之繁，豈能一一記憶不忘？一一處置不誤？拾遺補過，近侍之職。自今事之叢脞者，爾等當悉記之，以備顧問。所以有未合理，爾當直諫……慎勿有所顧避。[29]

從這段話可以看出，明成祖並沒有把自己看成萬能的先知先覺者，自己也會忘事，也有些事自己不知道，對有些事的處置也不一定完全恰當，這就需要臣下直言敢諫，「拾遺補過」。這在今天看來似乎都是普通常識，但對一個威嚴無比的封建帝王來說，能做到這一點就非常難能可貴了。

明成祖還利用各種機會鼓勵臣下直言敢諫。有一次，一個大臣奏請為比干修建祠墓。比干因直言而被殷紂王殺掉，是中國古代的名臣。明成祖乘機對臣下說：「君子為國不為身，故犯顏諫諍，死且不避；小人為身不為國，為讒諂面諛，以苟富貴。」後世像比干這樣敢諫的名臣屢有所見，那些不聽臣下勸諫的昏君也屢有所見，自己隨時以秦、隋末年的昏君自戒，臣下也「當以君子之道自勉」。[30]

這種鼓勵臣下直言的做法收到了良好的效果，使明成祖隨時可以了解到各方面的情況，政情通達，無壅蔽，即使有些做法不好，也可以及時得到糾正。例如，開平衛的一個士卒蔣文霆直接上書明成祖，極言採辦之害。一些官員為宮廷採辦各種物品，名為「和買」，實則強取，「於民萬不償一」。有的是當地土產，還比較好辦，有的非當地所產，「須多方徵求，以致傾家敗產」。這個士卒建議：「今後有司妄取民一錢者，以受財枉法論。其各色物料非土地所有者，禁勿取。」這個建議受到明成祖的嘉賞，並批轉全國執行。[31]可以想像，永樂年間大工迭興，要真正做到這一點是幾乎不可能的，充其量也不過能暫時減輕一點人民的負擔。這件事本身既是鼓勵臣下直言的示範，也是鼓勵臣下直言的結果。

在明成祖的鼓勵下，永樂年間臣下言事頗為率直，以致有時使明成祖一時震怒，幾乎要大動刑罰，但稍稍平息後也就算了，對言事者並未嚴懲。有的人言事觸犯了廷中大臣，所言事又不確實，明成祖也未對言者治罪。有一次，給事中柯暹、御史何忠等上書言事，詞侵工部尚書李慶等人。李慶等氣憤不平，屢次請明成祖治他們的罪，明成祖卻說：

28《太宗實錄》卷二十四。
29《太宗實錄》卷四十三。
30 余繼登，《典故紀聞》卷六。
31 余繼登，《典故紀聞》卷七。

朕於今，正欲聞過。古之名王，皆獎直言。今汝數請罪之，是欲朕為何如主？且彼所言汝等過失，若誠有，即因而改之，豈非善德？果若無之，於汝何損？[32]

這段話代表了明成祖對奏言的通常態度，即可採者採，不可採則放置一邊，對言事者不論正確與否，一般都不予治罪。這樣，下情可以上達，國家政事就減少了許多壅滯之弊。

勤於政事

在封建時代，一切國家大事都必須出自皇帝「宸斷」。因此，皇帝是否勤於政事，就成為國家政務是否壅蔽的關鍵。明成祖可看作是另一種形式的創業帝王，他知道這個天下來之不易，他必須要辛勤地經營和管理。他的父皇朱元璋在「遺囑」中曾說，他即位以後一直「憂危積心，日勤不怠」。[33]用這八個字來形容明成祖，也是大體適合的。

明成祖在位二十二年，除了五次親征漠北外，又經常出巡，以致他很少能悠閒地在京師慶祝一下自己的生日，也就是所謂「萬壽聖節」。他白天要早早地上朝，處理叢脞的政務，幾乎沒有休息的日子。那時沒有什麼星期天，更沒有什麼假日，除了生病臥床，都要上朝理事。即使有時「龍體欠安」，臣下也往往要到床榻前奏事，以請定奪。在元宵節放假的十天內，明成祖也仍然每天上朝，臣下雖不奏事，但有些事情還是要處理。另外，明成祖還特別喜歡讀書，編《永樂大典》的一個重要目的就是供「御覽」。他在與大臣談話時，或批示章奏時，經常引經據典，這就是他喜歡讀書的結果。他白天上朝理事，處理政務，晚上還要拿出一些時間讀書，這就更增加了這位皇帝的辛勞。

有一天，百官奏事後已退下，明成祖又召來幾個大臣，議事良久。一個侍臣奏道：「聖躬勤勞，請少息。」明成祖卻說：

朕常在宮中周思庶事，或有一事未行，或行之未善，即不寐至旦，必行之乃心安。積習既久，亦忘其勞。蓋常自念才德不逮，若又不專心志勤思慮，所行何由盡善？民生何以得安？蓋勤於思則理得，勤於行則事治。勤之為道，細民不敢廢，況君乎？[34]

這段話幾乎可以看作是明成祖勤於政事的全面自述，把他為什麼要勤於政事、如何操勞，都說得清清楚楚。至於明成祖是否真正做到了這一點，恐怕要打點折扣，但從各方面的情況來看，這種說法是大體可信的。

有時，明成祖和大臣們談論天下大事，不知不覺就是大半天。有的大臣就勸明成祖，說「語多傷氣，非調養之道，當務簡默為貴」。明成祖說道：

人君固貴簡默，但天下之大，民之休戚，事之利害，必廣詢博訪然後得之……不如是不足以盡群情。[35]

---

32 余繼登，《典故紀聞》卷七。
33 《明史》卷三，〈太祖本紀三〉。
34 余繼登，《典故紀聞》卷六。
35 《太宗實錄》卷四十九。

明成祖正是為了深入了解全國的各種情況，所以他明明知道「簡默為貴」，但卻不敢「簡默」，而必須不辭辛勞，「廣詢博訪」。

有一次，內閣學士胡廣回江西老家，回朝以後，明成祖問他江西老百姓的生活如何。胡廣回答道：「勤者可給。」這一個「勤」字觸發起明成祖的許多聯想，說道：

> 「勤」之一字，豈獨農夫當盡？士工商皆當盡。至於人君，尤不可不盡。……朕每退朝靜坐，必思今日所行幾事，某事於理如何？於人情如何？若皆合宜，心則安矣。有不合宜，雖中夜，必命左右記之，俟旦而改之。[36]

這段話的可貴之處在於，不只是農夫當勤，士工商當勤，君主尤其當勤。作為古代的一個封建君主，能有這種認識，不能不說是難能可貴的。

明成祖一般都是四鼓起床，認為這時神清氣爽，處理事情比較能緩急得宜。早朝後，如有的大臣未能盡言，明成祖允許他們午後來奏，以便「從容陳論」。稍有閒暇，「則取經史覽閱，未嘗敢自暇逸」。明成祖認為，人君不可須臾怠惰，「一怠惰即百度弛矣」。[37]

通政司是上通下達的機構，四方章奏都先送到這裡，有些重要的上奏給皇帝，不那麼重要的則直接發送六科處理。明成祖特地誡諭通政司官員，凡是關係到百姓休戚之事，即使小事也必須及時奏聞，自己並不厭倦。地方官員的章奏多有些粉飾太平的話，明成祖命通政司官員將這些登記在案。日後經核查，如不符合實際，則治奏事者欺隱之罪。這樣，對那些只報喜不報憂的官員來說，就多少是一種約束。對那些已經處理過的章奏，明成祖還要讓六科複查，如有不當，則及時改正。通政司官員說，這樣做可能會損害皇帝的威信。明成祖卻說：「改而當，何失也？」[38]

在古代，皇帝的話被認為是「金口玉言」，似乎永遠不會錯，即使錯了也沒人敢說，更不要說改正錯誤了。明成祖卻承認自己處理事情也會出錯，而且知道錯了就改，這在封建帝王中實在是鳳毛麟角。稍有點歷史知識的人都知道，有些最高統治者明明知道自己做了錯事，但為了維護自己的威信，寧可一錯到底，也不予改正。這就更使我們感到，明成祖的確有異乎尋常的高明之處。

明成祖還經常派遣御史到各地巡視，以防地方官欺蔽。各地有什麼水旱災情，何利當興，何弊當革，這些御史都要及時上報。永樂十九年（一四二一年），明成祖因北京三殿災，派吏部尚書蹇義等二十六人巡行全國，一方面安撫各地軍民，一方面巡察各地政情，小事即直接處置，大事則及時報明成祖定奪。這些措施對整肅吏治是頗有成效的。

「貴得大體」

國家是由不同層級組成的複雜系統，明成祖站在這個系統的頂端。他心裡很情楚，自己主要的任務是要保證這台國家機器正常運轉，讓各級官員各司其職，不互相違越。無論自己怎樣勤於政事，也不可能面面俱到，更不可能事無巨細都親去處理。因此，明成祖一再強調為政「貴得大體」。有時，大臣的奏疏中錯個字，或是忘了稱臣，科道言官即上疏彈劾，請予治罪。為此，明成

36 余繼登，《典故紀聞》卷六。
37 《太宗實錄》卷四十。
38 談遷，《國榷》卷十五。

祖對這些言官申諭道：

為治貴得大體。……一字之誤，皆喋喋以言，瑣碎甚矣。……天下何弊當革，何利當興，何處軍民未安，何人奸邪未去，當歷歷言之勿隱。若此細故，可略也。[39]

在這點上，明成祖似乎高出他的父皇朱元璋一籌。朱元璋一天從早到晚忙於批閱公文，一般每天要看二百多件報告，處理四百多件事，整天忙於繁瑣的政務。明成祖則經常讓皇太子在京師監國，一般日常事務就由皇太子處理了，大事才報告明成祖。明成祖本人則經常住在北京行在，再就是不時率軍親征。即使這樣，永樂年間的行政效率仍然很高，出現了許多的治國名臣，整個國家機器運轉得很靈便、很有效。

有一次，明成祖問身邊侍臣「外間軍民安否」。侍臣回答道：「陛下施仁政，軍民皆安，正太平之時。」沒想到，這些頌揚話反而招來一頓訓斥。明成祖說，太平豈是容易說的，一定要風調雨順，「年穀豐登，兵革不興，軍民安樂，朝無奸邪，然後可以為太平無事。」他還不無挖苦地說道：「奸邪難識，其情似真而實偽，其言似信而實詐。」[40] 明成祖所要的不是頌揚話，而是有哪些大事要做，怎麼樣使他來之不易的江山穩固。

為了使這台國家機器的各個部件不出毛病，明成祖特別重視按察之職。對那些不稱職的人，隨時予以撤換；對那些徇私枉法的人，則毫不留情地予以懲治。有一天，明成祖對負責按察的官員說，自己深居九重，下民情況不能盡知，「按察司任耳目之寄，於事無不得聞，無不得言，所以通下情、去蒙蔽也。」[41] 河南鬧水災和蝗災，地方官未報，按察司官員也無人言及。在明成祖看來，這些災荒是關係到天下治亂的大事，尤其是在即位的第一年，這就更加引起了他的注意。他為此不僅移檄利責，而且派大員親去河南按察，使不少人受到懲治。

為了使臣下各司其職，忠於職守，有一個好的吏治，明成祖組織人編成了《歷代名臣奏議》一書，藉古名臣的榜樣來風化當今。書編成以後，明成祖分發給諸臣，並趁機對侍臣們說：

君能納善言，臣能盡忠不隱，天下未有不治。觀是書，足以見當時人君之量，人臣之直。為君者，以前賢所言便作今日耳聞；為人臣者，以前賢事君之心為心，天下國家之福也。[42]

這裡雖然也說到人君的作用，但主要是說給臣下聽的，這裡的主題是人臣應該怎麼辦。明成祖的用意很明確，就是要他的臣下學習古代賢臣的榜樣，幫助他把國家治理好。

各衙門各司其職，不許互相干擾。有一次，禮部尚書李至剛的岳父坐事被逮繫都察院，當伏重法。李至剛向明成祖求情，希望能從輕發落。明成祖問他，法司判獄輕重，「外人何以知之？」李至剛說是右副都御史黃信告訴他的。明成祖對黃信洩漏刑事機密非常惱火，這不是小事，而是關係到朝廷綱紀的大事，此風斷不可長，因而立命將黃信處死。永樂年間的大臣供職都比較謹慎，幾乎看不到結黨營私的現象。像名臣楊士奇，「私居不言公事，雖至親厚不得聞」。[43]這種情況絕不是個別現象，這種氣氛對促使吏治清明無疑有重要作用。

39《太宗實錄》卷二十七。
40 余繼登，《典故紀聞》卷六。
41《太宗實錄》卷二十四。
42 余繼登，《典故紀聞》卷七。
43《明史》卷一百四十八，〈楊士奇傳〉。

中國封建社會漫長，官僚機構龐大，即使有明成祖這樣明察的皇帝在位，也難免有官員敷衍塞責，甚至失職。例如永樂六年（一四〇八年）九月，都給事中張信彈劾法司淹禁罪囚，致有瘐死獄中者。明成祖立即將刑部尚書召來，痛斥一頓，除死罪犯人以外，限三日將犯人疏決完畢。後來，明成祖擔心死囚罪犯有冤，遂命外地死囚也必須送京師，由法司會審無冤，三復奏而後執行。犯人有冤屈，明成祖還許他們上書申訴。

儘管如此，永樂年間的官員貪贓枉法的事也並沒有絕跡，草菅人命的事也時有所見。但從總體情況來看，永樂年間吏治較為清明，行政效率較高，大體可稱得上政無壅蔽。

願「斯民小康」

永樂元年（一四〇三年）九月的一天，明成祖與近臣議論時政說，自己即位不久，當恐民有所失，經常秉燭夜坐，批閱州縣民籍，靜思熟計，哪裡有飢荒，應該賑濟；哪裡地近邊境，應該設置守備。白天與群臣商議施行。最近聽說河南鬧蝗災，自己很不安，派去巡視的使臣不絕於道。最後他說了一句畫龍點睛的話：「如得斯民小康，朕之願也。」[44]

永樂七年（一四〇九年），明成祖與北京耆老有一席談話，描繪了一幅斯民小康的藍圖：

> 農力於稼穡，毋後賦稅；工專於技藝，毋作淫巧；商勤於生理，毋為遊蕩。貧富相睦，鄰里相恤……相安相樂，有無窮之福。[45]

這實際上可看作明成祖的施政綱領。他在位二十餘年間，都在為實現這個願望而操勞。

關心農事

有人把封建社會稱作農業文明，這是有道理的。農業是封建社會最主要的經濟成分，其豐歉決定著國家的治亂興衰。明成祖生於亂世，深知以農為本的道理，也深知農事之艱難。有一次，有的官員主張要農戶自己把糧食運往北京，明成祖不同意，說了一段頗體恤民情的話：

> 國以農為本，人之勞莫如農。三時耕穫，力殫形瘵。旱暵水溢，歲則寡收。幸足供賦租，而官吏需索百出，終歲不免飢寒，又可令輸數千里之外乎？[46]

一個封建帝王能說出這種話，這是不多見的。

明成祖即位之初，呈現在他面前的是一幅遭到戰爭嚴重破壞的殘破景象，尤其是北方的經濟受的破壞最重。為了恢復和發展農業生產，明成祖採取了一系列有力的措施。

第一、與民休息。

靖難之役打了三年，人心思定，而且一片殘破的經濟急待恢復，所以明成祖即位後就採取了與民休息的政策。尤其是永樂初年，這種政策執行得比較有效。永樂元年（一四〇三年）二月，

44 《太宗實錄》卷二十二。
45 余繼登，《典故紀聞》卷七。
46 《太宗實錄》卷一百十四。

明成祖對戶部臣說：「數年用兵，軍民皆困，今方與之休息。數有令，擅役一軍一民者，處以重法以聞。」並再次申明前令，對「再犯者誅不宥」。[47] 由此看來，明成祖起初執行與民休息的政策是很認真的。

永樂初年，有人向明成祖獻戰陣圖，以希見用。但這人萬沒想到，不但未受重視，反而被嚴厲訓斥一通。明成祖說，用兵乃是不得已之事，「今天下無事，惟當休養斯民，……豈當復言用兵！」[48] 在這種與民休息的思想指導下，明成祖還將不少軍士和民兵復員務農。後來，明成祖親征漠北，有人建議將建文時在江西召集起來的民兵調來隨征，明成祖不許，認為既然讓他們復員，再召他們去打仗，這等於向天下人表明自己不守信用。

第二、招撫流民。

靖難之役打了三年，「淮以北鞠為茂草」，生產受到嚴重破壞，大批農民流離失所。隨著封建大土地所有制的發展，也不斷產生著新的流民。這既不利於社會生產的發展，也是社會不安定的因素。為此，明成祖一再勸民力於田畝，千方百計地招撫流民復業。他即位不久就對戶部尚書夏原吉說：

> 江北地廣民稀，務農者少。……近因兵革、蝗旱，人民流徙廢業。今不時勸民，使盡力農畝，將不免有失所者。來春宜早遣人督勸。……誠使四海皆給足，雖不盛饌以樂侑食，未嘗不樂。[49]

最後這句話不能僅僅看作是自我標榜，因為真的災荒迭起，四處啼飢號寒，就是宮中的肴饌再豐盛，樂舞再美好，皇帝老子也很難樂起來。因此，明成祖一即位，就遣人四出，招流民復業，要他們盡力田畝。永樂元年十一月，明成祖對戶部臣說，老百姓不得已才背井離鄉，已經復業的，地方官要厚加撫恤，「未復業者，悉心招撫。新墾田地，停徵其稅」。[50]明成祖還特地頒布詔令，各地都不得對逃徙的老百姓治罪，流民復業後，也不得向他們追徵拖欠的稅糧。高密的一些流民復業後，地方官向他們追徵累年拖欠的糧芻。明成祖聽說後很生氣，遂對戶部臣說，農民不得已才逃亡，「及其復業，田地荒蕪，廬舍蕩然，農具種子皆無所出，政宜周恤之。乃復徵其逋負，窮民如此，豈有存活之理！自今逃民復業者，積年所負糧芻，悉與蠲免。」[51]這種做法應該說是很開明的，它使大批流民很快又回到田間，使殘破的農業生產迅速得到恢復。

第三、資助農民耕牛、種子等生產資料，幫助他們恢復和發展生產。

正像明成祖上面所說，流民剛復業時，「田地荒蕪，廬舍蕩然」，既沒有耕牛，也缺少種子。鑑於這種普遍存在的情況，明成祖經常發放給這些農民一些耕牛、種子之類，幫助他們解決生產中的困難。打開太宗朝的《明實錄》就會發現，這一類的記載可謂俯拾皆是。例如，明成祖剛即

47《太宗實錄》卷十六。
48 余繼登，《典故紀聞》卷六。
49《太宗實錄》卷十五。
50《太宗實錄》卷二十四。
51 余繼登，《典故紀聞》卷七。

位一個多月，「以北平、山東、河南累年經兵，缺耕牛，特命……以官牛給之」。[52]當年年底，戶部郎中李昶奏言，北平各郡縣的老百姓「雖多復業，今尚艱食，且乏牛耕種」。明成祖遂命調糧接濟，並命官府買一些耕牛發放給他們。[53]

永樂元年（一四〇三年）年底，工部尚書黃福上奏，稱陝西都司所屬屯田「多缺耕牛、耕具」。明成祖遂命官府到外地買些耕牛，發放給他們，所缺耕具，則命當地官府督造。[54]這類向農民發放耕牛、耕具、種子之類的事，永樂初年最多，幾乎是史不絕書。這對農民恢復生產來說，自然有著不可替代的作用。

第四、徙民墾荒。

由於連年戰爭的影響，不少地方的土地大量荒蕪，無人耕種。那些戰爭較少波及的地方，例如江南和山西的某些地方，則又顯得人多地少，有的人甚至無地可耕。為了使農民和土地相結合，使大量的荒地得以開發，明成祖也像他的父皇朱元璋一樣，在全國範圍內組織起大規模移民。

這種有組織的移民從永樂元年即已開始。這年八月，發南直隸、蘇州等十郡、浙江等九省富民「實北京」。後來，又「徙山西民萬戶實北京」。因為當時北京一帶的荒地較多，明成祖還下令，將各地流罪以下的犯人都發來「墾北京田」。永樂十四年（一四一六年），明成祖還「徙山東、山西、湖廣流民於保安州，賜復三年」。[55]所謂「賜復三年」，即免除三年的徭役。

永樂年間移民的規模是很大的。例如，當時山東西部和北部都受到戰爭破壞較重，地廣人稀，明成祖就從山西遷移來大批百姓，讓他們在各地墾種。時至今日，山東許多地方的老百姓還經常說起祖先遷移來的情形，有些成了生動的故事。最近幾年，各地政府組織人力進行地名普查，這使我們比較準確地知道了各地以至各個村落的沿革情況。菏澤市地名辦公室編寫出版了《山東省菏澤市地名志》一書，[56]是他們多年調查和檢閱族譜資料編成的，準確可信。其中有菏澤市「村莊建置年代一覽表」：菏澤市共有村莊一千七百五十三處，其中僅明代建置的村莊即達一千二百七十處，約占全部村莊數的百分之七十三。在明代建置的村莊中，又主要是洪武和永樂兩朝建置的，洪武年間達五百一十九處，永樂年間達一百四十八處。「地名志」中列舉出來的家譜資料顯示，這些村莊的始祖大都是從山西遷來的。熟悉山東歷史的人都知道，這種情況在魯西和魯北帶有普遍性。這再清楚不過地告訴人們，明成祖徙民墾荒的規模是很浩大的。對於恢復和發展農業生產來說，這是一種很有力的措施。

第五、倡言民瘼。

明成祖提倡臣下直言民間疾苦。他知道，人民安於農事，衣食有著，這是他的江山得以穩固的基礎。他心裡也很清楚，那些大大小小的各級官員，大都是為了個人的榮華富貴，真正為國為民的很少。很多人只報喜，不報憂，邀功釣譽。下面的真實情況如何，自己難以周知。對此，必須依靠各級官員及時上報。有一次，明成祖對通政司官員說：「設通政司，所以決壅蔽、通下

52《太宗實錄》卷十一、卷十五。
53 同註52。
54《太宗實錄》卷二十五。
55《明史》卷六、卷七，〈成祖本紀二〉、〈成祖本紀三〉。
56《山東省菏澤市地名志》，山東美術出版社一九八七年出版。

聞。[57]

情，……自古昏君，其不知民事者多至亡國。」因此，凡有關百姓休戚者，雖小事亦必須馬上奏

儘管永樂朝是明代的極盛時期，但明成祖從來不以太平自詡；相反，他卻經常談及政事中的弊端。永樂十年（一四一二年）三月舉行殿試，明成祖在制策中說，自己即位十年來，「厲俗而俗益偷，革弊而弊不寢，若是而欲濟世泰和，果何行而可？」[58]這等於明確承認，上上下下還有許多弊政，還不是太平盛世。他需要臣下直言民瘼，及時整治。

令明成祖十分惱火的是，自己苦口婆心地反覆要臣下直言民間利病，但外地官員來朝時還是大都說好聽的，例如五穀豐登、閭閻樂業等等。剛聽到這類話不久，就又聽到山西的老百姓有吃樹皮草根的。徐州遭受水災，老百姓有賣子女以求活者。為此，明成祖立下一條規矩，凡是官員言民情的話，通政司官員都要記下來，如果他所轄境內有災傷飢饉，自己不報，被別人報了上來，對這人要以隱欺之罪加以懲處。

有一年，河南遭受了水災，地方官匿而不報，反而說是個豐收年。明成祖遣人巡視，發現不少老百姓在吃草種子，甚至有人已被餓死。明成祖立命對這些地方官嚴加懲治，並為此榜諭天下：「自今民間水旱災傷不以聞者，必罪不宥。」[59]

在明成祖的提倡和鼓勵下，一些臣僚比較大膽地直言民間疾苦。對此，明成祖都及時予以處理。例如，他聽說徐州因水災有人賣了子女，一時頗為動容，立命開倉賑災，凡是賣子女者，由官府代為贖回。又有一次，京師鬧瘟疫，有很多人染病，但缺少治這種病的藥品。明成祖聞知後，馬上將宮中貯存的這類藥品發放給群眾，並命太醫院加緊趕製這類藥物。

山西安邑的老百姓有些逃徙他鄉，而稅糧卻要由未逃徙的農民陪納。明成祖聞報後，認為這

是一個很大的弊端，這等於逼著那些沒逃徙的人也逃徙掉，徵收的稅糧也只能是越來越少。於是，他馬上傳諭各地，禁止這類陪納，並要盡力招撫他們復業。溫州的老百姓每年輪流往京師運白礬，隔山阻水，負運艱難。明成祖問工部臣，運白礬幹什麼用，說是染色布。明成祖顯得很驚訝：「只是為了染白布，竟勞民於數千里之外！」立即罷免了這種擾民之徵。[60]這樣，一些擾民的弊政就及時得到了糾正。

賑災治水

中國地域遼闊，人口眾多，儘管明成祖孜孜以求，希望「斯民小康」，但實際情況卻是災荒不斷，人民流離失所的現象時有發生，使災民及時得到賑濟，這也是使大明江山得以穩固的重要因素，因而明成祖對此十分重視。

他一再申諭各地方官，凡發生水、旱、蝗蟲等災荒，必須及時上報，否則要予嚴懲。就在明成祖即位的當年十月，山東青州諸地發生了蝗災，明成祖馬上命戶部給鈔二十萬錠，賑濟災民近四萬戶，並下令免除這些災民的徭役。[61]

57 余繼登，《典故紀聞》卷七。
58 《太宗實錄》卷八十二。
59 余繼登，《典故紀聞》卷七。
60 同註59。
61 《太宗實錄》卷十三。

地方上發生災荒後，先上奏，得到敕諭後再賑濟災民，往來耽誤時日。有時災害來得很猛，例如發大水，就不能再按常規奏報，否則會帶來很大的損失。為此，明成祖申諭各地，遇到這種嚴重的災害，允許地方官先賑濟，後奏報。因此，永樂年間雖然不斷地出現災荒，但大都及時得到賑濟，沒有因災荒而釀成全國的動亂。

洪武時就在各地建了一些所謂「預備倉」，由官府出錢，在豐收年儲存一些糧食，以備災年賑濟飢民。永樂時進一步完善了這種制度，如遇災荒急迫，由地方官驗實後即開倉賑濟，而後奏聞。如果遇到很重的災荒，明成祖即派朝中大臣親往賑濟，例如，明成祖的第一號功臣姚廣孝就曾擔當這種角色。永樂初年蘇、淞發大水，災情嚴重。姚廣孝是長洲（今蘇州市）人，明成祖便讓他回故籍賑災。臨行時，明成祖對他說：「不可為國惜費，蓋散財得民，仁者之政。」[62]姚廣孝除了用官府的錢糧賑濟災民外，還把明成祖賜給自己的錢物分送給宗族鄉人。《明史》上說他儘管行此善事，但他的姐姐和舊友王賓都不接待他，可能是出於正統思想，對他幫助明成祖奪取皇位不滿。[63]

永樂十八年（一四二〇年）十一月，明成祖決定遷都，命皇太子赴北京。皇太子路過鄒縣時，看到許多男女老少提著籃子，在路邊拾草種子。皇太子下馬問這些老百姓，拾草種子幹什麼用，老百姓說：「歲荒，以為食。」皇太子很難過，便跟著到他們家裡去看，「男女皆衣百結，不掩體，灶釜傾仆不治」。皇太子十分感慨，立命隨從中官送給他們一些錢鈔，並把自己備用的一些食物分發給他們。山東布政使石執中來迎，皇太子責備他說：「民窮至此，亦動念否？」石執中說，凡受災之處，已經上奏，請停徵今年秋稅。皇太子頗動情地說：「民餓且死，尚及徵稅耶？」遂命他馬上查明飢民口數，速發官糧賑濟，此事由自己親自上奏。皇太子於十二月到北京，馬上將此事報告給明成祖，大受誇獎。明成祖還說道：「昔范仲淹之子，猶能舉麥舟濟其父之故舊，況百姓吾赤子乎？」[64]

要使老百姓生活安定，賑濟只是臨時的補救措施，最主要的是發展生產。興修水利是發展農業的關鍵一環，即讓農民旱季能澆上水，澇時能排水。為此，明成祖在即位之初就申諭各級官員：「每歲春初及農隙之時，敕郡縣浚河渠，修築圩岸坡池。」[65]即要各地在農閒時興修水利。明成祖還沿襲了他父皇朱元璋的做法，免徵南方一些地方農民的秋賦，讓他們在十月至十二月去修水利工程，稱作「均工夫」。這樣，在洪武年間興修水利的基礎上，永樂年間的水利工程更加完備，規模也更大。其中，最為人們所經常提及的大概就是蘇淞水利工程了。

當時，江南蘇淞一帶接連幾年發大水，江河氾濫，一片汪洋，給農民的生產和生活造成極大的破壞。這裡是明王朝的糧倉，稅糧的主要徵收地，這裡接連幾年的大洪水給明王朝的財政帶來重大的損失。當地官員千方百計地治理，總不見效，明成祖遂於永樂元年（一四〇三年）命夏原吉親往治理。

夏原吉當時是戶部尚書，於四月離京前往，兩個月後，明成祖又命戶部侍郎李文郁前去協助，接著又命僉都御史俞士吉送給夏原吉一些水利方面的書籍。夏原吉見明成祖對這次治水如此

62 余繼登，《典故紀聞》卷六。
63《明史》卷一百四十五，〈姚廣孝傳〉。
64《太宗實錄》卷一百十八。
65 余繼登，《典故紀聞》卷七。

重視，自己也格外盡心。他首先考察了水情大勢，隨後將自己的治水計畫報告給明成祖。夏原吉建議，開浚吳淞江下流，上接太湖，再「度地設閘，以時蓄泄」。明成祖同意了他的建議。於是，徵用民工十萬人，夏原吉穿著粗布衣服，徒步往來於工地，日夜經畫，雖盛夏也不張傘。有人勸他，他卻說：「民工如此勞苦，我怎麼忍心獨享安逸！」民工們對此頗為感動。這項工程結束後，夏原吉回到京師，向明成祖奏道：「水雖由故道入海，而支流未盡疏泄，非經久計。」於是，夏原吉於第二年正月再次前往，督領民工浚通了白茆塘、劉家河、大黃浦等支流河道。工程於九月完工，洪水暢瀉無阻。於是，「蘇、淞農田大利」。夏原吉治水功績卓著，受到明成祖的嘉賞。姚廣孝也盛讚夏原吉說：「古之遺愛也。」[66]

重豐收不重奇巧

永樂年間國勢強盛，各地不斷爭獻祥瑞，即顯示天下太平的吉祥之物。例如白兔、白象、嘉禾，某處降了甘露，多年不開花的樹也開起花來等等。永樂元年（一四〇三年）九月順天府獻嘉禾，即特別大或特別奇異的莊稼，這是豐收的象徵，明成祖命獻於宗廟。[67] 永樂四年（一四〇六年）十一月，甘露降孝陵，且有醴泉湧出，這是天下太平的吉祥之兆，明成祖則說這是諸臣盡心輔佐所致。[68] 永樂十九年（一四二一年）八月，河間進獻白兔，這在中國古代極其少見，致使不少大臣賦詩歌頌。[69] 在各種各樣的所謂「祥瑞」當中，明成祖最重視的是嘉禾、瑞麥等物，因為這預示著豐收，老百姓可以吃飽飯，他這位皇帝老子也可以安心了。臣下也摸透了明成祖的這種脾性，所以便爭獻這類東西。例如永樂四年四月，南陽獻瑞麥，明成祖對禮部臣說：「比郡縣屢奏祥瑞，獨此為豐年之兆。」遂命獻於宗廟。[70]從《明實錄》中可以看出，永樂年間獻嘉禾之事時有所見。例如，永樂十年（一四一二年）七月，浙江獻嘉禾一百六十四本；永樂十三年（一四一五年）八月，廣西永寧獻嘉禾五十四本。對此，明成祖都顯得很高興，有時他懷疑當地是否真的豐收，還派人前去查驗一番。

對那些獻上來的奇巧之物，明成祖則是另一種態度，看得很輕淡，甚至根本沒有高興的意思，有的則拒絕接受。例如，永樂十一年（一四一三年）五月，曹縣獻騶虞，在今天看來就是畸形牲畜；外國貢使兩次獻來麒麟，即今天的長頸鹿，禮部尚書呂震請賀，明成祖卻說：「天下治安，無麒麟何害？」[71]永樂六年（一四〇八年）三月，有人以檜樹、柏樹開花為瑞，上表致賀，受到明成祖的斥責。永樂四年，中亞的一個小國貢來玉碗一個，明成祖拒不接受。在他看來，國富民豐，老百姓生活安定才是最重要的，這些奇巧之物與太平無關，不足為意。

明成祖的做法確實收到了明顯的效果，永樂年間一度呈現出富庶的景象。當時，全國人口一般維持在五千一二百萬口上下，每年徵收上來的稅糧三千一二百萬石，每年比洪武年間多徵三百萬石左右。因此，史書上經常可以看到永樂時「賦入盈羨」的記載。永樂二年（一四〇四年），廣

---

66 《明史》卷一百四十九，〈夏原吉傳〉。
67 《太宗實錄》卷二十二。
68 《太宗實錄》卷四十七。
69 《太宗實錄》卷一百二十一。
70 《明史》卷六，〈成祖本紀二〉。
71 《明史》卷一百五十一，〈呂震傳〉。

西桂林的地方官報告說，倉中儲糧過多，有些已經腐爛。永樂六年陝西也有此類的報告。永樂十年五月，四川按察司副使周南奏言，在重慶府所屬的涪州和長壽縣，「見積倉糧五萬餘石，每歲所發不過五百石，約可支百年。」[72]這的確是令明成祖振奮的好消息。《明史・食貨志》描述永樂時的景況說：「計是時，宇內富庶，賦入盈羨，米粟自輸京師數百萬石外，府縣倉廩蓄積甚豐，至紅腐不可食。」這似乎真有點「小康」景象了。這景象使明成祖陶醉，也刺激了他的雄心。他逐漸變得不那麼珍惜民力了，而是南征北討，大工迭興，致使被這景象掩蓋的社會矛盾日益激化。

唐賽兒起事

正當明成祖為自己的文治武功而沾沾自喜的時候，山東青州爆發了著名的唐賽兒起義。這給諸臣歌舞昇平的合奏樂加上了一個不和諧的音符，看來好像很突然，但實際上是各種社會矛盾激化的必然結果。

勞民過甚

明成祖在即位的最初幾年還比較節制，盡量與民休息，但社會經濟得到恢復並有所發展以後，他那些好大喜功的念頭便開始付諸行動。「普天之下，莫非王土；率土之濱，莫非王臣。」整個國家似乎就是封建帝王的私有財產，他可以動用全國的力量去實現和滿足自己的欲望，無論這欲望是為公還是為私，都名正言順。尤其是明成祖還有塊心病，即背著一個「篡逆」的惡名，所以他要盡力表現得比其他的帝王更傑出，以顯示自己乃天命之所歸。於是，他積極經營邊疆，動用八十萬大軍下安南，郡縣其地；他親自五征漠北，加上丘福那次全軍覆沒的遠征，實有六次，耗費驚人。他營建和遷都北京，浚通大運河，派鄭和大規模出使西洋，修建長陵、武當山宮觀、大報恩寺等等，動輒數十萬人，時間長、規模大，人力和物力的耗費都是十分巨大的。這麼多、又這麼大的工程，在一個帝王在位的不長的時間內完成，在中國歷史上是僅見的。很顯然，這就使全國老百姓的負擔顯得十分沉重。

隨著一筆又一筆數量驚人的開支，永樂初年那種「國用不絀」的局面便悄然失去，而變得府庫空虛。不管採取什麼方法和途徑，這一筆又一筆巨大的開支歸根究柢要落在勞動人民的頭上。這樣，社會矛盾就不可避免地時有激化。在唐賽兒起義以前和以後，永樂年間的小型農民起義時有發生。

為營建北京宮殿，分遣大臣赴各地採大木。吏部侍郎師逵赴湖南等地，「以十萬人入山闢道路……頗嚴苛，民不堪，多從李法良為亂。」[73]起義烽火一度燃燒到江西。這次起義於永樂七年（一四〇九年）九月被鎮壓，李法良被殺。永樂十六年（一四一八年），在北京附近的昌平爆發了以劉化為首的小型農民起義。同一年，潞州農民發生暴動，兵部主張發大軍剿捕，按察使鄭辰說「民苦徭役而已」，自請前去招撫，事情得以平息。永樂十年（一四一二年），在嘉興發生了以倪弘

72《太宗實錄》卷八十三。
73《明史》卷一百五十，〈師逵傳〉。

三為首的小型農民起義；永樂十八年（一四二〇年）底，在曲靖發生了以楊得春為首的起義；永樂二十二年（一四二四年）春天，在湖州發生了以吳貴歸為首的起義。僅此數例就可看出，永樂年間的農民起義並不是什麼稀奇事，其共同原因就是賦稅徭役過重。因此，發生唐賽兒這次較大規模的起義也就不足為奇了。

唐賽兒起義青州

唐賽兒是蒲台縣農民林三的妻子，用白蓮教宣傳和組織群眾，自稱「佛母」，詭言能知前後因果成敗之事，還說能剪紙人紙馬為自己打仗，這在迷信觀念盛行的古代是常見的事。她以益都（今山東青州市）為根據地，並在附近的諸城、安丘、莒縣、即墨等地發動群眾，信徒越來越多。永樂十八年（一四二〇年）三月，起義爆發，起義軍迅速奪占了益都的卸石棚寨。青州衛指揮高鳳率軍鎮壓，被起義軍擊潰，高鳳也被殺死。初戰告捷，起義軍聲勢迅速高漲，「細民翕然從之」，隊伍很快發展到數萬人。這時，唐賽兒的部下董彥升、賓鴻乘勝攻占了莒縣和即墨，並圍攻安丘。山東的地方官驚惶失措，慌忙奏報明成祖。明成祖立命安遠侯柳升率京軍前往鎮壓，將卸石棚寨圍得水泄不通。唐賽兒於夜間突圍，殺死了都指揮劉忠，從而打破了明軍的這次圍攻。這時，明成祖又緊急調來在山東沿海備倭的衛青率騎兵夾擊，起義軍在安丘戰敗。起義軍首領劉俊、王宣等被俘犧牲，還有四千多起義軍被俘，也全被殺掉。但是，在人民群眾的掩護下，唐賽兒和董彥升、賓鴻等主要起義軍領袖則逃得不知蹤影。

捉不到唐賽兒，這使明成祖十分著急。他懷疑唐賽兒「削髮為尼，或混處女道士中」，遂下令，將北京、山東境內的尼姑和道姑全部逮至京師，「先後幾萬人」，弄得人心惶惶，但始終未能捉到唐賽兒。[74]

唐賽兒起義雖最後遭到失敗，但它卻有力地打擊了明王朝的統治，為明成祖「斯民小康」的圖景畫了一個大大的問號。

74 谷應泰，《明史紀事本末》卷二十三，〈平山東盜〉。

第十三章　家庭生活和立儲之爭

人們很難想像，像明成祖這樣一個叱咤風雲的帝王，手中有無限的權力，幾乎無所不能，但家庭生活卻令他時生煩惱，有時甚至使他手足無措，痛苦不已。尤其是在立太子的問題上，他長期猶豫不決，幾乎演化出一場像靖難之役那樣的內亂。真是「各家都有一本難念的經」，連英雄蓋世的封建帝王竟然也不能幸免。

家庭生活

徐皇后是明成祖的好內助，但她死得較早，此後的後宮便頗不安靜。明成祖晚年多病，也漸漸重視起養生之道來。他晚年連續三次親征，是拖著一個多病之軀在漠北大草原上馳騁。這與他後宮生活不幸福不無關係，以至於死在北征的途中。

娶徐達女為妻

洪武九年（一三七六年），朱元璋冊封中山王徐達的長女為燕王妃，這時的燕王才十七歲。燕王稱帝後，她就被冊封為皇后。在他們婚後的三十餘年間，徐后一直是明成祖的賢內助。

人們在史書上經常看到，明皇室例不得與勳臣家通婚，這是指宣德以後的事。在此以前，尤其是洪武年間，明皇帝與勳臣家通婚並不違禁，而是很普通。例如，朱元璋的長子朱標即娶開平王常遇春之女為妻，秦王朱樉娶寧河王鄧愈之女為妻，魯王朱檀娶的是信國公湯和之女，代王朱桂和安王朱楹娶的都是中山王徐達之女，也就是徐皇后的妹妹。朱元璋的公主也大都嫁到勳臣家。例如，韓國公李善長的兒子李祺，潁國公傅友德的兒子傅忠，娶的都是朱元璋的公主。在這種背景下，明成祖娶中山王徐達的女兒也就不足為奇了。

徐皇后是徐達的長女，自幼貞靜好讀書，人稱「女諸生」。朱元璋聽說徐達有個賢淑的女兒，便對徐達說：「聞古之君臣相契者，率為婚姻。朕第四子氣質不凡，知卿有令女，能以配焉。佳兒佳婦，足以慰告兩翁。」[1] 徐達自然不能不允。徐皇后自洪武九年被冊封為燕王妃以後，協助明成祖奪天下、守天下，不僅在家庭生活中給明成祖溫暖和幸福，而且在事業上也給他很大的支持。

靖難兵起後，明成祖朱棣經常在外征戰，由世子朱高熾居守北平。有關戰守之事，世子大都要稟命於徐皇后。她也不愧是個將門之女，措置多得其宜。當李景隆率大軍包圍北平時，明成祖率主力在外，城中兵少，且老弱居多，形勢非常危急。徐皇后率領將校之妻，登城助守，激勵將士，終於轉危為安，北平得安然無恙。

明成祖即位後，徐皇后也有許多好的建言。例如，她對明成祖說，連年戰爭，兵民都很疲

1《太宗實錄》卷五十一。

敝，宜與民休息。又言賢才難得，使用應不分新舊，這些建議都對明成祖產生了好的影響。在靖難之役期間，她的弟弟徐增壽經常暗中通報朝廷消息，被建文帝殺掉。明成祖要對徐增壽贈爵，徐皇后力言不可，但明成祖還是贈爵定國公，並讓徐增壽之子徐景昌襲封。徐皇后則說這不是自己的心意，也不表示感謝。

有一天徐皇后問明成祖：「哪些人在幫著你治理天下？」明成祖說：「六卿理政務，翰林職論思。」於是，徐皇后將這些大臣的命婦召來，在坤寧宮賜宴。徐皇后對這些命婦們說，妻子事夫，不能只是管他們的吃飯和穿衣，還要有所助益。「朋友之言，有從有違；夫婦之言，婉順易人。吾旦夕侍上，惟以生民為念，汝曹勉之。」[2]徐皇后還作《內訓》二十篇，又採古人嘉言善行，作《勸善書》，除頒賜宮中和諸命婦外，還頒行天下。

徐皇后於永樂五年（一四〇七年）七月病死。臨死前，她還勸明成祖愛惜百姓，廣求賢才，不要驕縱外家。她又把皇太子叫到床前，叮囑他不要忘了那些拿起槍保衛北平的將校之妻。徐皇后死後，明成祖十分悲痛，為她舉行了隆重的葬禮，後安葬於長陵。

並不安靜的後宮

據一些野史筆記載，徐皇后死後，明成祖打算續娶徐皇后的妹妹徐妙錦，但徐妙錦反對明成祖從建文帝手中奪取皇位，按今天的話說，就是政治上的反對派，因而堅絕不同意嫁給他。明成祖還曾威脅說，不嫁給天子，還想找什麼女婿呢？於是，徐妙錦便決定終生不嫁，而出家到南京聚寶門外的王姑庵。

明成祖也像他的父皇朱元璋那樣，在皇后死後就沒有再立皇后。宮中的事務一般由貴妃王氏主持。據一些史籍記載，王貴妃也頗有賢德，頗為明成祖所重。明成祖晚年多病，性情也變得越來越暴躁，王貴妃曲為調護，使不少大臣免受懲處，就連太子朱高熾也對她多有依賴。王貴妃於永樂十八年（一四二〇年）病死，明成祖很悲傷，從此以後處理事情多有乖謬，用刑也變得更為殘酷。

永樂七年（一四〇九年）二月，明成祖冊立河間王張玉的女兒「張氏為貴妃，權氏為賢妃，任氏為順妃。命王氏為昭容，李氏為昭儀，呂氏為婕妤，崔氏為美人」。其中，除了張氏和王氏以外，其餘都是朝鮮人。[3]當時，朝鮮和明王朝的關係十分密切，經常貢獻一些女子充實後宮，有些人還頗受明成祖的喜愛。例如權氏就是一個天生麗質，又善吹玉簫，深得明成祖愛憐，權氏的父親也被封為光祿卿。永樂八年，明成祖第一次親征漠北時，其他嬪妃都留在宮中，只帶權氏一人隨行。不幸的是，權氏經不起長時間征戰跋涉的辛勞，竟死在回師的途中，葬於山東的嶧縣。這又一次給明成祖帶來很大的悲傷。

人們沒有想到，因權氏之死，致使許多人受牽連被殺。當時，一個宮人挾私誣陷姓呂的宮女毒死了權氏。明成祖信以為真，一次就殺掉宮人和宦官數百人，這個姓呂的宮女自然在劫難逃。後來，宮人呂氏和魚氏與宦官勾通，明成祖漸有所聞。呂氏和魚氏聞知後畏罪自殺，但明成祖還不肯罷休。經嚴刑逼供，呂氏的侍婢誣服了，承認有「欲行弒逆」的惡念。這一來事情就大了，

2《明史》卷一百十三，〈成祖仁孝徐皇后傳〉。

3《太宗實錄》卷六十一。

受牽連被殺的達二千八百人之多。在處死這些宮人時，明成祖還親臨刑場。有的宮人比較剛烈，且自知不免一死，在臨刑時大罵明成祖：「自家陽衰，故私年少寺人，何咎之有！」[4]當時的宮人有許多來自朝鮮，所以在《李朝實錄》中保留了一些這類材料。明成祖晚年宮中生活不幸福，在這裡可得到若干解釋。他晚年身體多病，已影響到他的正常生理活動。儘管宮中嬪妃成群，但他的性能力已嚴重衰退，那些嬪妃無法得到正常人的生理滿足，於是就釀成了這樣的悲劇。明成祖也希望像他的父皇那樣多妻多子，但已沒有可能。他的子女都是在稱帝以前生的，他稱帝後就沒有再生孩子。這對他這個封建帝王來說，不能不算是個很大的遺憾。

呂氏和魚氏這個案件發生以後，明成祖疑心大增，不時濫殺宮人。其實，宮女和宦官相好的事在明代很普通，他們形同夫妻，稱為「對食」，相互稱對方為「菜戶」。他們在一起廝混，只是為了獲得一種心理上的滿足，並不能過真正的夫妻生活。這一次因為呂氏和魚氏是明成祖的妃子，所以惹得明成祖特別惱火。他還讓畫工把呂氏、魚氏與宦官相摟抱的形態畫出來，以警其餘。魚氏死後原葬於長陵旁邊，明仁宗繼位後將她的屍骨掘出，棄置到別的地方。

近於病態的晚年

據史書記載，明成祖在年輕時曾得過所謂瘕病，即腹中有硬塊。經許多醫生診治，總不見效。後來，朱元璋命著名的御醫戴思恭前去為他治療。戴思恭先看了一下以前的藥方，認為用的藥都很對，怎麼不見效呢？他問明成祖在吃飯方面有什麼嗜好，回答說好吃生芹。這使戴思恭恍然大悟，遂投藥一劑，明成祖夜裡就拉下許多所謂「細蝗」。[5]這在今天看來就是腸道寄生蟲病。

明成祖即位後身體也經常不適，筋骨常感疲憊不支。宮中的御醫差不多都為他診治過，但都不見效。一個太監向他推薦名醫盛寅，遂將盛寅召至便殿診治。經診脈後，盛寅說明成祖得的是風濕病。明成祖深以為是，還說了一通南征北戰、為風寒所侵的話。經服藥效果甚好，盛寅也因此而被授為御醫。[6]

明成祖年輕時對一些小病不大在意，或者說在戎馬倥傯之際，也不允許他過多的注意。隨著年齡增大，原來隱藏的一些小病便漸漸冒了出來，不斷地折磨他。再加上宮廷中優越的條件，他也漸漸重視起養生之道來。起初，他反對各種神仙家的方術，認為世界上沒有長生不死之人，那些佞佛求壽之類的舉動，實屬愚蠢之極。人只要清心寡欲，疾病自然會減少。養好所謂「正氣」，各種「邪氣」自然就難以侵入。這種主張也很受御醫們的支持，認為以固本為要，求治不可太急，太急則傷其本。

在得過幾場大病以後，明成祖的身體明顯變衰，他對神仙家的態度也發生了變化，這甚至影響到他晚年的性情。據記載，有一次禮部郎中周訥從福建回來，說福建人祭祀南唐的徐知諤和徐知誨，非常靈驗。明成祖遂命周訥前往，迎二徐的像和廟祝來北京，並在北京專門修建了靈濟宮，以祭祀二徐。明成祖每逢有病，便派人前去靈濟宮問神。掌管廟中香火的廟祝謊稱仙方獻上，因藥性多熱，服後痰塞，氣也不順，明成祖也變得脾氣暴躁，以至於失音。在這時，一件小

4 見吳晗，《朝鮮李朝實錄中的中國史料》上編卷四。
5 《明史》卷二百九十九，〈戴思恭傳〉、〈盛寅傳〉。
6 同註5。

事就會引起明成祖一陣暴怒。大臣們都很擔心，但又不敢直言相勸。有一天袁忠徹入侍，對明成祖說，這些症狀「實靈濟宮符藥所致」。明成祖立時大怒道：「仙藥不服，服凡藥耶？」袁忠徹跪下哭泣，兩個內侍也跟著哭起來。這一哭，明成祖更加惱怒，立命將兩個內侍拉出去打了一頓棍子，並說：「忠徹哭我，我遂死耶？」袁忠徹十分害怕，跪著移至台階下，過了很長時間，明成祖的怒氣才消了下來。[7]在明成祖還是燕王時，袁忠徹就和他的父親袁珙效勞於燕王府中，並對起兵之事多有貢獻，故與明成祖相知甚厚，因而敢進直言。明成祖這次雖然震怒，但也未懲治他。

自永樂十五年（一四一七年）在北京建了靈濟宮以後，不斷有方士獻上丹藥之類。明成祖有的接受，有的不接受。以今天的眼光看來，這種方法對養生弊多利少。各種跡象表明，這位皇帝晚年的身體已很不好，並在一定程度上影響到他的性情。

為奪儲兄弟鬩牆

明成祖有三個兒子：長子高熾，即後來的仁宗；次子高煦，即後來的漢王；三子高燧，即後來的趙王。他本來還有個叫高爔的兒子，很小就死了。他有五個女兒，都嫁給了功臣之子。明成祖不像他的父皇朱元璋那樣多妻多子，但這三個兒子為奪儲明爭暗鬥，給明成祖增添了許多煩惱。在封建時代，皇帝的家事和國事是沒法分的，所以他們的鬥爭又嚴重地影響到國家的政事。

傾陷世子

洪武二十八年（一三九五年），明太祖朱元璋冊封高熾為燕世子，實際上就是燕王朱棣的正統繼承人。其他兩個兒子只能當郡王，身分就低得多了。高熾性情溫和，端莊沉靜，又喜歡讀書，經常和儒臣滿懷興致地說古論今，受儒家思想影響較深。明太祖曾讓他和秦、晉、周三王世子分頭檢閱軍士，他回來得最晚。問他是什麼原因，他回答說：「早晨特別冷，我等到軍士吃過早飯才檢閱，所以回來得晚了。」明太祖又讓他們分頭批閱章奏，高熾只拿一些關係到軍民利弊的事上奏，至於一些文字謬誤之類，都未予理睬。明太祖問他是不是忽略了，他回答說：「不敢忽，顧小過不敢瀆天聽。」明太祖又問他：「堯、湯時水旱，百姓奚恃？」他回答得很好：「恃聖人有恤民之政。」[8]朱元璋聽了以後很高興。

高煦則完全屬於另一種類型。他不喜歡讀書，只喜歡玩槍弄棍。他性情凶悍，行為輕浮，帶有十足的無賴氣。他的舅父徐輝祖看他行為不端，隨時都可能惹禍，就在私下教訓了他一通。但他轉臉就舊病復發，並偷了徐輝祖的一匹野馬，不辭而別。在回北平的途中，他擅自殺人，在涿州還擅自擊殺了一個驛丞。為此，建文帝的一些大臣還責怪明成祖，說高煦受了他的驕縱和慫恿，才敢於那樣胡作非為，成了明成祖的一條罪狀。

在靖難之役中，高熾一直留守北平，高煦則一直跟著明成祖南征北討。他悍勇敢鬥，常為先

7《明史》卷二百九十九，〈袁忠徹傳〉。
8《明史》卷八，〈仁宗本紀〉。

鋒。明成祖數次陷於險境，但由於高煦奮勇接應，才轉危為安。要論在戰場上的功勞，高煦為多。也正因如此，明成祖覺得高煦與自己最相類，很欣賞他，高煦則自恃功高，變得越來越驕橫，奪嫡的欲望也越來越強烈。高煦和高燧相勾結，千方百計地傾陷高熾。當時，太監黃儼暗中與高煦相結，不時散播詆毀世子的謠言，時時向高煦報告世子在北平的一舉一動。這種傾陷世子的鬥爭建文帝也知道了，所以才有方孝孺遺書世子進行離間的事。由於高熾馬上派人將來書送至明成祖軍前，離間計沒有成功。但此事清楚表明，高煦和高燧傾陷世子的鬥爭已在或明或暗地進行。由於靖難之役未已，這種鬥爭還沒有完全公開化。當明成祖即位以後，要摘桃子了，為爭立太子，這種鬥爭就更加激化了。

立儲之爭

太子又稱儲君，立太子又稱立國本。太子是皇帝的法定繼承人，關係到國家的長治久安，所以新皇帝一即位，只要身後有兒子，一般都要馬上冊立太子，以免在這個問題上引起猜疑，影響王朝的安定。明成祖即位以後，在立太子的問題上一直猶豫不決。本來，高熾早已是世子，將他立為太子是順理成章的事，但此事卻一連拖了近兩年。在此期間，爭立太子的鬥爭也就越來越激烈。

明成祖之所以遲遲未立高熾為太子，主要有兩方面的原因，一是高熾有儒雅之風，體態又較肥碩，不如高煦那樣英武。二是在靖難之役的過程中，高煦出生入死，多有戰功。明成祖或明或暗地流露過，高熾多病，事成後將立高煦為太子。現在他真的當皇帝了，又找不到高熾明顯的過錯，廢高熾而立高煦又顯得過於唐突，且與封建宗法制度不合，所以他就只有往後拖。

當時，朝中大臣為建儲事議論紛紛。淇國公丘福是靖難功臣，久臨戰陣，與高煦氣味相投，且一起征戰多年，所以極力支持高煦，一再建議明成祖立高煦為太子。另外，像駙馬王寧也與高煦友善，也賣力支持高煦。明成祖知道高煦在爭當太子，便在即位後一度讓他到開平守邊。

一些大臣擔心在建儲的問題上將引起一場內爭，尤其是看不慣高煦的凶悍，所以大多數人都支持高熾，希望早定儲位，消除亂萌。永樂元年（一四〇三年）一月，群臣上表，請立皇太子。明成祖不允，只敷衍道：「今長子屬當進學之時，俟其知識益充，道德益進，克膺付畀，議之未晚。」[9]

兩個月後，文武百官再次上表請立太子，明成祖又說了一通「宜預成其學問」之類的話，未允所請。這就更增加了臣下的疑慮，有人覺得周王是明成祖的同母弟，便請周王親自出面。周王也支持高熾，所以就於永樂元年四月親自上書，請立皇太子。明成祖在給周王的賜書中說：

> 儲貳之建，所以定國本，繫人心，其任甚不輕也……長子雖有仁厚之資，而智識未完，行業未廣。方咨求賢達，與之偕處，冀以涵養其德性，增益其學問，使日就月將，底於有成，而後正名未為晚也。[10]

明成祖再一次拒絕了立太子的請求。在這裡也可以看出他的難言之苦：高熾是世子，自己不願意

9 《太宗實錄》卷十六。
10 《太宗實錄》卷十八。

將他正名為太子，卻又難以廢掉他。朝臣又大都心向高熾，要廢掉高熾而立高煦也不是件容易的事。但是，明成祖一直拖著不立太子，這本身就是一種信號，表示他對高熾不滿意，另有打算。這也就助長了高煦奪嫡的邪念，使許多大臣頗為憂慮，不少人實際上捲入了這場暗中進行的鬥爭。其中，有幾個人還起了頗為關鍵的作用。

兵部尚書金忠原是個賣卜之人，受袁珙推薦，受知於明成祖。每有疑難，明成祖就讓他幫著拿主意，屢有效驗，因而深受信任。明成祖即位南京，接著就讓世子高熾去守北平，金忠也受命前往贊助。明成祖在立太子的問題上又遇到了難題，便徵求金忠的意見。金忠支持高熾，極言立高煦不可，並「在帝前歷數古嫡孽事」。[11]金忠是明成祖的心腹，他的話具有相當的分量。

明成祖還曾私下徵求解縉的意見。解縉說：「皇長子仁孝，天下歸心。」明成祖聽了後竟沒有任何反應，這話顯然不合他的初衷。於是，解縉接著又加上一句畫龍點睛的話：「好聖孫！」這是指高熾的兒子朱瞻基，即後來的宣宗，平時深受明成祖的鍾愛。這一句話果然靈，明成祖點頭稱是。[12]這事後來不知怎麼讓高煦知道了，埋下了禍根。

一些野史對此也有不少記載。例如，被明成祖稱作「恩張」的隆平侯張信也支持高熾。明成祖把準備立高煦的意思告訴他後，他義形於色地說道：「事干天常，豈易為耶？」這話大概是因為觸到了明成祖的隱痛，致使明成祖頓時大怒，一下子砍傷了張信的牙齒。[13]

據說明成祖曾經讓諸臣為一幅〈虎彪圖〉題詩。畫中有一隻大虎和幾隻小虎，解縉藉機發揮，詩中詠道：

虎為百獸尊，誰敢觸其怒？

惟有父子情，一步一回顧。[14]

這使明成祖大受感動，對他決定立高熾為太子產生了不小影響。最後起決定作用的可能是袁珙。他善相人術，言人禍福，無不奇中。明成祖決心起兵靖難，袁珙發揮了重要作用。深得明成祖的賞識。在立太子的問題上又遇到了難題，明成祖便讓他對高熾相面，他說是天子之相。又讓他相高熾的兒子朱瞻基，他說是「萬歲天子」。明成祖有迷信心理，信天命，於是「儲位乃定」。[15]宮中事祕，後人難以了然。肯定還會有一些人在這件事上發揮作用，只是後人不知罷了。但不管怎樣，明成祖經過兩年的猶豫，最後終於決定立高熾為太子。

永樂二年（一四〇四年）四月四日，明成祖正式冊立高熾為皇太子，禮儀十分隆重而繁瑣，無需贅述。值得一提的是，明成祖在冊立的詔敕中說：「學勿至迂，明勿至察，嚴勿至猛，寬勿至縱。」[16]頗有哲理色彩，也合於傳統的中庸之道。

在此同時，高煦被封為漢王，高燧被封為趙王。鬥爭雖告了一個段落，但二王並不甘心，奪嫡的鬥爭仍在繼續。

---

11 《明史》卷一百五十，〈金忠傳〉。
12 《明史》卷一百四十七，〈解縉傳〉。
13 陳沂，《畜德錄》。
14 陳沂，《畜德錄》。
15 《明史》卷二百九十九，〈袁珙傳〉。
16 《太宗實錄》卷二十八。

傾太子明爭暗鬥

高熾雖然被立為太子，但日子仍然不好過。兩個弟弟都有一幫勢力，都時時刻刻在覬覦著這個未來的皇位。封建時代皇位的尊貴實在太誘人了，以致父子之間、兄弟之間骨肉相殘，在歷史上演出一幕又一幕這類的慘劇。即使像明成祖這樣雄才大略的皇帝，也不能阻止這種慘劇在他自家後院上演。

太子處境艱難

高熾身體比較肥碩，除了守城以外，從未上過戰場。他不像高煦那樣英武雄邁。在靖難之役中，高煦隨明成祖南北轉戰，多有戰功。明成祖也認為高煦更像自己，所以在即位前就說過，世子（高熾）多病，以後將立高煦為太子。但是，迫於眾臣之議，又找不出高熾有大的過失，且高熾是明太祖所立的燕世子，自己不願招怨天下，故不那麼情願地冊立高熾做了太子。明成祖的這種態度是太子處境艱難的最主要原因。

明成祖在冊立高熾為太子的同時，又命丘福為太子太師，位在少師朱能之上。丘福和高煦特別友善，一直主張立高煦為太子。這時卻讓丘福當太子的太師，無疑有監視之意。高熾很清楚這一點，所以他這個太子就不能不格外謹慎。不僅如此，到永樂六年（一四〇八年）十一月，明成祖又命丘福輔導皇太孫。這樣，他們父子的一舉一動都處在丘福的嚴密監視之下。

明成祖的這種態度也助長了高煦和高燧的氣焰，他們一有機會就在明成祖跟前進讒言，使明成祖對太子的猜忌越來越深。明成祖在位二十二年，這種猜忌一直未能消除。仔細看一下永樂年間的史事就可以看出，明成祖直到晚年仍時時猜忌太子。例如，永樂十六年（一四一八年）七月，「贊善梁潛、司諫周冕以輔導皇太子有闕，皆下獄死。」[17]怎麼「有闕」呢？《明實錄》上記得較詳。原來，皇太子在南京監國，有個姓陳的千戶小官，因「害民取財」被皇太子謫戍交阯。皇太子轉念一想，這個陳千戶曾隨父皇「靖難」，有軍功，於是就寬宥了他。有人就說陳千戶不當宥，梁潛和周冕都知道此事，卻未諫止，二人遂被逮，下獄致死。明眼人不難看出，皇太子既然負有監國之責，無論對陳千戶謫戍還是寬宥，都算不了什麼大事，更不應苛責兩個輔導之人。這裡表面上是在懲治兩個輔導官，實際上是殺雞給猴看，太子心裡一清二楚。永樂二十年（一四二二年）九月，禮部尚書呂震的女婿張鶴朝參失儀，被人劾奏，太子曲宥了他。此事被明成祖知道了，禮部尚書呂震和吏部尚書蹇義都以在側不言，被逮繫獄中。真是「成祖何苛責於東宮哉」！[18]

太子在南京監國，明成祖常居北京行在，高煦時進讒言，明成祖自不免時生疑慮。胡濙是明成祖的心腹大臣，除暗中察訪建文帝之外，還曾受命到南京監察太子。他經過一段明察暗訪，向明成祖密疏奏太子七事，極言太子「誠敏孝謹」，沒有他意，這才在一定程度上消除了明成祖的疑慮。[19]

皇太子在南京監國，手中並沒有實權，主要從事一些祭祀活動，再就是處理一些日常小事。

17 《明史》卷七，〈成祖本紀三〉。
18 黃雲眉，《明史考證》，〈卷七考證〉。
19 《明史》卷一百六十九，〈胡濙傳〉。

臣下的章奏，一般都要送北京行在，聽明成祖處置後再施行。即使處理一些瑣事，也要記錄在案，等他的父皇回京後複查，看處理是否妥當。皇太子處理事情不能用寶璽，而只能用「皇太子寶」。儘管皇太子事事謹慎，但仍免不了時不時地受訓斥。例如，永樂七年（一四〇九年）三月，明成祖申諭太子，不得對臣下治罪，不得授官。太子有監國之名，但權力卻極其有限。

有一次，明成祖從北京行在回到京師，為高煦讒言所中，遂張榜午門，凡是皇太子處分的事情一律廢止，不得實行。皇太子十分害怕，又不知該怎麼解釋，遂憂慮成疾，臥床不起，請醫生診治，也總不見效。明成祖命蹇義和袁忠徹等人前往探視，袁忠徹精於相術，深受明成祖信任，他回來後說，皇太子「面色青藍」，屬驚憂之相，收起午門的榜就可以治好他的病。明成祖遂命將午門的榜文揭去，太子的病便果然好了。[20]

傾太子密鑼緊鼓

在明成祖的三個兒子當中，高煦的戰功最多，而高燧最受喜愛。從他們的長兄被立為燕世子起，他們二人就聯手傾陷高熾。但高熾終於被立為皇太子，他們二人就更加密鑼緊鼓地展開奪嫡活動。

高煦身材高大，勇武善騎射，尤其是兩腋長有數片像龍鱗一樣的痣，術士說他有帝王之相，這就更加助長了他的野心。他對皇太子不僅在暗中排陷，甚至在公開場合也多有不恭。有一次，明成祖命他和皇太子一起去謁祭孝陵。太子肥胖，且有足疾，由兩個宦官攙扶著他往前走，還不時失足跌倒。高煦在後面機帶雙敲地說：「前人蹉跌，後人知警。」這時，皇太子的長子朱瞻基跟在後面，接著答了一句一語雙關的話：「更有後人知警也。」高煦猛然回頭，見朱瞻基表情嚴肅，頗為吃驚。[21]

高煦知道，高熾既然已被冊立為太子，就很難一下子把他廢掉。因此，一方面通過心腹偵伺太子的一舉一動，一有機會就向他的父皇進讒言；另一方面則極力排陷太子的近臣。例如，工部左侍郎陳壽協助太子在南京監國，被太子稱為「侍郎中第一人」。高煦便對他格外仇視，遂對他網羅罪名，將他下獄致死。[22]馬京也任左侍郎之職，「太子甚重之」，因被高煦所讒，謫戍廣西。吏部侍郎許思溫也是太子的近臣，也被高煦構陷，下獄致死。[23]

高煦為了傾陷太子，一直不肯遠離南京。當明成祖冊立高熾為太子的同時，封高煦為漢王，讓他就藩雲南。但高煦不願到那麼遠之地，向明成祖訴道：「我何罪，斥萬里。」明成祖無奈，便讓他隨自己去北京行在。這時太子在南京監國，為了能隨時偵伺太子的一舉一動，高煦力請讓他的兒子回南京；明成祖也答應了他。他又向明成祖討得天策衛為護衛，平常以唐太宗自比。不久，他又向明成祖討得兩護衛。明代的一衛有五千六百人，這時高煦手下有三衛兵馬，行為就更加驕橫了。明成祖頭兩次親征漠北，高煦都曾隨行。他每天在明成祖身邊，不時說些誹謗太子的話，許多大臣受到牽連，跟著遭殃。

20《明史》卷二百九十九，〈袁忠徹傳〉。
21《明史》卷一百十八，〈高煦傳〉。
22《明史》卷一百五十，〈陳壽傳〉、〈馬京、許思溫傳〉。
23 同註22。

永樂十三年（一四一五年）五月，明成祖將高煦改封青州（今屬山東），但他還是不肯去。以前是說雲南太遠，不去，現在改封近處，還不去，這才引起了明成祖的疑慮，將他訓斥了一通，說這次不能再更改。但高煦仍以各種理由遷延歲月，不肯離開京師。他又私選各衛勇士，另外募兵三千人，不隸屬兵部，驕橫不法。兵馬指揮徐野驢逮治了幾個高煦的部下，高煦大怒，他親去用鐵爪撾將徐野驢打死。別人都不敢過問。

永樂十四年（一四一六年），明成祖由北京行在回到京師，高煦向他百般請求，希望能留在南京。這時明成祖也隱隱約約聽到一些高煦胡作非為的事，就詢問吏部尚書蹇義，但蹇義不敢說。又問楊士奇，楊士奇回答得很策略：「臣與（蹇）義俱侍東宮（太子），外人無敢為臣兩人言漢王事者。然漢王兩遣就藩，皆不肯行。今知陛下將徙都，輒請留守南京。陛下熟察其意。」[24] 明成祖雖默然未語，但心裡已大體清楚。幾天以後，他掌握了高煦數十件不法之事，遂將高煦召來，嚴詞切責，並命剝去他的冠服，囚禁於西華門內，還打算將其廢為庶人。明成祖還殺掉高煦身邊的幾個不法之徒，削去高煦兩護衛，第二年三月徙封樂安（今山東惠民），命即日起行。高煦這次未敢拖延，只得馬上前往。

從此以後，高煦的行動受到許多限制，但他奪嫡的活動並未停止。他讓兒子經常往來於兩京，祕密偵伺朝廷中事，隨時向他報告。他每時每刻都等待時機，準備一逞。

第三子高燧最小，又聰明伶俐，所以最受明成祖的疼愛。他一開始就和高煦相勾結，一起排陷高熾。在高熾被立為皇太子的同時，他被封為趙王，居住北京。當明成祖不在北京時，就由趙王留守，各衙門政務都要啟稟趙王而後行。趙王排陷太子不像漢王那樣鋒芒畢露，但一刻也沒停息。永樂七年（一四〇九年），趙王幹的一些不法之事有過一次暴露，惹得明成祖大怒，殺掉了趙王的長史顧晟，另選國子監司業趙亨道、董子莊為長史，以對趙王善加輔導。從此以後，明成祖不在北京時，就改由皇太孫朱瞻基留守。這件事對趙王高燧是個不小的教訓，他排陷太子的活動就變得更隱蔽了，但也更陰險了。

永樂二十年（一四二三年），明成祖因身體不適，多日未上朝理事，諸事都交由太子處置。太子約束宦官較嚴厲，不許他們干預政事。宦官黃儼、江保本來就黨附漢王和趙王，這時自然更遭疏遠。於是，他們就和趙王暗中相結，極力散布誹謗太子的流言蜚語，說明成祖有意於趙王，將廢掉太子。趙王密結護衛指揮孟賢，讓他做好準備，在關鍵時擁兵相助，欽天監官員王射成與孟賢素厚，他對孟賢說：「天象當易主。」於是，這一幫人就更加密鑼緊鼓，企圖一起擁立趙王。他們又連結興州後屯衛軍高以正，擬好了偽詔。他們陰謀讓宦官楊慶在明成祖的藥中下毒，等毒死明成祖以後，就立即收起宮中符寶，逮捕諸文武大臣，頒布偽詔，廢掉皇太子，立趙王為皇帝。高以正把此事告訴了姻家王瑜，王瑜是總旗官，他想拉王瑜為助。王瑜遂將此事密報明成祖，並獻上偽詔。明成祖頓時大怒，立命逮捕了孟賢、高以正等人，全部處死。明成祖親御右順門訊問，他注視著高燧問道：「爾為之耶？」高燧嚇得面如土色，戰戰兢兢，說不出話來。皇太子在一旁勸解，說這都是下人所為，高燧預先並不知道。[25]這實際上是一次未得逞的宮廷政變，高燧雖未受嚴懲，但從此以後行為便大為收斂，不久還是被打發到了彰德。

24《明史》卷一百四十八，〈楊士奇傳〉。
25 沈德符，《萬曆野獲編》卷四，〈趙王監國〉；《明史》卷一百十八，〈高燧傳〉；《太宗實錄》卷一百二十七。

眾臣憂心，多人蒙難

明成祖三個兒子爭奪皇位繼承權的鬥爭，這本來是他們的家中事，但卻牽動了整個朝廷。許多大臣為此感到憂心，因為它關係到國家大局的穩定，也關係到未來的皇帝是個什麼樣的人的問題，而這個人的賢明與否，又關係到王朝的興衰。不少人因這事被關入獄中，有些人還為此掉了腦袋。

當時的大名士解縉就是這場鬥爭的犧牲品。高熾雖被冊立為太子，但卻經常不合明成祖的心意，而高煦卻格外受寵。解縉便向明成祖諫道：「這等於鼓勵他們兄弟之間相爭，不可以這樣做。」明成祖聞此頗震怒，認為這是離間他們的骨肉之情，從此便疏遠了解縉。永樂四年（一四〇六年），明成祖賜給內閣學士黃淮等五人二品紗羅衣，唯獨不賜予解縉。高煦對解縉更是恨之入骨，便說他洩漏禁中議立太子的話，故意激起明成祖的惱怒。不久，便以解縉在廷試時讀卷不公為名，將其謫貶廣西。解縉剛上路，又說他胸懷怨望，改謫交阯，命在化州督餉。永樂八年（一四一〇年）解縉入京奏事，恰逢明成祖北征，未見到明成祖，便謁見了皇太子，隨後返回。高煦便說解縉私見太子，故意趁明成祖外出時進京，「無人臣禮」。明成祖遂命將解縉逮繫詔獄，拷掠備至，後被埋在積雪中致死。[26]

大理寺右丞耿通也是一個這樣的悲劇人物。他看到高煦奪嫡的活動越來越露骨，太子身邊的臣僚不斷有人得罪，太子有被更易的危險，便從容地向明成祖進諫：「太子事無大過誤，可無更也。」明成祖對此很不高興。不久，便藉故將耿通處死。明成祖說，耿通「為東宮（太子）關說，壞祖法，離間我父子，不可恕，其置之極刑。」竟以奸黨罪被磔死。[27]

永樂十二年（一四一四年），明成祖親征漠北，得勝回師。這次高煦隨征，經常向明成祖說些誹謗太子的話。說得多了，明成祖難免不有所心動。回到京師後，便以皇太子迎駕遲緩為由，對皇太子痛加訓斥，並將太子身邊的一些大臣盡逮下獄，其中包括明初的名臣黃淮、楊溥等人。這一關押就是十年，當明成祖死了以後，高熾登上皇位，才立即將他們釋放。當時還牽連到內閣學士楊士奇，明成祖問他有關太子的事，楊士奇說：「太子孝敬如初，凡所稽遲，皆臣等罪。」這樣一說，明成祖的火氣反而息了下來，未治楊士奇的罪。心裡向著高煦的一些人則交章彈劾，謂不應單獨寬宥楊士奇。於是，明成祖便又將楊士奇下到詔獄，但不久就放了出來。[28]

明眼人不難看出，以迎駕遲緩對太子近臣大加治罪，其矛頭顯然是指向太子的，這個理由也過於牽強，簡直有些「欲加之罪，何患無辭」的味道。皇太子行事謹慎小心，哪裡敢不及時迎駕？他即使迎駕再及時，明成祖也可以說他遲緩。如果雙方沒有芥蒂，即使真的迎駕慢了一點，也算不上什麼大不了的事。但在那種背景下，這卻成了一個莫大的罪名，不僅太子的近臣被紛紛治罪，而且連皇太子本身也差一點被廢掉。

當時，兵部尚書金忠也是太子的輔導官，和黃淮、楊士奇一起輔佐太子監國。當其他的人紛紛被逮繫監獄時，金忠因是靖難勳臣而未被治罪。明成祖還密令金忠審察太子的所作所為，金忠說皇太子沒什麼過錯，惹得明成祖大怒。金忠馬上跪下叩頭，脫下衣冠，流著淚向明成祖陳述，

26《明史》卷一百四十七，〈解縉傳〉。
27《明史》卷一百六十二，〈耿通傳〉。
28《明史》卷一百四十八，〈楊士奇傳〉。

「願連坐以保之」。金忠的話對明成祖產生了很大影響。太子這次未被廢掉，他的話起了很關鍵的作用。[29]

顧成也是一個很值得重視的人物。他隨耿炳文北征時，被明成祖俘獲；他性忠謹，博覽書史，協助高熾防守北平，多有功勞。明成祖即位後，他不肯統兵，不受兵器，也不肯擔任輔導太子之職。他推辭說：「太子仁明，廷臣皆賢，輔導之事非愚臣所及。」他知道高煦等人急於奪嫡，太子不自安，在回貴州前向太子告辭，趁機向太子說了幾句語重心長的話：

殿下但當竭誠孝敬，孜孜恤民，萬事在天，小人不足措意。[30]

顧成雖未任輔導之職，但這段話是那麼精闢，其輔導之效是其他人的長篇大論所遠遠不及的。一是孝敬，二是恤民，不去與那些小人斤斤計較。從後來高熾的各種表現來看，他也正是這樣做的。這使他贏得了民心，贏得了支持，失敗的最終還是高煦他們。即使從策略上來看，這也大大地高於其他人一籌。

皇太子高熾就是像顧成所說，心裡明明知道漢王和趙王在排陷自己，但他從來不在明成祖跟前說他們二人的壞話，恰恰相反，還經常為他們二人開脫，處處表現得寬厚仁義，有一種兄長之風。永樂三年（一四〇五年）十月，當趙王回北京時，身為太子的高熾親自為他餞行。當漢王、趙王奪嫡的陰謀敗露而受到明成祖的懲治時，太子替他們說情，只說是下人所為，他們一定不知道。有人問他：「亦知有讒人乎？」他回答說：「不知也，吾知盡子職而已。」[31]這使他顯得比漢王和趙王成熟。對此，明成祖也不會不有所了解，久而久之，也就漸漸得到了他的信任。

這場爭奪皇位繼承權的鬥爭終以高熾的勝利而告終，但高熾當皇帝不到一年就死了，他的兒子宣宗繼位。高煦果然反叛，想步他的父皇明成祖的後塵，企圖從侄兒手中奪取皇位。宣宗率兵親征，俘獲了高煦，將其罩在銅缸下燒死；趙王高燧主動獻出了護衛，總算得以善終。

29 《明史》卷一百五十，〈金忠傳〉。
30 《明史》卷一百四十四，〈顧成傳〉。
31 《明史》卷八，〈仁宗本紀〉。

第十四章　思想、才識和一生功過

明成祖才識高遠，思想複雜，而且充滿矛盾。他身為天子，富有四海，但一生卻躬行節儉。他不尚虛文，推行務實政治，幹事雷厲風行，推動永樂朝進入明代的鼎盛時期。

思想和信仰

對於明成祖的思想和信仰，大體可以用下面十二個字來概括：三教並存，儒學為主，重在利用。為了鞏固封建專制政權，他需要儒佛道三教來幫助加強思想統治，其中最重要的是儒學，或稱儒教。佛、道二教也不可缺少，但任其發展又會危害封建秩序，所以要不時加以限制。

政治思想

明成祖自稱以儒學治天下，對誹謗儒家學說的人嚴懲不貸。永樂初年曾有人獻《道經》，明成祖不僅未接受，反而將此人訓斥了一通，自謂治國用的是儒家「五經」。儒家主張敬天法祖，施仁政，制禮樂，這在明成祖的政治思想中都有所體現。

第一、敬天命，法祖制。

孔子不言鬼神，但信天命。歷代封建君主都把自己的皇位說成是天授，把自己打扮成上天在人間的代表，所以皇帝又稱為「天子」。皇帝需要用天命來增加自己的神祕感，令天下臣民老老實實地服從統治，他自己也擔心天命不佑，將自己拋棄。漢代的董仲舒提出「天人感應」一說，後世皇帝都篤信不疑。明成祖也不能擺脫這種觀念的束縛，只是又增加了一些自己的解釋。永樂七年（一四〇九年）二月，明成祖在去北京以前，敕諭皇太子監國，他交給皇太子一本自編的書——《聖學心法》，共四卷，分別敘述君道、臣道、父道、子道，實際上都是節錄的古代聖賢治國格言。但卷首有洋洋六千餘言的「序」，可視為夫子自道。明成祖在「序」中闡發了敬天命的思想，如果敬，則可以受到天命的眷佑，不敬則會被天命所遺棄。在明成祖看來，所謂敬天就是要「法天之行，體天之德」，按天道行事。但「天道」本身就有些神祕莫測，明成祖的解釋是：「天道不言，四時行而萬物生」，「天道至公無私」，「天道至誠無息」。看來，明成祖這裡強調的是以「至公」、「至誠」安天下，這樣就可以使「上天眷顧，四海乂安」，否則就會「天命去之，人心違之」，統治就有危機了。

在這裡，明成祖把順天道和得人心連在一起，如違背天道，就要失去人心，就會被上天所拋棄。他把人心順逆看成天下能否長治久安的根本，顯然有不可否認的積極意義，這也是他比其他封建帝王高明之處。

明成祖由一個藩王登上皇帝的寶座，他把這說成是天命所歸的結果，這對老百姓是很有欺騙性的。永樂十二年（一四一四年）和永樂十三年（一四一五年）的元旦都發生了日蝕，他認為這是上天示警，把本來要舉行的大規模朝賀都免除了，還要臣下直言政事得失，以回天意。永樂十九年（一四二一年）剛把京師遷到北京不久，皇宮三大殿發生火災。明成祖不僅要臣下直言政事得失，而且連他的生日也不慶祝了，還派了二十六員大臣分巡天下，安撫軍民，以答上天之譴。

在儒家看來，敬天和法祖是並行不悖的，甚至是密切聯繫在一起。天道難以說清，但先王的言行典則卻是擺在那裡的，可以仿效。先王的功業被看作是上天眷顧的結果，法祖也就成了敬天的一部分，也是使國祚延長的重要保證。明成祖說：「繼世之君，謹守祖法，則世祚延長。衰世之主，敗其祖法，則身亡國削。」[1]

永樂四年（一四〇六年）十月，江西按察使周觀政上書，說「為政不必盡法祖宗」，明成祖說他「真妄人也」。[2]這個周觀政也真有些不識相，當時明成祖正指責建文帝變更祖制，這裡他卻要明成祖去變更祖制，這不是自討沒趣嗎？

永樂五年（一四〇七年）五月，明成祖聽說民間重敬佛老而簡於敬祖，頗為感慨：「世人於佛老竭力崇奉，而於奉先之禮簡略者，蓋溺於禍福之說，而昧於其本也。率而正之，正當自朕始耳。」[3]由此可以看出，儒家敬天法祖的思想在明成祖身上都得到了體現。

第二、行仁政。

儒家講「仁者愛人」，開明的統治者講行仁政，即不只是要老百姓納賦稅，供徭役，而且要保護他們，彼此之間建立起一種協作和諧的關係。在封建時代，這種所謂「仁政」雖不可避免地具有欺騙性，但與那種毫無顧忌的暴虐統治相比，老百姓的日子總歸要好過一點。對於統治者來說，這種「仁政」也是緩和階級矛盾、穩定封建秩序的重要因素。明成祖深明此道，不要看他誅殺異己是那麼殘暴，對普通老百姓則一再強調要行仁政。他說：

民者，國之根本也。……是故，聖人於百姓也，恆保之如赤子，未食則先思其飢也，未衣則先思其寒也。……薄其賦斂，而用之必有其節。如此，則教化行而風俗美，天下勸而民眾歸。[4]

明成祖一再強調，向老百姓徵發賦役要留有餘地，不能竭澤而漁。他很欣賞唐太宗的一段話：「若損百姓以奉其身，猶割股以啖腹，腹飽而身死。」[5]這個比喻是很形象的——過分地剝奪老百姓，就像割自己大腿上的肉來充飢一樣，肚子填飽了，人也要死了。

封建國家確實有大量的財政開支，從哪裡來呢？明成祖要生財有道，即不一定非取之於民，而是要對老百姓「愛養生息，使民之力有餘」，這樣就可以「致物之用不竭」。[6]簡單地說，只要全國的老百姓「力有餘」，國家就不愁財用。也就是說，對老百姓不能過分掊克，要通過發展生產來使民富國強。應該說，明成祖的這種見解是很高明的，在封建帝王中是不多見的。正是在這種思想指導下，永樂年間的社會生產得到較快的發展，儘管大工迭興，南北用兵，費用浩大，但社會並沒有出現太大的危機。

1 朱棣，《聖學心法．序》。
2 《太宗實錄》卷四十六。
3 《太宗實錄》卷四十九。
4 朱棣，《聖學心法．序》。
5 朱棣，《聖學心法》卷三，引唐太宗語。
6 朱棣，《聖學心法．序》。

明成祖曾說過：「雖有天命，亦須修德。」[7]這裡所謂「修德」，就是指要行仁政。如果認真檢查一下明成祖一生行為的話，不合「仁政」要求的地方很多。但從他的言論上來看，他知道行仁政的重要。他有這種思想，也有所行動，並收到了一定的效果。

第三、制禮樂，有刑弼教。

儒家講「仁」講「禮」，禮是指一種秩序，不同身分的人分別按照一定的禮行事，沒有爭執，沒有僭越，各安其位，和諧相處。不同身分的人使用不同的音樂，而音樂的精義在和諧，藉以陶治人的性情，使之安分守己。這實在是個很美妙的東西，所以歷代統治者都很重視「禮」的作用。明成祖也不例外，他說：

> 夫禮者，治國之紀也；樂者，人情之統也。是故，先王制禮所以序上下也，作樂所以和民俗也。……教民以敬，莫善於禮；教民以和，莫善於樂。[8]

通過制禮樂，使各種人都安於現存秩序。對那些不安本分的人，則要對他們進行教化，使其行為合於「禮」的規範。這樣，最終建立起一個「君君、臣臣、父父、子子各得其所而禮義立」的美好社會。

但是，只靠禮義來教化還不夠。有些膽大不逞之徒時不時地要衝破現有秩序，逾越禮制，對這些人就輔之以刑罰，這也就是明成祖所說的「明刑以弼教」：

> 刑者，聖人制之以防奸惡也，使民見刑而違罪，遷善而改過。是故，刑雖主殺，而實有生

生之道焉。何也？蓋禁奸革暴，存乎至愛，本乎至仁。制之以禮，而施之以義。始也，明刑以弼教；終也，刑期於無刑。[9]

用刑是為了輔助教化，不是治國的主要手段，其目的在於警戒和威懾，使人不敢違禮犯法，最後達到不用刑而天下治。

既然刑罰是輔助手段，是為了「弼教」，那就不能濫用，所以明成祖一再強調要明刑慎罰。首先，明成祖提出了「用法當以寬不以猛」的原則。[10]他的父皇朱元璋懲元之弊，以猛治國，許多人無辜被戮。明成祖則強調「猛則民不堪」，尤其是對死刑，「寧緩勿急」，因為人被處死了，再想改正也來不及了。所以他規定，凡判死刑，都要「五復奏」，即要反覆審查五遍。永樂六年（一四〇八年）十一月，法司因一個案子就判了三百餘人死刑。上奏時，明成祖認為不一定每個人的罪行都屬實，萬一有哪個不屬實，豈不要含冤而死嗎！明成祖還特別指出，有的人伶牙俐齒，能說會道，可能會掩蓋真相；有的人口齒不靈，說不明白，可能會有冤屈。他要法司定案不必太急，可從容審理。後經詳審，果然有二十餘人的案情屬於冤枉，被當即釋放。[11]

其次，用法不可過苛過濫。明成祖一再強調，用法過苛過濫就會使好人受害，而壞人不知戒。他還以秦始皇、隋煬帝為例說：

7 《太宗實錄》卷五十六。
8 朱棣，《聖學心法·序》。
9 朱棣，《聖學心法·序》。
10 《太宗實錄》卷六十二。
11 《太宗實錄》卷六十。

……法外用法，刑外用刑，曾何有忠愛惻怛之意？殺人愈多而奸愈作，獄愈煩而天下愈亂。失四海之心，招百姓之怨，曾未旋踵而身亡國滅，子孫無遺類。是皆可為明戒。[12]

有的人因賣給外國使人氈衫，「且交言甚久」，致被抓來治罪。明成祖知道後立命將這人釋放，並將有關的官員嚴厲訓斥了一通。

再其次，強調按律令辦事。在中國古代，不按律令辦事的情況可謂司空見慣。有的帝王比較明察，反覆強調這一點，自己再能以身作則，情況就能稍好一些。明成祖在這個問題上頭腦就比較清醒，他一再強調法司官員要按律辦，不得玩法，對那些執法犯法的人要嚴懲不貸。永樂二十一年（一四二三年）三月，御史王愈等人「會決重囚，誤殺無罪四人」。為此，王愈和其他會審官都被處死。[13]明成祖自己也注意按律令辦事，有一次，明成祖得知一個官員冒支錢糧，遂立命將其處死。刑科覆奏，說按律令規定，這種罪不應該處死。明成祖遂收回成命，並說道：「此朕一時之怒，過矣。其如律。」[14]封建帝王的話被認為是「金口玉言」，至高無上，但不合律令也能改，這在古代就算很不容易了。

明成祖還一再申諭，近親犯法，也要同樣按法律懲治。明成祖的次女永平公主下嫁富陽侯李讓，李讓在靖難之役中多有戰功，可謂勳戚了。他的家人因販鹽犯法，李讓的兒子去向明成祖求情，遭到訓斥：「法度與天下共之，豈為私親廢？爾曹正當奉法保恩，豈可恃恩撓法！」明成祖又對都察院臣說：「宥罪可施於疏賤，而貴近不可僥免。行法必先於貴近，則疏賤可以知警。富陽侯家人其治如律。」[15]太子高熾的內弟張昶從戰有功，後升任錦衣衛指揮使。明成祖嚴肅地誡諭他說：「戚畹最當守法，否則罪倍常人。」[16]這話雖然有粉飾的成分，但一個封建帝王能做到這一點也算是難能可貴了。

應該指出，明成祖的言行並不一致，有許多自相矛盾之處。他的話有些是說給臣下聽的，有些是說給子孫後代的。他要極力把自己打扮成一個聖明的君主，所以說的話都頗合聖賢之道。但他是不是這樣做了呢？這就要大打折扣了。因為他是至高無上的皇帝，當時沒人敢去指責他。實際上，他不少地方說的是一套，做的卻是另一套。例如，他高唱敬天命、法祖制，而建文帝正是明太祖朱元璋立為皇太孫的，他卻起兵奪了建文帝的皇位，顯然違背了「祖制」。他大講施仁政，但對忠於建文帝的臣僚就沒有施，而是怵目驚心的殘暴。他一方面說「法度與天下共之」，但對親屬仍不時寬宥。例如永樂九年（一四一一年）十一月，鎮撫武戡因「縱恣不法」被逮至。武戡是孝慈高皇后的戚屬，高皇后的父親馬公被朱元璋追封為徐王，他負責守護徐王墳。明成祖也首先講了一通「皇考成憲不敢違」的話，但還是「念皇妣之親，姑曲法宥爾」，[17] 對這個皇親就沒有依法處置。

當我們用不那麼苛求的眼光來審視明成祖的時候，應該承認，他的頭腦是比較清醒的，他要極力洗刷因奪位而帶來的亂臣賊子的形象，把自己塑造成一個盛世賢明君主。他講天命，目的是為了神化自己，威嚇臣民，但卻不讓天命來束縛自己的手腳，這大概正是明成祖的高明之處。

---

12 朱棣，《聖學心法．序》。
13《明史》卷七，〈成祖本紀三〉。
14《太宗實錄》卷九十八。
15《太宗實錄》卷四十三。
16《明史》卷三百，〈張麒傳〉。
17《太宗實錄》卷七十九。

崇佛而不佞佛

朱元璋稱帝後只允許佛、道二教流傳，其他宗教一律禁絕。因朱元璋曾出家為僧，故稱帝後更為崇佛，並設立僧錄司以專管佛事。但朱元璋也並不是任其發展，而是對佛教進行了種種限制。明成祖基本上繼承了朱元璋的做法——崇佛而不佞佛。崇佛不及其父，而限佛卻有過之。

明成祖心裡清楚，佛教教人為善，教人馴服，利用妥當可以為鞏固他的統治服務。因此，明成祖也信佛、崇佛，允許佛教有一定的發展。他不僅有時讓臣下唱佛曲，而且將佛曲頒之於塞外。為此，他命侍講王洪擬詔，而王洪不信佛，對頒佛曲於塞外之事頗不以為然，遲遲不應詔。他為此受到明成祖的訓斥，從此「不復進用」。[18] 永樂十九年（一四二一年）因北京三大殿被燒，明成祖詔求直言，侍講鄒緝上了一道有名的奏疏，其中說道：「京師聚集僧、道萬餘人，日耗廩米百餘石。」[19] 這表明，當時京師有不少的僧人和道士，而且消耗「廩米」，亦即國家的庫糧。

永樂五年（一四〇七年）五月的一天，明成祖去佛教寺院靈谷寺。有一條小蟲子在他衣服上爬，用手一抖，小蟲子落在地上。他隨即命身邊的宦官將這條小蟲放到樹上，還說道：「此雖微物，皆有生理，毋輕傷之。」[20] 看明成祖這裡的表現，簡直就像個以慈悲為懷的佛家弟子了。人們且不可被這種表面現象所迷惑，明成祖崇佛是為了用佛，是為鞏固他的皇權服務。在封建時代，皇權是至高無上的，有絕對的權威，神權必須服從皇權。明成祖崇佛而不佞佛，而且還對佛教的發展進行種種限制。

永樂四年（一四〇六年）正月，西域貢來佛舍利，即佛骨。這種事在歷史上不止一次地引起頗大的轟動，一般都要興師動眾地去迎接、去安放，但明成祖卻沒這樣做。禮部請求為此事而寬釋罪囚，也被明成祖拒絕。明成祖還趁機批評了一通佞佛的梁武帝和元順帝，他們常因佛事而寬釋罪犯，「致法度廢弛，綱紀大壞，而至於敗亡」。[21]

有個守衛官在皇城下誦念佛經，明成祖將他召來訓斥一通：「你的爵祿是從誦佛經得來的嗎？……如有閒暇，嘴想誦念，太祖皇帝有御制《大誥》等書，你拿來誦讀，也與你身家有益。今後如果再在宿衛處誦佛經，必罪不宥。」[22]

有一次，武昌的僧人想修建觀音閣來為明成祖祝壽，被明成祖拒絕：「人但務為善，何假外求哉！」[23]由此可以看出，明成祖並不佞佛。在永樂年間，除了西藏的佛教首領受到特別的寵遇以外，佛教在內地沒得到明顯的發展。

永樂初年，清涼寺的僧人奏稱，近寺軍民經常在寺外放牧牲畜，請予治罪。明成祖則說，既然寺外有閒地，用來放牧牲畜正合於佛家「利濟之心，何必禁？」[24]

有一次，江、浙一帶有一千八百餘人自行剃度為僧，赴京請給度牒，明成祖大怒，立命將這些人全部編入軍籍，發戍遼東、甘肅。[25]嘉定縣掌管佛事的僧會司奏言，當地「舊有僧六百餘

18《明史》卷二百八十六，〈鄭定等傳〉。
19《明史》卷一百六十四，〈鄒緝傳〉。
20《太宗實錄》卷四十九。
21《太宗實錄》卷四十。
22 余繼登，《典故紀聞》卷七。
23 余繼登，《典故紀聞》卷七。
24 余繼登，《典故紀聞》卷六。
25 余繼登，《典故紀聞》卷七。

人，今僅存其半，請以民之願為僧者給度」。明成祖不許，並對禮部臣說：「僧坐食於民，何補國家？」[26]永樂六年（一四〇八年）五月，明成祖命禮部布告全國各地，嚴禁軍民子弟擅自削髮為僧，否則嚴加治罪。永樂十五年（一四一七年），他又命禮部榜示全國，不許擅自新建寺院或道觀。這告訴人們，明成祖對佛教並不任其發展，而是進行了種種限制。

尊道意在利用

明成祖對道教的態度與對佛教的態度大體類似，但從尊奉的誠懇程度來看，對道教顯得更虔誠一些。據一些史籍記載，當靖難之役還在激烈進行的時候，真武大帝曾對明成祖大力相助。在燕王形勢危急的時候，真武大帝率兵甲自天而降，明成祖也披髮仗劍相應，從而擊敗南軍。明成祖即位後也極力渲染這種神話，這顯然有政治用意。它可以使人相信，明成祖奪得皇位得到了神的贊助，是天命所歸，正可以藉此改變篡逆的形象。正因如此，所以他稱帝後對道教頗為尊奉。

在建文年間，道教正一道四十三代天師張宇初被治罪，明成祖剛即位就將他免罪復用，並賜號為「正一嗣教道合無為闡祖光範道人」，讓他繼續掌管正一道，還賜給他錢以修整龍虎山上清宮。龍虎山在江西貴溪，為道家掌教人的世居之地。元代曾對張道陵的後世孫張正常賜號為「正一天師」，即居於此。建文帝曾奪回張宇初的印誥，明成祖又歸還了張宇初。永樂八年（一四一〇年）張宇初死後，明成祖又命他的弟弟張宇清嗣教，並封為「正一嗣教清虛沖素光祖演道真人」。

在當時，張三丰被認為是道家的活神仙，人們習稱為張邋遢。明成祖派心腹大臣胡濙四處尋訪，連續尋訪多年，其中雖有暗中察訪建文帝的用意，但也反映了明成祖對道教的尊奉。最能說明問題的例證大概就是大建武當山宮觀了，從而使道家這塊聖地頓時興盛起來。在《御制真武廟碑》、《御制太嶽太和山道宮之碑》中，明成祖更充分表達了對真武大帝的尊奉之情。尤其令人驚奇的是，永樂年間，女道士焦奉真號稱「謫仙人」，明成祖竟把她召進宮來，優禮有加。焦仙女推薦她的母舅馮仲彝為官，明成祖遂授他為太常寺丞，[27]這種恩遇是極其少見的。

明成祖尊奉道教意在利用，也像對佛教那樣並不是任其發展。明成祖嚴格限制僧、道人數：府不過四十人，州不過三十人，縣不過二十人。自請出家為僧、為道的人，也限制在十四歲以上、二十歲以下，鄰里保勘無妨礙之事，然後投寺院、道觀從師受業。經五年學習後，諸經熟練，再分別赴僧錄司、道錄司考試，果然通曉本教經典，才可立法名、道號，給予度牒。即為僧、為道的憑證；對那些不通曉本教經典的，則要罷還為民。對那些逃亡者、受過黥刺處罰的人，則不許為僧、為道。[28]明成祖還將原來三年一給度牒改為五年一給度牒，並不許私建寺觀。從這些措施上可以看出，明成祖限制僧道發展的措施是很完備的。僧、道都屬於所謂出家之人，各府、州、縣限定的人數都混在一起，而實際情況是僧人比道士為多，這就注定了道教難以有大的發展。

明成祖對道家的法術也並不是篤信不疑。他生病時，的確服用過道士的所謂「仙藥」，但有時則對這類仙藥持懷疑態度。例如，永樂十五年（一四一七年）八月間，有道士向他進獻金丹和方

26 余繼登，《典故紀聞》卷七。

27 沈德符，《萬曆野獲編》卷二十七，〈仙女保薦〉。

28 《太宗實錄》卷二百五；余繼登，《典故紀聞》卷七。

書，明成祖卻說：「此妖人也。秦皇、漢武一生為方士所欺，求長生不死之藥，此又欲欺朕。」表示自己不吃所謂金丹，可讓那道士自吃。方書毀掉，以免再去欺騙別人。[29]這表明，明成祖尊奉道教，利用道教，對道教就像對佛教那樣，只能為我所用，絕不許危害其封建統治。

才識、愛好和作風

明成祖作為一代英主，剛毅過人，興趣廣泛。他一生最敬慕的古代帝王是唐太宗，不僅一心要建立他那樣的功業，而且個人作風也頗為類似。

才識和愛好

明成祖在對臣下的談話中，經常提到唐太宗，言辭之間流露著敬慕之情。唐太宗是中國歷史上幾個最有作為的帝王之一，推動唐王朝出現了貞觀之治，被後世傳為佳話。明成祖認為唐太宗的見識高，無論對舊臣還是對自己的老部下，都能妥善對待，使他們各盡其力，這是使他的事業得以成功的主要原因。永樂元年（一四〇三年）四月，明成祖申諭中外群臣盡心供職，其中就提到唐太宗：

> 昔唐太宗撥亂反正，貞觀盛世，近古罕論。求其故，則太宗善用人，釋王珪、魏徵之嫌怨，舉李靖、尉遲敬德於仇敵，用房玄齡、杜如晦於異代……盡忠於國，雖仇必賞；心懷異

謀，雖親必誅。今敢有妄分彼此，懷疑怨謗，不安職事者，事發族滅！30

明成祖的意思很明白，自己將仿效唐太宗對待臣下，臣下也應像魏徵、李靖等唐初名臣那樣，消除疑慮，直言敢諫，忠於職守，以共同創建一個像貞觀盛世那樣的永樂盛世。

在中國歷史上，唐太宗對待功臣的政策是比較成功的。無論是幫自己奪天下的嫡系，還是由敵對營壘歸降過來的動舊，他都能一體任用，這些人也都能盡心盡職，在自己的職守上創功立業，出現了許多治國名臣。唐太宗沒有像劉邦、朱元璋那樣，江山稍微穩固後就對功臣大舉殺戮。明成祖以唐太宗為榜樣，應該說是有見識的，只是他殘暴地誅殺建文舊臣給他留下了很大的污點。但從大處來看，他也基本上沿用了唐太宗的做法，只要歸降了自己，就予以任用。在這些人中，像「蹇夏」、「三楊」都成了頗有作為的名臣，正是在這些名臣的協助下，使永樂朝成為明朝的鼎盛時期。

唐太宗的納諫在歷史上留下了不少佳話，明成祖在這方面也有不少可稱述之處。他經常鼓勵臣下直言敢諫，而且承認自己智慮有限，會有失誤，這就需要臣下來匡救。明成祖曾對近臣說：

朕以一人之智，處萬機之繁，豈能一一記憶不忘，一一處置不誤？拾遺補缺，近侍之職。自今事之叢脞者，爾等當悉記之，以備顧問。所以有未合理，亦當直諫。朕自起兵以來，未

29 《太宗實錄》卷一百七。
30 談遷，《國榷》卷十三。《太宗實錄》卷十八中亦有大體相同的記載，惟語氣不同。據黃雲眉先生考證，《國榷》更近原文。

嘗違忤直言，爾等慎勿有所顧避。[31]

明成祖深知納諫的重要，但他做得怎麼樣呢？他是一個勇毅有膽略的皇帝，一些軍國大事都出自他的獨斷，例如晚年連續三次親征漠北，就沒有聽從大臣的勸諫；這樣的例子還可以找到若干。但從平常處理眾多的事務來看，永樂時的大臣還是比較勇於進諫的，明成祖也多能採納，這也正是永樂時進入明代鼎盛期的重要原因。

明成祖喜愛讀書，每上朝罷，有閒暇即讀書。他處理政事時，經常用古代的事相類比，這與他喜愛讀書是分不開的。有一次，在將退朝時他問侍臣：「無事家居時，亦不廢觀書否？」侍臣回答道：「有暇亦時觀書自適。」明成祖遂頗有感慨地說：

常愛孔子言，飽食終日，無所用心，難矣。朕視朝罷，宮中無事，亦恆觀書，深有啟沃。若等皆年富力強，不可自逸。大禹尚惜寸陰，朕與汝等何可不勉！[32]

明成祖用兵進退有據，常能以少勝多，這與他熟讀兵書有極大的關係。除兵書外，他讀得最多的是儒家經典。即使那艱深的《易經》，明成祖也要仔細去讀。他曾對翰林院的文臣們說：「為學不可不知《易》，只『內君子外小人』一語，人君用之，功效不小。」[33]大凡傑出的統治者，悟性都比較強，往往能抓住書中的要義。明成祖就是這樣一個傑出的人物，他不僅愛讀書，而且會讀書，能抓住書中的要義，並能在實際活動中靈活地進行運用。很難設想一個不學無術的人會成為傑出的領袖人物，他至多是個草莽英雄。永樂十七年（一四一九年）八月，明成祖諄諄告誡皇太孫，要以讀書為本：

爾年已長，正宜讀書明理，以成大器。自古帝王莫不以讀書明理為本，未有不讀書明理而能齊家、治國、平天下者。爾克勤學問，他日用之不窮。[34]

明成祖這裡說的是自己的親身體驗，他希望皇太孫能像自己這樣奮發有為。

明成祖頗喜歡書畫。當時，松江府的沈度、沈粲二兄弟的書法最為有名，明成祖便將「二沈」召至京師，羅致在身邊，並直接對二人授官為學士。[35]無錫人王紱能詩能畫，其山木竹石妙絕一時。明成祖召他入京，供事文淵閣，不久即授官中書舍人。但他對這種仕宦生活並不滿意，而是喜歡遊覽名山大川。他在詩中曾寫道：「孰知野鳥苦，只悅公子容。」[36]即是他當時心境的寫照——自己本是隻野鳥，現在卻被關在籠子裡，只是供「公子」們玩賞。

永樂年間，有許多書畫名流在宮廷供職，例如能詩能畫的高棅，善畫竹石的夏昶、仲微，精於隸書的滕用亨等，都身懷絕技，為明成祖所重。

明成祖本人有時也寫寫詩、下下棋。在端午、重陽等傳統節日，他也常去遊覽，讓翰林儒臣穿便服隨從。乘遊覽興濃，明成祖命各人獻詩，然後「親第高下，賞黃封、寶楮有差」。[37]宮中有

---

31 余繼登，《典故紀聞》卷六。
32 《太宗實錄》卷四十六。
33 余繼登，《典故紀聞》卷六。
34 《太宗實錄》卷一百十四。
35 沈德符，《萬曆野獲編》補遺卷四，〈書畫學〉。
36 王紱，《友石先生詩集》卷一，〈公子得野鳥〉。
37 呂毖，《明朝小史》卷四，〈小帽衩撒從觀〉、〈韓長〉。

個姓韓的宦官，身不滿三尺，但善於下棋，因為矮，宮裡邊的人都喊他「韓長」。明成祖不時與他下圍棋，自己輸了就賜給他一份金錢，贏了就讓他躺在地上轉三圈。[38]

有一天，御醫盛啟東和韓叔陽在御藥房下棋。明成祖突然來到跟前，問二人誰下得好。盛啟東毫不客氣地說：「臣優，叔陽初學。」明成祖遂命二人接著下，自己在旁邊觀戰，結果盛啟東連勝三局，又命二人賦詩，盛啟東道：「不才未解神仙著，有幸親承聖主觀。」數日以後，明成祖賜給他們一個象牙棋盤，並設棋局於院中。[39] 在這裡，這位叱咤風雲的帝王表現得頗有人情味。

從《明實錄》中可以看到，明成祖經常往來於兩京之間，每經過古戰場，念及當時鏖戰情景，不禁愴然寒心。永樂九年（一四一一年）十二月的一天，有大風雪，天氣特別冷，明成祖正在北京，念及當年率將士征戰，「當風雪苦寒之際，將士有墜指裂膚者……適對此景，思昔艱難，惻然動心。」遂命禮部對靖難將士分級賜鈔。[40] 與血腥屠殺建文遺臣時相比，這時的明成祖簡直判若兩人。

躬行節儉

明成祖是比較節儉的，這一方面是受了他父母的影響。朱元璋小時窮困，稱帝後也從不妄費錢物，馬皇后經常親自縫補舊衣。另一方面，明成祖也想為後世子孫樹立一個良好榜樣。他知道，帝王揮霍無度，是自取敗亡之道。他經常對臣下說，內庫所貯的財物是用來賞賜功臣的，自己不敢妄費。永樂二年（一四〇四年）八月的一天，明成祖對解縉等人說到約束玩好之心的重要，其中說道：「為人君，但於宮室車馬、服飾、玩好無所增加，則天下自然無事。」[41] 這裡就是講的節儉的重要。

明成祖認識到這一點，也能夠躬身力行。永樂十二年（一四一四年）二月的一天，百官奏事過後，明成祖退殿後坐在右順門，「所服裡衣袖敝垢，納而復出」。臣下看到皇上的裡衣袖如此破舊，頗受感動，有人便頌揚聖德。明成祖嘆口氣說：

> 朕雖日十易新衣，未嘗無。但自念當惜福，故每浣濯更進。昔皇妣躬補緝故衣，皇考見而喜曰：「皇后居富貴，勤儉如此，正可以為子孫法。」朕常守先訓不忘。[42]

看來這不是故作姿態，明成祖的確是比較節儉。也正因如此，他特別痛恨那些貪墨的官員，一旦發現，即予嚴懲。

永樂十年（一四一二年）五月，監察御史巡視驛站，收受賄賂，明成祖聞知後立命都察院嚴訊。廣西右參議吳翊因收受賄賂，明成祖也立命逮治。這類的記載很多。永樂十三年（一四一五年），明成祖申諭都察院臣道：「朕切於愛民，屢戒郡縣之官，不許橫取一毫。前灤州知州何敬，誅求剝削，贓賄鉅萬，已置之法。近代州同知安損、武清縣李潛等，仍蹈覆，饕餮貪殘……亦置

38 呂毖，《明朝小史》卷四，〈小帽䙓徹從觀〉、〈韓長〉。
39 呂毖，《明朝小史》卷四，〈設棋局於院中〉。
40 《太宗實錄》卷八十。
41 《太宗實錄》卷三十。
42 《太宗實錄》卷九十一。

之法」，並令將其罪行「榜示天下，俾牧民者知所警懼」。[43]明成祖還規定，不僅貪墨者要受嚴懲，而且知情不報的人也要受懲罰。

永樂十六年（一四一八年）十二月，明成祖再申犯贓之禁，並以唐太宗嚴懲貪墨相諭：「唐太宗惡官吏貪濁，有犯贓者必置於法，故吏治尚清謹，民免於掊克，貞觀之治所以為盛。……良農必去稂莠者，為害苗也。繼今犯贓，官吏必論如法，不可貸。」[44]在封建時代，官員貪墨是個久治不癒的頑症，只是在嚴明的君主在位時，這種情況會稍微收斂一點，要想根本消除是不可能的。即使像明成祖這樣的英主，他也無法根本消除這種現象。

政貴務實，不尚虛文

明成祖的皇位來之不易，他是在實際鬥爭中一步一步走過來的。他心裡很清楚，要鞏固皇位也很艱難，歷史上將皇位得而復失的例證不勝枚舉。尤其是他還要為後世子孫留下一個穩固的基業，這就更需要扎扎實實地去幹，朝中大大小小的政務都要他處理，白天處理完公務，有的是否切實可行，退朝後還要反覆思考。他講求實際，反對虛誇，更反對一些臣僚借題發揮搞阿諛奉迎。

以前地方官入朝，多是歌頌一番聖德，稱天下太平，明成祖卻要他們說出當地弊政，人民有哪些疾苦，並提出切實可行的解決辦法。不言者要治罪，言而不當者可免於治罪。他還讓人把地方官說的情況記下來，如發現故意粉飾，與事實不符，則要嚴加治罪。他還規定，「凡郡縣有司及朝使，目擊民艱不言者，悉逮治。」[45]如當地官員不肯說，允許其他官員奏言，一旦查證屬實，言者受賞，當地官員則要受到嚴懲。正因如此，各地有什麼明顯的弊政，發生了什麼災荒，一般都能及時上達，從而得到及時的撫恤和處理，而不致釀成大的禍亂。

在古代，地方官報喜不報憂是個通病。出現這種弊病的主要原因還在於封建皇帝，因為他本人就喜歡臣下對他歌功頌德，喜歡聽好聽的。久而久之，臣下摸清了皇上的脾性，便投其所好，專報好消息，不報壞消息，甚至沒有好消息也要編造幾條好消息。明成祖深明此中弊病，不斷向臣下強調政貴務實，切戒虛浮，並不斷以「欺隱之罪」懲治那些浮誇不實的官員，這就在一定程度上糾正了這種不良風氣。

永樂五年（一四〇七年）四月，皇長孫朱瞻基出閣就學，明成祖命姚廣孝等人善加輔導，說道：「夫帝王大訓，可以經綸天下者，日與講說……不必如儒生繹章句、工文辭為能也。」[46]這話反映了明成祖的真實思想，也可以從一個側面看出他的個人風格，即重在「經綸天下」，不必去「工文辭」，這正是一種務實的表現。

明成祖反對虛誇，反對阿諛逢迎，經常可以看到一些獻祥瑞的人受到訓斥。例如，永樂十三年（一四一五年）三月，貴州右布政使奏言：「去年北征，班師詔至思南府婺州縣，聞大岩山有聲，連呼萬歲者三。皇上恩威遠加，山川效靈之徵。」禮部尚書呂震遂上表恭賀，但卻被明成祖訓斥了一通：「人臣事君當以道，阿諛取容非賢人君子所為。」[47]自己親征漠北，連貴州的山川

43《太宗實錄》卷九十七。
44《太宗實錄》卷一百十二。
45《明史》卷六，〈成祖本紀二〉。
46《太宗實錄》卷四十九。
47《太宗實錄》卷九十六。

也連呼萬歲，這不是很吉祥的事嗎？但這是不可能的事，是臣下在搞阿諛逢迎。為這種事而大加慶賀，只能助長浮誇不實之風。

起初，各地爭獻祥瑞，對那些白兔、白象之類，明成祖多予斥退，而對能表示豐收的「嘉禾」卻比較在意，顯得較樂於接受，因為它關係到國計民生。真是「上有所好，下必甚焉」，於是各地獻嘉禾的絡繹不斷。永樂七年（一四〇九年）八月，山西代州繁峙縣一次就獻嘉禾二百七十九本，行在禮部尚書趙羾請大舉慶賀，認為這「實聖德所應」，明成祖卻說：

> 今蘇淞水患未息，近保定、安肅、處州、麗水皆雨雹，渾河決於固安，傷禾稼。且四方之廣，尚有未盡聞者。不聞群臣一言及弭災之道，而喋喋於賀嘉禾，謂禎祥朕德所致，夫災異非朕德所致乎？[48]

明成祖這段話說得很嚴厲，從中可以看出，他更注意的是各地的災害情況，那才真是關係到國家的安定，至於嘉禾之類，並不重要。尤其是他說的那句話——「夫災異非朕德所致乎」，這是一般封建帝王說不出來的。

永樂十五年（一四一七年）十一月，金水橋下的河水結冰，形狀奇異，似有龍形花紋。一些大臣請賀，明成祖不許，只是領著群臣到那裡觀賞了一番，並不認為是什麼祥瑞。[49]

永樂十四年（一四一六年）四月，禮部郎中周訥奏請封禪：「今天下太平，四夷賓服，民物阜豐，請禪泰山，刻石紀功德，垂之萬世。」禮部尚書呂震亦附會此議：「皇上聖德神功，昭格上下，宜如納請。」所謂「封禪」，就是在泰山頂上築土為壇以祭天，稱封泰山；泰山下面有小山，叫梁父，在梁父山上整塊平地以祭地，稱禪梁父，合稱封禪。古代帝王有大功德，致天下太平，便去泰山封禪，以向天地報功。秦皇、漢武帝皆曾封禪，《史記》有《封禪書》以紀其事。大臣們看到，明成祖的文治武功足可與古代傑出的帝王相比，當時的國勢特別強盛，便建議行封禪。沒想到，明成祖認為這是無益之舉，不僅未答應，反而還將他們教訓了一通：

今天下雖無事，然水旱疫疾亦間有之。朕每聞郡縣上奏，未嘗不惕然於心，豈敢自謂太平之世！且聖經未嘗言封禪，唐太宗亦不為封禪，魏徵每以堯舜之事望（唐）太宗，爾欲處朕於（唐）太宗之下，亦異乎（魏）徵之愛君矣。[50]

在這裡，明成祖以唐太宗不封禪相比，以魏徵不勸唐太宗封禪來誡諭臣下。封禪是大禮，要興師動眾，不知要花費多少錢財，對治理國家卻並沒有什麼用處。如果明成祖沒有一種務實的精神，或許真的就要去封禪了，藉以宣揚一下自己的功德。但他沒這樣做，不僅於他的功德無損，反而提高了他的功德，表明他的見識高出於一般帝王之上。

明成祖經常提到唐太宗，以唐太宗行事相類比。在古代帝王當中，唐太宗是他最敬慕的一個，幾乎成為他心目中的楷模。從各方面來看，這兩個帝王也確有許多相同或相似之處。

他們二人得到皇位的途徑是一樣的。他們都不是嫡長子，唐太宗通過「玄武門之變」殺死太子李建成，通過宮廷政變獲得皇位。明成祖的皇位是通過靖難之役強行奪得的。在對待原敵對營

48 《太宗實錄》卷六十五。
49 《太宗實錄》卷一百八。
50 《太宗實錄》卷一百。

壘的舊臣方面，唐太宗搞得很成功，並出現了像魏徵那樣的一些名臣。明成祖對歸降的建文舊臣也一體任用，也出現了像「蹇夏」、「三楊」那樣的治國名臣。從個人作風上來看，唐太宗納諫如流，傳為歷史佳話，明成祖也提倡魏徵之風，自己不罪言者。他也像唐太宗那樣為政務實，拒絕封禪。唐太宗教太子，著有《帝範》一書；明成祖教太子，著有《聖學心法》，都是說的帝王為政之道。二人的功業也大體相類，唐代在唐太宗的統治下出現了「貞觀之治」，明代在永樂年間也進入了鼎盛時期，他們都為自己的王朝奠定了一個強盛而穩固的基礎。

千秋功罪待評說

明成祖原想「優游暮年」，但他做不到，繁忙的政務幾乎使他席不暇暖。直到晚年，他仍然拖著多病之軀，連續三次親征漠北，最後死在北征回師的途中。永樂二十二年（一四二四年）七月十八日，他突然病死於榆木川，後葬於今稱作「十三陵」的長陵。於是，一個波瀾壯闊的時代結束了。明成祖在位二十二年又一個月，他留下了豐富的遺產，也留給人們不少的疑問和思索。

在封建士大夫看來，明成祖的皇位來路不正，屬於「篡逆」，所以長期遭到非議和攻擊，以致嚴重影響到對明成祖的公正評價，使明成祖未得到應有的歷史地位。在今天看來，靖難之役是統治階級內部爭奪皇位的鬥爭，無所謂正義和非正義，不應因此而抹殺明成祖的歷史功績。這件事反而告訴人們，明成祖身為一個藩王，地處一隅，以八百人起事，終於奪得最高政權，建立起全國的統治，恰好表明了他異乎尋常的卓越的軍事才能。他在位二十二年的實踐表明，他還有著卓越的政治才能。再加上朱元璋三十餘年的治理，社會經濟得到一定的恢復和發展，有了一個較好的基礎，從而使他成為中國歷史上一個少有的大有作為的帝王。

一個大有作為的帝王

明成祖對中國歷史的發展做出了多方面的貢獻，從大處來看，至少有以下幾點。

第一、卓有成效地經營邊疆，促進了我國多民族國家的統一和發展。

明成祖對東北地區進行積極的開發和經營，設立了歷史上著名的奴兒干都司，把黑龍江中下游大片疆土正式納入中國版圖。當時，在奴兒干都司轄境內修通了四條通道，沿途設有驛站，以便商旅往來。這四條通道南接遼東，直達北京。內地的生產和生活資料源源不斷地運往東北，當地少數民族的一些土特產運往內地，從而使當地與內地的經濟生活緊密地聯繫在一起，有力地促進了東北少數民族地區的開發和發展。

明成祖積極經營西北，設立了哈密衛，加強了對大西北地區的管理和羈縻。終明之世，西北地區一直比較安定，沒出現過大的禍亂，這與明成祖的經營是分不開的。

明成祖加強了對西南土司的管理，並最先實行改土歸流，設立了貴州布政使司，形同內地，有力地促進了各民族間的融合和當地經濟文化的發展。明成祖封贈烏斯藏諸法王，修築西藏地區通往內地的通道，加強了西藏地區和內地的聯繫。明成祖還積極經營南海諸島，對那「千里長沙，萬里石塘」進行勘察和命名，對那裡進一步開發和管轄，其業績將永遠彪炳於中國史冊。

第二、放鬆海禁，促進國際交往空前大發展。

在這一點上，明成祖比他的父皇朱元璋顯得開明和有氣魄。朱元璋出身雇農，後來只是在馬背上學了點文化，思想意識比較狹隘，稱帝後不務遠略。他厲行海禁，不許下海，除允許周邊幾個國家和地區來中國「朝貢」外，沒有更多的國際往來。明成祖則顯得胸懷博大，他雖然未明令廢除海禁，但在具體執行中卻大大地放鬆了。他遣使四出，廣通友好並出現了鄭和下西洋的空前壯舉，在亞非國家間至今傳為佳話。他恢復了被朱元璋廢除的布舶司，恢復了對日交往，並一度基本解決了所謂倭寇問題。他使中亞的帖木兒帝國與中國重歸於好，外國來華的使臣「絡繹於道」。正是在永樂年間，有四個國家和地區的國王七次來華訪問，並有三個國王死在中國，葬在中國，成為中外友好交往的歷史見證，這在中國歷史上是絕無僅有的。這種交往增強了亞非國家間人民的友誼和了解，促進了中外經濟文化交流，並為中國贏得了良好的國際聲譽。

第三、遷都和營建北京，這是對中國歷史的一個重大貢獻。

隨著中國政治經濟的發展，隨著幾千年來民族大融合歷程的推進，建都北京已成為客觀歷史要求。明成祖順應了這一歷史要求，果斷地決定由南京遷都北京，並對北京進行大規模營建，從而大體奠定了今天的格局。自明成祖遷都北京，至今五百七十餘年而未改，充分證明了這個決定的正確和富有遠見。北京作為中國的政治和文化中心，在以後的歲月中對中華民族起到了一種凝固的作用，並有力地促進了中華民族在各方面的發展。

第四、浚通大運河，促進了我國南北經濟的聯繫和發展。

大運河始鑿於隋，當時以洛陽為中心，幾乎繞了一個半圓形的大彎，對全國的經濟發展幾乎沒發揮什麼作用。元代進行第二次大規模開鑿，南北大體取直，不再繞道洛陽。但是，當時的京杭大運河並沒有全線通航，故「終元之世，海運居多」。洪武二十四年（一三九一年）因黃河決口南灌，大運河幾乎全部停航。明成祖命宋禮浚通會通河，兼治黃河，陳瑄開鑿清江浦，京杭大運河這才真正全線貫通。從此以後，大運河就成了一條繁忙的水道，南方的糧餉通過大運河源源不斷地輸往北京，海運遂罷而不用。在運河兩岸，陸續興起了像淮安、濟寧、臨清等一些新興的工商業城市，在全國經濟生活中發揮著日益重要的作用。中國人經常以長城、大運河而感到自豪，但人們知道，長城只是起一種防禦作用，而大運河才真正推動了全國的經濟聯繫和發展。正是在這一點上，明成祖做出了不可磨滅的貢獻。

第五、發展學術文化，編纂《永樂大典》。

在學術文化方面，明成祖一改朱元璋大興文字獄的做法，採取了繁榮封建文化的政策。在朱元璋統治時期，不知有多少人因一字寫錯、一句話說錯而人頭落地，文人們戰戰兢兢地生活在屠刀之下，「見人斫輪只袖手，聽人談天只箝口」，[51]一幅萬馬齊喑的景象。明成祖則不然，他除了對頑固的政敵斷然進行屠戮以外，對一般文人則採取優容的政策。他尊儒納士，兼用雜流，詠詩寫賦，在永樂年間的文壇上出現了臺閣派文體。尤其令人稱道的是，明成祖組織文人編纂了多種

51 張昱，《可閒老人集》卷一，〈寄河南衛鎮撫趙克家敘舊〉。

圖書，其中最著名的是《永樂大典》。這是中國自古以來最大的一部類書，由三千文士歷時五年編成，保存了中國十五世紀以前大量的文化典籍。它不僅是中國文化寶庫中的珍品，而且在世界文化史上也享有崇高的地位。

一個有侷限的帝王

明成祖也像每一個傑出的歷史人物一樣，有他的侷限性。他是個封建帝王，幹成了非常之事，但在通向成功的道路上，也充分暴露了他的殘酷性和投機性，其中最遭後人非議的是他對建文舊臣的屠戮。著名的文臣方孝孺竟被「誅十族」，開歷史先例。他搞「瓜蔓抄」，動輒株連數百人。建文舊臣的妻屬也受到難以想像的摧殘和蹂躪，令人髮指。在那歷史轉折的關頭，封建統治階級的殘酷性得到充分的表露。除此之外，他的有些做法對後世產生了消極的影響。

第一、重用宦官，創設東廠，貽害後世。

明太祖朱元璋和建文帝對宦官的管理是比較嚴的，明成祖則為之一變。因為他奪位多得益於宦官的幫助，所以他即位後便對宦官大加任用。明代宦官出使、監軍、專征、分鎮等大權，都始於明成祖。尤其是設立東廠，用宦官充任特務刺臣民隱事，為害最烈，對有明一代的政治影響最大。東廠是地地道道的特務機構，由宦官統領，專門刺探和打殺天下臣民。用特務刺事雖古已有之，但用宦官設立專門的特務機構卻自明成祖始。東廠一旦設立，則終明不廢，成為明代政治機體上的惡性腫瘤。明成祖英武剛毅，威柄獨操，對宦官尚能駕馭，東廠還不致危害過甚。明代後世的皇帝庸懦者多，宦官專權的禍害遂日益嚴重。自正統年間的王振開始，宦官的氣焰漸加囂張，終於釀成了「土木之變」。後來，成化年間有大太監汪直，正德年間有一手遮天的劉瑾，天啟年間則有被呼為九千九百歲的魏忠賢，弄得國將不國。這一切，都與明成祖開始重用宦官、設立東廠有直接聯繫。

第二、明成祖放棄大寧，給北部邊防留下了一個缺口，為後世留下一個極大的禍患。

寧王原駐守大寧，明成祖挾持寧王南歸後，收編了原屬寧王管轄的朵顏三衛，這些驃悍的蒙古騎兵為明成祖奪取皇位立下了汗馬功勞。明成祖即位後，為酬報朵顏三衛，便將大寧一帶交給了他們。大寧地處漫長的北部邊防線的中部，戰略地位十分重要，它使東西部聲氣相接，一方有警，另一方隨時可以增援。明成祖放棄大寧後，東西部的這種聯繫受到破壞，給後世在北邊的防務造成很大困難。明朝後期，當女真（滿族）在遼東興起後，不時由此內犯，並終於取明朝而代之。棄大寧雖不是這次皇朝更替的主要原因，但至少應負有一份責任。後世的有識之士經常說到棄大寧之失策，應說是很有道理的。

第三、明成祖放鬆海禁，但沒有斷然廢除海禁，給後世留下了嚴重禍患，甚至嚴重影響到中國歷史的進程。

在中國歷史上，實行海禁的始作俑者是朱元璋，能斷然廢除海禁的是明成祖，但可惜他沒有這樣做，只是在具體執行上大大地放鬆了。如果說到一個歷史人物的侷限性的話，大概沒有比這件事更能說明問題了。海禁政策是朱元璋制定的，是「祖制」，明成祖指責建文帝變更祖制，提倡敬天法祖，所以他明明知道這種「祖制」不合時宜，也不敢公開宣布廢除，反而還要言不由衷地說上幾句遵照舊制實行海禁的話。他在具體實施中確實是大大地放鬆了，所以出現了鄭和下西洋的壯舉，使永樂年間的國際交往得到空前的大發展。但是，明成祖畢竟沒有將海禁廢除，後世皇還要把它當祖制來遵守，從而嚴重地限制了中外交往。清承明制，實行閉關政策，嚴重制約了中國的發展。從十五世紀至十九世紀中期發生鴉片戰爭的幾百年間，正是世界面貌發生急遽變化的時期，西方大步跨入近代文明，中國也產生了資本主義萌芽，並有所發展。但海禁（或稱閉關）政策嚴重窒息了資本主義萌芽的成長，使中國終於一天天陷入落後挨打的境地。如果明成祖公開廢除海禁，使永樂年間中外交往的勢頭長期保持下去，歷史當是另一種面貌。但受歷史的侷限，他未能公開廢除海禁，使這種政策長期阻礙了中國的發展。對這種消極影響，甚至生活在今天的中國人都能感受到。如果明成祖是個平庸的帝王，我們就不會在這一點上責備他。但他是個雄才大略的帝王，並在實踐中大大放鬆了海禁，離公開廢除只差一步。就這麼關鍵的一步，他卻沒有走，給後世留下了無窮災禍。

第四、明成祖以一個藩王起兵奪位，為後世子孫開了一個不好的先例，致使藩王謀叛成為明代政壇上的一個不穩定因素。

谷王橞曾開金川門迎降，明成祖待他甚厚，但不久他就以為建文帝「中大義」為名，陰謀舉兵反叛，事發後被廢為庶人。明成祖的次子高煦一直陰謀奪嫡，明成祖死後才一年，宣宗剛即位，他就舉兵謀叛，想重新走明成祖的老路，試圖從侄子手中奪取皇位，結果被俘後燒死於銅缸下。景泰年間，廣通王徽煠謀叛，建年號「天武」，並煽動湖廣一帶的少數民族起事。徽煠雖很快被俘，但少數民族地區的叛亂卻數年未息。正德年間，安化王真鐇反叛於寧夏，被俘後處死。最危險的一次大概要數寧王宸濠的反叛了。當時，正德皇帝不理政事，朝政日非，宸濠趁機舉兵，朝中大臣不少人持觀望態度。幸賴王守仁有謀略，很快將宸濠俘獲。這類的藩王叛亂在明代還有好多起，他們都想模仿明成祖，但卻沒有明成祖的才能，所以都失敗了，徒然給明代社會增添了許多的禍亂和破壞。

第五、明成祖好大喜功，急於求成，勞民過甚。

他在國內的統治剛穩定，永樂三年（一四〇五年）就派鄭和大規模出使「西洋」。第二年，鄭和還沒回國，他又派八十萬大軍征討安南。此後，丘福率大軍征漠北全軍覆沒，明成祖便連續五次親征漠北，耗費了巨大的人力和物力。與此同時，國內大工迭興：浚通大運河，遷都和大規模營建北京，修建大報恩寺和武當山宮觀，營建長陵，這都是動輒幾十萬人、多則上百萬人的大工程。在明成祖在位的短短二十二年間，同時幹這麼多興師動眾的大事，老百姓的負擔之重可想而知。正因如此，各地農民起事時有發生，並在山東爆發了著名的唐賽兒起事。幸賴經濟得到發展，國庫充實，再加上明成祖用人得當，調節有方，且盡力不誤農時，所以終未釀成太大的禍亂。

結語

明成祖雖然有那些侷限，但與他的巨大貢獻相比畢竟是次要的。因此，明成祖是個值得肯定的人物。在明成祖在位的二十二年間，中國的社會經濟是向前發展的，以此為基礎，明朝的國力達到鼎盛時期，國家的統一得到鞏固和發展，社會也大體安定。正是在永樂年間，政治、經濟、文化都發展到一個前所未有的新高度。

不同的文化類型和不同的時代造就不同的領袖人物，那個特定的歷史條件造就了明成祖。當時，中國社會的經濟基礎仍是自給自足的自然經濟，封建專制已發展到登峯造極的程度，除儒家思想仍居主導地位外，佛、道二教也受到眾多人的尊崇，並且三教還互相滲透。明成祖在這種歷史條件下活動，就不可避免地具有某種歷史侷限。無論一個歷史人物多麼傑出，他都不能超越歷史和傳統。明成祖代表著那個時代，同時也屬於那個時代。他的思想和政策不是憑空而生，而是孕育於前代遺留下來的經濟結構、政治體制和文化傳統之中。他只能在那個特定的歷史舞台上扮演角色，而不可能完成力所不及的使命。

明成祖作為一個第一流的封建帝王，他深刻地影響了中國歷史。他不僅是十五世紀前期中國歷史的參與者，而且是領導者和塑造者。正像漢有「文景之治」、唐有「貞觀之治」一樣，明代也出現了「永宣之治」。以前，人們常提所謂「仁宣之治」，而明仁宗在位還不到一年，算不上一個時代，而且它的富庶和強盛也是永樂時代的餘緒，即就宣德年間來看，明宣宗只在位十年，基本上是個守成之君，主要還是靠明成祖在永樂年間把國力推向了鼎盛。因此，稱「永宣之治」更準確，更切合歷史實際。

中國統一的多民族國家的鞏固和發展，是歷代傑出之士和人民群眾共同為之奮鬥的結果。在這方面，明成祖做出了不可磨滅的巨大貢獻。有的學者在談到明成祖經營邊疆的業績時說：「秦皇以來，實所未有。」[52]這話是不無根據的。

作為一個封建帝王，在歷史上能幹成一件大事業就可以聲名赫赫，例如修築長城、張騫通西域、開鑿大運河等等。以這類公認的重大事業來衡量的話，明成祖幾乎不比中國歷史上任何一個帝王差。且不說別的方面，僅設立奴兒干都司、營建北京、浚通大運河、鄭和下西洋、修《永樂大典》幾件事來看，幹成其中的任何一件都足可為他樹立一座豐碑。因此，當我們全面衡量明成祖的功過時，就不難得出結論——明成祖是第一流的封建帝王，在第一流的封建帝王中，他也算是傑出的。

從中國歷史上看，一個盛大的王朝僅靠一個開國皇帝還不夠，還有賴於第二代、第三代的鞏固和發展。劉邦建立漢朝後，經漢文帝、漢景帝的發展而達於強盛；李淵建立唐朝後，經唐太宗的發展而達於強盛；在明代，朱元璋是王朝的建立者，經明成祖的發展才達於強盛，從而為明朝近三百年的統治打下了一個較好的基礎。對此，明末的思想家李贄說道：「我國家二百餘年以來，休養生息，遂至於今。士安於飽暖，人忘其戰爭，皆我成祖文皇帝與姚少師（姚廣孝）之力也。」[53]關於明成祖對明代歷史的貢獻，這話是大體公允可信的，由此也可看出明成祖在整個中國歷史上的地位。

---

52 吳廷燮，《永樂別錄》序。

53 李贄，《續藏書》卷九。

後記

十幾年前，我跟著張維華先生當研究生，多次聆聽到張師對明成祖的評價。他認為，明代最耀人眼目的幾個事件都出現在明成祖時期，這是一個很值得研究的重要歷史人物，尤其是他經營邊疆、發展對外交往功績卓著，值得大書特書。我從那時起就開始留意積累有關資料，現在終於寫成了這本書，既了結了一樁心願，也算是對先師的一種告慰。

有關明成祖的材料雖然很豐富，但對一些關鍵事件卻記載各異。《明實錄》無疑是最主要的史料，但《明太祖實錄》被明成祖兩次改修，記載明成祖一朝史事的《太宗實錄》也有不少隱晦，野史記載又多失之褊狹，故不少史料須加以辨析，從而給本書的寫作增加了不少困難。筆者在這方面做了一些工作，但也難保準確無誤，還望同行專家指正。

為了忠於歷史，免不了要引述一些文獻。書中除少數艱澀難懂的文字譯成語體文以外，大部分引文仍保持原樣。好在明代的文字比較通俗，一般中等文化程度的讀者都可看懂。某些在行文中出現的簡短引語，加上引號，表明言出有據，未加注釋，以免過於繁瑣。

在撰寫過程中，黃冕堂教授和官美蝶教授都提出過許多寶貴意見，孟祥才教授還審閱了部分初稿。齊濤博士和吳忠民教授曾與筆者數次討論歷史人物傳記的一般寫作問題，使筆者受到許多啟發。尤其是北京大學的袁剛博士和人民出版社的侯梓祥同志，是他們推動我全力投入本書的寫作。從全書的指導思想到當前歷史人物傳記的一些通病，他們都提出了極可寶貴的見解。沒有他們的鼓勵和幫助，這本書是不可能與廣大讀者見面的。謹在此一併致以誠摯的謝意。

晁中辰於山東大學歷史系

一九九二年九月

再版後記

《明成祖傳》一書於一九九三年初版，並於二〇〇七年修訂再版，前後已印刷八次，在學界頗獲好評。其間，人民出版社的侯樣祥先生和喬還田先生暨于宏雷女士為本書的初版和再版付出了大量辛勞，令人感念。

尤令人高興的是，臺版由以重視學術品質著稱的臺灣商務印書館出了繁體豎排版，並於一九九六年和一九九九年兩次印刷，二〇二一年又將推出修訂後的精裝版，成為海峽兩岸文化交流中一朵絢麗的浪花。

轉眼間初版至今已二十餘年過去了，學術界出現了一些新情況，湧現了一些新成果。修訂版對此進行了提煉和吸收，並改正了某些表述不準確之處。原書中的個別漏字、錯字都得到糾正，但原書的基本內容和結構都未改變。

本人生性喜歡博覽，閒暇時常翻古代詩詞，尤喜陶淵明「采菊東籬下，悠然見南山」之句。那文辭，那意境，令人心馳神往。自移居千佛山腳下，雖無「菊」可采，但「南山」天天可見，惟自歎「悠然」不及耳。正是在想「悠然」而不得之餘，得以將此書修訂一過。確當與否，尚祈讀者指正。

晁中辰於南山齋

二〇二〇年十二月二日

國家圖書館出版品預行編目 (CIP) 資料

明成祖傳 / 晁中辰著 . -- 二版 . -- 新北市 : 臺灣商
務印書館股份有限公司 , 2021.01
584 面 ; 17 ╳ 22 公分 . -- (歷史 . 中國史)

ISBN 978-957-05-3298-2(平裝)

1. 明成祖 2. 傳記

626.2 109018993

歷史・中國史
明成祖傳

作　　者——晁中辰
發 行 人——王春申
選書顧問——林桶法、陳建守
總 編 輯——張曉蕊
責任編輯——何宣儀
特約編輯——呂佳真
封面設計——李東記
內頁排版——薛美惠

營業組長——何思頓
行銷組長——張家舜
影音組長——謝宜華

出版發行——臺灣商務印書館股份有限公司
23141 新北市新店區民權路 108-3 號 5 樓（同門市地址）
電話：（02）8667-3712　傳真：（02）8667-3709
讀者服務專線：0800056196
郵撥：0000165-1
E-mail：ecptw@cptw.com.tw
網路書店網址：www.cptw.com.tw
Facebook：facebook.com.tw/ecptw

本書由人民出版社授權臺灣商務印書館股份有限公司出版發行，
限定中國大陸以外地區銷售。

局版北市業字第 993 號
初　　版——1996 年 8 月
二版一刷——2021 年 1 月

印 刷 廠——沈氏藝術印刷股份有限公司
定　　價——新台幣 690 元

法律顧問——何一芃律師事務所

北京城平面示意圖（明清時期）

明清北京城風貌是明成祖朱棣在永樂四年（一四〇六年）開始的築城遷都計劃；明嘉靖帝三十二年時（一五五三年）增築外城，形成了「凸」字型的布局。從內到外由紫禁城、皇城、內城、外城四道城池組成，包括城牆、城門、甕城、角樓、敵台、護城河等多道設施，曾經是世界上存世面積最大、保存最完整的城市防禦體系，也是中國歷史上最後一座帝王都城。